重订全本

珍本秘本术数丛刊

玉函通秘

[民国] 紫霞散人 ◎ 撰

郑同 ◎ 校订

华龄出版社

责任编辑：薛　治　张伟晶
责任印制：李未圻

图书在版编目（CIP）数据

玉函通秘/紫霞散人撰．—北京：华龄出版社，2013.1
ISBN 978-7-5169-0208-0

Ⅰ.①玉… Ⅱ.①紫… Ⅲ.①风水－研究－中国
Ⅳ.①B992.4

中国版本图书馆CIP数据核字（2012）第258818号

书　名：	玉函通秘
作　者：	（清）紫霞散人撰　郑同点校
出版发行：	华龄出版社
印　刷：	九洲财鑫印刷有限公司
版　次：	2013年1月第1版　2018年6月第3次印刷
开　本：	720×1020　1/16　　印　张：21.50
字　数：	385千字　　印　数：12001～18000册
定　价：	48.00

地　址：	北京市西城区鼓楼西大街41号　邮　编：100009
电　话：	(010) 84044445　　传　真：84039173

目 录

叙　原	1
新印玉函通秘不二真传造化玄机妙法叙	2
玉函通秘琐言	3
元运跋	5

第一帙　不二法门

元空心法图	1
河图天地交图	2
洛书日月交图	2
先天卦位图	3
后天卦位图	3
钤诀歌叙	4
河洛卦位合图	5
洛书河图元运心法歌	6
九令弁言	8
一运天机秘密些子图	8
河洛摇鞭赋	9
一运山龙天机钤诀山水定卦分星图	10
一运山龙节	11
一运水龙天机钤诀山水定卦分星图	12
一运水龙节	13
二运天机秘密些子图	14
二运山龙天机钤诀山水定卦分星图	15
二运山龙节	16
二运水龙天机钤诀山水定卦分星图	17
二运水龙节	18
三运天机秘密些子图	19

三运山龙天机钤诀山水定卦分星图	21
三运山龙节	21
三运水龙天机钤诀山水定卦分星图	23
三运水龙节	24
四运天机秘密些子图	25
四运山龙天机钤诀山水定卦分星图	26
四运山龙节	26
四运水龙天机钤诀山水定卦分星图	28
四运水龙节	29
五运天机秘密些子图	30
五运山龙节	31
五运水龙节	32
六运天机秘密些子图	33
六运山龙天机钤诀山水定卦分星图	34
六运山龙节	35
六运水龙天机钤诀山水定卦分星图	37
六运水龙节	38
七运天机秘密些子图	39
七运山龙天机钤诀山水定卦分星图	41
七运山龙节	41
七运水龙天机钤诀山水定卦分星图	43
七运水龙节	44
八运天机秘密些子图	46
八运山龙天机钤诀山水定卦分星图	48
八运山龙节	49
八运水龙天机钤诀山水定卦分星图	50
八运水龙节	51
九运天机秘密些子图	53
九运山龙天机钤诀山水定卦分星图	55
九运山龙节	55
九运水龙天机钤诀山水定卦分星图	57
九运水龙节	58

杂气节 ·· 63

第二帙　绪余篇 ·································· 65
　　加运法 ·· 65
　　培补法 ·· 67
　　像形法 ·· 69
　　催官法 ·· 71
　　用卦法 ·· 74
　　禳煞法 ·· 78
　　步龙说 ·· 79
　　剪裁说 ·· 80
　　杂气节 ·· 81

第三帙　阳宅运会 ································ 93
　　阳宅运会序 ······································· 93
　　阳宅法鉴 ·· 95
　　山龙以龙为龙一运天机图 ··················· 97
　　天机重卦抽爻换象法 ························· 98
　　山龙以门为龙一运天机图 ················· 100
　　水龙以龙为龙一运天机图 ················· 101
　　水龙以门为龙一运天机图 ················· 103
　　一运总论 ··· 103
　　山龙以龙为龙二运天机图 ················· 105
　　山龙以门为龙二运天机图 ················· 107
　　水龙以龙为龙二运天机图 ················· 108
　　水龙以门为龙二运天机图 ················· 109
　　二运总论 ··· 109
　　山龙以龙为龙三运天机图 ················· 111
　　山龙以门为龙三运天机图 ················· 112
　　水龙以龙为龙三运天机图 ················· 113
　　水龙以门为龙三运天机图 ················· 114
　　三运总论 ··· 115
　　山龙以龙为龙四运天机图 ················· 117

山龙以门为龙四运天机图 …………………………………… 119
水龙以龙为龙四运天机图 …………………………………… 120
水龙以龙为龙四运天机图 …………………………………… 121
水龙以门为龙四运天机图 …………………………………… 124
四运总论 ……………………………………………………… 124
五运说 ………………………………………………………… 127
山龙以龙为龙五运寄四天机图 ……………………………… 128
山龙以门为龙五运寄四天机图 ……………………………… 132
水龙以龙为龙五运寄四天机图 ……………………………… 133
水龙以门为龙五运寄四天机图 ……………………………… 139
山龙以龙为龙五运寄六天机图 ……………………………… 140
山龙以门为龙五运寄六天机图 ……………………………… 145
水龙以龙为龙五运寄六天机图 ……………………………… 146
水龙以龙为龙五运寄六天机图 ……………………………… 147
水龙以龙为龙五运寄六天机图 ……………………………… 148
水龙以龙为龙五运寄六天机图 ……………………………… 152
五运总论 ……………………………………………………… 152
山龙以龙为龙六运天机图 …………………………………… 160
山龙以龙为龙六运天机图 …………………………………… 162
水龙以龙为龙六运天机图 …………………………………… 163
水龙以门为龙六运天机图 …………………………………… 166
六运总论 ……………………………………………………… 166
山龙以龙为龙七运天机图 …………………………………… 169
山龙以龙为龙七运天机图 …………………………………… 170
山龙以门为龙七运天机图 …………………………………… 172
水龙以龙为龙七运天机图 …………………………………… 173
水龙以门为龙七运天机图 …………………………………… 176
七运总论 ……………………………………………………… 176
山龙以龙为龙八运天机图 …………………………………… 179
山龙以门为龙八运天机图 …………………………………… 181
水龙以龙为龙八运天机图 …………………………………… 182
水龙以龙为龙八运天机图 …………………………………… 186

八运总论 ································ 186
　　山龙以龙为龙九运天机图 ················ 190
　　山龙以门为龙九运天机图 ················ 194
　　水龙以龙为龙九运天机图 ················ 195
　　水龙以龙为龙九运天机图 ················ 196
　　水龙以门为龙九运天机图 ················ 199
　　九运总论 ································ 199

第四帙　司马两城门法 ·················· 203

　　司马五星城门序 ························ 203
　　山龙篇 ································ 203
　　司马山龙五行动静说 ···················· 203
　　司马山龙认山之城门诀 ·················· 204
　　司马山龙分脉以静求动法 ················ 204
　　司马山龙认水之城门诀 ·················· 205
　　司马山龙会水以动合静法 ················ 206
　　司马山之城门辨 ························ 206
　　司马水之城门辨 ························ 206
　　司马山龙水之城门先后天互织乘除催照法 ···· 207
　　司马山龙之城门先后天互织乘除零正法 ······ 208
　　司马山龙三才配卦说 ···················· 209
　　司马山龙阖辟交媾水法 ·················· 210
　　水龙篇 ································ 212
　　司马水龙五行动静说 ···················· 212
　　司马水龙认分水之城门诀 ················ 212
　　司马水龙分脉以动生静法 ················ 213
　　司马水龙认合水之城门诀 ················ 214
　　司马水龙合流以静配动法 ················ 214
　　司马分水之城门辨 ······················ 215
　　司马会水之城门辨 ······················ 216
　　司马水龙会水之城门先后天互错乘除催照法 ···· 216
　　司马水龙分水之城门先后天互错乘除零正法 ···· 217
　　司马水龙三才配卦说 ···················· 218

司马水龙阖辟交媾水法 ························ 219
司马水法外卷 ································ 220
司马水法外卷原始考 ····························· 220
司马水口论 ······································· 220
司马水法兼用兑巽震艮说 ························ 220
司马金龙水口说 ·································· 221
司马顺逆左右说 ·································· 221
司马山水二龙分先后天说 ························ 222
一运山龙天卦山泽通气雷风相薄图 ·············· 222
一运水龙天卦山泽通气雷风相薄图 ·············· 223
二运山龙天卦山泽通气雷风相薄图 ·············· 224
二运水龙天卦山泽通气雷风相薄图 ·············· 225
三运山龙天卦山泽通气雷风相薄图 ·············· 226
三运水龙天卦山泽通气雷风相薄图 ·············· 227
四运山龙天卦山泽通气雷风相薄图 ·············· 228
四运水龙天卦山泽通气雷风相薄图 ·············· 229
五运山龙天卦前 ·································· 230
五运水龙天卦前 ·································· 231
五运山龙天卦后十年寄六山泽通气雷风相薄图 ··· 232
五运水龙天卦后十年寄六山泽通气雷风相薄图 ··· 233
六运山龙天卦山泽通气雷风相薄图 ·············· 234
六运水龙天卦山泽通气雷风相薄图 ·············· 235
七运山龙天卦山泽通气雷风相薄图 ·············· 236
七运水龙天卦山泽通气雷风相薄图 ·············· 237
八运山龙天卦山泽通气雷风相薄图 ·············· 238
八运水龙天卦山泽通气雷风相薄图 ·············· 239
九运山龙天卦山泽通气雷风相薄图 ·············· 240
九运水龙天卦山泽通气雷风相薄图 ·············· 241

第五帙　宝籙异闻 ······························ 243
宝籙异闻序 ······································· 243
一运山龙先后互用山泽通气城门一诀图 ········· 244
一运水龙先后互用山泽通气城门一诀图 ········· 245

二运山龙先后互用山泽通气城门一诀图 …… 246
二运水龙先后互用山泽通气城门一诀图 …… 247
三运山龙先后互用山泽通气城门一诀图 …… 248
三运水龙先后互用山泽通气城门一诀图 …… 249
四运山龙先后互用山泽通气城门一诀图 …… 250
四运水龙先后互用山泽通气城门一诀图 …… 251
五运山龙寄四先后互用山泽通气城门一诀图 …… 252
五运水龙寄四先后互用山泽通气城门一诀图 …… 253
五运山龙寄六先后互用山泽通气城门一诀图 …… 254
五运水龙寄六先后互用山泽通气城门一诀图 …… 255
六运山龙先后互用山泽通气城门一诀图 …… 256
六运水龙先后互用山泽通气城门一诀图 …… 257
七运山龙先后互用山泽通气城门一诀图 …… 258
七运水龙先后互用山泽通气城门一诀图 …… 259
八运山龙先后互用山泽通气城门一诀图 …… 260
八运水龙先后互用山泽通气城门一诀图 …… 261
九运山龙先后互用山泽通气城门一诀图 …… 262
九运水龙先后互用山泽通气城门一诀图 …… 263

第六帙　经天纬地至宝书 …… 265

序 …… 265
经天纬地书目录 …… 267
爻辰六十卦歌括 …… 268
大衍历步发敛术 …… 268
卦气值日 …… 269
爻辰始末 …… 271
岁卦爻辰所主方位月分 …… 272
用爻辰二十八宿捷诀 …… 274
用爻辰值候捷诀 …… 275
十二爻辰图说 …… 275
十二月爻辰之图 …… 277
爻辰所值二十八宿图说 …… 277
爻辰所值二十八宿图 …… 278

六十四卦爻辰用诀 …… 278
辟卦爻辰分方主时图说 …… 279
辟卦爻辰分方主时图 …… 279
用侯卦浑天爻辰纳甲诸法说 …… 280
主岁卦 …… 280
主令卦 …… 280
值月卦 …… 281
值日卦 …… 281
值时卦 …… 281
六亲卦说 …… 281
六亲卦之图 …… 282
六十四卦分野图 …… 283
考定卦配甲子十二支各分五卦 …… 284
六十四卦分野纪略 …… 284
先天宓图爻象通占 …… 285
各省分野考 …… 315

叙　原

予少习地理，知蒋平阶得杨曾正法，时读《地理辨正》、《再辨》、《直解》一书，苦无门径可寻。因割爱习三合家数，从学伯兄钟世毓，历十余年。以之复旧，有验有不验，甚有大相乖谬者。复舍三合家而访元空之法，又十余年未遇其人，深为恨事。至咸丰辛亥之年，得逅金邑孝廉钟九华访名山，谈及《青囊》诸书，深知奥窍，谓"得《玉函通秘》书，即可入杨曾之室"，因请业焉。师事者三年，而先生终不肯泄。先生聪敏过人，直戆性生，因公事受累，居缧绁之中。予屈节当途，百计以救先生，终不可得。时事先生于禁所，立誓恳求，乃授元空挨星之法。先生戒曰："此天机也！过泄获咎。"先生又自述曰："吾昔好蒋公书，不得其传，遂挟书游北、直、三江及闽、广、滇、黔、冀访名师，历十余年而不遇。于广省客寓，独居寥寂，灯下读蒋公书。适有羽士入室求火，视其书而谓曰：'先生未必解此。'予初恶其妄，随思其言，必得解者，即过从谒请。羽士令先自誓，予即誓曰：'妄传匪人，死于非法。'遂指示元空如此。后以复旧，百不爽一。"噫！先生之于此道，亦云苦矣！后先生以罪流数年，复归故里，遂绝口以自戒。尔时，惜授诀而不得书。又十余年，迄同治丁卯，遇钟尊三，云有《玉函》书，得之外戚，不识由来，恨不知其法，遂书其诀相易，各虔誓以戒。予之得诀年四十三，予之得书年五十六。聊题数语，识于卷末，兼以戒后人知天怒之难干也。

光绪丙子年春月，简州钟煇南星伯氏谨识。时年六十五。

钟正柄者，宠太老师九华之长子也，执书来访，云"先父去世，未曾贻诀"，恳求指示。窃思九华太师，惧干天禁，虽其子犹不泄，诚天机之宜秘密也。初宠父授书时，命执师生礼，誓而后教，犹疑礼节之拘；及钟正柄来访，始信历传之郑重，不先立妄传之誓，虽父不传子可也。今正柄虔誓曰："妄传匪人，必遭天谴。"宠因指示其法。宠非敢冒禁，但此法由来，实出九华之手；今复传之其子，亦庶几以德报德云耳！

新印玉函通秘不二真传造化玄机妙法叙

粤自羲文画卦，轩皇衍历，而气数之学昌；周公营洛，郭朴堪舆，则元空之法出。是《玉函通秘》，即元空之精英、堪舆之妙用。师师授受，谛诚谆谆，历传曾、吴、廖、赖、慕，延及唐宋元明清。斯道之不幸，久为专制禁，隐秘以迄于今。是书也，强种族、厚民生、赞化育、燮阴阳，真维世运、御外侮之惟一上策，诚培国脉、造人才之不二法门。曷幸际斯海禁宏开，博采方略以建国，舍此其谁；打倒列强，发达三民的主义，是我为最。洵为天下之宝矣，亟应与天下共之。使我忆兆同胞，咸享无尽幸福，并造普及无尽的幸福，宁容再匿乎哉？余少壮虽蒙，仙师口授真诀，略知此秘，第以此秘，条分缕析之，真释未敢知也。爰志遍访旁求之热忱者，不避寒暑，并以此心表现同人，祝其念之，疑以全璧勘逢。乃于民国甲戌年季夏中，忽遇金邑米渡钟君，特此属即我谋，述及先家君荣卿临终叮咛云："后可挟此书，广觅高人，善自为之，前途自不苦也！"余甫经披阅，识历传真诀至宝也，因示同志，金以为付刊，以公海内，为彰往开来，免使真传失亡为念。志忐久之，第以妄泄玄秘，恐干天怒；然而使天下万万世，知有不二真传，不复惑于瞽说伪书，见我国三民发达，五族繁昌，又安知非苍贶下民之至意耶！更得周、程诸君共勤厥庶，亦奇缘奇遇而奇书也。是为序。

时在民国廿四年乙亥花都前五日紫霞散人泰和子识

玉函通秘琐言

一、是书纯粹历史性、哲学性、世系性，习此道者，咸宜具仙人眼，圣贤心，樵夫脚。溯厥渊源，发明于周公旦，专擅于郭景纯，奇验于邱延翰，总澈于杨救贫，翼著于目讲禅师，补全于刘青田，宝贵珍藏于蒋大鸿。自杨公以迄于今，历中一脉授受，而与天属光大照，并行不背者，历上可考，悉皆明德新民，止于至善之地者也。故以三性统，宜九字箴也。学者更须努力，崇尚道德，庶无遗憾焉。

一、是书本庖牺一画开天，阐明玄空之始，即天地之大阴阳，殆体物而不遗者也。

一、是书宗先后天之理数，创自牺、禹、文、旦，究由郭、邱、杨、曾，诚易道之一也。夫易道者，昭代崇章，为经纶天下之大经，不涉俗习迷信味。观周氏营洛之文，殆建设建筑之先觉者也。晋景纯惟逊周公道德之盛，而卜葬发明，建筑精进，盖本经文致用而得者也。以八卦而律为三卦，进而探讨玄空真理，确乎有据，由是而理学气学亦寓其中矣。

一、是书以玄空三大卦为统系，以元运为条目，以挨星为细则，以先后二天分互施用为功夫，以阴阳顺逆为途径，以吉凶悔吝为究竟。经历代诸贤苦心研求，始成全璧。

一、是书宗先天理气，法后天流行，大而开国建都，小则造阳居、卜阴葬，历代真传，有纪录可考，不似它书，多系臆造杜撰。但纪录过繁，殊难枚举，《叙原》始撮其近者略述之。

一、是书虽与《玉钥匙》、《插泥剑》相为表里，但功用各别。不若此书，条分缕析之深切著明，验往断来，不差毫发。

一、是书别一专门，另具要领，大有关系于国家治理，要求解决三民主义，使我国家强盛，列强宾服者，此书殆有万不可遗者也。

一、是书或为建设学、建筑学之玉律金科，但现在建设建筑的专校，因全弃大地自然活泼灵应，而纯以心理配置，只求空气适意卫生，殊不知心理者普通的感想，卫生者摄生末事，何及此法，克使人人均享受无限幸福为愈哉！

一、是书乃天地人合一，乾坤运交媾的精髓。昔周公营洛邑，即开形法课之祖，而卜年八百、卜世三十之果验者，本此也。又嵩岳降神生申伯，眉山秀气聚某门，地灵人杰，良有以也。堪舆一道，宜与医道并腾济世不替者也。是即堪舆惟一之真传，岂可作寻常目之邪！

一、是书宜藏于道德者家，不应存于阴险之室。亦无世胄象，无资格象，无富贵贫贱象，惟以有缘遇着，无缘不逢，亦即天道福善祸淫之意，寓于其中也。

右紫霞散人泰和子又谨识

元运跋

贞元运会五百年，万物蒙休复蔚然。
凡夫盗得维皇柄，便是平行陆地仙。
孟河图马泄天宝，羲皇画卦曰先天。
洛水神龟阐天道，大禹衍畴曰后天。
先天主数归太极，后天主气分三元。
准以文王周孔理，万代兴衰不外焉。
后儒本此先后卦，山水中分统造化。
分得山兮是先天，乾一归中次第下。
分得水兮是后天，坎一从中左右驾。
自从立极将天布，若驱云兮若驾雾。
山间虎豹喜山居，顺逆行来分三路。
水里蛟螭聚水中，颠倒飞加无二故。
顺来从地到天人，修蛇直将秦岭步。
逆时自人转天地，飞龙反向禹门渡。
三元顺逆清而纯，乾坤六子一家春。
征途绕过黄婆舍，莫入庐中去问津。
身骑八骏游三界，掌排四象辨五伦。
金木相聘龙虎啸，水火交煎龟蛇叫。
笋尖峰上有龙蟠，对待加重日月照。
芦花浪里有龙行，方位配藏坎离窍。
八神处处往来交，三般叠叠抽换妙。
流行天卦与静盘，六处重来六卦看。
再以两仪浑天论，八卦居然一穴安。
龙向山水三十二，四方四八卦重观。
人识个中消息理，六十四卦如转丸。
五行生克断吉凶，三男三女次第逢。
公位均从天卦定，交战和悦认真宗。

吉时鷩①冕龙章赐,三牲五鼎受皇封。
凶时赭衣赤族见,一家八口不相容。
吁嗟乎!得时失时天渊判,正零山水若冰炭。
山龙收旺在鳌峰,水龙收旺在蛟殿。
山之水兮煞曜逢,黄金铸就铁罗汉。
水之山兮死气居,白璧雕成玉人面。
此中妙诀至玄微,得法能挽造物机。
地睐详推值日卦,天星飞吊用时晖。
七十二气通黄壤,二十八宿拱紫微。
年月入中排禄马,知此可以言是非。
我本楚狂聊跋此,肩担大道知音稀。

明浒湾居士宋铎谨识

---

① 鷩,音 bì,赤雉,即"锦鸡"。例:"背负~鸟之毛,服饰甚伟"。

第一帙　不二法门

元空心法图

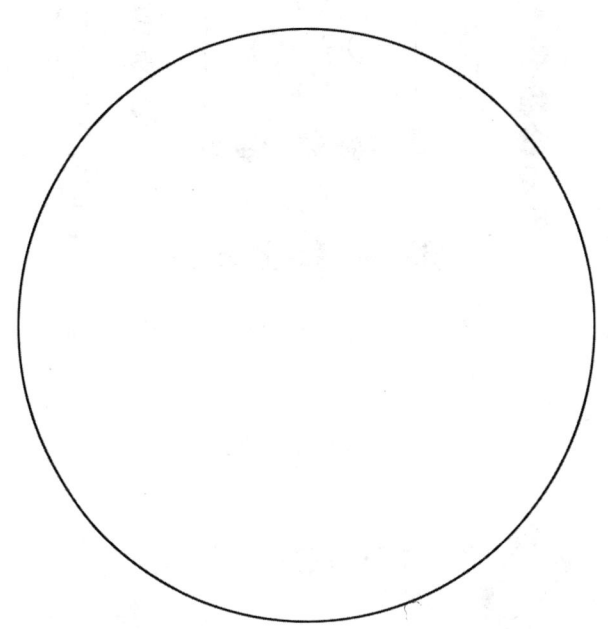

　　此图名曰元空，非水火金木之在天成象，非方圆直锐之在地成形，且非东木西金之方位，坎离水火之卦属。盖五行八卦因气变迁，随运转移，天心一动，九宫便更，名非有定，气随星分。知此则知下卦起星之诀，定卦分星之奥；知此且知非巨门而与巨门为一例、非破军而与破军为一例之妙用矣。

河图天地交图

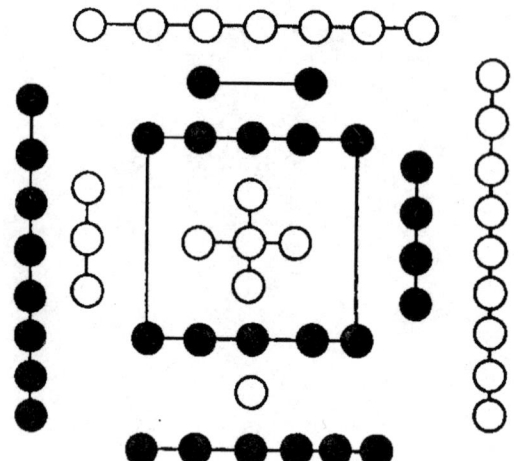

一三七九阳也，天之象；二四六八阴也，地之象。即奇偶位次而天地之交现矣。

洛书日月交图

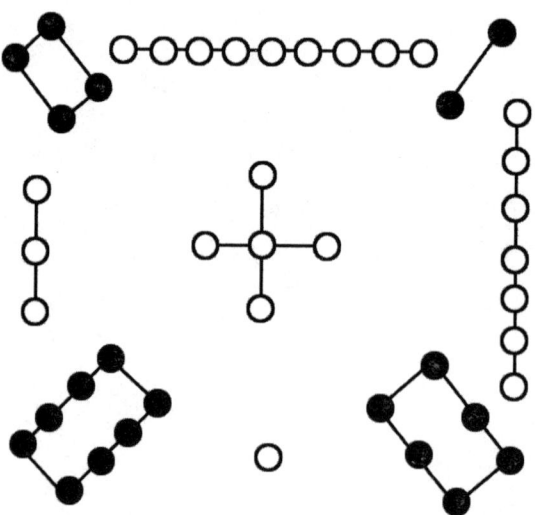

一三七九阳也，日之象也；二四六八阴也，月之象也。即奇偶位次而日月之交现矣。

先天卦位图

后天卦位图

第一帙 不二法门

3

钤诀歌叙（青田）

苞符无故泄精华，经纬星辰转斗车。周流六虚无定所，春风浩荡满天涯。凡夫昧此消息理，只为拘墟用卦差。嗟乎！河洛有交媾，真阴真阳受。扫象穷顺逆，岭洋别卦睽。太少之相合，错综同复姤。能将九曜衰旺分，何须仰面辨天文。奇卦江东生者是，偶卦江西死者云。若问南北卦中事，突然建极自超群。但测元空三卦理，周天换度一一举。有时星辰落山阿，神机端向出脉起。有时星辰照江潭，多因蛟螭居水底。鹫峰顶上笋尖危，旺气守宫山鬼离。龙门浪里芦花敧，生气朝元水族麛。山国泽国既深知，五德代兴当乘时。阳从左兮阴从右，父母子息颠倒随。推生推旺推衰死，富贵贫贱君所司。人知求富贵，此法随能会。我欲泄机关，天将为我罪。君不见景纯死、延翰逃，祸福无门人自招。天地爱道不轻与，权夺造化神鬼号。尔泄天机天绝尔，天怒难干戒凶曹。

河洛卦位合图

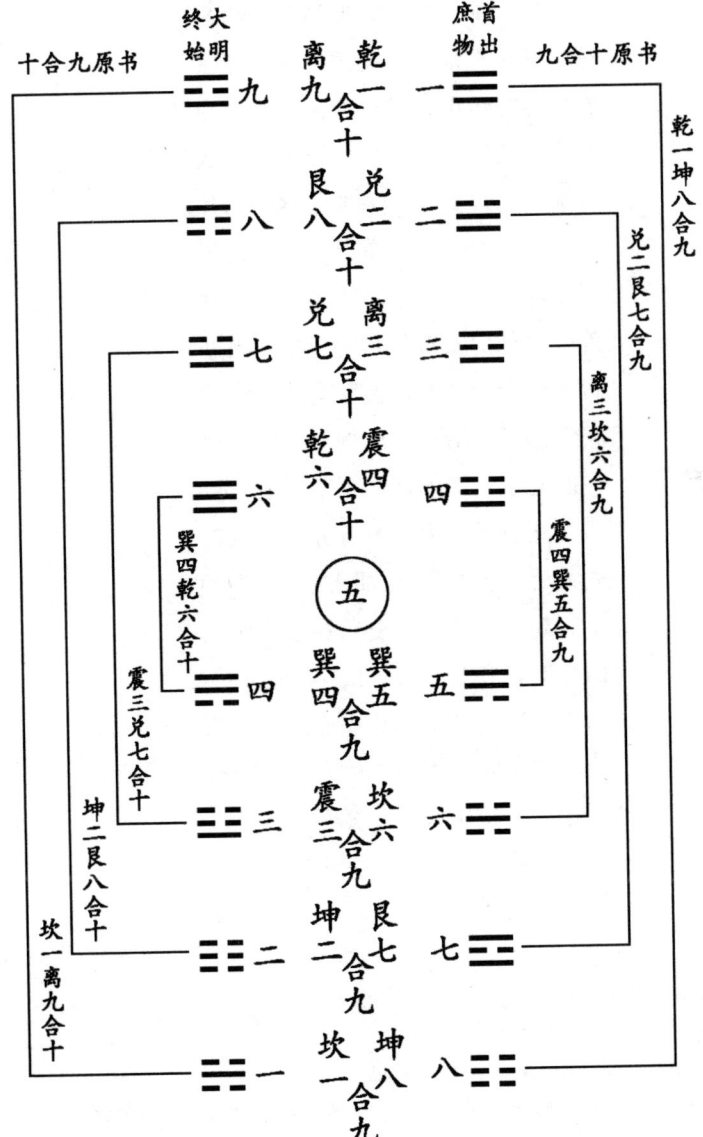

第一帙 不二法门

洛书河图元运心法歌

缘督翁

日月匆匆催银箭，乾坤浩荡天机现。
马图呈瑞次龟书，龙照神州并赤县。
虎号山君镇山殿，未尝入水为鱼患。①
龙为鳞长镇水宫，岂肯登山与豹战。②
山水各有司令神，天地隐然分两片。
识得一片遗一片，东西二卦岂能辨。
五花八门阵万千，将军始能当一面。③
盖因天卦少人知，知时鬼神向君悲。
布衣可握天地柄，挽回造化任所之。
天宝虽不容措词，渐剖一二使人思。
一四七主一四七，④ 三六九时三六司。
八二立极极自为，中五分飞四六维。
先天后天各归掌，⑤ 此是钤诀旧矩规。
下卦起星有妙诀，更须扫象穷顺逆。⑥
山之顺处旺与生，⑦ 水之顺处衰败绝。⑧
山水若逢当逆用，与顺相反宜揣测。⑨
除却当元旺与生，半生半死亦逆格。
从兹运上转轮车，过客不入黄婆家。⑩
三条大路天地人，一一排来不用差。

---

① 此言山龙不下水也。
② 此言水龙不上山也。
③ 非入中立极，不能辨一运之星卦也。
④ 一则一为极，四则四为极，七则七为极，随元建极，九运皆然。
⑤ 山用先天，水用后天。
⑥ 论流行卦挨排。
⑦ 山龙以生气为顺。
⑧ 水龙以死气为顺。
⑨ 山顺排者水逆排，水顺排者山逆排。
⑩ 起星之后抽去中宫只用八宫挨排。

有时路自天元出，顺兮人地迭次加。①
逆排先地后人位，② 真机活泼满天涯。
有时脉自人元起，顺先地兮至天止。③
逆由天兮转地元，④ 古仙留此人元理。
有时龙行地元里，挨排难与天人比。
顺则三山渐次推，⑤ 逆由天人兮入天纪。⑥
顺逆既明天卦通，阴阳交媾在此中。⑦
知寻四象与正配，⑧ 山水位次各归宫。
流行天卦与静重，六十四卦抽爻同。⑨
入脉排来十二卦，城门十二亦相逢。
山水合卦二十四，⑩ 吉凶祸福了然记。⑪
孟仲季兮衰旺分，太岁三合对冲位。
凡夫若识个中机，须非圣人兮亦上智。

---

① 顺排自天元至人元，由人元至地元。
② 逆排自天元至地元，由地元至人元。
③ 顺排自人元至地元，由地元至天元。
④ 逆排自人元至天元由天至地元。
⑤ 顺排自地元至天元，由天元至人元。
⑥ 逆排自地元至人元，由人元至天元。
⑦ 其中交媾，系山水排来，空中流行之气耳，非方位之板格也。
⑧ 四象者，一六、二七、三八、四九，太少之阴阳也。正配者，先天乾一坤八合九，坎六离三合九，震四巽五合九；后天坎一离九合十，坤二艮八合十，震三兑七合十，乾六巽四合十也。或一四七，或二五八，或三六九亦可。
⑨ 排龙处流行之星合成一卦，天卦之星与静盘之星合成一卦，抽去天卦，流行之星与静盘之星合成一卦，是排龙时二十四山已各得三卦矣。排水处流行之星与天卦之星合成一卦，天卦之星与静盘之星合成一卦，抽去天卦，流行之星与静盘之星合成一卦，是排水时二十四山又各得三卦矣。
⑩ 山水二法排来，则龙上排六卦、向上排六卦、山上排六卦、水上排六卦，合之成二十四卦，以法期年之二十四节气也。
⑪ 生旺衰死败既辨，复于重卦中，看五行生克，则吉凶祸福瞭于目矣。

九令弁言

泰和子题

识得阴阳两路行，富贵达京城；不识阴阳两路行，代代绝除根。三三分兮一二会，九九循环分顺逆。先明先后辨兴衰，着手用心排。排定生克局，千变由人为。能使静反动，直教败反兴。包罗万象惟三指，总要师师语，寻师焉可已。

一运天机秘密些子图[①]

中宫一九合十

贪狼主政立极

此图从甲子年甲子月甲子时起，历河洛之元运。夫河图之卦为消、洛书之卦为息，兹图之合九合十，是以河之卦配洛之卦，是为天卦。妙哉此图，泄苞符秘矣。

一运些子赞：分明离女扶乾父，暂去黄婆家里住。女有智兮父有才，同居各把天机布。(青田)

---

① 山水二龙合图。中宫一卦通。

河洛摇鞭赋

幕讲著　胡世泰注

粤自龙马负图，① 理阐苞符之秘；神龟出洛②，天泄造化之机。阴阳相自周家，风水倡由秦世。排六甲，布八门，经传黄石；谈三元，分九运，道授赤松。仙乎延翰，③ 绍郭璞之薪传④；至矣筠松，窃唐家之府库。⑤ 降自曾吴廖赖，相传唐宋元明。类皆宗先天之爻象，法后天之流行也。先天何用山龙之基，⑥ 后天何为水龙之体？⑦ 欲穷山水，当论星辰。故考三元之得失，首排一运之枢机。

---

① 伏羲时出。
② 大禹时出。
③ 邱公也。
④ 郭公晋人也，曾作葬经。
⑤ 杨公乘黄巢之乱，与门人曾公入唐库窃郭公之书而逃。
⑥ 山龙下卦起星，其铃诀均以先天为主也。
⑦ 水龙下卦起星，其铃诀均以后天为主也。

一运山龙天机钤诀山水定卦分星图[①]

但得星辰流转诀　自合天心造化工

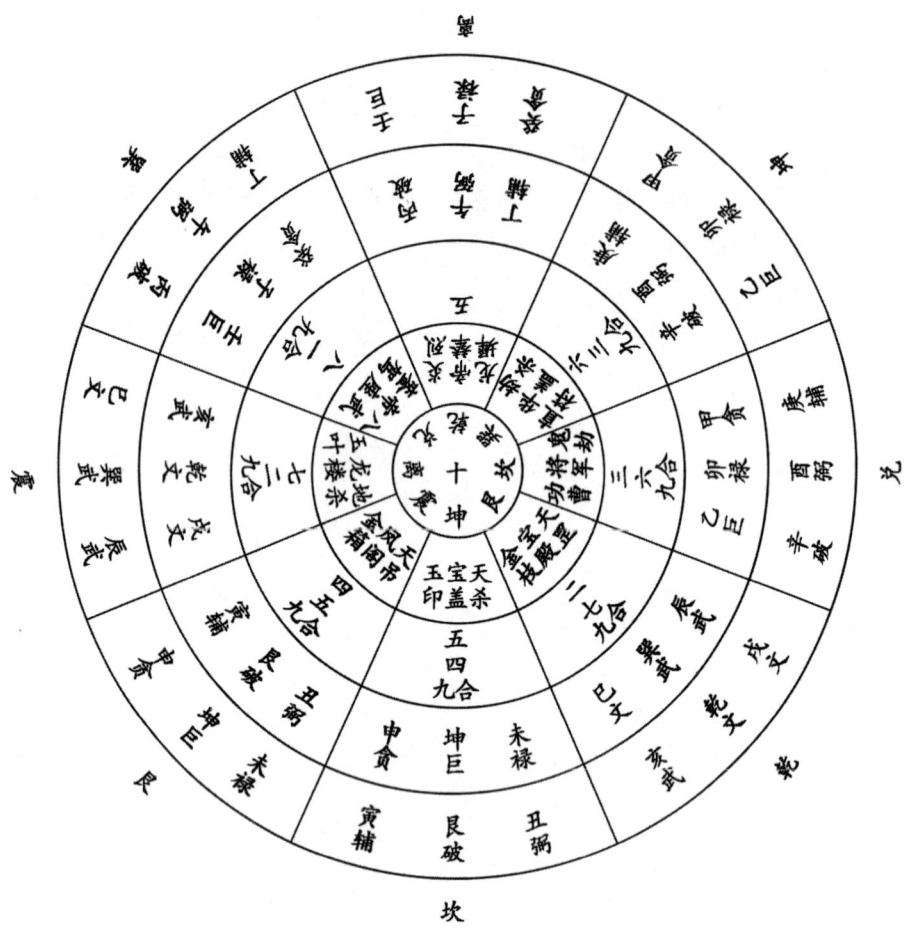

"山上龙神不下水"者，盖山龙体属先天，无关后天事也。曰"山用顺者山上排"，龙以生气为顺，死气为逆也。

离卦剥官，伏吟在艮方，反吟在兑乾。

---

① 八卦各皆合九。

一运山龙节

二十四卦,动视狼星之极。① 三十六宫,分操象纬之权。② 溯厥钟灵,莫先乔岳。流转而山逢贪巨,秀产千丁。③ 挨排而水遇破廉,财添万顷。④ 若正神而居水口,⑤ 定因讼狱倾家。倘零位而列峰头,⑥ 必致流离绝后。⑦ 其它龙逢文曲,美人与蔓草之歌。⑧ 峰映贪狼,公子掇巍科之选。⑨ 又宜因地以施,不可执方以论。

论法:夫《铃诀》本杨筠松类聚装成,以授黄妙应也者。其中变化不测,审兴衰、辨祸福,实泄天地之机缄,而非俗士之得与闻也。其用河图先天者,因山龙排山排水均本先天之合九以吊天卦也。但排山从龙起,以分布二十四干支爻象;排水从向起,⑩ 以分布二十四干支爻象。此曾杨相传之心法,千古不二也。至宋儒有以穴之对宫为向,⑪ 从此起星排水者,殊属拘泥。元初又有以一盘挨之者,则空中何有交媾,失之更远矣!(青田)

---

① 狼星贪狼也。一运贪狼主政,二十四卦均随极星而转移,所谓八卦只看一卦通也。

② 三十六宫其说有六。**一以六十四卦论**:五十六卦均有反对,其体实仅二十八卦,合之无反对乾、坤、坎、离、大过、小过、颐与中孚八卦,共成三十六宫。**一以八卦之画数论**:乾三画坤六画合九、兑四画艮五画合九、离四画坎五画合九、震五画巽四合九、四九成三十六宫。**一以先天之卦论**:乾一坤八九数、兑二艮七九数、离三坎六九数、震四巽五九数,合四九之数成三十六宫。**一以十二辟卦论**:冬至地雷复、大寒地泽临、雨水地天泰、春分雷天大壮、谷雨泽天夬、小满天天乾,阳生之卦六,六六三十六爻,为三十六宫。夏至天风姤、大暑天山遁、处暑天地否、秋分风地观、霜降山地剥、小雪地地坤,阴生之卦六,六六三十六爻,为三十六宫。**一以六画卦论**:乾、坤、坎、离无反位,四六二十四爻,震反成艮、巽反成兑,四卦实仅二卦,二六一十二爻。合前之二十四爻,亦成三十六宫。均之,无时无地不有三十六宫,斯为天道活泼。

③ 山龙以山为主,来龙坐山,若得生旺,则人丁强盛矣。

④ 山龙喜克入水口,若得破廉则富速发。

⑤ 生旺也。

⑥ 衰败也。

⑦ 言龙逢衰死,水遇生旺,获祸有如此者。

⑧ 文曲风流之士,此星一入龙山,必致闺门有玷者,山龙恐钟此邪乱之气也,值向为上。但向首排龙,要得贪狼配合,始不犯淫。

⑨ 峰,朝峰也。在左、在右、在岸均是。

⑩ 向是所立之向。

⑪ 如子龙以午向为向之类。

一运水龙天机钤诀山水定卦分星图①

子字出脉子字寻　莫教差错丑与壬

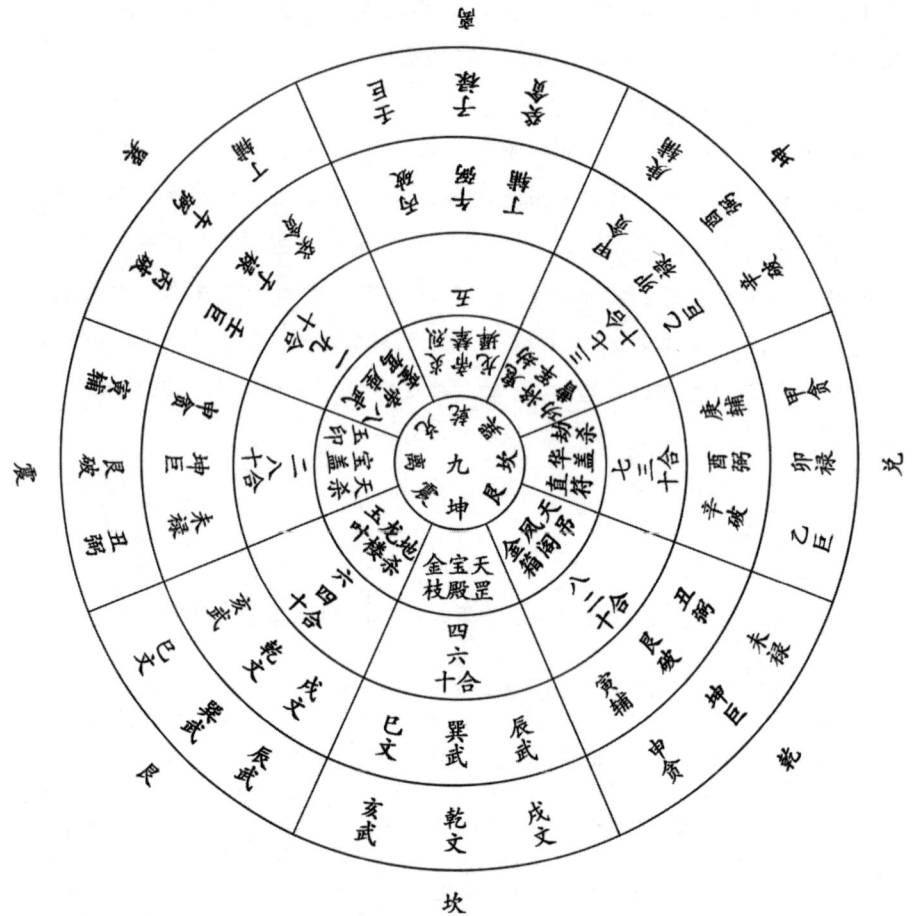

"水里龙神不上山"者，盖水龙体属后天，无关先天事也。曰"水用逆而星仍用顺"者，水里排龙，虽以死气为顺，生气为逆，而星仍次序以推之也。

① 八卦各皆合十。

一运水龙节

谓水何重，排星则殊。吉曜列门，① 富贵开骅骝之道；零神拱户，② 子孙有鸾凤之腾。贪巨兮入龙山，疾病而死之过半③；文廉兮居向水，淫邪而凶恶堪悲④。此属水龙之枢机，不可执山法而强论。

论法：山龙以乾一入中，自五至六顺布；水龙以离九入中，自五至四逆输者，即《天玉》所谓"辨得阴阳两路行"，《青囊序》所谓"龙分两片阴阳取"是也。自立极而天卦已定，然后认定来龙，依天卦以起星者，《青囊序》所谓"先看金龙动不动，次察血脉认来龙"是也。排龙之后，必从向以排水者，《宝照》所谓"城门一诀最为良"，《青囊序》所谓"水发城门须要会"与"朱雀发源生旺气"是也。山龙排山，必从入首起者，《天玉》所谓"五行山下问来由，入首便知踪"，《宝照》所谓"要看龙到头"是也。至水龙，有草蛇灰线马迹丝者，仍从入首下卦起星，若江北之莽莽平畴，江南之茫茫水国，既无灰丝草蛇之路，复失乎蛛丝马迹之形，俗术至此，茫无措手，而不知仙师于水之三叉城门交会处对针一盘，水从子会，则知龙从午来；水从酉会，则知龙从卯来。此非矫揉造作也。学者读《宝照》一书，既曰"但向水神朝处取，莫说后无主"，又曰"乾坤艮巽天然穴，水来当面是真龙"，三复其义，可以恍然悟矣。（青田）

---

① 言生旺气宜置水口也。
② 水龙以旺气为零神，此言零神宜在向也。
③ 贪巨生旺之星排在来龙坐山之上，是为水里龙神上乎山也，故获祸如此。
④ 文廉，煞气也。使居向水，必获如是之祸。

二运天机秘密些子图[1]

中宫二八合十

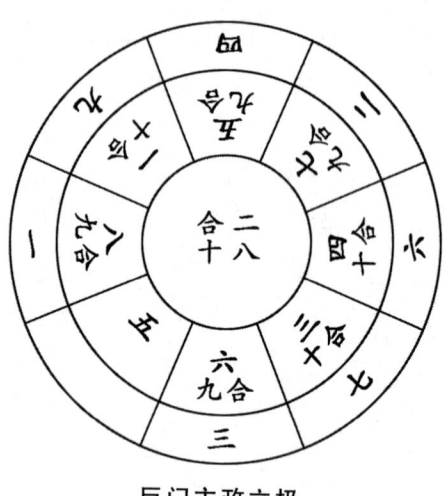

巨门主政立极

二运些子赞：少女司权镇六宫，修明阴教令群工。相扶更有少男力，大地阳和一掌中。(青田)

耶律楚材云："挨星之法，原有随时建极之精英，随山挨排之法象。"其不入中以立极者，八卦八方，互起星辰，[2] 无论不能开辟天卦，睹各运之化机，而于《青囊》"中五立极，临制四方"之义亦悖。谓必入中以挨排者，九宫九星，拘泥胶执，[3] 无论不能周流六虚到左右之方位，而于《天玉》"水上排龙点位装，父母排来到子息"之言亦诬。不知《玉钥匙》注《天玉》"坎离水火中天过"则曰："坎离者，举南北以例九宫也。中天过者，随元随运必入中以立极，而二十四神始能移易也。"《插泥剑》注《青囊序》"五行分布二十四"则曰："下卦起星之后，必抽去中宫不用，而二十四山始能一一布之也。"世之执一遗一者，不失之伪，必失之拘。吁，可叹哉！

[1] 山水二龙合图中宫一卦通。
[2] 如唐一行僧之说。
[3] 如宋桑者子之说。

二运山龙天机铃诀山水定卦分星图[①]

类聚装成一太极　个中人至自知情

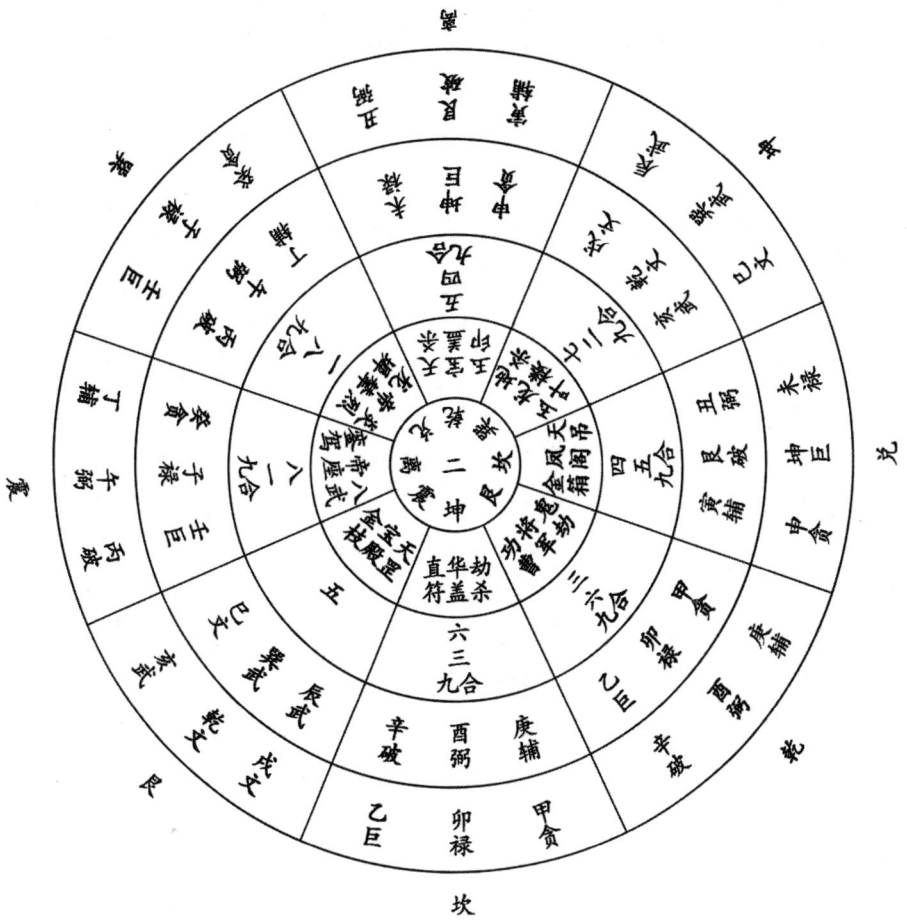

艮卦剥官。

---

① 八卦各皆合九。

二运山龙节

　　二运谁极，巨门者是。山自山兮，山有衰旺。水自水兮，水有正零。既登其山，先论其法。巨门而列龙峰，家有石崇之富。① 文曲而居鹫岭，室生班马之才。② 水有廉贞之列，克入施功。坐邀禄曜之临，③ 生出得力。卦纵归三，必如是乃为吉。④ 机虽合九，苟反之则多凶。⑤

　　论法：《天玉》曰"阴阳二字看正零"。夫山之正神者何，生旺也；零神者何，衰死也。排山，生旺之正神宜在山者何，山为正也；排水，衰死之零神宜在水者何，水为零也。⑥ 向有水宜零者何，零以水为位也。向有峰宜正者何，正以峰为体也。八国城门，有峰者何以宜正神，有水者何以宜零神，山水配合之精英，即《奥语》"晓高低，星峰须辨得玄微"、《天玉》"捍门官国华表起，山水一同例"之说也。向上排水之法，排山宜正者排水何以宜零，排山宜零者排水何以宜正，不知"阳若无阴定不成，阴若无阳定不生"，其义《宝照》已先言之矣。至两字来龙，虽两字下卦，两处所排之龙山，均宜生旺；两处所排之城门，均宜衰死；两处所排之正向，有峰宜正，有水宜零。以清杂气者，即《天玉》"双山双向水零神，若遇正神须败绝"之义也。若龙宜正而得零，水宜零而得正，安置不清，吉转为凶者，要亦昧《天玉》"龙中交战水中装"之戒耳。非然者，惟山龙下坪法，依先天之图起，排龙龙宜平、山宜克、向水宜生旺；排水龙宜克，山宜旺，向水宜衰死；依山龙之变局，不可执山法而论也。水龙成山法，依后天之图起，排龙龙宜衰，坐宜生，峰宜旺，向水宜克；排水龙宜旺，坐宜衰，峰宜克，向水宜生；依水龙之变局，不可执水法而论也。其余若"群峰围簇，不见洋光；众水绕流，不见山体；从龙排山，处处宜生旺；从向排水，处处宜衰败"之外，而零正断未有移易也。《天玉》不尝云乎"明得零神与正神，指日入青云；不识零神与正神，代代绝除根"。学者于零正一法，可不深思而细玩乎？（青田）

---

① 言旺气在龙，所发之富亦速而猛也。
② 言朝峰朝岸得此文曲，主出人文雅多才。
③ 言禄存生气排在生出则吉也。
④ 言排星者，虽收得二五八一卦，亦必零正得位乃吉。
⑤ 言排星者山，龙虽能合九，亦必阴阳交媾乃吉，否则多凶。
⑥ 水龙反是。

二运水龙天机钤诀山水定卦分星图[①]

欲具旋乾转坤手　顺排逆排看化机

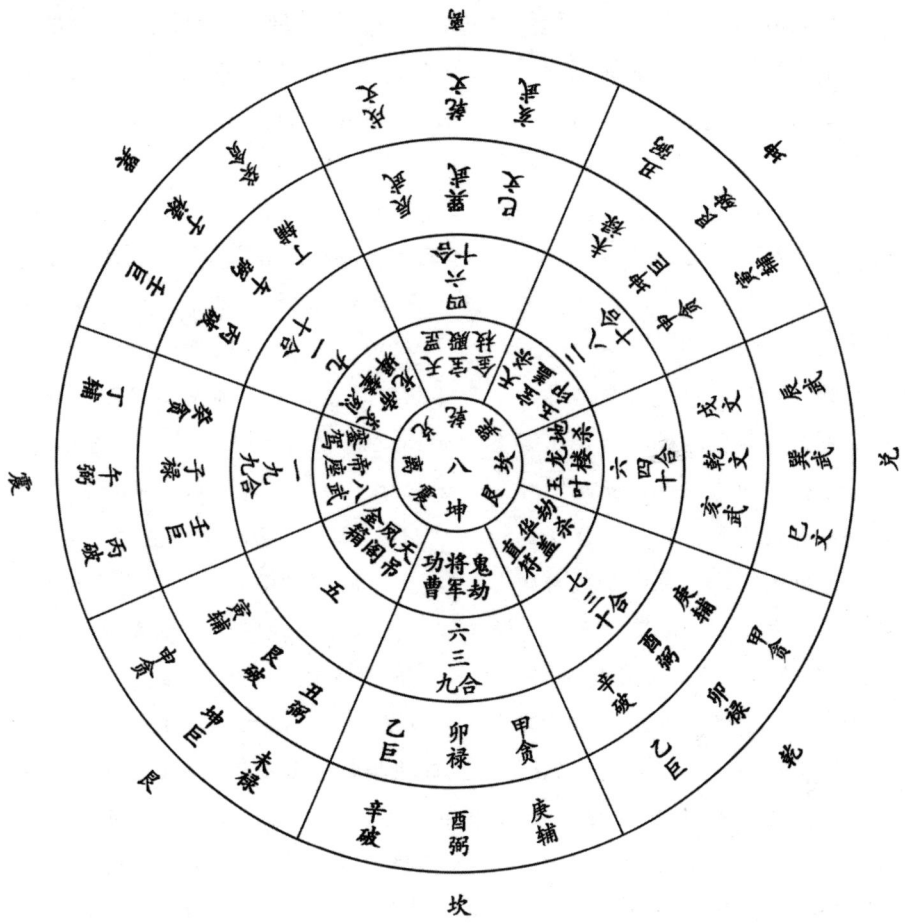

---

① 八卦各皆合十。

二运水龙节

　　复观灏瀚之漭洄，当识汪洋之化育。① 圣天子舟游海国，水底吟龙。② 大将军旗插边关，门前啸虎。③ 破廉为残之夫，何需彼当门按剑。④ 文曲乃风流之士，岂令他放眼窥春。⑤ 或左辅兮或右弼，来山最宜。或武曲兮或贪狼，值坐为上。不然失却化机，难以区分祸福。

　　论法：《天玉》云"天卦江东掌上寻，知了值千金。地画八卦谁能会，山与水相对"，《插泥剑》注云"雌雄交媾，山水配合"，先天后天之合卦也。且曰"相对者，水龙之下卦起星，后天与先天相对之余，水龙各自为对之"。例则九与一对、一与九对、二与八对、三与七对、四与六对⑥、六与四对、七与三对、八与二对，以开排龙排向之天卦。亦如山龙之下卦起星，先天与后天相对之余，山龙各自为对之。例则一与八对、二与七对、三与六对、四与五对、五与四对、六与三对、七与二对、八与一对，以开排龙排向之天卦。故《铁弹子》所谓"用先天以统龙，当详乎四龙天星；用后天以主政，当审乎三般卦例"，《奥语》所谓"雌与雄，交会合玄空。雄与雌，玄空卦内推"，《序》所谓"江南龙来江北望，江西龙去望江东"，《本经》所谓"关天关地定雌雄，翻天倒地对不同"也。愚按：玄空会合之理，非明顺逆者不能定。以二运论，山龙排山，以巨禄为生旺顺排，余七星均逆排；⑦ 水龙排山，以巨禄为生旺逆排，余七星均顺排。⑧ 此星之顺逆，无非《天玉经》"九星双起雌雄异"之义也。以九宫论，自五至六为顺，按次以推，三元自五至四为逆，批鳞以布三卦，此方之顺逆，无非《青囊序》"阳从左边团团转，阴从右路转相通"之法也。顺逆既明，然后

---

① 此言观水之法。
② 巨门御极之星也，故以圣天子拟之，海国喻水口也，水龙之水口宜得旺星，故以圣天子舟游海国拟之也。
③ 禄存辅极之星也，故以大将军喻之，旗插边关喻挨排在向也，水龙向宜得生，故以大将军旗插边关喻之。
④ 言衰死之星，不可挨排在向，以生祸乱也，值坐为上。
⑤ 言文曲一星不可挨排在水，若挨排在水定生淫乱慎之。
⑥ 中五所泊之宫，以立极之卦辅之。山水同法。
⑦ 山龙排水反是。
⑧ 水龙排水反是。

两路排去。排龙体《天玉》"认取来山脑"之言，排水宗《天玉》"五行翻值向"之理。使穴上八卦，穴内装清；依向水之四神，推龙山之八将；阴用阳朝，阳用阴应，以布《宝照》内阳坐穴之法①。自然一葬即发，"蚯蚓逢之便化龙"矣。(青田)

三运天机秘密些子图②

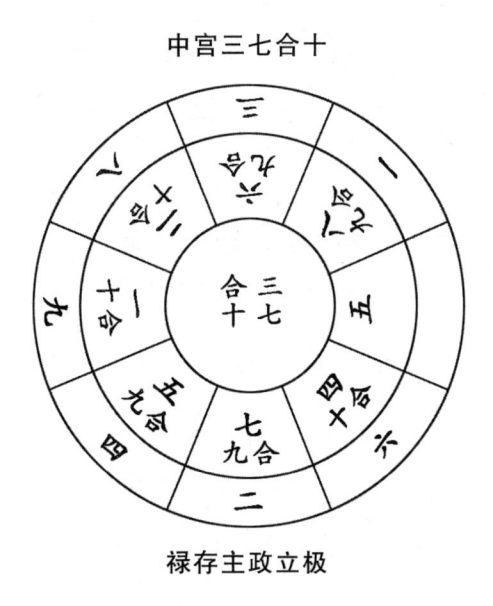

中宫三七合十

禄存主政立极

三运些子赞：一轮离火出扶桑，暂入黄庭自主张。不忆西方来少女，云车相并过周行。(青田)

《插泥剑》曰：世之谈元运者，动以三大卦为名经。好地者穷诘其义，不曰"二十四龙管三卦，莫与时师话"，引经文之言，假简默以掩其拙；必曰"东西父母三般卦，算值千金价"，诵《天玉》之旨，托郑重以诈其财。其实三卦之精英，茫然不解。问有知"一四七为东卦、三六九为西卦、二五八为南北卦之静位"者，③世已奉为明师，而不复深究其活泼周流之理。岂知三般卦义，实元空之精髓哉！夫《天玉》曰："江东一卦从来吉，八神四个一"。江东者，太阳之位；一者，奇也；奇者，阳也，故

---

① 挨星生旺交媾，山水零正之法。
② 山水二龙合图中宫二卦通。
③ 即经四位之说，不知仍是静位。

以江东太阳之位拟之；四个者，龙向山水四处也。①嚣嚣子解三卦②则曰"八神"者，③龙上两神、向上两神、山上两神、水上两神也。合而言之，排星之得生者也。"江西一卦排龙位，八神四个二"。"江西"者，太阴之位；"二"者，偶也；"偶"者，阴也，故以江西太阴之位拟之；"四个"者，龙向山水四处也；"八神"者，亦龙上两神，向上两神，山上两神，水上两神也，合而言之，排星之得衰者也。"南北八神共一卦"，"南北"者，举天地定位而言，即随运入中建极之卦也；"共一卦"者，无论先后天之排山排水，同此一极，以开天卦；其中五所泊之宫，山水无异也。不然既云三卦，又曰"东西二卦真奇异"，其说不自相矛盾乎？不知《天玉》"分却东西两个卦"者，分山分水、分生分死、分江东分江西也。《宝照》"八卦只有一卦通"者，一卦即南北所共之一卦也。一卦入中立极，干支变换，故曰"共一卦"、"一卦通"也，学者可固执以论三卦哉！

---

① 以经四位起父母解者，指三卦之粗迹也。

② 点校者注：嚣嚣子，即文成嚣。其解三般卦曰："'江东一卦从来吉'者，自中五立极，乾兑艮离四卦所来之天卦，均属生气，故曰'八神四个一'也；曰'江东'者，顺行在左也。曰'江西一卦排龙位'者，自中五立极，巽震坤坎四卦所加之天卦，均属死气，故曰'八神四个二'也；曰'江西'者，逆行在右也。'南北八神共一卦'者，即入中立极之卦，无论山水均共此一极，以开天卦之义也。"存之以备一说。

③ 以八卦解者，指三般卦之方位也。

三运山龙天机钤诀山水定卦分星图[①]

知生知死又知贫　阴阳二字看正零

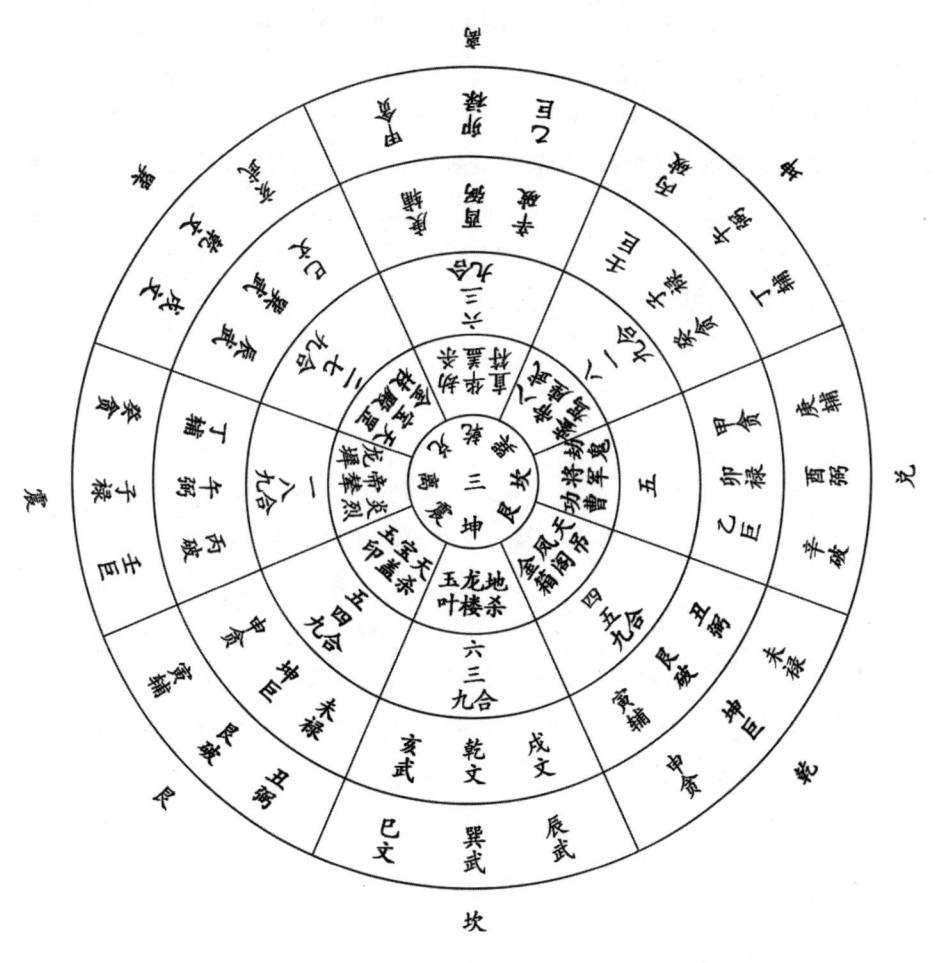

兑方剥官，兑方反吟了。艮方反吟，丑方金煞。

三运山龙节

其他禄存，三运之极。先入中宫，[②] 次观内卦。[③] 山水虽各分符，元局

---

① 八卦各皆合九。
② 言以禄存移入中宫，倒排九气，以观所泊之宫。
③ 言立极以后，山龙则以先天卦位吊二十四干支爻象，水龙则以后天卦位吊二十四干支爻象。

难添一幅。① 旺气临山而入坐,武曲可作来朝之君。零神居水而守门,弼星当为控外之将。② 门外汉以文曲为生,岂知其间出卦;③ 局中人谓巨贪已退,尚虞此未当元。④

论法:《天玉》曰,"三阳水向尽源流,富贵永无休",是求富贵之速发者,莫如三阳也。但元空有三阳之方,有三阳之星。如一运山水二龙,以丙午丁为三阳方,山龙以破弼辅为三阳星,水龙以贪巨禄为三阳星;二运山水二龙,以丑艮寅为三阳方,山龙以破弼辅为三阳星,水龙以巨禄文为三阳星;三运山水二龙,以庚酉辛为三阳方,山龙以武弼辅为三阳星,水龙以禄文贪为三阳星。此上元之三阳催富催贵之秘诀也。⑤ 四运之山水二龙,以戌乾亥为三阳方,山龙以破辅弼为三阳星,水龙以文廉武为三阳星。五运山水二龙,前十年之方与星与四同,后十年之方与星与六同。六运山水二龙,以辰巽巳为三阳方,山龙以弼贪巨为三阳星,水龙以武破辅为三阳星。此中元之三阳催官催禄之要诀也。七运山水二龙,以甲卯乙为三阳方,山龙以贪巨禄为三阳星,水龙以破辅弼为三阳星。八运山水二龙,以未坤申为三阳方,山龙以巨禄文为三阳星,水龙以辅弼贪为三阳星。九运山水二龙,以壬子癸为三阳方,山龙以禄文廉为三阳星,水龙以弼贪巨为三阳星。此下元之三阳催丁催福之天机也。《经》又曰"三阳六秀二神当"者,盖排三阳之法,一卦中之最克者排在父母爻,次克者排在子息爻,使直达补救,有相扶之义也。予好览古书,因辑《玉钥匙》、《插泥剑》之精英,括诸卷帖。言之不详,恐贻误苍生,同志者切勿怪其琐碎不休也。(青田)

---

① 言江东一卦不能出卦相兼。
② 言此局不能广兼,故取三碧值龙值坐、六白值向、九紫值水,以归三六九一卦耳。不然错乱夹杂,恐卦气不纯,祸福相兼耳。
③ 人以文曲为生气,不知文属中元,禄属上元,兼而用之则元局不清矣。
④ 人以贪巨为一元,不知禄主政,巨贪已经退位而居衰败耳。
⑤ 排星,当以三阳星排在三阳方上,始为动静合体。但有水在三阳方则速发,无水减量。

三运水龙天机钤诀山水定卦分星图[①]

翻天倒地对不同　富贵贫贱此中逢

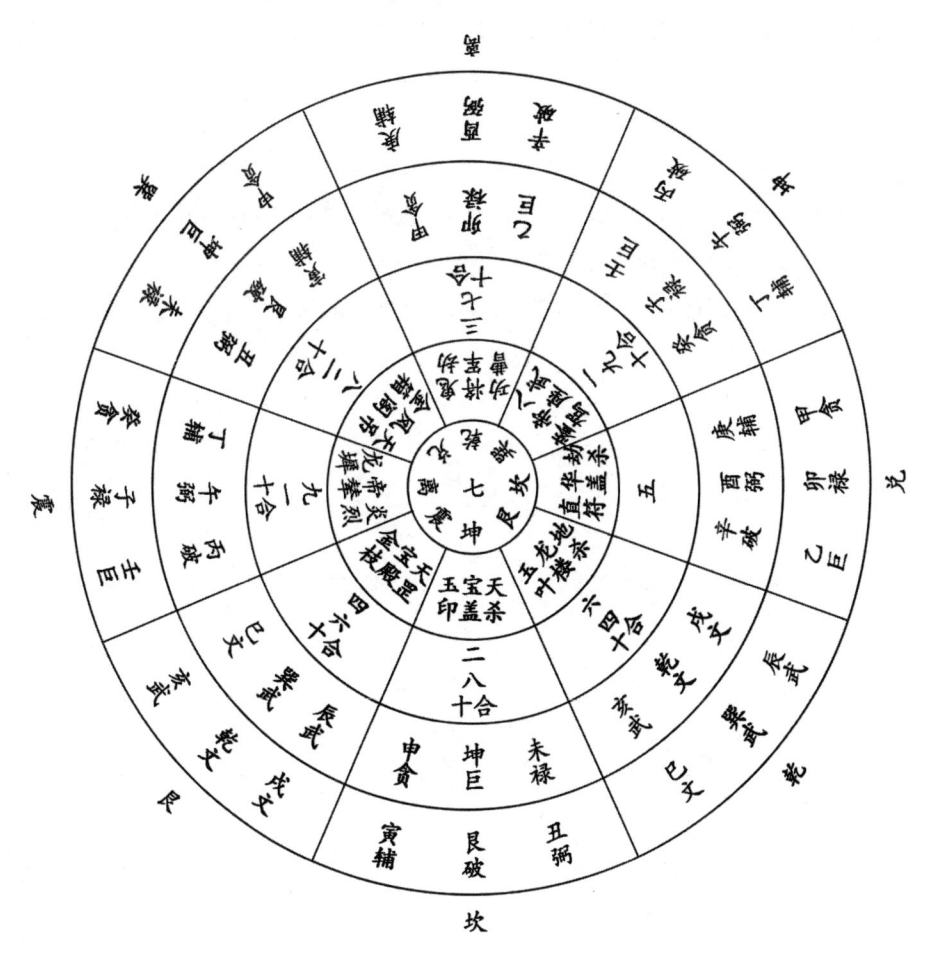

---

① 八卦各皆合十。

三运水龙节

况向水操一代之权，零神得位，始属钟鸣鼎食之家。武弼合三般之卦，正气临宫，① 方为冠盖云从之塚。非此局不能广兼，奈当元之实多逼狭。

论法：《经》曰："上按三才并六建，排定阴阳算。"盖"三才"即一运中生旺三星，"六建"即一卦中左右子息阴阳算者，从龙顺逆排去②。水龙向在四正，父母水必从四正干神潮入，生旺亦必排在四正干神之位。向在四隅，父母水必从四隅支神潮入，生旺亦必排在四隅支神之位。虽不拘"子向必须壬癸，乾向必须戌亥"之建，但四正水从支潮，四隅水从干入，自罹"正山正向流支上"之惨。（青田）

---

① 水龙以衰死为正神也，临宫者排退运之星于来龙坐山也，其曰武弼者，盖取三六九一卦耳。

② 耶律楚材云："水法之天建、地建、人建、马建、禄建、财建者，太岁入中飞吊本命禄马，月建入中飞吊本年贵人，到潮水干支之位者，非元空之六建也。

四运天机秘密些子图[1]

中宫四六合十

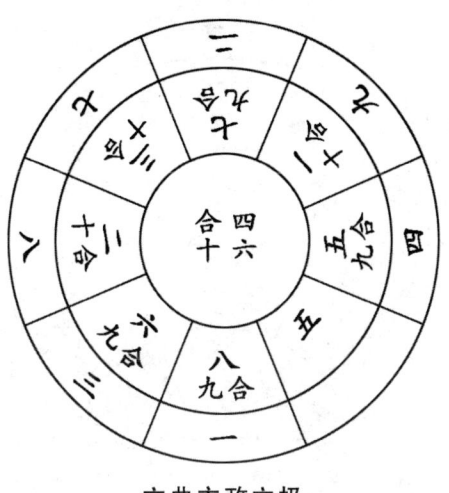

文曲主政立极

四运些子赞：长子司权入紫宸，普天之下莫非臣。那知乾父相扶立，东帝齐兮西帝秦。(青田)

《天机素书》曰："《天玉》所言'辰戌丑未四金龙'者，即元空不可犯之四金杀，而非世俗所论之四大水口也。"辰戌丑未，虽分野于亢牛娄鬼之宿，[2] 盖自极立以来，山水二龙之干支爻象换矣，倘动盘辰戌丑未仍如静盘辰戌丑未之上，则为金杀还宫，凶不可言。若遇此龙此山，不但其家多咎，而杀师之祸亦不旋踵而至，此《经》所谓"罡劫吊杀休犯着，四墓多销铄"是也。苟非知"七星打劫，离宫相合"者，其金杀之祸岂能免哉！夫北斗，《星经》原有九星，兹云"打劫"者，言九星随运建极以开天卦，使辰戌丑未移宫易地也；曰"离宫要相合"者，亦不过使辰戌丑未离辰戌丑未之位，而来甲庚壬丙以合之也。此《宝照》所谓"辰戌丑未四山坡，甲庚壬丙葬坟多"是也。[3] 操斯术者，当金煞未脱之时，若贪排龙排向之生旺交媾，以为无碍，而妄迁此龙此山，既已损人、复又害己，有何利益哉！慎之慎之！惟俟辰戌丑未之山，变为甲庚壬丙而后迁之，庶不致扑火自焚、投水自溺耳。

---

[1] 山水二龙合图中宫一卦通。
[2] 虽有岁差之例，星差而宫不差，此《大衍历》之法也。
[3] 俗有以辰戌丑未龙立甲庚壬丙向者，非。

四运山龙天机钤诀山水定卦分星图①

山管山兮各有天　催官催禄指日间

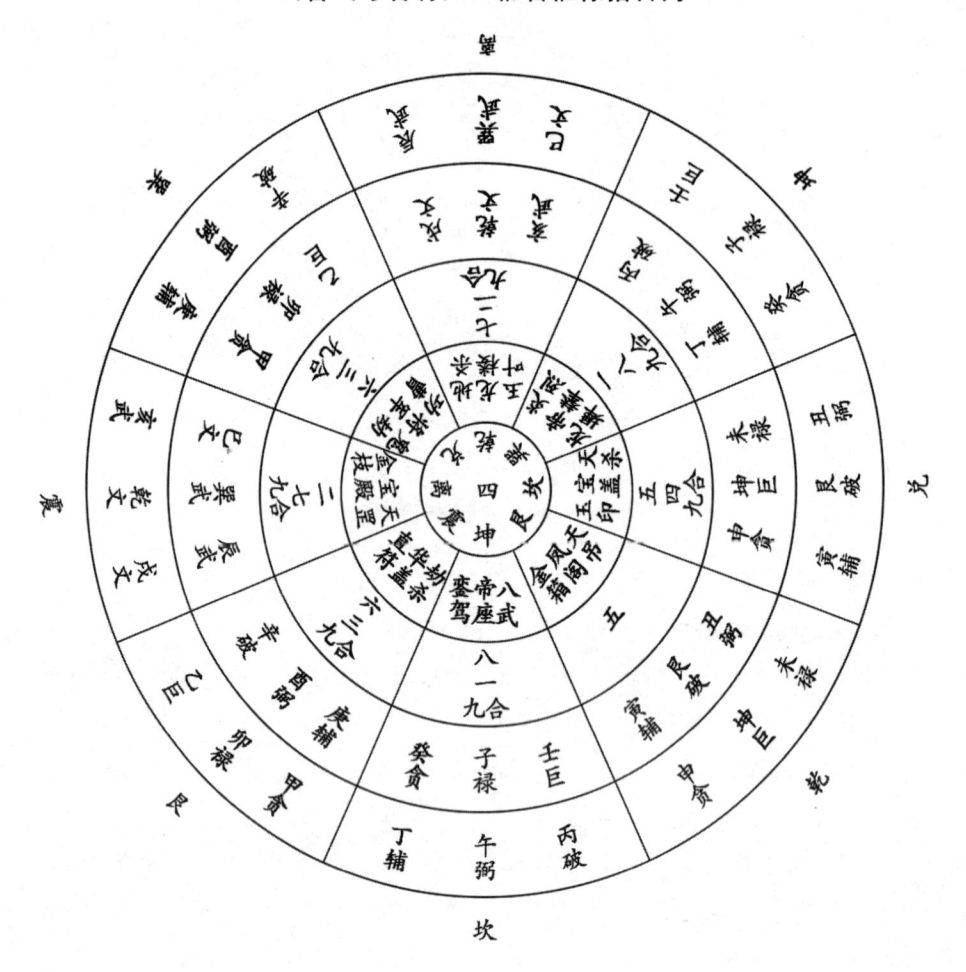

乾方剥官，坎卦伏吟。

四运山龙节

若夫坎离立天地之中，南北定乾坤之极。运统于文，星终于武。② 卦

---

① 八卦各皆合九。
② 此就中元之大势论。

则分之以三，山先论乎其四。① 峰排文曲，绿衣郎身到凤池。② 座列廉贞，赤胆将功书麟阁。③ 奎木④之光射斗，伊吕重生。⑤ 欃枪⑥之宿当门，关张再世。⑦ 倘教正泛桃源，淫邪堪耻。⑧ 若使零游葱岭，讼狱频添。⑨

　　论法：《天玉》既曰"卦内八卦不出卦"，又曰"龙行出卦无官贵"，审龙立向，固不宜出卦也。但世之论出卦不出卦者，执四正四隅之限，谓"子癸一卦，癸丑即出卦也；午丁一卦，丁未即出卦也"，而不知有天卦焉，有地卦焉。天卦者何？周流六虚之气，即《宝照》"八卦只有一卦通，星辰流转要相逢"之理也。地卦者何？四正四隅之位，即《曾序》"先天罗经十二支，后天再用干与维"之义也。地卦有限，天卦无限。如子癸二山，在地卦为一卦，设天卦排来，子得衰死，癸得生旺，爻在一宫，运则两地，此《插泥剑》所谓"地卦不出，天卦出"也。丁未二山，在地卦为两卦，设天卦排来，丁得旺气，未得生气，山分二卦，运归一元，此《插泥剑》所谓"地卦出，天卦不出"也。或龙从子午一卦来，生气却排在壬癸，不杂乾艮之支神；旺气却排在丙丁，不入坤巽之宫次，此《插泥剑》所谓"天地卦均不出"。或坎卦之龙排来子癸得生旺，癸丑亦得生旺；离卦之龙排来，午丁得生旺，丁未亦得生旺，法宜去丑就子，去未就午者，此《插泥剑》所谓"使天卦以归地卦"也。至乙辛丁癸之龙，排在子午卯酉，反得出运之星，排在辰戌丑未，则得一元之宿；甲庚壬丙之龙，排在子午卯酉，反得失运之煞，排在寅申巳亥，则得当令之神者，其法当就生旺、去衰死，以体《天玉》"共路两神为夫妇，认去真神路"、《宝照》"夫妇同行脉路明，须认刘郎别处寻"之旨。乃《天玉》复曰"要求富贵三般卦，出卦家贫乏"者，盖言天卦之出，而后复见家计之退败也。又曰"五行位中出一位，仔细秘中龙"者，教人审天卦之不出，而后可出卦以立向

---

①　此就四运之山龙言。
②　言排文曲于来山入首，定主人文蔚起，科第联镳，且有大冠天下者。
③　言排贪狼于坐山，主出掌元戎而功书麟阁者。
④　贪狼之别名也。
⑤　言排贪狼于向生出宰辅人物。
⑥　破军之别名也。
⑦　言排破军于水口主出武将人物。
⑧　言排正神文曲于水口，不惟山龙下水，亦且淫乱无底，排星者宜慎而用之，不可造次也。
⑨　言山龙不可排退运之星于来脉坐山。

也。《曾序》曰"前后八尺不宜杂",亦言天卦之不宜杂,非地卦之不宜杂也。学者既知天卦,能使天地卦均不出者为全吉,地卦出天卦不出者为上吉,天卦出地卦不出者为不吉,天地卦俱不出者为大凶,则安坟卜宅自无阴差阳错之咎。(青田)

四运水龙天机钤诀山水定卦分星图[①]

水管水兮宜得地　九宫九气各相聚

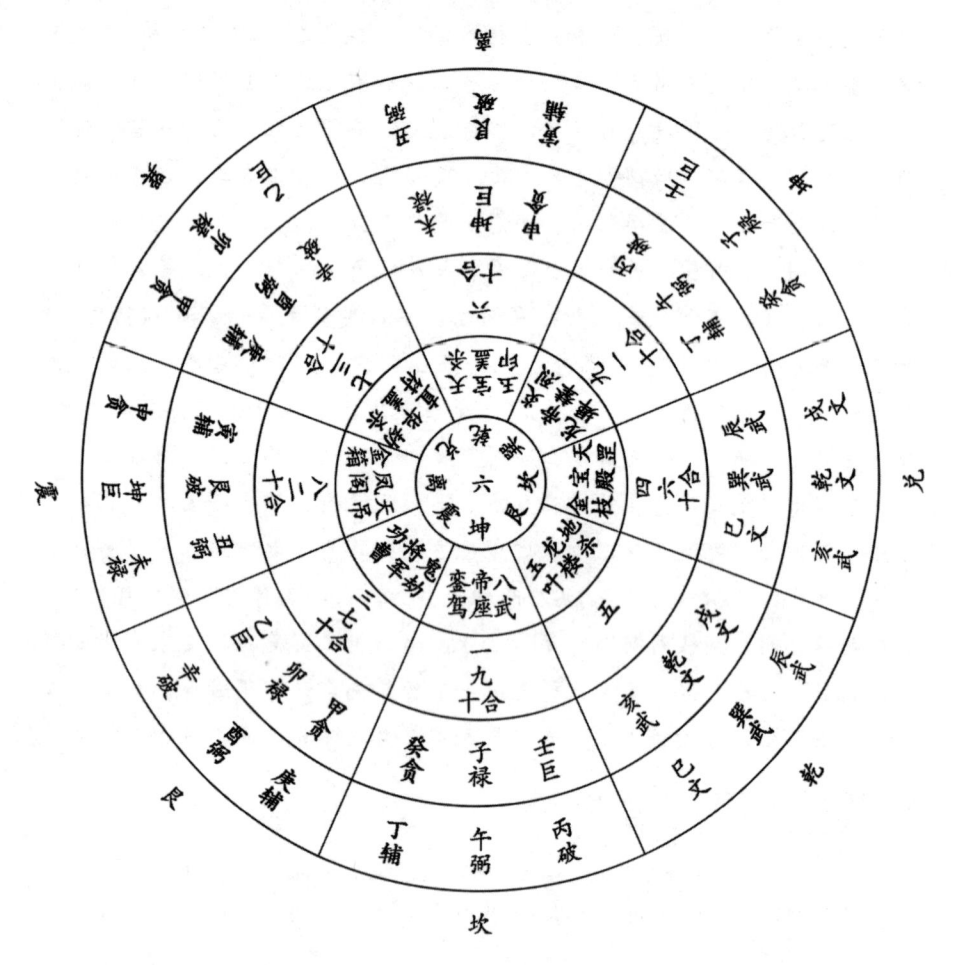

乾宫剥官,伏吟。坎卦伏吟。戌方金煞。

---

① 八卦各皆合十。

四运水龙节

至若九星直补，① 当排四运洋神。② 不可舍舟而登陆，当分平地与高山。或龙楼兮渚筑，武成马上之功③；或雉羽兮门排，文有鳌头之选④；或贪巨兮兼来向首，富贵双逢；或武破兮排入龙山，公侯并出⑤；或吉星兮入座，家多祸水之虞⑥；或旺曜兮临山，室有淫风之耻⑦。此皆至珍之天宝，不可轻泄与凡庸。

论法：玄空阴阳交媾，龙向两处排来，有不待相兼而自交媾者，有必待相兼而始交媾者。如山龙龙上排来，龙坐或得生旺，向水或得衰死；向上排来，龙坐或得衰死，向水或得生旺。水龙龙上排来，龙坐或得衰死，向水或得生旺；向上排来，向水或得衰死，龙坐或得生旺。其生旺衰死交重，或一六，二七，三八，四九，合四象之交媾；或一四七，二五八，三六九，合三卦之精英；或得先天合九之配，或得后天合十之交，自然而然各归其元。此即《天玉》"先定来山后定向，联珠不相放"是也。必待相兼而始交者，如排三元之龙，先以《天玉》"后兼龙神后兼向"之法，从龙上排至二十四干支，复以"前兼龙神前兼向"之法，从向上排满二十四干支，设天元子午卯酉、乾坤艮巽之龙，兼地元甲庚壬丙、辰戌丑未之生旺衰死，真阴真阳不配，兼人元寅申巳亥、乙辛丁癸之生旺衰死，真夫真妇始交。法宜就人元不兼地元者，无非《天玉》"前后相兼两路看，分定两边安"之义也。⑧ 元耶律云："一元一卦之龙，生旺衰死，却排在一元一卦之内，未尝不美，但阴阳相乘，反不如出元出卦，得阴阳相见之为愈矣。"学者如执"元归元，卦归卦"之说，则空中交媾之理，岂能活哉！

---

① 言四运所排之九星有宜直达、有宜补救者。
② 此就水龙言。
③ 龙楼，廉贞也。言四运水龙能排廉贞于三叉城门处，定主富堪敌国，贵至封侯。
④ 雉羽文曲也，取文明之雉羽以喻之也。言四运水龙排得文曲值向，或值潮水，主出秀雅人物，翰苑蜚声大魁天下者。
⑤ 言排星或排归一四七一卦，或排归四六合十，或排归二四六八相对，又能零正得宜，其发有如是者。
⑥ 言排星者既排文曲在向，而误排廉贞于坐山，阴阳不和，其家必多女祸慎之。
⑦ 言排星者，误排文曲于坐山，其家必生淫乱，妇女地师宜慎之也。
⑧ 举天元，而人元、地元可以例推。

至于兼贪兼辅之格，仍详于后。(青田)

按：五皇极，皇建其有极。运到五黄须分寄，分寄已云得妙谛。此时鸿钧失主旨，我本楚狂人，罔敢知及此，姑俟高明逢时核夫此。

泰和子偶题

五运天机秘密些子图[①]

中五立极寄运

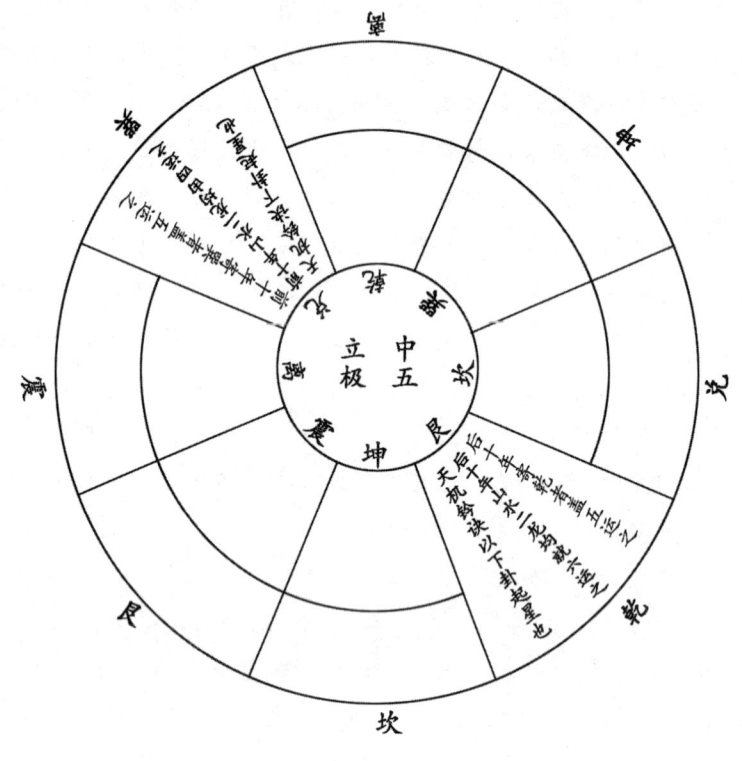

廉贞归于本位

五运些子赞：漫言太极夺天工，太极还宫万象空。纵欲施权行大令，不离附骥两隅中。(青田)

河图之数虽十，卦位止八；洛书之数虽九，卦位亦止八。以河之卦，配洛之卦，随运建极，周流六虚，是为天卦。运至中五，先后天各配合而归位次，中宫仍虚而无象，故元空有寄巽寄乾之法焉。夫曰前十年寄巽，

---

① 山水二龙合图。

山水二龙虽就四运之钤诀下卦起星，而收星则以廉贞为旺，武曲为生，破军为出元之平星，而不以文曲为旺者，谓文曲为已去之星也。此《插泥剑》所谓"寄四而不以四为旺"是也。后十年寄乾，山水二龙虽就六运之钤诀下卦起星，而收星仍以廉贞为旺，武曲为生，破军为出元之平星，而不以武曲为旺者，谓武曲为未来之星也。此《插泥剑》所谓"寄六而不以六为旺"是也。元耶律又曰："中五之宫，本虚悬无象，在天为紫微垣之帝坐，群星不敢擅居；在地为圣天子之宸宫，诸臣不敢履位。故起星挨排二十四山之法不入中宫也。"即随元建极之星入中吊卦以后，仍飞出以补中五所泊之位者，臣下代君行权，必随銮舆之驻跸，而不敢公然自居帝位也。至帝王亲政，必借将相以治内而威外。故五运乾巽分中宫之劳，亦即将相分君之任也。夫四曰"文曲"，非相而何？六曰"武曲"，非将而何？识得将相分君之劳，即识四六分五之任矣，人犹疑乎哉！

五运山龙节

运赋其它，卦以八分，中仍五极；先论乎山，次推夫水。列廉火于来峰，中军刁斗，坐麾百万貔貅。① 剪辅金于对岸，内府图书，班冠九三槐棘。② 筑巨土于城门，富堪敌国。③ 列五金于室闼，职掌元戎。④ 若贪禄兮杂权虽贵，且作奸雄之宰⑤。若武廉兮乱次必贱，而生寇盗之人⑥。一朝补救失宜，千载子孙不振。此霍氏之所以皆赤族，而杨公之所以重青囊。

论法：元空之有反吟者，何也？即随运入中立极，天卦爻象交重之义也。如天卦壬子癸加地卦丙午丁，天卦甲卯乙加地卦庚酉辛，其卦虽属反吟，得零正之交媾，亦无大损。至天卦戌乾亥加地卦辰巽巳，天卦未坤申加地卦丑艮寅，其中辰戌丑未四金之反位，与乾亥巽巳坤申艮寅不同。乾亥巽巳、坤申艮寅，当反吟之时，得零正交媾，与四正之卦同。辰戌丑未

---

① 言五运山龙，排得廉贞旺气到来山入首处，主生出将入相如诸葛等人物一流者。
② 言五运山龙，排得廉贞在山，左辅在向，主出人物，武职元戎、文登宰辅者。
③ 言排得巨门于水口，其富有不可胜言者。
④ 言排武曲于座山，其贵多出武职。
⑤ 言来山入首，龙夹杂，排星者排得廉贞贪禄同在一处，所出人物虽贵而显，其凶焰未消，必如操莽之流也。
⑥ 言五运山龙，排星排得廉武生旺之星，于向与水上，是阴阳差错，必贱而生寇盗之人，葬亲者不可不慎哉！

居反吟之位，虽零正交媾，终不免噬肤之惨。① 此《奥语》所谓"倒倒颠，二十四山有火坑"也。学者排龙立向，必先打脱此劫，而后始布生旺可也。（青田）

五运水龙节

熟知天机多秘，福德难逢；胙土分茅，非廉莫验。衮龙绣虎，有武愈灵。② 潮添万派，廉苟司权，士必奏鹰扬之绩。水潴一湾，武能执政，人皆抒豹略之奇。③ 其富骤然而至，不让陶朱。其官随意而来，何殊韩魏。④ 世族丰隆，皆此阴阳交媾。子孙剥谢，必然衰旺相差。⑤

论法：元空伏吟之义，即"天卦丙午丁加地卦丙午丁，天卦壬子癸加地卦壬子癸"之类也。山水二龙犯此纯卦，不吉已甚。况中五所泊之卦，古人谓之"剥官"者乎？学者不明剥官之义，倘一运迁离龙离山，二运艮龙艮山，三运兑龙兑山等穴，⑥ 以为旺气朝向者，鲜不罹作贼充军之祸。世有以纳甲支离，谓山忌水不忌者，非谈法者之遁词，即炫技者之伪说也。（青田）

文成罾曰："反伏吟谓之剥官者，如一运，山龙排龙一立极，则乾寄中五所泊之宫；排水八立极，则坤寄中五所泊之宫。水龙排龙九立极，则离寄中五所泊之宫；排水一立极，则坎寄中五所泊之宫。山龙乾寄五伏吟也，坤寄五反吟也；水龙离寄五伏吟也，坎寄五反吟也。识得此法，九运类推。

---

① 如天卦之辰加地卦之丑，天卦之未加地卦之戌，动静不冲，其祸减半。

② 言五运水龙之向与水口，必排得生旺之廉武到宫，子孙所发之富贵，始显而大矣。

③ 言五运水龙，排得廉贞到向，武曲到水，所出人物，必文而兼武。始而奏赋彤延，继而唱凯边关矣。

④ 言排星者，零正既得其宜，所发之富贵，速而且大，有如是之验者矣。

⑤ 阴阳交媾，言排归二五八一卦耳。若将二八两星排在向水上，是为差错。不知水龙二八两星，只宜来脉与坐山耳。

⑥ 以下类推。

六运天机秘密些子图[1]

中宫五四合九

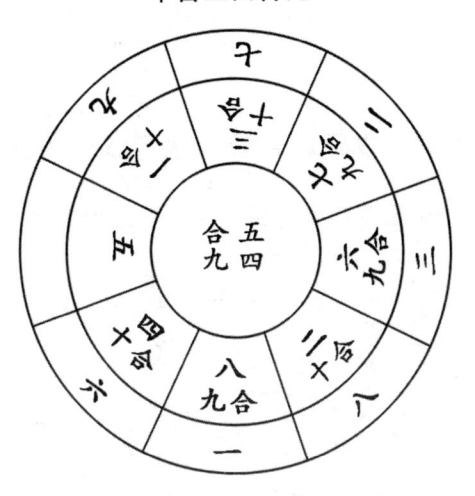

武曲主政立极

六运些子赞：西南旺气似东南，运入中露万象涵。两地谁为风月主，先分云领后江潭。（青田）

元空排生旺衰死，其法虽从天卦上讨消息，而下卦起星，断未有舍龙之过峡入首而不格，遂能挨排得失也。乃今之行伪法以求售者，既无格龙之说；拘管见以自用者，又失格龙之传。悠悠斯世，谁知活泼天机，均从格龙始哉！此《经》所以有"不向龙身观出脉"之叹也。夫格龙之法，古仙历有明征。《宝照》曰"又从分水脉脊处，便把罗经照出路"者，教人于龙之开帐出脉处，上对其顶，下对其起，用罗经格正某字出脉，即从某字起星，不得执偏左偏右之说，以遂一已之私见，此下文所以有"子字出脉子字寻，莫教差错丑与壬"之戒也。如两字出脉，则从两字下卦；三字出脉，则从中字起星。此《玉钥匙》所谓"双龙双下三字中，生旺衰死莫归空"是也。至龙之起伏顿跌，处处起顶开帐，中垂仙桥、仙带、鹤膝、蜂腰、芦鞭、紫气等之硬腰过者，格之尚易；如阴文曲等之软腰过者，顶在一卦，起另一卦，其中如水波三折，摆荡无依，俗士至此不知谁是主翁，又安能下卦起星，以推祸福哉！此《天玉》所以有"来山八卦不知

---

[1] 山水二龙合图中宫一卦通。

踪，八卦九星空"之论也。操斯术者，不读《插泥剑》"数折波涛从中定，两顶能相应"之说，岂知格此等龙，将罗经从波折中安定，上对开帐之顶，下对起星之顶，以一线中穿之字为龙乎！吾故赘其说，以为后之格龙者例。

六运山龙天机钤诀山水定卦分星图①

东边四卦隐天机　金龙动处少人知

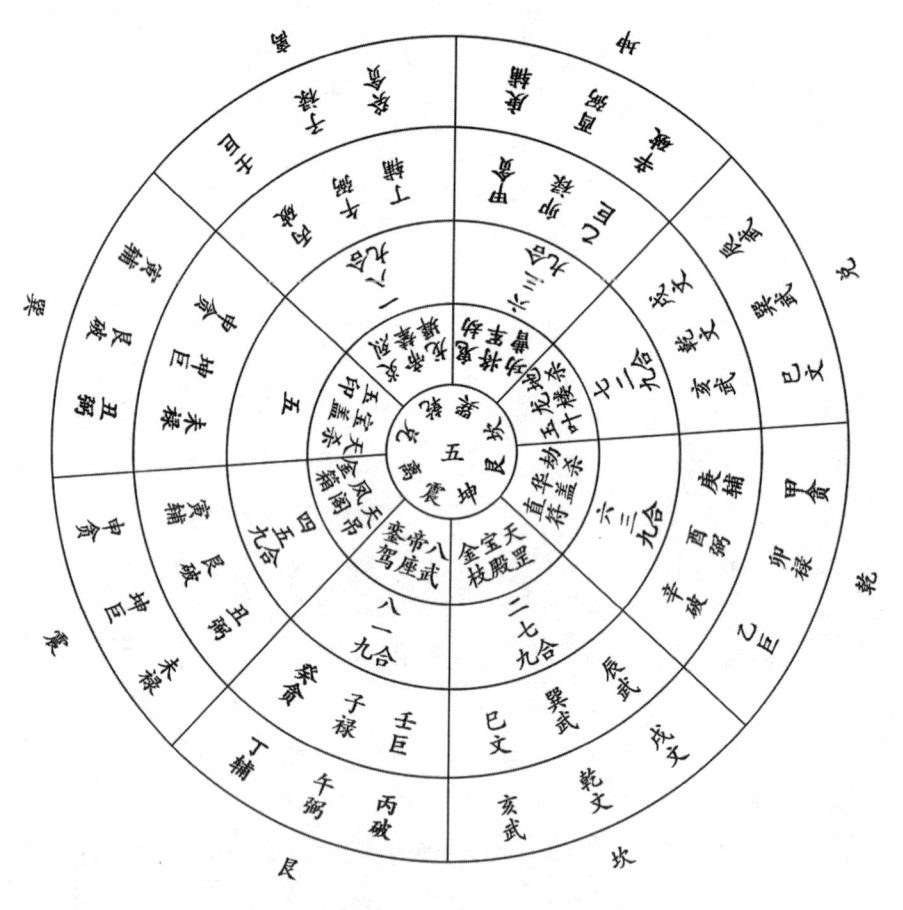

巽宫剥宫，金煞。离宫伏吟。

---

① 八卦各皆合九。

六运山龙节

以及乾司造化，武握权衡。萃崧岳之精英，旺宜入首①；钟江淮之灏气，吉喜临门②；非峻岭之蜿蜒，必资旺曜；实峰峦之蠖蚑，尽握真机。③华表嵯峨，逢紫九而灵光克入；④朝峰拱拜，遇碧三而卦路同归。⑤苟置蛇矛⑥于虎帐，⑦威镇群藩。自擗⑧象笏于龙廷，功高一品。⑨凡庸一昧元关，祸咎三生不宥。⑩

论法：世之谈三元者，多重地支而轻天干。推原其故，以天干易驳杂，不若地支之清纯也。不知元空大卦，有以二十四山分三元者，有以上中下分三元者，有以一四七、二五八、三六九分三元者，要皆干支并用也。若以二十四山论之，天元之龙山取子午卯酉四地支，配乾坤艮巽四天干者，以《天玉》"子午卯酉四龙冈"与《曾序》"乾坤艮巽，四尊神为一路"也。而作者当上元贪巨禄值令时用之，是天元龙而遇天元时也。⑪且排天元之龙，一运之零正，收归一四七之交媾；二运之零正，收归二五八之交媾；三运之零正，收归三六九之交媾。清纯不杂，力量自专。正《插泥剑》所谓"归元归卦又归时，父母有专司"也。⑫人元之龙山，取寅申

---

① 此就山龙之大势言。
② 此就水龙之大势言。
③ 言六运山龙，排得武曲于龙上坐上，方合作法。
④ 言六运排得右弼一星值水克入，则所发愈速而且大矣。
⑤ 言六运排龙，排得禄存到向，右弼到水，武曲到山到龙，以归三六九一卦。但六运山龙，即排得文曲到向，亦属四六合十用者，勿拘焉。
⑥ 破军也。
⑦ 喻坐山也。
⑧ 音端。
⑨ 言六运山龙，非破军于坐山，所出人物必有威镇外藩、功书内府者矣。
⑩ 言排龙若颠倒阴阳，则祸咎不旋踵而至。择地葬亲者，岂可假俗师之手，而昧其生旺哉！
⑪ 以山龙论，天元之干支，于上元求旺山则有，求旺龙仅。法宜向人地两元求龙，安天元之旺山，立天元之旺向，收天元之旺峰，放天元之旺水。虽龙出天元，要亦《天玉》"五行位中出一位"之法耳，不得谓非天元也。如宋朝韩魏公大父他系山地，一运亥龙立酉山卯兼辛乙向，水大会卯方，流放子方，寅上一冲天木笔峰，戌上一飞诰峰，葬后生魏公入相。以法推之，似非拘于天元者。然古仙立法虽严，而用之宜活也。水龙反是。
⑫ 九运虽有活泼天元，而发福悠久，终不如此元此时之为愈也。

巳亥四地支,配乙辛丁癸四天干者,以《宝照》"寅申巳亥骑龙走,乙辛丁癸水交流"为一元也。而作者当中元文廉武值令时用之,是人元龙而遇人元时也。①且排人元之龙,四运之零正,收归四七一之交媾;五运之零正,收归五八二之交媾;六运之零正,收归六九三之交媾。动静一元,周流不二,正《插泥剑》所谓"顺子行龙顺子收,如稼之有秋"也。地元之龙山,取辰戌丑未四地支,配甲庚壬丙四天干者,以《宝照》"辰戌丑未四山坡,甲庚壬丙葬坟多"为一卦也。而作者当下元破辅弼值令时用之,是地元龙而遇地元时也。②且排地元之龙,七运之零正,收归七一四之交媾;八运之零正,收八二五之交媾;九运之零正,收归九三六之交媾。形理同源,星辰合辙。正《插泥剑》所谓"逆子行龙逢逆子,动静无二理"也。学者识此"孟山连孟山,仲山接仲山"之义,则《天玉》"富贵结全龙"之法得矣,又何必执重支轻干之板格哉!《宝照》曰"行龙多向支神取,若是干神又不同者",盖言干支之用法不同,非用支而舍干也。世之专重地支者,读"真向支山寻祖脉,干神下穴永无忧"之经文,可以恍然悟矣。(青田)

---

① 宋富弼曾祖地,四运山龙,富字入首,立丁山癸向兼午二分,水出巳午。丁方上峦头高耸,穴依天罡文星大格。癸方一冲天木,势插霄汉,如文笔状。巳方数水交会,下有捍门华表锁住。以法推之,入首起星排来,寅上得文,癸上得文,巳上得贪,丁上得廉,午上得文。惜城门起星排来,未得交媾,故减量耳。不然富氏当仅出一宰辅哉!

② 宋洪士良为其友张氏下一祖地,系八运山地,戌龙立丑山,水会于未,曲折朝入;出于辰,捍门销住。庚上一文笔峰,丙上一天马峰。以法排之,入首起星,丑得八,戌得八,未得五,辰得三,庚得九,丙得七;向上起星,丑得二,戌得九,未得三,辰得八,庚得一,丙得三。此地元四库齐开之格也。虽龙向两处未交,而交媾者多,亦属无碍。葬后张氏文武双魁天下,富甲一郡,贵至封侯,代有哲儒。

六运水龙天机钤诀山水定卦分星图[①]

西边四卦握天权　随运变迁各有元

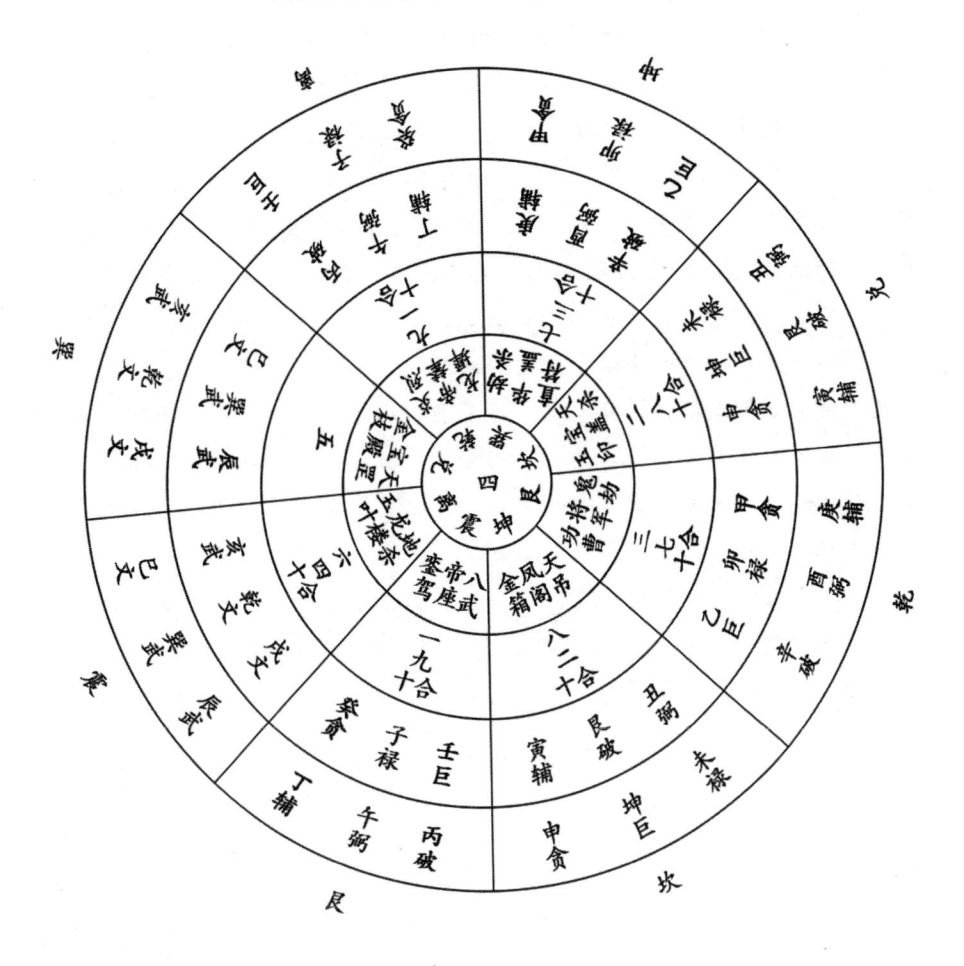

巽宫剥宫，金煞。离宫伏吟。

---

① 八卦各皆合十。

六运水龙节

　　非回澜之芦苇,有殊鹫岭;实纵壑之蛟螭,喜跃龙门。① 雁去交鹅,锦织当王之色。② 鳌先贡雉,宾来异国之臣。③ 或九兮与三,来山最重;或四兮与二,遇水多凶。个中奥义深藏,世上庸师岂识!

　　论法:《宝照》曰"天下军州总住空",又曰"龙不空时非活龙"。俗师泥此经文,不分山水,均以"坐空朝满"为杨筠松心法,岂知"坐空"者筠松为水龙言,非为山龙言也。夫"坐空"何以为水龙言也?水龙排星,坐宜衰死。设峦头耸拔如山,将此衰死之气栏收,是局似山形之体,理收洋神宜克之星,其法谓之"太阴高悬"也。而向水之生旺,必为之阻抑矣。则男孤女寡之祸,有不随身而至乎?此元耶律所以有"坐空宜从空处补,八洋四渎水为主"之论也。夫坐实何以为山龙言也?山龙排星,坐宜生旺。设峦头低平如席,将此生旺之气吹散,是局似洋神宜克之地,理收山体宜旺之辰,其法谓之"太阳失陷"也。而向水之衰死,必为之反照矣。则丁亡财破之惨,有不继踵而来者乎?此元耶律所以有"坐实必因山脉高,万壑群峰背后朝"之言也。学者遇此等形家,慎之戒之,切勿妄下。(青田)

---

　　① 言六运水龙,有殊山龙之法。排星者,须排得武曲到水,方合依法也。
　　② 言六运水龙,排得武曲旺星值水,方为合法。
　　③ 破军下元之星也,故以异国之臣喻之。排龙须得破军值向,方如外夷之贡赋中国也。

七运天机秘密些子图①

中宫六三合九

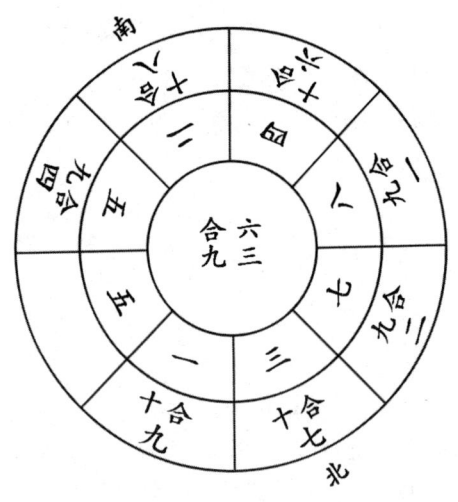

破军主政立极

七运些子赞：坎先震后镇中宫，豕涉天河与马逢。力助苍龙吞海日，光分洛水万川红。(青田)

易有八纯，由八卦之消息而成；元空有八纯，以二气之交媾为得。易之贵八纯者，以其能统六十卦三百八十四爻，驾驭乎四千零九十六卦也。元空之贵八纯者，以其能辨九星五行八百六十四局，挨排乎二万零七百三十六星也。虽然元空之谓八纯者，即《天玉》"乾山乾向、卯山卯向、午山午向、坤山坤向"之类，而俗说纷纷，各执一词。有以纳甲解者，② 有以奇门解者，③ 有以天星解者，④ 说愈离，理愈谬。黄石、青囊之秘，谁从而剖示哉！**余**昔日访道云山，搜书石室，详参《插泥剑》、《玉钥匙》之精英，元耶律、扶摇叟之口诀，夫然后知乾山乾向、乾水乾峰者，六运交媾之卦也。⑤ 至于坤山坤向，为二运交

---

① 山水二龙合图中宫一卦通。
② 如龙乾向甲峰壬水之说。
③ 如奇门伏吟之说。
④ 如管窥子以日为乾，以月为坤，论八纯以七政之登殿入垣为准。
⑤ 六运山龙，入首排星，龙得六，山得六，峰得六，向得一，水得三；向上排星，水得六，向得六，峰得一，山得一，龙得一。六运水龙，入首排星，龙得一，山得一，峰得四，向得六，水得六；向上排星，水得一，向得一，山得六，峰得六，龙得六。此六运"一六共宗，三六合九，四六合十"之法也。而乾山乾向之义准此，但不可执天元以求之。

媾之卦。① 卯山卯向，为三运交媾之卦②。午山午向，为九运交媾之卦。③ 要亦与巽山巽向、④ 酉山酉向、⑤ 艮山艮向、⑥ 子山子向、⑦ 为四七八一之卦同也。而《经》只引四正以为例，非弃四隅而不用也。⑧ 若桑者子以《钤诀》立极之法论之，谓"天卦之乾加地卦之乾为乾山，天卦之坤加地卦之坤为坤山"者，不知蹈伏吟之辙矣！祸且难免，尚有状元之贵、石崇之富、大将之威武哉！

---

① 二运山龙，排山，巨宜在龙在山在峰，破宜在向在水；排向，巨宜在向在水，破宜在峰在山在龙。二运水龙，排山，巨宜在向在水，破宜在龙在山在峰，排向，巨宜在龙在山在峰，破宜在向在水。此"二七同道"之法也。

② 三运山龙，排山，禄宜在山在龙在峰，辅宜在向在水；排向，禄宜在向在水，辅宜在龙在山在峰。三运水龙，排山，辅宜在山在龙，禄宜在向在水；排向，禄宜在山在龙，辅宜在向在水。此"三八为朋"之法也。

③ 九运山龙，排山，弼宜在山在龙在峰，文宜在向在水；排向，文宜在山在龙在峰，弼宜在向在水。九运水龙，排山，弼宜在向在水，文宜在山在龙；排向，弼宜在山在龙，文宜在向在水，此"四九为友"之法也。○文曲虽淫，得正配而无虞。

④ 四运山龙，排山，文宜在山在龙在峰，弼宜在向在水；排向，文宜在向在水，弼宜在山在龙在峰。四运水龙，排山，文宜在向在水，弼宜在山在龙；排向，弼宜在向在水，文宜在山在龙，此亦"四九为友"之义也。

⑤ 七运山龙，排山，破宜在山在龙在峰，巨宜在向在水；排向，破宜在向在水，巨宜在龙在山在峰。七运水龙，排山，巨宜在龙在山，破宜在向在水；排向，破宜在龙在山，巨宜在向在水，此亦"二七同道"之义也。

⑥ 八运山龙，排山，辅宜在龙在山在峰，禄宜在向在水；排向，辅宜在向在水，禄宜在龙在山在峰。八运水龙，排山，辅宜在向在水，禄宜在山在龙；排向，辅宜在山在龙，禄宜在向在水，此"三八为朋"之义。

⑦ 一运山龙，排山，贪宜在龙在山在峰，武宜在向在水；排向，贪宜在向在水，武宜在龙在山在峰。一运水龙，排山，贪宜在向在水，武宜在龙在山；排向，贪宜在龙在山，武宜在向在水，此亦"一六共宗"之义也。

⑧ 总之，一运龙向山水两盘排来，处处有一贪狼，则谓之子山子向。二运龙向山水两盘排来，处处有一巨门，则谓之坤山坤向。三运龙向山水两盘排来，处处有一禄存，则谓之卯山卯向。四运龙向山水两盘排来，处处有一文曲，则谓之巽山巽向。六运龙向山水两盘排来，处处有一武曲，则谓之乾山乾向。七运龙向山两盘排来，处处有一破军，则谓之酉山酉向。八运龙向山水两盘排来，处处有一左辅，则谓之艮山艮向。九运龙向山水两盘排来，处处有一右弼，则谓之午山午向。此元空千古不传之秘，作之难，得之尤难。

七运山龙天机钤诀山水定卦分星图[①]

四正能将四隅对　谁领元空此中味

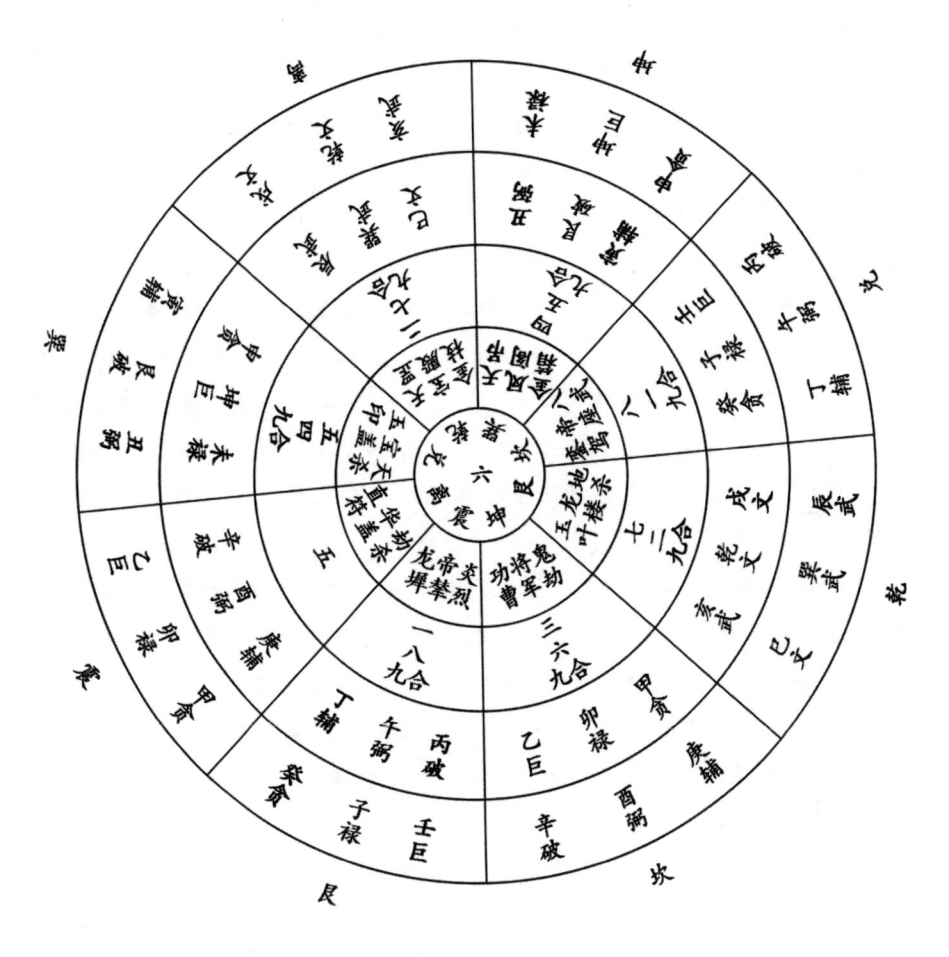

乾亥伏吟，戌方金煞。卯宫剥官，坤卦反吟。未方金煞。

七运山龙节

推之下元，统自破七。山有机关，图分卦位。旗枪布列峰峦，元戎世职。[②]

---

① 八卦各皆合九。
② 旗枪，破军也。言七运山龙排得破军到龙，所出人物，必有掌元戎、挂刁斗者。

柱史光临室阃，宰辅庭生。① 文巨朝门，富敌国而贵夺城。② 弼贪守隘，赞军机而呈赋颂。③ 此皆龟书与马图配合，故尔龙章偕凤诏齐来。④ 假宫神易位，⑤ 皆为衰败之星。⑥ 照气争权，⑦ 反有旺生之宿。⑧ 其间差错阴阳，定有缠绵祸咎。

论法：子午卯酉、乾坤艮巽，原属天元。而《宝照》曰"子癸午丁天元宫，卯乙酉辛一路同"者，谓子午卯酉之龙，行度易入乙辛丁癸矣。但龙之行度，半子半癸，则杂艮宫之丑气；半午半丁，则杂坤宫之未气；半卯半乙，则杂巽宫之辰气；半酉半辛，则杂乾宫之戌气；此阴阳差错之龙也。《经》故曰"若有山水一同到，半穴乾坤艮巽宫"也。法以子午卯酉之龙山，兼癸丁乙辛一二度为准，气虽夹杂，而度犹在子午卯酉宫内。此《插泥剑》所以有"四正行龙多曲折，二三度今犹中节"之论也。作者侯天卦乾坤艮巽，坐对子午卯酉之时，⑨ 从入首排星于子午卯酉宫位，得上元贪巨禄三星，方可谓之天元。⑩ 癸丁辛乙宫位得一左辅，方可谓之天元兼辅。如子午卯酉不得贪巨禄三星，其龙已非天元矣。子午卯酉即得贪巨禄三星，而癸丁乙辛不得左辅，亦不得谓之天元兼辅。夫天元所以兼辅者，在一运谓之"一八合九"，得先天乾南坤北之配；二运谓之"二八合十"，得后天艮北坤南之交；三运谓之"三八为朋"，得河图天三地八生成之木数。过此三运，左辅无交媾之时，元空亦无兼辅之义。故《玉钥匙》有"辅星行龙不易兼，须际上元一二三"之言也。盲师执子癸午丁板格，遂谓能取辅星以成五吉者，不知个中之妙也。(青田)

---

① 柱史，辅星也。言七运山龙排得左辅生气到山，所出人物，必有登宰辅者。然亦不必过拘。

② 言七运山龙，排得文曲巨门到向，所发之人物，贵可以掌世之文衡，富可以敌国之帑藏。所以然者，盖取其一四七一卦与二七合九之故耳。

③ 言排得一九值水，必出文而兼武之人。

④ 此言雌雄交媾之验也。

⑤ 龙与坐山也。

⑥ 失元、失运者是也。

⑦ 凡有水光处皆是。

⑧ 言零正不得其宜。

⑨ 《宝照》曰子午卯酉四山龙，坐对乾坤艮巽宫是也。

⑩ 中元下元不用。○天元之义有三：以时论，上元一元运二运三运是也。以星论，贪狼巨门禄存是也。以宫神论，子午酉乾坤巽是也。三合者而并待之，方可谓天元宫之最清者。缘督翁补义。

天元之义有三，以时论，上元一运、二运、三运是也。以星论，贪狼、巨门、禄存是也。以宫论，子午卯酉、乾坤艮巽是也。合三者而并得之，方可谓天元宫之最清者。（缘督补义）

七运水龙天机钤诀山水定卦分星图①

真阴真阳自然配　矫抒造作者难会

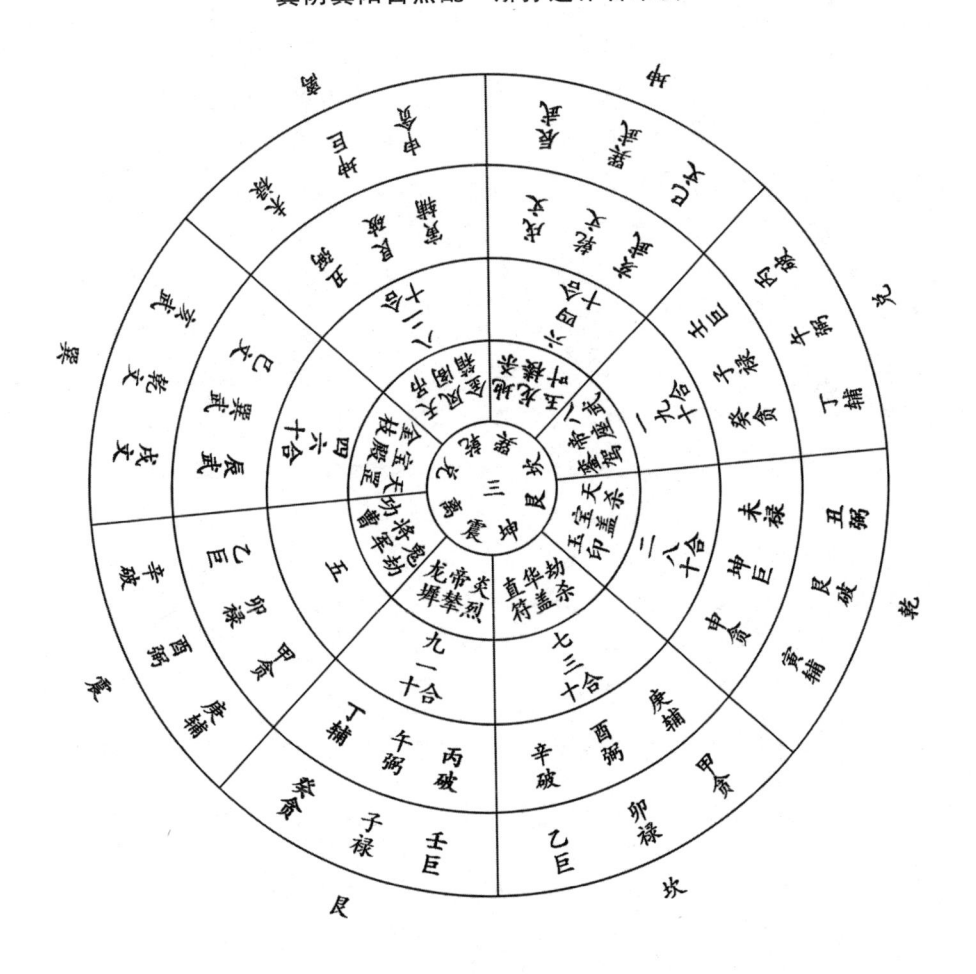

卯宫剥官，巽宫伏吟，辰方金煞。

---

① 八卦各皆合十。

七运水龙节

水有星辰，卦差爻象。订天心于十道，考钤诀于三图。海国扬波，破作潮神之主。① 中流涌柱，辅为槎使之星。② 欲翰苑以蜚声，文贪入坐。③ 求钟鼎以养体，巨禄临山。④ 倘生旺使临宫而值座，其忧危必接踵而缠身。非此蛛丝马迹，不可得生；盖因峻岭长江，略差其法。

论法：人地两元兼贪之说，读《宝照》曰皆谓随时可用，而不知人元兼贪，乃中元文廉武当令之山；地元兼贪，乃下元破辅弼值时之局也。夫人地两元之所以兼贪者，在中元文曲用事，兼贪则得一四七之卦；武曲用事，兼贪则得一六共宗之义。至廉贞为三元之中星用事，而亦兼贪者，以贪为统令之宰，可辅五建极，以襄圣天子行庆施惠之典故也。⑤ 在下元破军用事，兼贪则得七四一之卦；左辅用事，兼贪则得一八合九之交。至右弼为三元之殿星用事，而亦兼贪者，以贪为河洛之冠，可合九为十，以成后天坎水离火之交故也。虽然兼贪之义，岂易言哉！当中元之时，寅申巳亥为值令之山，其法山龙以天卦之乙辛丁癸，重在向水，从入首排星，龙山得一当令之星，于所来乙辛丁癸位上，务得一贪狼；⑥ 水龙以天卦之乙辛丁癸，重在龙山，从入首排星，向水得一当令之星，于所来乙辛丁癸位上，务得一贪狼，⑦ 方谓之"人元兼贪"。⑧ 此《宝照》所以有"寅申巳亥人元来，乙辛丁癸水来催"之论也。若将一兼在左右分金以为兼贪者，岂

---

① 言七运水龙排龙，须排得破军在潮向上，向方合挨星正法，学者不可造次。

② 言七运水龙排龙，须排得左辅生气在水口关隘上，或在三叉交会上，或在界水城门上，方能发富发贵。

③ 言七运水龙排龙，须排文曲贪狼到坐山上，方能发科发甲，身入玉堂，名标金榜者，盖取其一四七以归江东一卦耳。

④ 言七运水龙排龙，须排巨禄到来龙入首上，方能发福，盖取其三七合十，二七同道之交媾耳。

⑤ 但龙山左右不可兼贪，兼之恐出奸相，向水宜用。

⑥ 山龙排水反是。

⑦ 水龙排水反是。

⑧ 缘督补义：人地兼贪与天元兼辅不同。天元兼辅，法以辅安在顺子分金上；人地兼贪，法以贪或安在向水上，或安在龙山上。所以然者，天元为父母，父母可以带子息。其带顺子而不带逆子者，以古仙有"子癸为吉壬子凶"之例也。人地两元为子息，子息不可以兼父母，故俟天卦人地两元之四干，加地卦人地两元四支之时，排一贪狼而后为之兼贪也。

知经文有"巳丙宜向天门上"、①"亥壬向得巽风吹"②乎？即艮寅坤申可以通兼者③生旺而枕秘，断未有兼贪者也。此人元兼贪之义也。值下元之时，辰戌丑未为当元之山。其法，山龙以天卦之甲庚壬丙重在向水，从入首排星，龙山得一当令之星，于所来甲庚壬丙位上，务得一贪狼；④水龙以天卦之甲庚壬丙重在龙山，从入首排星，向水得一当令之星，于所来甲庚壬丙位上，务得一贪狼，⑤方谓之地元兼贪。此《宝照》所以有"辰戌丑未地元龙，甲庚壬丙为正向"之言也。若将一兼在左右分金⑥以为兼贪者，岂知《秘书》有"地元顺兼犯父母,⑦地元逆差错阴阳"，⑧即乾坤艮巽可为同宗夫妇而枕秘，亦未有兼贪者也。此地元兼贪之义也。学者识得此法，则《宝照》所谓"白屋科名发不休，清贵声名天下无"之福，可操券而获矣，人犹疑乎哉！⑨（青田）

玄空之兼左兼右者，兼生旺之法，直达之义也。非兼贪之法也。夫兼贪之法，自古迄今，亦未有安在左右分金上者，以人地两元之交辰官位，均属子息，人兼地，地兼人，阴阳错乱；人兼天，地兼天，父母反轻。此玉函兼贪之法，所以不在分金也。若兼生旺，其法又在左右分金上寻也。

（缘督补义）

---

① 巳杂丙者，犹去丙以向乾之亥。
② 亥杂壬者，犹去壬以向巽之巳。
③ 如寅山之向兼坤，申山之向兼艮是也。经文特倒装其词耳。
④ 如辰丑之山将天卦甲庚加在戌未上，排星又将贪狼排在戌未上，令星排在辰丑上之类是也。山龙排水反是。
⑤ 水龙排水反是。
⑥ 如辰山兼巽兼乙之类。
⑦ 注：犯父母者，宜归位以守分。
⑧ 注：错阴阳者，宜还宫以独行乎？
⑨ 缘督补义：元空之兼左兼右者，兼生旺之法，直达之义也，非兼贪之法也。夫兼贪之法，自古迄今，亦未有安在左右分金者，以人地两元之爻辰宫位，均属子息，人兼地、地兼人，阴阳错乱；人兼天、地兼天，父母反轻。此《玉函》兼贪之法，所以不在分金也；若兼生旺，其法又在左右分金上也。

八运天机秘密些子图[1]

中宫七二合九

合
九 七
  二

左辅主政立极

八运些子赞：儿孙山列拥千城，老母权能统万兵。自入宫中宣政令，春风化雨满天横。(青田)

《天玉经》曰："但看太岁是何神，立地见分明。成败定断何公位，三合年中是。"《插泥剑》曰："太岁之年畏四冲，更怕杀还宫。发祸发祥在此中，岁命要相逢。"由此观之，元空之断吉凶，亦未尝舍三合四冲也。夫三合四冲之所以断吉凶者，又非俗尚《通书》之所忌也。在《插泥剑》之法，如午年下一剥官之地，三合则断寅午戌年发祸，四冲则断子年发祸，还宫则断午年发祸。午年下一生旺之地，三合则断寅午戌年发福，四冲则断子年发福，还宫则断午年发福。他若子卯酉年，所下生旺衰死之地，三合则以申子辰、亥卯未、巳酉丑年断之，四冲则以午酉卯年断之，还宫则以子卯酉年断之。[2] 此元空断年代之秘诀也。在《玉钥匙》之法，如午山下一剥官之地，三合则断寅午戌命发祸，四冲则断子命发祸，还宫则断午命发祸。午山下一生旺之地，三合则断寅午戌命发福，四冲则断子

---

[1] 山水二龙合图中宫一卦通。
[2] 余支可以类推。

命发福，还宫则断午命发福。他若子卯酉山所下生旺衰死之地，三合则以申子辰、亥卯未、巳酉丑命断之，四冲则以午酉卯命断之，还宫则以子卯酉命断之，此元空断生命之秘诀也。至于八干四维之断诀，尤当以《相穴歌》为法。如甲庚壬丙之山下吉凶之穴，其祸福甲山断以巳命，年代以甲巳化土推之，辰戌丑未年是也；庚山断以乙命，年代以乙庚化金推之，巳酉丑年是也；壬山断以丁命，年代以丁壬化木推之，亥卯未年是也；丙山断以辛命，年代以丙辛化水推之，申子辰年是也。其余若丁山壬命，亥卯未年；辛山丙命，申子辰年；乙山庚命，巳酉丑年；癸山戊命，寅午戌年之断，种种不同于乾坤艮巽者，以乾属金，命必巳酉丑，岁必庚辛；巽属木，命必亥卯未，岁必甲乙；坤艮属土，命必辰戌丑未，岁必戊己也。集三书之秘，一以贯之，以之覆坟覆宅，吉凶祸福，真纤悉无遗，毫发不爽也。①

---

① 有以八卦纳甲断者，理是而法无验，学者当知。

八运山龙天机钤诀山水定卦分星图[①]

贪辅相兼天卦中　　勿执方隅强寻踪

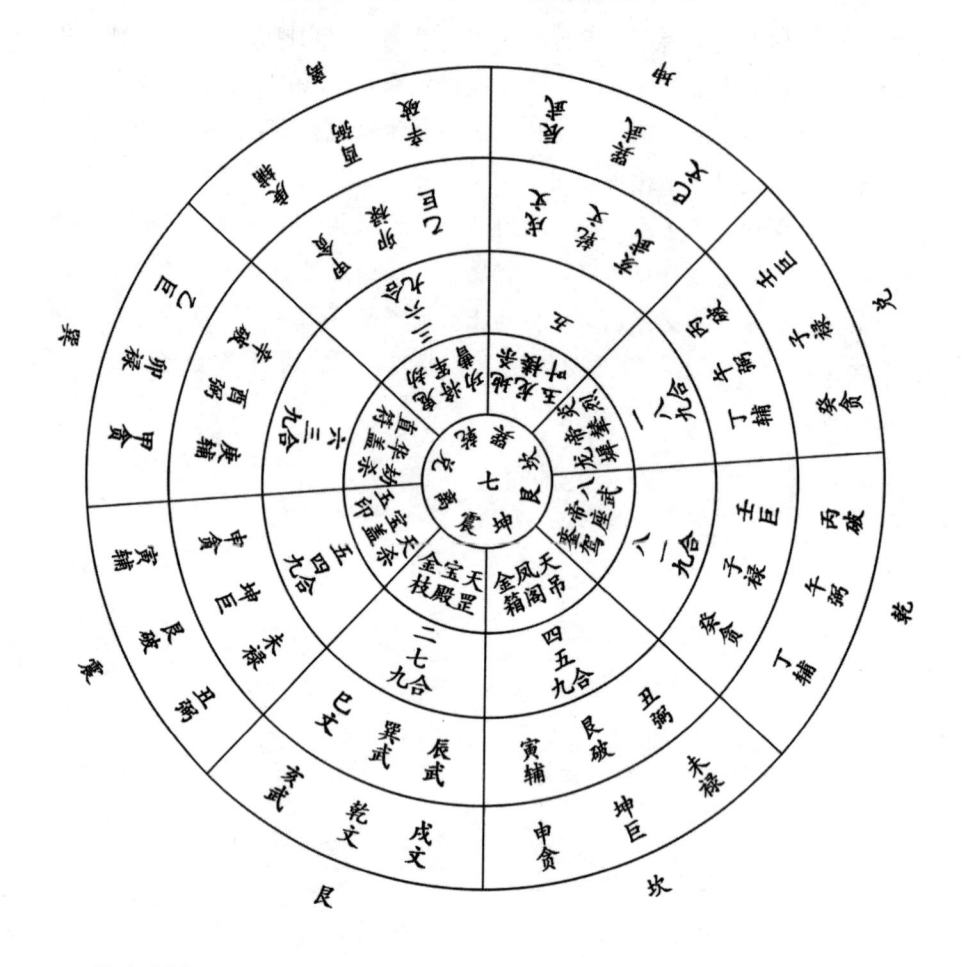

坤宫剥官，未上金煞。

[①] 八卦各皆合九。

八运山龙节

　　人谓八白司权，天机多变；我言一星立极，山水不同。笋尖峰起，远祖虽期贪宿；芦梗花开，到头尤尚辅星。① 龙荫左枢，七宿垣列紫微。② 坐邀上宰三公，身衣玄衮。③ 玉衡捍户，贵有权，富有能。④ 璇宿拱门，廪多蓄，仓多积。⑤ 峰峰有旺有生，夺魁入相。⑥ 塚塚失零失正，绝子灭孙。⑦ 讼狱起而倾家，因龙下水。凶焰张而灭族，为煞临山。相地不明生旺，葬亲必有忧危。

　　论法：禄马官贵之说，谈元空者虽不专重，亦未尝轻弃之也。所以然者，元空重在生旺，得禄马官贵而不得生旺，禄马官贵无权，难以获福。得禄马官贵而又得生旺，禄马官贵有力，易于发祥，故《天玉》曰"合禄合马合官星，本卦生旺寻"也。若专重禄马官贵，而不究生旺交媾，恐《奥语》"龙歇脉寒灾祸侵，空劳禄马获龙行"之戒，及身而蹈之矣。至若排生旺之法，其说莫详于《玉钥匙》。夫《玉钥匙》之排禄马生旺，法以三元九运为准，山龙从入首起星，于八国之有峰处先排一生旺，后以用事之月建入中顺吊。⑧ 将太岁之贵人官禄，吊在朝拜峰上，可以催贵；天财岁马吊在捍门峰山，可以催富。水龙从入首起星，于四方之有水处，先排一生旺，后以用事之月建入中顺吊，将太岁之贵人官禄吊在洋神潮入处，可以催贵；天财岁马吊在城门三叉处，可以催富。但阴宅重化命，阳宅重造命。再以用事太岁入中顺吊，将二命之禄马官贵，一切用神化曜，山龙吊在有峰处，水龙吊在有水处。如与岁君之禄贵合，

---

① 言八运山龙排龙，虽排得贪狼在祖山起顶处，尤属平龙。必排得辅星旺气到入首以催之，而贪狼始有权有力者。即《经》云"看龙要看龙到头"是也。

② 左枢，左辅也。星列紫微垣之左，其星有七，即上丞、少卫、上卫、少辅、上辅、少尉。左枢是八运山龙，排龙须排得左辅旺星到龙，其发始速。

③ 上宰右弼也。星列紫微垣之右，其星有八，即少丞、少卫、上卫、少弼、少宰、上宰、右枢是也。三公星居于辅弼之下也。八运山龙，排龙须排得右弼生气到坐，所发乃贵。

④ 玉衡，北斗之五星廉贞也。八运山龙，排龙排得廉贞值水，以施克入之功，所出人物发贵者执掌权衡，发富者自多才多智。

⑤ 璇宿者，北斗之第二星。天璇，即巨门也。山龙排得巨门到向克入，其富有过于万顷者。合之廉贞以归二五八一卦者，必如此始合南北卦之作用耳。

⑥ 此言凡来山起顶，左右星峰及当面朝峰排向均得生旺，不侵衰败之气，士必大魁天下，官必入阁出相。

⑦ 此言排龙者不知交媾之法，去只推星。一切伪法排山排水，不知失却山水零正之机缄，必使人有绝子灭孙之惨。

⑧ 世以冬至顺，夏至逆论者，此奇门例，非吊替例。

本运之生旺合,阴阳之交媾亦合,其富贵可操券,而获其生命可屈指而断矣。《龙眠经》曰"禄马官贵逢生旺,预知出将相;元空之义缺一分,断验总无因。"其说虽浅而其法僃矣。(青田)

八运水龙天机钤诀山水定卦分星图[①]

零正要分水与山　吉凶祸福有两般

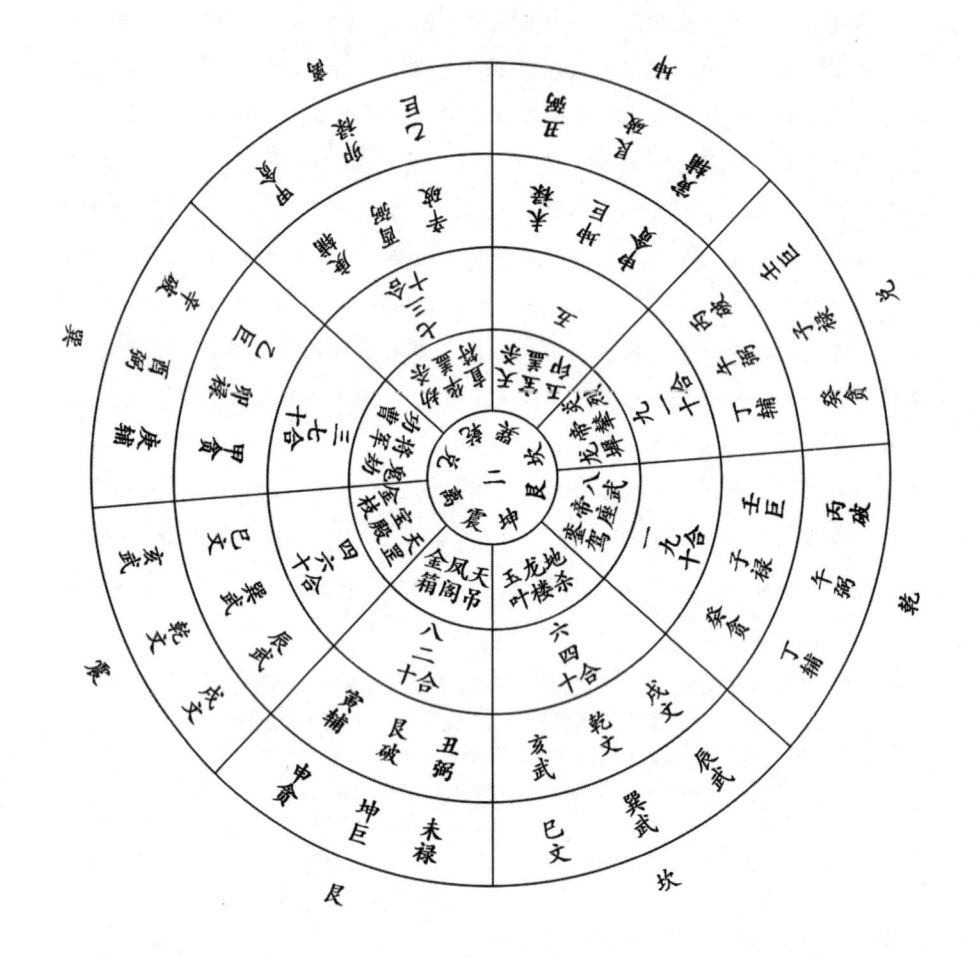

坤宫剥官、伏吟。金煞在未。艮宫伏吟,丑方金煞。

---

① 八卦各皆合十。

八运水龙节

　　既舍山而论水，当视水以为山蛟。蛟龙得雨而兴，水中遇旺。鸟兽绘裳而服，门外逢生。① 水流两字，非一九同寅，难以绅垂佩委。② 潮涌千层，惟八二共甲，方居金屋玉楼。③ 看地位列三公，廉能对辅。④ 愿尔指挥百职，弼使朝贡。⑤ 稍错阴阳，使辅入山而弼入坐；定生祸咎，致女多寡而男多亡。一朝倾万斛之财，水因破武；此日损千丁之塚，向必禄廉。

　　论法：管辂《诗括》曰："卦列三般，运二十年。九气合历，百八十全。降而岁月，理数一焉。年一太极，岁一周天。飞吊山水，卦别后天。得大运者，功业焕然。得小运者，可拯时艰。"由管子之言推之，则一岁之三般，亦当重用矣。顾《玉钥匙》、《插泥剑》排小三般卦之法，上元甲子以一白入中，余皆逆遁九畴。⑥ 其吊上元甲子岁之三般，山龙即以乾一立极，顺开天卦。水龙即以离九立极，逆布天卦。至从入首挨排之零正，与一运收星同。⑦。中元甲子以四绿入中，余皆逆遁九畴。⑧ 其吊中元甲子岁之三般，山龙即以震四立极，顺开天卦。水龙即以乾六立极，逆布天

---

　　① 言八运水龙，排龙须排得旺气到水，生气到向，所发富贵，始速而验。谈元空者，可不知乎？

　　② 八运水龙水口，若逢两字并出者，排龙须排得弼贪值令，方能贵而有权。何也？盖取一九合十之义故耳。

　　③ 八运水龙，向若逢潮与外洋光映者，排龙者须排得左辅与巨门共到，方能发富。何也？盖取其二八合十故也。

　　④ 八运水龙，左辅旺气零神也，廉贞死气正神也。排龙既排得左辅值向，当排得廉贞值龙，斯归二五八一卦之零正耳。所出之贵，始大而有权。不然取"三八为朋"、"二八合十"亦可，但不若廉贞之克入为上。

　　⑤ 八运水龙，右弼生气，零神也；贪狼死气，正神也。排龙须得右弼值水，贪狼值坐，斯合零正生入克出之义。所以然者，盖取"一九合十"，以成八九一之相兼耳。

　　⑥ 如乙丑九紫，丙寅八白，丁卯七赤，戊辰六白，己巳五黄，庚午四绿，辛未三碧，壬申二黑，癸酉一白，循序入中立极。

　　⑦ 九紫与九运同，八白与八运同，七赤与七运同，六白与六运同；五黄前六月寄四，后六月寄六；四绿与四运同，三碧与三运同，二黑与二运同，循次渐推。

　　⑧ 如乙丑三碧，丙寅二黑，丁卯一白，戊辰九紫，己巳八白，庚午七赤，辛未六白，壬申五黄，癸酉四绿，循序入中立极。

卦。至从入首挨排之零正，与四运收星同。① 下元甲子以七赤入中，余皆逆遁九畴。② 其吊下元甲子岁之三般，山龙即以坎六立极，顺开天卦。水龙即以震三立极，逆布天卦。至从入首挨排之零正，亦与七运收星同者，③ 元空之大小三般无二理故也。但未排小三般之时，先排大三般。如大小之生旺皆合，其富贵之速发无疑。设大三般排来平庸无奇，苟不犯反伏之剥官、四墓之金杀、流行之衰死，即将此小三般之法，从入首挨排，龙山向水若得生旺交媾，则数年之小富小贵可卜。《谈玄赋》云"钟一元一运之精英，人堪大受；得一岁一时之发育，士仅小知"者，即大小三般之谓也。不得大者，安可舍其小哉！（青田）

《素书》排三元岁畴之例：上元甲子起一白，甲戌九紫，甲申八白，甲午七赤，甲辰六白，甲寅五黄，依次逆推。中元甲子起四绿，甲戌三碧，甲申二黑，甲午一白，甲辰九紫，甲寅八白，依次逆推。下元甲子起七赤，甲戌六白，甲申五黄，甲午四绿，甲辰三碧，甲寅二黑，依次逆推。

---

① 三碧与三运同，二黑与二运同，一白与一运同，九紫与九运同，八白与八运同，七赤与七运同，六白与六运同；五黄前六月寄四，后六月寄六，循次渐推。

② 如乙丑六白，丙寅五黄，丁卯四绿，戊辰三碧，己巳二黑，庚午一白，壬未九紫，壬申八白，癸酉七赤，循序入中立极。

③ 六白与六运同，五黄前六月寄四，后六月寄六，四绿与四运同，三碧与三运同，二黑与二运同，一白与一运同，九紫与九运同，八白与八运同，循次渐推。

九运天机秘密些子图①

中宫八一合九

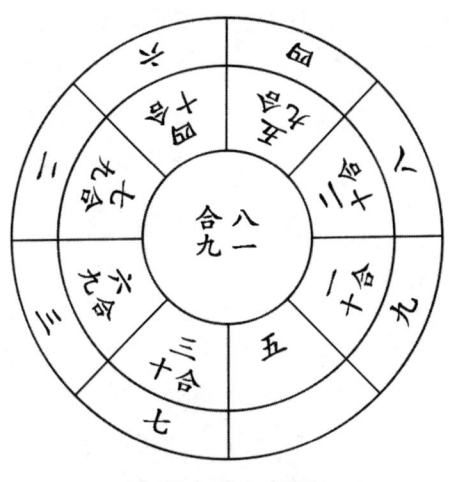

（右弼主政立极图）

九运些子赞：先天北与后天北，一后一先各太极。不因暂时主黄庭，谁识春光难再得。(青田)

《插泥剑》曰："一运分符二十秋，五载占龙头。向居次兮山又次，结局捍门收。"② 此言排运收星之法。山龙从龙起者，龙上五年，向上五年，山上五年，水上五年也。③ 山龙从向起者，水上五年，山上五年，向上五年，龙上五年也。④ 其中如某处阴阳交媾，行运到交媾五年，命与之合者，断其发福。某处阴阳相错行，运到相错处五年，命与之冲者，断其获祸。且从龙排来，上盘得其生旺；⑤ 从向排来，下盘尽属衰死。⑥ 覆宅者，于上盘行生旺运之五年，房分之相逢者，断其发祥；于下盘行衰死运之五年，公位之接得者，断其多咎。⑦ 此山龙覆断年代之秘诀也。《插泥剑》又曰："浪里蛟螭欲回首，五载一巡狩山头。立定望龙门，槎向来源走。"此言排

---

① 山水二龙合图中宫一卦通。
② 排水见下。
③ 此从下葬之年起分行四处。
④ 此从下葬之后二十年起分行四处次第以推。
⑤ 所谓得生旺，得当今之星也。
⑥ 所谓衰死者，与上盘阴阳不交，排水收排山之星也，阴阳相乘也。
⑦ 公位之说，详后重卦说内。

第一帙　不二法门

运收星之法。水龙从龙起者，水上五年，山上五年，向上五年，龙上五年也。①水龙从向起者，龙上五年，向上五年，山上五年，水上五年也。其中如某处零正得宜，行运到得宜处五年，命与之合者，断其发福；某处零正反位，行运到反位处五年，命与之冲者，断其获祸。且从龙排来，上盘得其令星；②从向排来，下盘布列衰神。③覆宅者，于上盘行生旺运之五年，房分之相逢者，断其发祥；于下盘行衰死运之五年，公位之接得者，断其多咎。此水龙覆断年代之秘诀也。孔恭曰"行运须知有部位，四神④渐次类。若是浑沦断吉凶，捉影而捕风"者，即《插泥剑》"行运分断"之谓也。

至排龙知星之法，莫详于《相穴歌》。歌曰："下卦起星有来由，逆转四位收；任他万缕并千头，总向三般求。"熟玩斯言，则知龙上起星，虽排完二十四山，而其中如"贪起星龙得破，文起星龙得贪，破起星龙得文"者，一四七各归一卦也；"巨起星龙得辅，辅起星龙得廉"者，二五八各归一卦也；"禄起星龙得弼，弼起星龙得武，武起星龙得禄"者，三六九各归一卦也。苟非天道之广大精微，何以千山万水各归其位，不遗一黍哉！《玉钥匙》曰："玄空大卦有来音，处处合天心，三卦辟分三大界，天地不能外。"言其理其法，虽后之俯察地理者，不能出其范围故也。

---

① 此从下葬之年起，分行四处，次第渐推。
② 所谓得令星者，向水得生旺龙山得衰死也。
③ 所谓衰神者，排向收排龙之星，阴阳错杂之谓也。
④ 龙向山水四处也。

九运山龙天机钤诀山水定卦分星图[1]

四大尊神相地安　勿吟反伏犯剥官

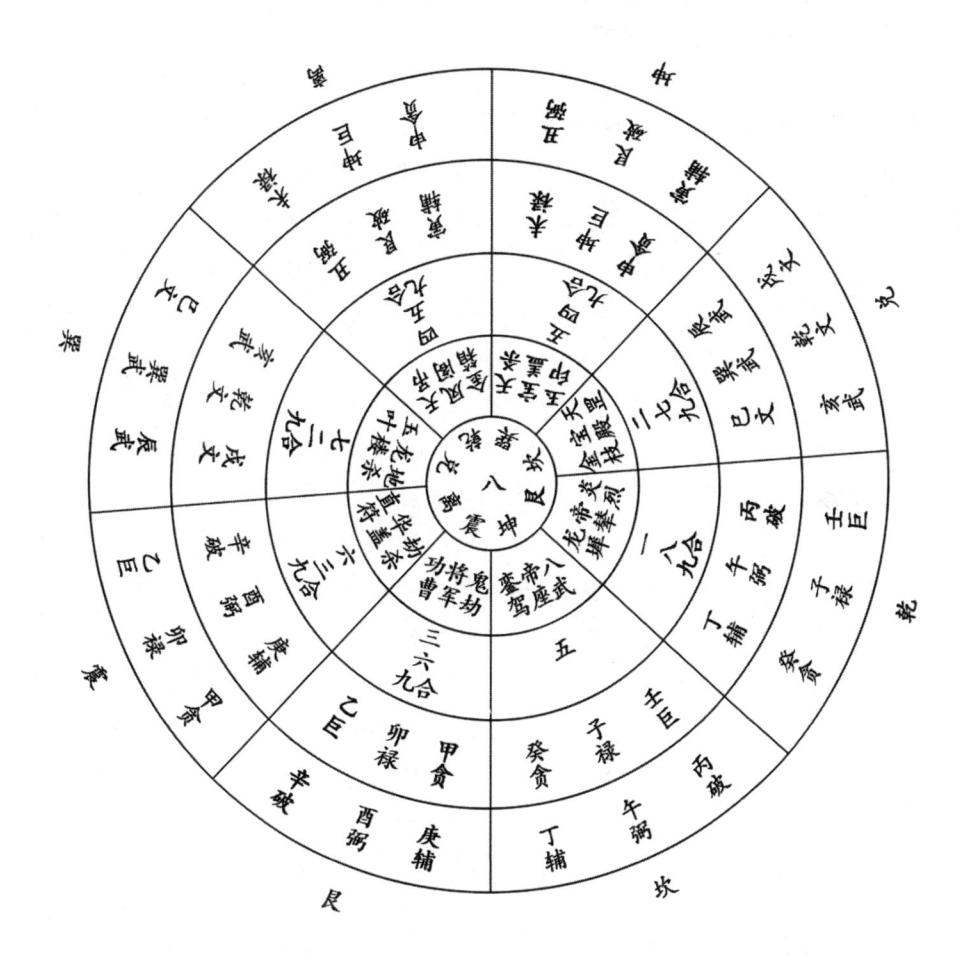

坎宫剥官、伏吟，震宫反吟，巽宫反吟、金煞，坤宫伏吟、金煞。

九运山龙节

迨夫气终九紫，运殿三元；岳峙峥嵘，星排弼卫。钟泰岱之精英，尚书宿

---

[1] 八卦各皆合九。

荫。镇南离之大位，少宰星辉。① 枢冠七星入坐，为文阶领袖。② 气排六白守关，乃武职先声。③ 富食千钟之粟，天禄门迎。④ 文夺多士之魁，星贪壁立。⑤ 终窭北门，山非武而即破；乞墦东郭，水非弼而即贪。淫邪而济以凶恶，龙荫文廉；讼狱而加以穷愁，山钟禄巨。

论法：天列星辰，天之文章也；地列山川，地之文章也。但其精见于天者，其质呈于地。古大儒仰观天文，俯察地理，要皆合而一，未尝歧而二也。延及后世，读《撼》、《疑》二经之士，九星专以形家为得，以理气为失；读《天玉》、《四书》之儒，九星专以理气为得，以形家为失。本一人之书，而各执一见以争之，遂使人疑世有两杨公也。而不知舍理论形均失也，舍形论理均不得也。何以言均失也？《相穴歌》曰："山势崔巍如盘龙，局似出王公；内阳坐穴无交媾，祸反伏其中。"此古仙为重形轻理者戒也。何以言均不得也？其歌又曰："理泄苞符论元空，生旺亦相逢；倘教四地无来脉，难将祸福穷。"此古仙为重理轻形者戒也。故《玉函》之说，先以形家论之，后以理气施之。若明堂八国向见一贪狼峰，一运排一贪狼星合之，其贵可列榜头。案见一巨门峰，二运排一巨门星合之，其富自堪敌国。元耶律曰："向见冲天一木星，运际贪狼便成名；但逢巨土列当门，得时自产玉楼人。"即是之谓也。至右有衣冠吏，⑥ 左有文笔峰，⑦ 后有兼破禄，为来龙之远祖。⑧ 前有辅与弼，为朝拜之

---

① 尚书星居右弼之下，取之以喻右弼也。少宰右弼之第六星也，南离九紫之位也泰岱山也。九运山龙排龙，须排得右弼旺星于来山入首处，始能发富发贵。不然则差错阴阳也。

② 天枢居北斗七星之首，贪狼也。九运贪狼亦属生气。排龙排得贪狼一星值坐、文曲值向，士必夺魁、官必入相者，盖取其"一九合十"、"四九为友"之义耳。

③ 六白，武曲也。九运山龙，排龙排得武曲居水，以归三六九一卦耳；或廉贞以施克人之功，必武职而挂刁斗也。

④ 天禄，禄存也。言九运山龙，排龙排得三碧绿存值向，九紫右弼值龙，以成三六九江西一卦。所发之富，有过一郡一都者。若排文曲值向，以取"四九为友"之交媾，则又出贵矣。

⑤ 贪狼，九运之生气也。凡山龙来山起顶，以及左右星峰、岸外朝峰，排龙排得贪狼生气值之，所出人物，必有抡元夺魁者，盖取一九合十之义耳。

⑥ 武曲体也。"六运排一武曲星"合之，所出人物有掌元戎者。

⑦ 文曲变体也，此星惟管辂《诗括》言之。"四运排一文曲星"合之，可出贵人，有入木天者。

⑧ 此三星必剥离数重，方可合用。若近峦头不足矣排星者，于五运将廉贞星排在廉贞峰上，七运将破军星排在破军峰上，三运将禄存星排在禄存峰上，而钟此祖山之灵以生者，爵至三公，丁添百子。

贵人。① 作者能以周流之星合岗陵之体，所发之富若贵，亦悠久无疆矣。文成罢曰"星精在天形在地，动静宜合气"者，即此理与形合之法也。(青田)

九运水龙天机钤诀山水定卦分星图②

九运钤诀泄天机　　得之山鬼拜名师

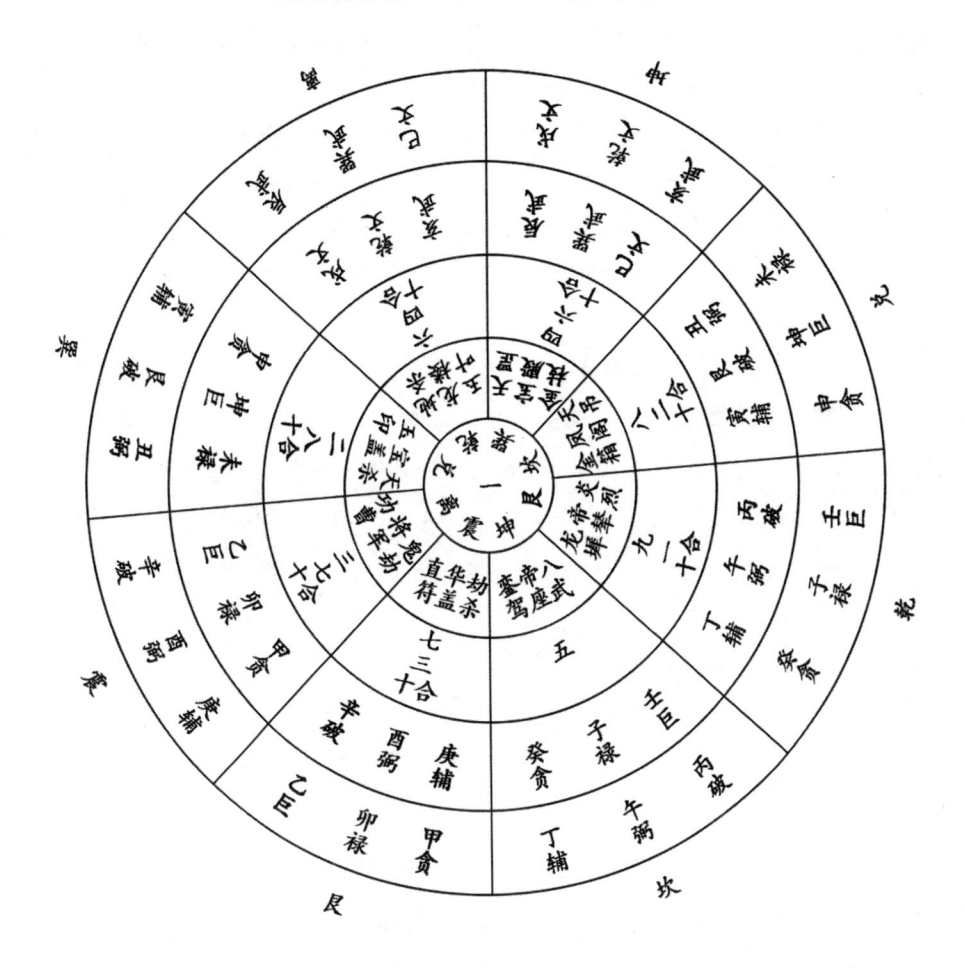

坎宫剥官、伏吟，震宫伏吟。

---

① 朝峰体属辅，八运排一辅合之；体属弼，九运排一弼合之，后必有登宰辅者。
② 八卦各皆合十。

九运水龙节

　　以及洋神，莫非易道。少弼上弼，河汉腾辉；潮水潞水，星辰喜旺。①气若蓬蓬而勃勃，位宜浩浩与滔滔。②三春浪涌桃花，人观紫锦。③一叶舟横荻港，我采白莲。④武值山兮弼值向，文迁司马之官；禄值坐兮贪值门，国产卧龙之士。⑤看他赴宴琼林，门当紫阁。惟尔守关山海，岭插红旗。⑥乐旺喜生，易位则多祸患。恶衰厌死，失权定主凶亡。

　　论法：大易自太极分两仪而生四象，由四象生八卦而重为六十四卦。凡天地之吉凶悔吝，统诸此矣。玄空自立极分先后而辨山水，由山水而排八神，重为二十四卦，凡宅墓之得失与兴衰，括诸此矣。故《插泥剑》曰"能知重卦得天机，穷通贵贱君所司"也。但重卦一法，先以排山立极之天卦重静盘，

　　注：公位之说，即天卦中星卦所属之三男三女也。须辨明卦次，而后以流行生旺衰死加之。甲癸申系贪狼，属震卦；寅庚丁系佐辅，属巽卦；此孟房之公位也，而一四七房准此矣。天卦中之子卯未系禄存，属坎卦；午酉丑系右弼，属离卦；此仲房之公位也，而二五八房准矣。其它天卦中之辰巽系武曲，属乾卦；戌乾巳系文曲，属坤卦；而公位仍归孟房者，以乾坤老而不用，长男可以代父、长女可代母故也。此公位之定格也。后人有以静盘之三男三女官位断者，拘矣。

　　后以流行之九星重天卦，

　　注：如〇天卦龙山向水四处爻辰均属震巽二卦，山龙之龙山、水龙之

---

　　①　水龙凡有水光照穴处，均宜得生旺也。
　　②　言生气宜值水也。
　　③　九运水龙，凡向有潮水到堂，排龙须排得九紫旺气值向，始合元空水龙作法。盖水龙以水为向，有水来即若龙来也。故排旺气以催之。
　　④　舟横荻港，喻镇水口之星也。我采白莲，喻取一白生气贪狼也。九运水龙，凡三叉城门处排得生气值令，龙力愈厚，所发愈速，学者其可忽诸？
　　⑤　武曲，六白也。右弼，九紫也。禄存，三碧也。贪狼，一白也。九运水龙排龙排得六白值龙，九紫值向，三碧值坐，一白值水，以归三六九一卦与一九合十之义，必出文而有经济者。
　　⑥　紫阁，九紫右弼也。红旗，五黄廉贞也。九运水龙排龙排得九紫旺气，从向生入，五黄死气从龙克出。文必赴宴林，武必镇守边关者，盖生入莫过于当元之右弼，克出莫过于失运之廉贞。故速发如此。

向水，挨排得值令生旺之正神，法断长房发贵；山龙之向水、水龙之龙山，挨排得值令衰死之零神，法断长房发富。且值令之零正得贪得辅，卦属震巽，法断孟房中之孟房发；得巨得辅，卦属艮兑，法断孟房中之季房发；得禄得弼，卦属坎离，法断孟房中之仲房发。至文武卦属乾坤，归孟房中之孟；廉贞位属中土，归孟房中之仲者，盖孟房所接之星也。○天卦龙向山水四处爻辰均属坎离二卦，山龙之龙山、水龙之向水，挨排得值令生旺之正神，法断仲房发贵；山龙之向水、水龙之龙山，挨排得值令衰死之零神，法断仲房发富。且值令之零正得贪得辅，卦属震巽，法断仲房中之孟房发；得禄得弼，卦属坎离，法断仲房中之仲房发；得巨得破，卦属艮兑，法断仲房中之季房发。至文武卦属乾坤，归仲房中之孟；廉贞位列中土，归仲房中之仲者，盖仲房所接之星也。○天卦龙向山水四处爻辰均属艮兑二卦，山龙之龙山、水龙之向水，挨排得值令生旺之正神，法断季房发贵；山龙之向水、水龙之龙山，挨排得值令衰死之零神，法断季房发富。且值令之零正得贪得辅，卦属震巽，法断季房中之孟房发；得禄得弼，卦属坎离，法断季房中之仲房发；得巨得破，卦属艮兑，法断季房中之季房发。至文武卦属乾坤，归季房中之孟；廉贞位列中土，归季房中之仲者；盖季房所接之星也。○此即《天玉》"若行公位看顺逆，接得方奇特"之法也。其道虽天机秘密，予救世心切，故冒禁而衍一线之传。学者得其法而轻泄之，恐造物以非常之祸遗之耳。

是流行卦①重天卦为一卦，天卦重地卦为二卦，抽去天卦流行卦重地卦为三卦，合之龙向山水，排龙时已得十二卦矣。

注：如天卦爻辰系破，属兑金，流行得武，属乾金，老父合少女，老父有乱伦之祸；流行得弼，属离火，中女克少女，仲妇有凌妹之威。○天卦爻辰系巨，属艮土，流行得贪，属震木，长男克少男，长兄有陷弟之心；流行得辅，属巽木，长女克少男，长嫂有辱弟之患。○天卦爻辰系弼，属离火，流行得武，属乾金，老父畏中女，仲妇有侮翁之惨；流行得破，属兑金，少女畏中女，季妇有惧嫂之怀。○天卦爻辰系禄，属坎水，流行得巨，属艮土，少男克中男，季弟有谋仲之意；流行得廉，属中土，中宫克中男，仲房有绝嗣之祸。○天卦爻辰系贪，属震木，流行得武，属乾金，老父克长男，家有憎长之老翁。○天卦爻辰系辅，属巽木，流行得

---

① 星即卦也。

破，属兑金，少女克长女，室有谋嫂之季妇者。○五行之相战也。○至于夫妇一伦，○天卦爻辰系巨，属艮土，流行得辅，属巽木，以木克土，少男之妇齿长而虐其夫。○天卦爻辰系贪，属震木，流行得破，属兑金，以金克木，长男之妇年少而残其婿。○天卦爻辰系禄，属坎水，流行得文，属坤土，以土克水，仲男之妇年老而司其晨者。○乾坤六子阴阳之错配也，如流行之星果属当令，初年所占之公位亦能发祥。若值衰败，其祸立至矣。○○地卦交重，其权较轻。

其次以排水立极之天卦重静盘，更以流行之九星重天卦，是流行卦重天卦为四卦，天卦重地卦为五卦，抽去天卦，流行卦重地卦为六卦。合之龙向山水排水时又得十二卦矣。

注：如○天卦爻辰系武，属乾金，流行得巨，属艮土，少男生老父，必得孝顺之少子；流行得贪，属震木，得禄，属坎水，乾金克震木而生坎水，其老父必憎长男而溺爱仲男。○天卦爻辰系文，属坤土，流行得弼，属离火，中女生老母，必得孝顺之仲妇；流行得辅，属巽木，得破，属兑金，坤土畏巽木而生兑金，其老母必畏长妇而溺爱少妇。○此老父重三男，老母重三女之断诀也。○○天卦爻辰系贪，属震木，流行得禄，属坎水，水生木，长男与仲男相好；流行得巨，属艮土，木克土，长男与少男相尤。○天卦爻辰系禄，属坎水，流行得贪，属震木，水生木，仲男与长男同心；流行得巨，属艮土，土克水，仲男与少男异志。○天卦爻辰系巨，属艮土，流行得贪，属震木；得禄，属坎水，木去克土，土又克水，三子各不相能。○此三男交重之断诀也。○○天卦爻辰系辅，属巽木，流行得弼，属离火，木生火，长妇与仲妇相睦；流行得破，属兑金，金克木，长妇与少妇相妒。○天卦爻辰系弼，属离火，流行得辅，属巽木，木生火，仲妇与长妇相投；流行得破，属兑金，火克金，仲妇与少妇相斗。○天卦爻辰系破，属兑金，流行得辅，属巽木；得弼，属离火，金去克木，火又克金，三女各不相下。○此三女交重之断诀也。○○至于夫妇一伦，○天卦爻辰系文，属坤土，流行得武，属乾金，天地定位，二老之修龄齐享。○天卦爻辰系辅，属巽木，流行得贪，属震木，雷风相薄，二长之夫妇唱随。○天卦爻辰系弼，属离火，流行得禄，属坎水，水火既济，二仲之夫妇和睦。○天卦爻辰系破，属兑金，流行得巨，属艮土，山泽通气，二少之夫妇相昵者，乾坤六子阴阳得配也。○○总之八卦之相生者、相克者、比和者，均以流行之星卦加天卦之星卦为准。若流行值生旺，则

断天卦爻辰所占之公位发祥；值衰败，则断天卦爻辰所占之公位发祸。此《插泥剑》"五伦考验"之天机也。○○注中有未详处，学者须以八卦老少长幼之爻辰、五行生克比和之制化类推。

其不在此二十四卦内者，如排山流行之星卦，重在排向流行星卦之上，以星卦重星卦，谓之浑天卦。其法犹以八卦五行断吉凶，

注：法以排向之流行安在下，排龙之流行安在上。○文重武为地天泰，贪重辅为雷风恒，禄重弼为水火既，济破重巨为泽山咸者，交媾之卦也。交媾则生意日满，人丁繁衍矣。○巨重禄为山水蒙，文重禄为地水师，武重贪为天雷无妄，武重辅为天风姤，贪重文为雷地豫，辅重文为风地观，贪重巨为雷山小过，辅重巨为风山渐，弼重武为火天大有，弼重破为火泽睽，破重贪为泽雷随，破重辅为泽风大过，交战之卦也。交战则晦气日滋，人丁消减矣。○武重武为纯乾，文重文为纯坤，贪重贪为纯震，辅重辅为纯巽，禄得禄为纯坎，弼重弼为纯离，巨重巨为纯艮，破重破为纯兑者，相乘之卦也。相乘则阴阳无配，悔吝日生矣。○贪重武，一六共宗，为雷天大壮；巨重破，二七同道，为山泽损；禄重辅，三八为朋，为水风井；文重弼，四九为友，为地火明夷；辅重贪，合先天之九，为风雷益；贪重弼，合后天之十，为雷火丰；禄重武，合先天之九，为水天需；巨重辅，合后天之十，为山风蛊等者，四象与先后天之得配也。得配则阴阳比和，贞吉无咎矣。但两盘排来，值生旺衰死得地之时，不以卦之五行论；值生旺衰死反位之时，必以卦之五行断者，一以扫象而论玄空，一以取象而考休咎也。此《玉钥匙》看浑天卦之法也。○○至五行之相生相克断如前。

排山立极之天卦，重在排向立极天卦之上，以天卦重天卦，谓之两仪卦。其法亦以二老六子论交媾。

注：山龙排山排水，以先天之合九吊天卦龙、向、山、水四处，上盘天卦与下盘天卦，乾坤六子，无有不配者；水龙排山排水，以后天之合十吊天卦龙、向、山、水四处，上盘天卦与下盘天卦，乾坤六子，亦无不配者，天地自然之理也。故谓之两仪卦也。

《插泥剑》曰："二十四卦有爻象，五行须生旺；重时不加易卦名，吉凶难预量"，此龙向山水交重二十四卦之法也。又曰"浑天卦与两仪卦，天机人未话；若识空中交媾情，权堪夺造化"，此龙向山水看空中交媾之法也。士君子识抽爻换象之义，则六十四卦皆为我用。

注：《插泥剑》曰："古仙下一吉地，谓能得六十四卦之精英，以毓秀而钟灵者，世必以为妄。而不知青乌、黄石、管公明、郭参军之心法，载见于《秘书》者，已详言之矣。曰得六十四卦者，谓直龙结穴，八国皆有奇峰、有贵砂、有旗枪、有朝拜以拱之。夫八国既有星峰拥卫，而排星安可置而不论？故古仙排龙时，以八国之地卦、天卦、流行卦三盘加以交重抽爻之法，八国各得三卦，八三则得二十四卦矣。排水时，以八国之地卦、天卦、流行卦三盘加以交重抽爻之法，八国各得三卦，八三又得二十四卦矣。以二十四乘二十四卦，其数得四十八卦。再加浑天卦八卦、两仪卦八卦，二八成十六卦。以十六卦乘四十八卦，岂非六十四卦乎？此就八国以言六十四卦也。至两字之龙，两盘交重，抽换各得六卦，成十二卦；两字之山，两盘交重，抽换各得六卦，成十二卦；两字之向，两盘交重，抽换各得六卦，成十二卦；两字之水，两盘交重，抽换各得六卦，成十二卦。合之四处，以得四十八卦。八字之爻辰，再加浑天卦八卦、两仪卦八卦成十六卦，以十六卦乘四十八，岂非六十四卦乎？此就双山双向以言六十四卦也。《秘书》云"羲文重卦六十四，玄空窃之以论地。乾旋坤转盗阴阳，探得天机莫轻试"，即此之谓也。

得浑天两仪之卦，则阴阳四象皆由我造，夫然后可谈玄说空矣。

注：挨星五行，凡八百六十四局，挨出二万零七百三十六星。三元九运两仪卦，山龙山水重二百一十六卦，水龙山水重二百一十六卦，共四百三十二卦。三元九运浑天卦，山龙山水重五千一百八十四卦，水龙山水重五千一百八十四卦，共一万零三百六十八卦。三元九运流行卦、天卦、地卦三重卦，山龙山水重三万一千一百零四卦，水龙山水重三万一千一百零四卦，共六万二千二百零八卦。通共七万三千零八卦。**(青田)**

杂气节①

其余双山双向，水非零则易贫。

山龙一路出卦而来，不能剪清卦气，是为双山双向，排星者须排得死气零神克入方可。盖卦须杂错而为水神所制伏，亦发福无穷。若遇正神，则更凶矣。

半岭半洋，门逢克而多庆。

或山龙出脉，穴落平洋，或山龙无岸，借平洋之大江为潮岸，均谓之半岭半洋。排星者须排得出元退运之死气克入方吉。

贪为统令之星，兼来则吉。廉乃凶残之宿，克入堪嘉。

贪狼，九星之统令也。除却当元，无论何运当兼收者，则兼之发福，自然悠久，较之他星更善矣。廉贞，九星之凶宿也。除却当元，无论何运当克入者，则用之发福，自然应验，较之他星更远矣。

文未当元，遇水则偷香窃玉。破逢退运，居山则构讼挥金。

文曲，游荡之星也。除却四禄当元，凡水龙有水光处排得此星，家风甚丑。破军，散乱之星也。除却七赤当元，凡山龙入首坐山上排得此星，家计萧条，构讼不歇。

断太岁之何神，年逢三合。论分房之有位，卦对四冲。

公位之说，即本诸三男三女卦位，非俗说左边一四七、右边三六九、中间二五八也。排龙者排得逆龙死气到卦，逢三合之年，断其获祸；逢四冲之年，断其克房。但不可轻言公位，致启人觊觎之见也。

向安吟位之山，子倾家而孙灭族。坐犯剥官之塚，朝宰辅而夕庶民。

吟位者，本元之旺气到山，煞气到向也。龙从向来，是为煞龙；而复以旺作山，以煞作向也，谓之反吟伏吟。墓亲者一犯之，主子孙有自缢离乡、蛇虎之害、作贼充军、上法场之惨。剥官者，阴阳不和。误立反吟伏吟之向，出仕者必削谪迁流，朝作军而夕为民；富者必遭回禄而遇寇盗。获祸之惨，莫极于此，可不慎哉！

零正虽宜，未交媾难全五福。旺生一失，即储精不育三生。

此言交媾生旺为兼全乃吉，不可遗失一端。玄空交媾，非俗所说配之干支阴阳也。或合先天之九、或合后天之十、或合一四七一卦、或合三六

---

① 点校者注：此《杂气节》，内容校少，与后文《杂气节》同，但属节本耳。

九一卦、或合二五八一卦、或合一六共宗、二七同道、三八为朋、四九为友河图生成之数，或合一二三上元，或合四五六中元，或合七八九下元均是。排龙者，须排得山水之零正合宜。而龙不与向交、山不与水交，纵发五福不全。若徒言交媾，而不明当元之生旺、山水之零正则凶矣！学者可不慎哉！

元出卦兮卦出元，出必深穷所以。水胜山兮山胜水，胜当考究其原。

有出元不出卦者、有出卦不出元者，排龙须以天卦之局为法，若地卦则不以足论也。有山龙而水反胜乎山者、有水龙而山反胜乎水者。排龙须从胜处下卦，至弱处不足议也。

一星转运，即属山乾、水乾、向乾、峰乾。

《经》云"乾山乾向乾水流乾，乾峰出状元"者，即龙向山水均得武曲一星也。"午出午向午来堂"，即龙向山水均得右弼一星也。"卯山卯向迎源水"，即龙向山水均得禄存一星也。"坤山坤向水坤流"，即龙向山水均得巨门一星也。岂时师纳甲云哉！其实有八卦，举四卦以例其余。

九气流行，当分东卦、西卦、南卦、北卦。

言排星者，审得山水当元之生旺，而零正尤当排归三般卦内，方为清纯不杂，发福悠久。子午卯酉、乾巽坤艮为天元，辰戌丑未、甲庚丙壬为地元，寅申巳亥、乙辛丁癸为人元。各元山水将生旺排归各元，又合雌雄交媾一卦，作法必定获吉。此言卦与元同归一路，尤为获吉。

天元地元人元，归之获吉。一运二运三运，由此渐挨。换象换爻，未澈玄空之奥义。合九合十，方为河洛之精英。

时师不识玄空奥义，有以抽爻换象执方隅以论理气者，有以六十四卦反对错综执卦坐以论理气者，有以金龙四大水口论理气者，有以紫白板格论理气者。种种拘泥，皆得玄空之皮毛，未得玄空之骨髓。不知玄空雌雄交媾，即此河洛合九合十之精英。未得天机铃诀，不几宫墙外望哉！

第二帙　绪余篇

宋铎集

元运之法，莫详于青乌、黄石、管处士、郭参军与杨、曾、吴、廖矣。然作法则详于诸经，而钤诀则列于《玉函》。故后之闻者，得其一而终遗其一。降自我朝，青田、幕讲诸公，或作赋以释《金简》之传，或作论以宣《玉函》之秘。旁引经文，广搜口诀，崇论宏议，发泄几尽。但其法至精至微，大之可以弥纶天地，小之亦能关系生民，穆穆皇皇，固非言语所能罄也。余自得传以来，披百家之言，撷诸书之奥，间有前辈所未道者，余集其法以补之，以期阐扬之无余义也，故曰"绪余"。同志者幸恕余以狗尾续于貂云。

浒湾　宋铎　并识

加运法

覆旧二宅，原有加运断诀。一说以二宅经六十年者，即加本运星辰断之。其法山水二龙，均以昔年排龙所挨之四神为下盘，加本运排龙所挨之四神为上盘，论零正交媾[①]。假昔年之零正得宜以经发福，本运之零正失位必见为灾。且以本运所排之零正加昔年所排零正之上，[②] 或本运之生旺与昔年之生旺阴阳交媾零正归宫，即将昔年所排之星卦为公位，乘本运零正之得，断某房吉；[③] 或本运之衰死，加昔年之生旺，阴阳不交、零正乱

[①] 一运加一，二运加二，入中立极，下卦起星。排向亦以昔年排向所挨之四神为下盘，加本运排向所挨之四神为上盘，论零正交媾，每运排龙管局十年，排向管局十年。

[②] 山龙仍重山龙，水龙仍重向水。

[③] 交媾处愈吉，不交媾处减量。

位,即将昔年所排之星卦为公位,①乘本运零正之失,断某房凶。②至本运之生旺,逢昔年之衰死;本运之衰死,逢昔年之衰死,均以零正交媾之得失、今昔之公位星辰,判其吉凶。倘再加排向之法,随元随运之祸福,了然于掌矣。所以然者,时运之变迁,各有性情;如帝王之嬗代,各有损益。世之尚忠、尚质、尚文,三代之制度不一;星之属木、属火、属土、属金、属水,五行之生兆亦不同。人不敢执一代之典章,强万世之必行;岂敢执一运之零正,定九运之吉凶哉!而加运必行之于六十年后者,③谓昔年之生旺衰死,经一周天发泄已尽,④吉不为吉,凶不为凶,非加本运之零正,或成或败,均无主已。(集《素书讲义》)

●一法:以初迁时,上下八神,均失生旺衰死之零正,二十年外,即加运以断吉凶者,盖谓其失主运之星也。⑤运失主星,杂乱无纪矣。值换运之时,极移星易。若所排之生旺衰死得宜,又与初迁时流行之星卦交媾,⑥则此运内吉而兴矣。其法不执初迁之运以断者,因主运失权,而客运可以代摄也。(集《曾杨问答注》)

●一法:以初迁时,排龙之零正得宜,排向之零正失措,又无交媾,必四十年后方可加运推排者,盖谓前二十年得令星统摄,后二十年须零正不交,而初年值运之生旺尚留余气,故挨四十年后,然后加运断之。(集胡公式说。)

●一法:以初迁时,排龙排向之八神合观,察上下两盘所乏何星,若值无星之运,⑦即以加运所排之零正,重初迁时流行所推之零正之上,看

---

① 初迁时,以天卦所分之星卦为公位;加运时,以初迁时流行所排之卦星为公位。法本《素书》。

② 不交媾处愈凶,交媾处愈吉。

③ 此就零正得宜、往来交媾者言。不交媾者,不得以此例推。法详下。

④ 大形大局,三元不败之作,不在此例。

⑤ 如上下两盘均不得值运主政之者是。得之而山龙使之下水,水龙使之上山,与排向而失零正之位者均是。

⑥ 即初迁时挨来之星。

⑦ 星为排龙排向之所无者,值此星主政之时,谓之空亡运也。运际空亡,即加运推之,不必俟六十年也。加运推排,若得加运之生旺归宫则吉,得加运之衰死还位则凶。至推排龙排向所有之星,而零正失陷,如山下水、水上山之类,虽有令星,不得其位,亦若无令星者矣。故法亦以加运断之。

交媾断吉凶。① 若初迁时，排龙排向所有之星零正交媾均合，② 阅年虽久，而星气已植于初运之候，不必加运而吉凶已定。但初迁时所排之星，零正失措、雌雄不交处，又当执定年代，加运以断之。③ 勿谓初迁时所有之星，遂长守此宫也。④ 盖雌雄不配，天地无诞育之奇；零正失时，春秋无赏罚之柄。若不加运断之，问谁摄取其政而与时偕行哉？⑤

●一法：凡山水二龙，阴阳二宅，当大剥官值坐之年，虽初迁时得零正、得交媾者，亦剥杂不利。⑥ 如二宅前后左右方道，值大剥官巡指之运，或造屋或筑堤，与二宅逼近，有关利害者，鲜不自贻伊戚⑦。惟凿池见水光者，反能为福。但二宅坐后，断未有凿池之理也。人可不通权而达变哉？(集《金简》心法秘要)

一法：有二宅不知初迁年代者，即以加运法覆之。阴宅从龙加排断吉凶，阳宅从门加排验兴败，亦有准，但不精细耳。学者宜知。（集刘秉忠说。）

培补法

补救之法，谈元运者，每执初迁时所排之旺星为直达、生气为补救一说，不知随运补救之法，又玄空之不可少也。

●一法：无论初迁时所排零正得宜不得宜、交媾不交媾，但过一运，则加运以排八国之方道。山龙某方，得加运所排之生旺，与初迁所排之衰死交合，前未有峰，今宜筑峰以镇之；⑧ 某方得加运之衰死，与初迁时所排之生旺比配，前未有水，今宜凿池以荫之；⑨ 水龙某方，得加运所排之

---

① 如加运之零正得宜，与初迁时之零正交媾，加运内之二十年吉，不交仅十年。
② 如九星皆齐，有直达、有补救、得零正、得交媾者。
③ 龙向山水，如零正无交媾，即以管局之分符之法推算。某处当某甲视事，即以某甲司政之星入中下卦，加运排之，以覆吉凶。管局分符之法，详青田《论法》。
④ 零正不宜，星已失陷，虽有若无。
⑤ 集《缘督补义》。
⑥ 屡覆屡验，百不爽一，但必有补救者稍轻，若谓不发祸，吾不信也。
⑦ 人第知岁五黄之方，不可修造，而不知运五黄之方，愈不可卜筑乎！余见犯岁五黄者，死人官非已耳；犯运五黄者，瘟火盗贼，大则灭族，小则倾家。奈何今之执《指南》者，杀人于术而不知也。或者天假此辈，以收恶人乎？
⑧ 如修塔筑峰皆是。但所筑之形、方圆直锐，宜依加运所排之五行论。
⑨ 但池形之方圆直锐，宜依加运所排之五行。

衰死交合，前之涸池，今宜潴水以荫之；① 某方得加运所排之衰死，与初迁所排之生旺比配，前之平坦，今宜冲峤以镇之。② 大抵初运之星为主，加运之星为客。古仙师欲以客气之补夫主气也。(集缘督《补义》)

●一法：山龙因加运之生旺到龙到山，初运时已得零正交媾之宜，则取兹新土，崇封其冢，后复作马鬣，以接入首之灵；初迁时不得零正交媾之宜者，则披除芜秽，大垒其堆，③ 前后开虾须，以收合襟之荫。④ 水龙因加运之生旺到向到水，初迁时已经得零正交媾之宜者，则疏凿其流，容纳百川，收洪波以作荫龙之水；初迁时不得零正交媾之宜者，则培筑其冢，高镇八国，改墓门以向朱雀之源。夫补其力量之所足者，福之发愈大；补其力量之不足者，祸之解可待也。(集《文成器集》)

●一法：以山龙得加运之生旺修峰、衰死凿池，水龙得加运之生旺浚流、衰死树峤，皆以修方方论之。或左右，或正向，或水口，均宜三百六十五步外作之，以体周天三百六十五度，期年三百六十五日者。地法承天，须一周之外，始无逼压之煞也。不明此法，妄为造作，恐弄巧而反拙矣。(集《达僧问答》)

●一法：言二宅之生旺未过、富贵未艾者，不可因加运之生旺而妄作也。惟衰败者，宜行补救之法，但贫而无力不可修峰筑池也。法以山龙生旺，或在龙山，则斩除荆棘，封大坟茔，以收生旺之气；⑤ 水龙生旺，或在潮向，则毁折封碑，改修墓门，以就生旺之潮，⑥ 勿拘拘以修峰凿池方为补救之法也。(集《素书讲义》)

●一法：以二宅有形势、无理气与有形势、有理气而过时者，方可加运培补。若初迁时形势先失，虽用加运之法，或修峰、或凿池、或树藩墙以蔽之，或筑堤垣以御之，终难解祸而获福者，形之不可培，培之亦无益也。(集董德彰说)

---

① 水光愈大愈吉，无水难以施救。
② 形宜直圆高耸，不可破碎，以招瘟火、盗贼、疾病、官非。
③ 此就内棺不动者言。
④ 亦必初迁加运，上下交媾，而后可作，切勿妄动。
⑤ 此就内棺不可动者言。若内棺可动，礼宜迁内另葬。
⑥ 见有缙绅发茔，因仕宦后，修其仪柱，封碑巍峨，仕宦者因此遇害，后人式微。遇一地师，令毁其封碑，拆其仪柱，筑新土以培之，不数年间，登第者复数人。由此观之，发茔前后左右不可妄作也。为子孙者，切勿以修饰为荣也。

●一法：以得地未葬之先，宜以元运排之。山龙某方，得一生旺，有峰者，天然之峰，其力愈专；无峰者，新筑一峰，其缺可补。某方得一衰死，有水者，天然之水，其权不挠；无水者，凿潴一水，其憾自释。水龙某方，得一生旺，有水者，为随龙水，其形不假；无水者，凿荫龙水，其势可借。某方得一衰死，有峤者，已成之峤，其美可嘉；无峤者，新筑其峤，其益不少。但作者须于未葬之前，① 预计画焉，则与生成不甚相上下也。若葬后数年始行修补，减量多矣。此人力补天之法也。(集吴廖《心传别录》)

像形法

元运家舍形论理者失，舍理论形者亦失。惟合形理为一辙者，求富贵如操券。

●一法：山龙因山之形状，论运之星辰。形属贪巨禄，一运排一贪，以肖贪之形；二运排一巨，以肖巨之形；三运排一禄，以肖禄之形。形属文廉武，四运排一文，以肖文之形；五运排一廉，以肖廉之形；六运排一武，以肖武之形。形属破辅弼，七运排一破，以肖破之形；八运排一辅，以肖辅之形；九运排一弼，以肖弼之形。至水龙，因水之形状属何星体，② 即排此星以肖之。③ 其法亦与山之所排者同，但不得因排来之星合夫形，遂不问零正之合不合也。如运合夫星，星又合夫形，此天然之形挨天然之星也。再安置得宜，使之交媾，其发也若水之就下，沛然莫之能御也。人可不审乎哉！(集赖布衣说)

●一法：山水二龙，因挨来之星，定山水之形。如挨来之星属木，山则集一笋峰，水则凿一圭池；④ 挨来之星属土，山则筑一御屏，水则凿一方池；挨来之星属金，山则筑一覆钟，水则凿一圆池；挨来之星属火，山

---

① 古人有未葬而先营兆者，即此之谓也。况其穴未葬，虽八方培补，于穴无犯岁破、岁煞、岁五黄之虞。及经葬后，方道不利，强而修之，恐福未见而祸先见矣。为人子者，能不为之备乎？或云："预备于五年外者得气，预备于十年外者宛如生成"。

② 就溪涧湖池之方圆直锐论。

③ 金城排武辅，土城排巨门，尖形火城排廉破，圭形木城排贪狼，之玄水城排文曲之类是也。

④ 其形如圭者。

则筑一文笔，水则凿一尖池。① 惟水多摆荡，易犯文曲，即挨来之星属水，山则仅筑水旗，水则改沟道为之玄，或七曲、或九曲方妥，不可发摆荡之形，令见于明堂内也。此假人力以像天心之法也。作者须于未葬前预备焉，则尽善矣。(集《金简秘传》)

●一法：以山川之土色，论元运之星辰。山龙峰之色赤排一火星、② 色黄排一土星、③ 色青排一木星、④ 色白排一金星、⑤ 色黑排一水星⑥者，体三代尚黑、尚白、尚赤之制，各因时王而定也。⑦ 若水龙之以色论者，泾水清属金，渭水浊属土，雍水赤属火，淮水绿属木，华阳之水黑属水是也。且就一方论之，山、涧、溪、湖，色各不同；执法者因其色，推其运，排其星，则气之应运而兴者，必钟于色之所属矣。⑧ 人可不审乎哉！(集《潜溪心法》)

●一法：山水二龙，因挨来之星辰，定坟茔之形状。如挨来之星属木，堆宜直圆而平顶；挨来之星属土，堆宜方平而阔脚；挨来之星属金，堆宜平圆而覆顶；挨来之星属水，堆宜长曲而圆脚；挨来之星属火，堆宜直圆而尖顶。但金堆则忌向有烈焰之火，土堆则忌向有冲霄之木，火堆则忌向有涨天之水，木堆则忌向有献天之金，水堆则忌向有连云之土。学者求所宜，尤当知其所忌也。(集缘督《补义》)

---

① 较圭形而尖者，但其尖宜向外。
② 廉贞右弼是也。
③ 巨门禄存是也。
④ 贪狼是也。
⑤ 武曲、破军、左辅是也。
⑥ 文曲是也。
⑦ 元运家原以洛书之九气为流行，夫以洛书为流行，而九气中之五色不可不审也，况山川更生此五色以相应乎？执法者，亦惟以某色主政之时，当排某行之星，到某色之山，方为体用合辙也。不然三代有尚色之帝王，九运岂无尚色之令星乎？
⑧ 色赤，属寅午戌丙丁人；色黄，属辰戌丑未戊己人；色青，属亥卯未甲乙人；色白，属巳酉丑庚辛人；色黑，属申子辰壬癸人。

催官法

催官之说，古有其法，但元运不符，鲜有获效也。

●一法：以生命为主。如加运排来生旺应占某方，再以太岁入中，①将命禄、命马、命贵遁到；以月建入中，将岁禄、岁马、岁贵遁到；②且吊天星、贵元、禄元、马元、赦文、文魁、催官、到官；③推地睺之值卦、斗杓、帝星、三奇、四吉、官星到度；四柱则用拱贵之格，六律则取相生之吕，五度则吊天恩之宿，小三般则排值令之星；兼之坐山之度星，不犯夫剥官；立命之宫法，又取夫邀贵，然后山筑一峰以镇之，水凿一池以荫之。至太岁三合之年、律吕隔八之岁，生命与之相生相合者，自一试而入青云矣。(集《天人家说》)

●一法：以分野之经星、④流行之纬星、⑤值运之令星、生命之主星合推。

如命主⑥星属木，二十八宿中宜于角斗奎井方上，山树一木峰、水凿一木池。⑦三元之星，宜用贪狼⑧到方；七政之星，宜用木气到度。⑨四柱宜用亥卯未木局。再查坐度何星分野何地，所催之贵必食禄于是乡。⑩

命主星属火，二十八宿中，宜于尾室觜翼方上，山树一火峰，⑪水凿

---

① 一年遁不到，又挨二年，务以遁到之年修之，方验。
② 天星兼本命及太岁化曜而言。
③ 非恩用不取。
④ 二十八宿也。
⑤ 七政四余也。
⑥ 命宫主也。
⑦ 命贵遁在角，垒作一角星之形；在斗，宜作一斗星之形；在奎，宜作一奎星之形；在井，宜作一井星之形。其作法，山于所树之峰头，筑小土堆以肖之；水于所凿之池内，筑小石堆以像之。但诸星形状，宜放到天文，方不差缪。命贵与命主星若同宫度、同五行者，更吉。
⑧ 非当令之生旺不发。
⑨ 化曜不吉、恩用不辅到度者，不用。
⑩ 分野详《星经注图考》。
⑪ 如文笔火旗之类。

一火池。① 三元之星，宜用廉弼到方；② 七政之星，宜用火罗到度。③ 四柱宜用寅午戌火局。再查坐度何星，分野何地，所催之贵，必食禄于是乡。

命主星属土，二十八宿中，宜于氐女胃柳方上，山树一土屏，④ 水凿一土池。⑤ 天元之星，宜用巨禄到方；⑥ 七政之星，宜用土计到度。⑦ 四柱宜用辰戌丑未土局。⑧ 再查坐度何星，分野何地，所催之贵，必食禄于是乡。

命主星属金，⑨ 二十八宿中，宜于亢牛娄鬼方上，山树一金堆，⑩ 水凿一金池。⑪ 三元之星，宜用武破辅到方；⑫ 七政之星，宜用太白到度。⑬ 四柱宜用巳酉丑金局。再查坐度何星，分野何地，所催之贵，必食禄于是乡。

命主星属水，二十八宿中，宜于箕壁参轸方上，山树一水体，⑭ 水凿

---

① 命贵遁在尾，宜作一尾星之形；在室，宜作一室星之形；在觜，宜作一觜星之形；在翼，宜作一翼星之形；作法如前。但火峰顶尖，宜作诸星之形于峰半，不同木土金水诸峰作星形于巅顶者，恐见其破碎也。修命贵，宜修阳贵方，修阴贵方减量；或命贵遁不到命主星，躔到合贵、合禄、合马者，亦吉。

② 非当令之生旺不发。

③ 化曜不吉，恩用不合不辅者不用。

④ 如飞诰、御屏、赦文、天仓、金斗、玉印、讲书案、挂榜山之类。

⑤ 命贵遁在氐，宜作一氐星之形；在女，宜做一女星之形；在胃，宜作一胃星之形；在柳，宜作一柳星之形。作法如前。已贵者，遁命禄到方，可以加俸进爵。与命贵同到者，可以封拜。

⑥ 非当令之生旺不发。

⑦ 化曜不吉，恩用不合不辅不用。

⑧ 未贵者宜冲，已贵者宜合。

⑨ 五主度中惟命主度最亲切，余亦喜恩用避仇难。

⑩ 如衣冠吏朝拜峰之类。

⑪ 命贵遁在亢，宜作一亢星之形；在牛，宜作一牛星之形；在娄，宜作一娄星之形；在鬼，宜作一鬼星之形，作法如前。亢牛娄鬼四金宿也，须加运中之天卦，金煞离宫，然后如法作之，方吉。慎之！

⑫ 非当令之生旺不发。

⑬ 化曜不吉，恩用不合不辅与犯经天虎刑等弊者不用。

⑭ 如水旗、三台、金水贵人之类。

一曲池。① 三元之星，宜用文曲到方；② 七政之星，宜用水孛到度。③ 四柱宜用申子辰水局。再查坐度何星，分野何地，所催之贵，必食禄于是乡。

至于命立午未之中十五度者，日月之位也。二十八宿中，如房心也、虚危也、昂毕也、星张也。八宿方道，审命贵、命禄之所在，④ 山树一日月之峰，水凿一日月之池。⑤ 三元之星，宜用生旺到方；⑥ 七政之星，宜用日月合朔、合璧，五星聚奎、聚井，与日月丽丹天、金水辅太微等格，到宫到度。⑦ 四柱宜用天干一气、地支同流诸局。⑧ 再查坐度系周天何星，分野系大地何府，所催之贵，必食禄于是乡。

他若加六壬之贵人，⑨ 布八门之门奇，⑩ 推六气之地睐，遁六甲之用神；以开方之体，⑪ 集诸贵之祥，⑫ 其效也，如影随形，如声应响矣。（集《素书讲义》）

●一法：作五鬼运财，以济穷困，须大三般所排之生旺到门，巨门到水，岁五黄到水；小三般所排之生旺到水，巨门到门，月五黄到门；奇门宜用宫克门、奇生宫之格；天星宜用太阴守门；⑬ 择日宜用黑道，选时宜用夜分；⑭ 用神宜遁⑮天财、月财、五富、命禄、拾宝星到方；月遁宜吊天

---

① 如月池者，是月水体也，故以月池为水形。命贵遁在箕，宜作一箕星之形；在壁，宜作一壁星之形；在参，宜作一参星之形；在轸，宜作一轸星之形，作法如前。箕壁参轸，四弱宿也，得恩星以辅之，始有力量。

② 武辅亦兼用者，金能生水也，但非当令之生旺不发。

③ 化曜不吉，恩用不辅不合不用。

④ 一岁遁不到，又俟二岁，务以遁到之年修之，方有准验。

⑤ 命贵遁到之方，山之峰头、水之池内，仍宜筑小土堆，以像房心虚危昂毕星张之形者，体"在天成象、在地成形"之义，以符"天光下临，地德上载"之法也。

⑥ 日月君后也，诸星臣妾也。臣妾未有不使君后之指挥也，故三元只用值令之旺，而不限定何星者，亦犹天子问政于执政之官，而不限定何人也。

⑦ 以升殿为得地，如化曜不吉，恩用不辅不合，仍不用。

⑧ 与午未有刑害犯冲者不用。

⑨ 如入传、登天门，始用之。

⑩ 克泄者不用。如壬星属金，不用丙丁二奇、休景二门一克一泄之类也。

⑪ 木火土金水，各用所属之星会局会格，谓之开方。催官用之，最为直捷。

⑫ 如一切吉星，均吊到修方是也。

⑬ 不用太阳天罡者，盖五鬼阴气也，太阳一照，诸阴气潜消；天罡一指，五鬼远避。夫既消之避之，又乌能为我运财乎？

⑭ 不用黄道者，谓黄道非五鬼所行之路也。

⑮ 年遁。

德、岁德、月德、飞天解、飞天赦到方；① 然后在此方道修一门以应之。其左右前后均宜塞闭，出入惟此一门，始有准验。至于步罡踏斗、丁甲符咒，另载《别录》，儒者言理可也。(集潜溪《异闻录》)

用卦法

元运家拘于用卦者，无通变之才；执不用卦者，失措施之准。

●一法：以立极之天卦定公位，以流行之重卦辨兴衰②。

如一运天卦中孟房公位，③ 生旺宜收雷天大壮、雷地豫、雷风恒、雷雷震，衰死即以地雷复、天雷无妄、风雷益、风风巽配之；④ 天卦中仲房公位，⑤ 生旺宜收雷水解、雷火丰，衰死即以火雷噬嗑、水雷屯配之；天卦中季房公位，⑥ 生旺宜收雷山小过、雷泽归妹，衰死即以泽雷随、山雷颐配之者，以震之贪狼驾驭乎各卦也。⑦

二运天卦中孟房公位，生旺宜收山天大畜、山地剥、山雷颐、山风蛊，衰死即以地山谦、天山遁、风山渐、雷山小过配之；天卦中仲房公位，生旺宜收山水蒙、山火贲，衰死即以火山旅、水山蹇配之；天卦中季房公位，生旺宜收山山艮、山泽损，衰死即以泽泽兑、泽山咸配之者，以艮之巨门驾驭乎⑧各卦也。⑨

三运天卦中孟房公位，生旺宜收水天需、水地比、水雷屯、水风井；衰死即以地水师、天水讼、风水涣、雷水解配之；天卦中仲房公位，生旺宜收水水坎、水火既济，衰死即以火火离、火水未济配之；天卦中季房公位，生旺宜收水山蹇、水泽节，衰死即以泽水困、山水蒙配之者，以坎之

---

① 获财之后，始免祸患，若用天赦日更佳。
② 补：法以排龙之流行重排向流行之上合观。
③ 一四七例推。
④ 其中零正山水、排龙、排向，须详而排之，不可紊淆。至于卦生于星之义，已详青田论矣。
⑤ 二五八例推。
⑥ 三六九例推。
⑦ 此以排龙之流行，重排向之流行论之。非抽爻换象，流行重天卦、天卦重地卦之卦也。而流行重天卦、天卦重地卦，能处处得此，更属滴滴归源，一路清纯。
⑧ 此各运公位之逢时卦也。虽有五行，不论生克。
⑨ 非必处处获此卦象而后可言兴起，但四象交媾之外，龙山向水得此卦爻，自直爰考其说，亦夫妇正配之义，不过归时归位耳。

禄存驾驭乎各卦也。夫驾驭八卦之公位即随时立主，则上元三运之提纲挈领，不亦有条不紊哉！①

若夫四运，生旺收地天泰、地地坤、地雷复、地风升，衰死收天地否、天风乾、风地观、雷地豫，以归天卦孟房之公位；②生旺收地水师、地火明夷，衰死收火地晋、水地比，以归天卦仲房之公位；与生旺收地山谦、地泽临，衰死收泽地萃、山地剥，以归天卦季房之公位者，相之执政也。③

六运生旺收天天乾、天地否、天雷无妄、天风姤，衰死收地地坤、地天泰、风天小畜、雷天大壮，以归孟房之公位；生旺收天水讼、天火同人，衰死收火天大有、水天需，以归天卦仲房之公位；及生旺收天山遁、天泽履，衰死收泽天夬、山天大畜，以归季房之公位者，将之行权也。④

将相分权，人主垂裳而治。九州之内，文武佐治，极星端冕而居六合之中。此中元三运之天机也，固非庸众人可得而知矣。

再以下元七八九分布之。假七运天卦之孟房生旺得泽天夬、泽地萃、泽雷随、泽风大过，衰死得地泽临、天泽履、风泽中孚、雷泽归妹；天卦之仲房生旺得泽水困、泽火革，衰死得火泽睽、水泽节；天卦之季房生旺得泽山咸、泽泽兑，衰死得山泽损、山山艮，以匡其矩矱。⑤

八运天卦之孟房生旺，得风天小畜、风地观、风雷益、风风巽，衰死得地风升、天风姤、雷风恒、雷雷震；天卦之仲房生旺得风水涣、风火家人，衰死得火风鼎、水风井；天卦之季房生旺得风山渐、风泽中孚，衰死得泽风大过、山风蛊，以襄其法度。⑥

---

① 收卦不得各运各公位之贴身卦，是谓之"广泛用卦"也，纵吉亦发不大。

② 内有八纯卦者，属阳见阳、阴见阴，往来不交。但龙得一纯阳卦，向必排一纯阴卦配之；山得一纯阳卦，向必排一纯阴卦配之，方妥。总之玄空交媾，以四象交为上，以卦位交为次。若山龙之龙得四象交，山得卦位交；水龙之水得四象交，向得卦位交，兼而有之，更善。

③ 文曲，四运主政之星也。夫文曲既掌文衡，四海之人才，皆听其进退，岂天子之成败，不由其主张乎？况上应文昌六宿，辅紫微垣之帝星；下为宰相一官，佐太极殿之天子耶。故于文曲辅廉之日，称之为相也。五运前十年寄此矣。

④ 武曲，六运主政之星也。夫武曲既统武职，三军之步武，且听其指挥，岂五伦之兴衰，不由措置乎？况上应天大将军，为天皇捍御之牧；下为元戎国老，作圣主专阃之臣耶。故于武曲佐廉之时，称之为将也。五运后十年寄此矣。

⑤ 七运破军执政，零正得宜之下，又获此经纬卦，中军刁斗，可翘首而得矣。

⑥ 公位之方，形体与卦象合者，其力更专。

九运天卦之孟房生旺得火天大有、火地晋、火雷噬嗑、火风鼎，衰死得地火明夷、天火同人、风火家人、雷火丰；天卦之仲房生旺得火水未济、火火离，衰死得水火既济、水水坎；天卦之季房生旺得火山旅、火泽睽，衰死得泽火革、山火贲，以宏其规模。经纬卦以大壮始、以贲终者，言一百二十八卦足以包罗万象，使激扬震厉，以启天下之文明也。①则上下一百八十年，无非此一百二十八经纬卦以控辖乎诸卦也。其间，如公位之分权、零正之布置、卦象之统摄、山水之异同、兴衰之断验，真纤悉无遗矣，②谁云用卦之无益哉！（集《素书讲义》）

●一法：以河洛之数目定公位，以山向之流行定卦名。③

山龙以河图之数分之：

一六在北，先天之坤，一六公位也。挨贪为雷地豫，挨巨为山地剥，挨禄为水地比，挨文为地地坤，挨武为天地否，挨破为泽地萃，挨辅为风地观，挨弼为火地晋。④

二七在南，先天之乾，二七公位也。挨贪为雷天大壮，挨巨为山天大畜，挨禄为水天需，挨文为地天泰，挨武为天天乾，挨破为泽天夬，挨辅为风天小畜，挨弼为火天大有。⑤

三八在东，先天之离。三八公位也。挨贪为雷火丰，挨巨为山火贲，挨禄为水火既济，挨文为地火明夷，挨武为天火同人，挨破为泽火革，挨辅为风火家人，挨弼为火火离。⑥

四九在西，先天之坎，四九公位也。挨贪为雷水解，挨巨为山水蒙，挨禄为水水坎，挨文为地水师，挨武为天水讼，挨破为泽水困，挨辅为风水涣，挨弼为火水未济。⑦

---

① 董德彰谓之两幹卦者，经纬卦夹抽爻换象诸卦于中，如墙之有两堵，夹诸物于中也，故曰两幹卦也。
② 推原其义，公位之分、卦象之重、时令之变，无非体大易"天地定位、雷风相薄、水火不相射、山泽通气"之理，而以值令之星为纬卦，以公位之星卦为经卦，一经一纬，织成此橐籥之机关也。但抽爻换象之卦，论五行之生克，而经纬之卦则论气交也。谈元运者得悟此理，祸福兴衰了然于掌，真陆行之地仙。
③ 此阳宅定公位、辨卦象之法，与阴宅无涉。
④ 若零正逢时，一六房主吉。
⑤ 零正逢时，二七房吉，失令者凶。
⑥ 零正逢时，三八房吉，失令者凶。
⑦ 零正逢时，四九房吉，失令者凶。

若夫五十之属于坤者，明中宫之无象，而以同类代之也。人能因时令辨零正重卦象，则九运兴废之机，了然于掌矣。

水龙以洛书之数分之：

一以坎为主，二以坤为主。坎之上，重贪雷水解，重巨山水蒙，重禄水水坎，重文地水师，重武天水讼，重破泽水困，重辅风水涣，重弼火水未济；坤之上，重贪雷地豫，重巨山地剥，重禄水地比，重文地地坤，重武天地否，重破泽地萃，重辅风地观，重弼火地晋者，一二房之化机也。①

三以震为主，四以巽为主。震之上，重贪雷雷震，重巨山雷颐，重禄水雷屯，重文地雷复，重武天雷无妄，重破泽雷随，重辅风雷益，重弼火雷噬嗑；巽之上，重贪雷风恒，重巨山风蛊，重禄水风井，重文地风升，重武天风姤，重破泽风大过，重辅风风巽，重弼火风鼎者，三四房之化机也。②

六以乾为主，七以兑为主。乾之上，重贪雷天大壮，重巨山天大畜，重禄水天需，重文地天泰，重武天天乾，重破泽天夬，重辅风天小畜，重弼火天大有；兑之上，重贪雷泽归妹，重巨山泽损，重禄水泽节，重文地泽临，重武天泽履，重破泽泽兑，重辅风泽中孚，重弼火泽睽者，六七房之化机也。③

八以艮为主，九以离为主。艮之上，重贪雷山小过，重巨山山艮，重禄水山蹇，重文地山谦，重武天山遁，重破泽山咸，重辅风山渐，重弼火山旅；离之上，重贪雷火丰，重巨火山贲，重禄水火既济，重文地火明夷，重武天火同人，重破泽火革，重辅风火家人，重弼火火离者，八九房之化机也。④

至于五之寄，夫坤者明中宫之无权，而以所属归之也。人能因元运，辨公位，审化机，则三元成败之局，洞然于心矣。此仙师用之以定宅也，⑤

---

① 因零正山水之宜，时令生旺之得，大修坎坤二方，一二房大吉。若遇衰死，则有因一二房倾家者矣。

② 因零正山水之宜，时令生旺之得，大修巽震二方，三四房大吉。若遇衰死，则有因三四房倾家者矣。

③ 因零正山水之得，时令生旺之宜，大修乾兑二方，六七房大吉。若遇衰死，则有因六七房倾家者矣。

④ 因零正山水之得，时令生旺之宜，大修艮离二方，八九房大吉。若遇衰死，则有因八九房倾家者矣。

⑤ 阴宅不用。

予集之以见玄空之分路扬镳。①

襄煞法

《易》曰："吉凶悔吝生乎动。"动而得法，吉则随之，动而失常，凶亦降之。欲趋吉以避凶者，可悖法而妄动哉！

●一法：除大剥官、四金煞之外，有可解者，即用法解之。② 如迁时龙犯木煞，③ 山逢金旺，④ 堆作金形以克之。⑤ 水排一木星，凿一木池以放之。⑥

龙犯火煞，⑦ 山逢水旺，⑧ 堆作水形以克之。⑨ 水排一火星，凿一火池以放之。⑩

龙犯土煞，⑪ 坐逢木旺，⑫ 堆作木形以克之。⑬ 水排一土星，凿一土池以放之。⑭

龙犯金煞，⑮ 山逢火旺，⑯ 堆作火形以克之。⑰ 水排一金星，凿一金池以放之。⑱

---

① 集《素书讲义》。
② 形家若遇败绝之地，虽用法襄之，亦无效验。
③ 失运之贪狼也。
④ 谓排得一值令之武曲也。若遇失时之武曲，则朋比为奸矣。
⑤ 如形象家四面有火星烘照，金反受克，其家遇之败绝流离矣。苟星非武曲，妄作金堆，其祸仍然。
⑥ 所谓放煞也。
⑦ 失运之廉弼也。
⑧ 谓排得一值令之文曲也，若遇失时之文曲则滛邪大作矣。
⑨ 如形家四面有土星压穴，水反受克，其家遇之，盗贼水火矣，苟星非文曲，妄作水堆，其祸不减。
⑩ 所谓放煞也。
⑪ 失运之巨禄也。
⑫ 谓排一生旺之贪狼，以匡入九一之不逮也，若遇失时之贪狼则横梗不驯矣。
⑬ 如形家四面有金星罗列，木反受克，其家遇之讼狱疾病矣，苟星非贪狼，妄作木堆，其祸如故。
⑭ 所谓放煞也。
⑮ 失运之武破辅也，非天卦中之四金煞也。如犯四金煞不可襄，九一之不逮也。
⑯ 谓排得一值令之廉弼也。若遇失时之廉弼，则群阴肆毒矣。
⑰ 如形家四面有涨天水扑，灭火反受其克。其家遇之，赭衣赤族矣。苟星非廉弼，妄作火堆，其祸难免。
⑱ 所谓放煞也。

龙犯水煞，① 山逢土旺，② 堆作土形以克之。③ 水排一土星，凿一水池以放之者。④

山龙权宜之法也，⑤ 若有可迁之地，迁之为上。若无可迁之地，法亦可行。知法者，倘恃此而不畏龙之衰死，失之又远矣。可勿慎哉！（集《金简心法》）

步龙说

为形家者言，必以龙身长远、贵格重重、罗城拥卫、星峰布列，以卜兴衰修短，岂元运家反外之耶？尝见有穴星平庸、内堂逼小，初迁时元运亦属无奇，数传而后，子孙有得封拜之荣者，于是堪舆聚讼，合全家之二宅衡鉴之，谓此中有大力者为之主，似非人谋可至也。不知穴星平庸，行龙最贵；明堂无奇，外护则尊。试以初迁时元运排之，丈尺计之，排至贵格得是星，故是星执政而后昌荣；排至贵峰得是星，故是星司权而后发育。且以年代计之，龙之某节、向之某峰应何年而发，皆有历历不爽之机缄，可为后车之鉴也。奈何今之求速效者，忘昔人步龙之苦，为一量附骥之思，听盲师颠倒，轻弃贵龙小穴之真藏，贪求空窝无结之大地哉！但其中亦宜自鉴焉。果龙格多贱、穴场峻恶，又无远秀之围城、元运之生旺，自宜另卜另迁。若夫龙贵而穴庸，峰聚而堂小，运迟而效缓，城围而局紧，乃天地之真藏，而不令庸众人之易知也。一旦委而去之，是犹舍参苓而用砒霜也。当此之时，明法者须前后盘旋，左右审定，吉者令勿播迁，静以待之；凶者令其急启，移以避之，然后见仁人君子之用心矣。近有俗师，一登穴场，遂言不吉，不惟不知龙之行度，峰之拱揖，运之缓急，即叩其所学之术，亦不能言其故，推其心。不过曰"不如是不足以挤人之短，炫已之长，以诈人之财"也。吁，可笑已！可憾已！（集缘督《补义》）

---

① 失运之文曲也。
② 谓排得一值令之巨禄也，若遇失时之巨禄助纣为恶矣。
③ 如形家四面有冲天木挺，树土反受克。其家遇之，饿殍沟壑矣。苟星非巨禄，妄作土堆，其祸转臻。
④ 所谓放煞也。
⑤ 若水龙之龙山又宜克矣，故略而不载。但大剥官、四金煞犯之祸患惨于山龙。

剪裁说

形理家卜地葬亲，龙穴必求其真，元运必求其旺，而后心安意适而。不然，有宁停柩于家，不忍弃亲于水之说焉。嗟夫！此为富者言则可，为贫者言不可也。有力之家，急聘明师，访求经年累月，自有得地之时。若单寒下士，无力经营，亦执此说，是将以茅屋作山陵，而不令亲之适彼乐土也，不亦痛哉！夫古人立大地大葬、小地小葬之规模，下至顽山顽水，亦立剪裁之法，正谓无力葬亲者言也。

其法无论山水二龙，择地之高燥者，审其来去，形家不受风煞，理气不犯剥官、金煞、四凶等弊，虽值令不得生旺，可权以小三般代之。山龙龙山、水龙向水，果得小三般之生旺，亦可以迁。倘再加天星暌卦、五度四课之逢祥迪吉，数年安泰可以决矣！奈何守经无权，停柩不定，欲以枯骨求富贵，甘贻不孝之名，上越国之制哉！（宋铎说）

杂气节

其余双山双向，水非零则易贫。①

论法：《天玉》曰"双山双向水零神，富贵永无穷。若遇正神须败绝，五行当分别"者，言出脉既属两字，则龙之气不清矣。所以能制其杂而归于一者，惟此水耳。脉系山龙，水宜零神以克之者，山龙以衰死为零神也。零在来水，是谓克入；零在去水，是谓克出。至于向上排星，其水之宜正神，②不言而喻矣。脉属水龙，水宜零神以催之者，水龙以生旺为零神也。零在来水，是谓生入；零在去水，是谓生出。至于向上排星，其水之宜正神，③不问而知矣。④此本《经》所谓"零堂正向须知好，认取来山脑"是也。《插泥剑》曰："两字行来结一穴，零正当分别。后用正神先用零，杂气自能清"者，无非明杂气之龙，先用零神而不先用正神也。所以不先用正神者，谓龙既杂而水不可又杂也。司天监曰"水光不见波涛漾，杂气难收旺；徒言向水有零神，代代长守贫"者；又言"杂气之穴，明堂内非有水不能发也"。⑤《狐首经》曰"两字须当两字排，执一最为乖"者，终言两字之龙，宜两字下卦；龙向山水四处，须两字排来，零正均合，其局始愈于一字清纯也。世之谈双山者，安可忽诸？(青田)

半岭半洋，门逢克而多庆。⑥

论法：世之谈元运者，分山水二龙而已，不穷知其变。有山龙收水局者，有水龙收山局者，有山龙尽收山而不收水者，有水龙尽收水而不收山者，有山龙明堂内聚水群峰簇簇者，有水龙明堂内树峰众水涓涓者，有山水平分者，其山龙而收水局也。⑦排龙排向之法：以先天合九下卦，上盘

---

① 山龙一路出卦而来，不能剪清卦气，是为双山双向，排星者须排得死气之零神朝入方可。盖卦虽须错杂，而为水神所制伏，亦发福无穷。若遇正神，则更凶矣。此就上盘论。

② 此正神生旺也。

③ 此正神衰死也。

④ 本文云遇正神须败绝者，就一面说。

⑤ 余历双山之局，无论山水二龙，其发以水光之大小，验富贵之大小，百不失一。无水者亦鲜有发。追究其原，盖由水光之不大，专主之气亦不大故也。学者慎之。

⑥ 或山龙出脉，穴落平洋；或山龙无岸，借平洋之大江为潮岸，均谓之半岭半洋。排星者，须排得出元退运之死气克入方吉。此就一面说。

⑦ 此山龙之出洋者。

龙宜平、坐宜克、向水宜生旺、有峰处宜生旺；① 下盘龙宜克、坐宜旺、向水宜衰死、有峰处宜衰死，务合四象之交媾而后可者，《玉钥匙》所谓"虎入蛟潭噬水族，不似在山岳；虽随波浪渡浮沉，涵养躁性情"，《插泥剑》所谓"山中生我水中长，性情随荡洋"是也，其水龙而收山局也。② 排龙排向之法，以后天合十下卦，上盘龙宜克、坐宜旺、向岸处宜衰死、有潮处宜生旺，③ 下盘龙宜生旺、坐宜克、向岸处宜生旺、有潮处宜衰死，务配二仪之阴阳而后可者，《玉钥匙》所谓"虹驾蜃楼若山城，嘘气出龙门；既以垭埕为行度，岗陵是去路"，《插泥剑》所谓"水中生我山中行，文章喜不平"是也。其山龙而局尽收山者，纯阴局也。四面皆山、八方无水。做法以先天下卦，排龙时尽收生旺，排向时尽收衰死，庶合管辂《诗括》"局尽山兮无水通，纯阴交媾纯阳中"之旨也。其水龙而局尽收水者，纯阳局也。一带皆水，八国无峰。做法以后天下卦，排龙时尽收生旺，排向时尽收衰死，方符管辂《诗括》"局尽水兮失山形，纯阳匹配纯阴人"之言也。其山龙明堂内聚水成潭、群峰围簇者，元耶律所谓"童冠浴沂"格也。法先于见水处排一衰死，于有峰处逐加挨排，务使峰峰皆得当元三吉者，④ 即司天监"会同万国尽衣冠，龙光大小瞻"之义也。其水龙明堂内一峰特生，众流聚绕者，元耶律所谓"砥柱中流"格也。法先于见峰处排一衰死，于有水处逐加挨排，务使溪溪皆得当元三吉者，⑤ 即司天监"朝宗万派赴荆门，鸿恩远近迎"之义也。至于山水平分，法本寻常不待赘言。学者如此变通，夫然后可以言活泼之天机矣。⑥

贪为统令之星，兼来则吉；廉乃凶残之宿，克入堪嘉。⑦

论法：贪狼，人之所谓吉星也；廉贞，人之所谓凶星也。不知用之得宜，贪狼吉、廉贞亦吉。施人失措，廉贞凶、贪狼更凶。夫贪为九令之领袖、廉为九令之中衡，无论坐山向水，可用贪狼即可用廉贞。值上元一运

---

① 峰宜生旺者，见山之性情也。
② 此水之成峰者。
③ 潮宜生旺者，见水之性情也。
④ 生旺平也。
⑤ 生旺平也。
⑥ 青田
⑦ 贪，九星之通令也。除却当运，人地两元当兼收者则兼之，发福自然悠久，较之他星更善矣。廉，九星之凶宿也。除却当元，无论何运，宜克入者则用之，发福自然应验，较之他星更速矣。

贪狼主政，山龙入首，① 坐山得贪，城门水口得廉；水龙入首，② 坐山得廉，城门水口得贪，生克得体，吉莫加焉。③

如一运山龙，用贪狼之值水口，与龙山之误用廉贞；同水龙用贪狼以值龙山，与水向之误用廉贞类者，《审机赋》云"排向苟致倒颠，设置陷免；值宿而为反易，制梃挞人"是也。值中元五运廉贞主政，山龙入首，④ 坐山得廉，城门水口得贪；水龙入首，⑤ 坐山得贪，城门向水得廉，水火既济，发莫御焉。⑥ 如五运山龙用廉贞以值水口，与龙山之误用贪狼类；水龙用廉贞以值龙山，与向水之误用贪狼同者，《审机赋》云"乌头之药不良，适用护吉；龙眼之才最善，误投反伤"是也。排星者可不详而慎哉！（青田）

文未当元，遇水则偷香窃玉。破逢退运，居山则构讼挥金。⑦

论法：《插泥剑》曰"风流文曲最为先，善恶须由气变迁。漫说破军多不吉，时来将相镇疆边"者，盖言文、破二星之宜善用也。文曲一星得运之时，山龙排在山峰，水龙排在向水，探花及第，多饶宋玉之才。失元之际，山龙排在城门，水龙排在向水，卧柳颠狂，不减登徒之好。天卦若逢三女，文姜夏姬，数世闱中叠见；飞星假落四金，吕后武氏，一时门内多逢。倘排向时再与廉破禄相遇，并不交媾，必有因淫乱而行凶者矣。破军一星值运之年，山龙排在山峰，水龙排在向水，中军习斗，能标赤帜之旗。失元之日，山龙排在山峰，水龙排在向水，同室操戈，累跪黄堂之石。天卦若逢三女，嫠妇共姜，肠断青灯之夜。飞星假落四金，穷奇盗跖，身作赭衣之囚。排向时，再与文廉禄相遇，并不交媾，必有因讼狱而杀人者矣，岂止文曲多淫、破军破财而已哉！

---

① 起星排来。
② 起星排来。
③ 贪属木、廉属土，一运以廉为克者，以廉为财也。若用破、武，反克大运矣。
④ 起星排来。
⑤ 起星排来。
⑥ 贪属木，其气水也；廉属土，其气火。水火既济，力量为他星所不及，故五运之克以贪为上。
⑦ 文曲，游荡之星。除四绿当元，凡水龙有光处，排得此星，家风甚丑。破军，散乱之星。除七赤当元，凡山龙入首坐山排得此星，家计萧条，讼狱不息。

断太岁之何神，年逢三合。论分房之有位，卦对四冲。①

向安吟位之山，子倾家而孙灭族。坐犯剥官之塚，朝宰辅而夕庶民。②

论法：大剥官之煞，犯之者鲜有不受其祸矣；而百中间有一二不受其祸，反得其福者。于是元运家纷纷聚讼，以为此中有天焉，不可以理法绳也，而不知其术犹未精也。《宝照经》曰："明得三星五吉向，转祸为祥大吉昌。"《插泥剑》曰："煞龙之身能福人，在师仔细转天星。"文成罡曰："煞不大兮福不大，时师漫把剥官话。"历观诸书，觉此反伏吟之煞，尚有可以转移者也。余自得传以来，本不敢冒泄太尽，但此中三昧，不明晰以剖之，后学少有悟至此者。

盖此等局，山龙必峦头顶上有天池，或左有天潢，右有天汉，以泄其炎上之威，下之而后可以免祸；否则，入首处穿泥渡水，但见两旁分水不见蛛丝马迹，而岸上潮水又能反照穴星，下之而后可以免祸。否则，山龙下坪，穴后重重水光；掩荫贴身，左右龙虎低平，兼有水光照穴，而明堂又复宽大，以舒其燥烈之气，下之而后可以免祸。果龙真穴的，法以廉贞安在案上潮水处，③ 将本元生旺安在龙山。凡有峰处均宜安生旺，凡有水处均宜放廉贞，倘处处四象交媾，亦足以发福。此《插泥剑》所谓"煞中寻旺少人知，慎重觅仙师"也。水龙必四面皆水峦头，若山行龙，虽有冈阜之体，却如蛇行水上，下之而后可以免祸；否则，明堂内诸水聚会，左右望见穴星，如一物浮于波间，不沉不灭，下之而后可以免祸；否则，江南水乡八国皆水，惟脉脊一路是土，而穴星又结湖中，使人登山穴一望，但见青波浩浩，而烟火之氛一概全消，下之而后可以免祸。果龙真穴的，法以廉贞安在峦头上，④ 将本元生旺安在向水，凡有峤星处均宜置廉贞，凡有水光处均宜安生旺。倘处处两仪配合，亦足以发福。此元耶律所谓"旋乾转坤驾造物，移祸而为福"也。但过二十年之后，行排向之星运。

---

① 公位之说，即本诸三男三女卦位，非俗左一四七，中二五八，右三六九也。排龙者排得死气到卦，逢三合之年断其获祸，逢四冲之年断其克房。但不可轻言公位，致启人觊觎之见。法详前。

② 吟位者，本元之旺气到山，本元之煞气在向也。龙从向来，是为煞龙。而复以旺作山，以煞作向，谓之反吟伏吟。葬亲一犯之，主子孙有"自缢离乡蛇虎害、作贼充军上法场"之惨。剥官者，阴阳不和。误立反吟伏吟之向，出仕者必削谪迁流，朝做宰而夕庶民；富者必遭回禄而遇寇盗。获祸之惨，莫极于此，可不慎哉！

③ 无潮水者不可下。

④ 无峦头者不可下。下之有祸获者，何也？水龙以峦头为峤星也。

山龙从龙排者，龙山宜生旺；从向排者，龙山宜衰死。斯时排龙之运，已行排向之运将至，是谓之"煞还本宫"也。①"煞还本宫"，未有不获祸者也，此文成罳所以有"煞龙之中能福人，福人之后灾祸兴"之论也。水龙从龙排者，向水宜生旺；从向排者，向水宜衰死。斯时排龙之运已行，排向之运复至，是谓之"煞还故府"也。②"煞还故府"，亦未有不受灾者也，此《龙眼经》所以有"人葬煞龙我亦葬，年代启迁不一样"之言也。合而观之，葬煞龙而得法者，有吕霍之贵，即有吕霍之祸。如知其法而贪用之，此后廖之所以获谴也。慎之戒之，学者宜知其法以覆旧，不可用其法以葬亲。(青田)

零正虽宜，未交媾难全五福。旺生亦失，即储精不宥三生。③

论法：世之谈元运者，往往谓零正得宜，可以发福；生旺失措，可以获祸。不知零正虽宜，往来不交，孤阴孤阳，岂有独生之理？④ 生旺既失，阴阳既配，老夫老妇，必无再诞之奇。⑤ 甚至零正既宜而又交媾、生旺既得而又配合，其地仍然不发，而间有获祸者，是以零正生旺之得受其福者，常格也；而以零正生旺之得获其咎者，变端也。苟穷其变，其局不一。

有为大姓之祖茔，而气已发泄者。寻龙者爱其形势之佳、理气之合，取骊龙颔下之珠，为己则傍前修墓；探蟾兔宫中之窟，为人则依祖迁茔，以为形势可借，理气可凭矣。不知天地之灵既钟人物，已穷火造之英；山川之土竟类坑灰，不有复燃之势，非五百四十年鸿钧再造，斯地断未有兴起者也。岂一时一运之生旺零正，遂能夺乾坤之柄哉？此气已发泄而不验者一也。

有为庙宅之蔽塞，而难收远秀者。寻龙者爱其结局之真、挨星之美，或贻山僧以利，丛林内下一牛眠，不畏峤星之刺目；或赠村叟以财，修竹

---

① 惟大剥官之卦则然，余不此论。
② 水龙以水为重，煞到水上，与山龙之到山同。
③ 元空交媾，非俗说所配之干支阴阳也。或合先天之九、或合后天之十、或合一四七一卦、或合三六九一卦、或合二五八一卦、或合"一六共宗、二七同道、三八为朋、四九为友"河图生成之数、或合一二三上元、或合四五六中元、或合七八九下元，均是排龙者，虽排得山水之零正合宜，而龙不与向交、山不与水交，纵发五福不全。若徒言交媾，而不明值元之生旺、山水之零正则凶矣。学者可不慎哉！
④ 即发亦不久。
⑤ 所发更难期。

间封一马鬣，不忧烟火之熏心，以为骑龙截脉，气钟临降矣。不知阳光拥塞，形如幽室之囚；阴气团围，穴似樊笼之鸟。非宅庙之倾颓殆尽、内气舒徐，斯地断未有兴起者也。岂一时一运之生旺零正，遂能消明堂之块磊哉？此已经蔽塞而不验者一也。

有为之伤剙其来脉，开堑其峦头者。寻龙者喜其局面之整、元运之宜，积土以培龙山，复冀乾坤毓秀；筑峰而成鹫岭，转思天地钟灵，以为地之缺陷不能全，人能修补而有福矣。不知蛇斩当道，已难为蜒蜿之行；龙屠于渊，不复作飞腾之势。非经一百八十年日月寒暑，斯地断未有兴起者也。岂一时一运之生旺零正，遂能起已死之龙而用事哉？此脉经开壤而不验者一也。

有为盲师挖伤穴晕，高下失宜者。寻龙者因其峰峦朝拱、生旺兼收，倩异域之青盲，以求怪穴；愧一己之白眼，不识真藏，以为高则峰头而收四势，低则岩底而避八风矣。不知挖破顶门，际青天而似鹤巢，不畏罡风之劫；凿穿炉底，及黄泉而通蚁穴，不避阴水之淹，非另行迁葬，使高下浅深之得宜，斯地断未有兴起者也。岂一时一运之生旺零正，遂能免风水之大劫哉？此葬法失宜而不验者一也。

有格龙不真，排星误起者。卜葬者既夸形穴之美、复恃元运之传，手捧指南，定干支不从分水；形如面北，借子午而妄起星，以为龙势既得大端，马迹何须细辨矣。不知错认祖宗，桃之僵而代李；鹊巢定属鸠居，误排星曜；张有冠而借陈，鹿质严为马冒，非安正罗经，另格另迁，斯地断未有兴起者也。岂一时一运之生旺零正，遂能为冒认者献其捷哉？此格龙未真而不验者一也。

有骇骨若灰，精血无灵者。得地者卜其山川之秀、生旺之时，堆封四尺，新修乃祖之幽宫；势揽一方，转冀后人之肯构，以为我祖既安，我后自昌矣。不知粪墙难饰，不若腐草之化萤；精光尚在，坏木难雕，岂如朽麦之变蝶，生气犹存，[1] 非百十年间温养滋培，斯地亦未有获效者也。岂一时一运之生旺零正，遂能化朽腐而为神奇哉？此骸骨已坏而不速验者一也。[2]

有大运既得，小运犯煞者。卜葬者因其水秀山环、理纯法备，操龟马

---

[1] 骨朽则灵散，山川不能为无灵者发其秀也。
[2] 术家有因骨朽，而令子孙刺中指血以润之，使得生气者，理亦通。

之图书，星排九运；借龙虎之拱揖，形揽千峰，以为形理合宜、祯祥立应矣。不知推大运之三般，二十年吉星归掌，福固有征；排小元于一岁，十二月煞气临身，殃亦难免。① 非四五年间阴霾消尽，斯地亦未有骤起发者也。岂大元大运之生旺零正，遂能夺岁君之权哉？此运犯岁煞而不速验者一也。

有形理均合，年月不良者。贪葬者见其形势合宜、生旺交媾，守春秋改日之文，天星不用；拘仪礼葬丧之制，地候不求，以为象数既精，时日可忽矣。不知二十八宿之经纬，天光下临，必避难仇而就恩用；三十六宫之盈虚，地德上载，亦分节气而判吉凶。非七政五度逢时获吉，斯地亦未有速发者也。岂一时一运之零正生旺，遂能让星辰之天变哉？此误用时日之不速验者一也。

至于虚花假穴，过峡不真，其形颇有可观，其理居然合法。乃迁葬之后，言生旺之祥，衣冠竟同优孟；论死衰之咎，荆棘日满门庭。非元运之不验也，盖生旺之龙中藏五黄之煞，而人不知故也。以平分六十龙论之，来脉过峡，子龙如戊子、丑龙如己丑、寅龙如庚寅、卯龙如辛卯、辰龙如壬辰、巳龙如癸巳、午龙如甲午、未龙如乙未、申龙如丙申、酉龙如丁酉、戌龙如戊戌、亥龙如己亥等脉，皆十二支中之"龟甲"，犯"五字之煞"，固为万世不移之廉贞；至八干四维之中线，古人又谓之为"空亡度"，虽不犯五字之煞，而宫度不清、气无专主，其祸福亦与地支之龟甲同。元运家格蜿蜒之起伏，脉遇六空，即识阴阳之错乱；排龟马之星辰，度逢五字，定知响应之无灵者，何也？入脉不真，断验皆谬。此《天玉》所以有"倘若来龙骨不真，从此误千人"之戒也，《插泥剑》所以有"生旺之龙且杀人，不察祸临身"之训也。若夫不知形势之无结，所得理气皆伪传，而谓挨星之无效者，犹隔靴搔痒而不屑之教诲也。《玉钥匙》曰："河洛之英天地钟，家家宅墓喜相逢；行龙若有秋毫错，祸福难凭一掌中。"《经》又曰："譬如铜人针灸穴，隔差一指连命丧。"学者体之，勿妄谈零正生旺之得失可也。（青田）

---

① 小三般不利，多有初年获祸者，慎之。

元出卦兮卦出元，出必深穷所以。水胜山兮山胜水，胜当考究其原。①

　　论法：《插泥剑》曰："出卦出元不一般，作法一例观；分水分山争权力，宫神照神间。"由此推之，元卦固不可出，出卦而犹在一元者，出之无碍。② 山水固宜有分，分以水而有胜于山者，分之贵详。何也？出卦之论其法不在静盘。但从天卦起星，而后挨来之星同在一元三吉之内，虽癸丑、寅甲、乙辰、巳丙、丁未、申庚、辛戌、亥壬，犹在流行之一元，不得谓之出卦也。此文成罡所谓"出卦不出元"也。挨来之星，不在一元三吉之中，即子癸、艮寅、卯乙、巽巳、午丁、坤申、酉辛、乾亥，既非流行之一元，不得谓之一卦也。此文成罡所谓"出元即出卦"也。但徒持挨来在一元之内遂谓不出卦者，于斯道升堂尚未入室也。《玉函》之秘，先以天卦为主，静盘之癸丑、寅甲、乙辰、巳丙、丁未、申庚、辛戌、亥壬之位，自天卦飞加以来，两卦干支交界处所分之星，同在一元三吉之内；下卦起星之后，两卦干支交界处挨来之星，又在一元三吉之中，夫然后谓之不出元即不出卦也。如第重挨来之星，而各天卦所分之星，得一而犹遗一也。③ 若天卦加来之星，逢此四凶，而与挨来之星不交媾、不归元、不逢时，祸且难免矣。慎勿谓流行卦之权，有胜于两浑仪天卦也。《玉钥匙》曰"出元出卦有分寸，两浑仪天流行比合论"，倘若同归一元中，"虽逢歧度何劳问"者，即详此出卦之作法也。至山水争权，"山胜水"者，法以山为主，山龙岸内水光低小、岸外峰峦高大，有胜于岸内之水者，排龙时其向先收生旺，④ 虽有岸内之小水无碍；⑤ 水龙岸内水光平浅、岸外峤星高耸，⑥ 有胜于岸内之水者，排龙时其向先收衰死，虽有岸内之小水无妨者，照神微弱、宫神尊严也。但山龙脉脊成峰，必有百步之长，始可收生旺，而水龙溪涧成湖，即至数丈之长，亦宜生旺者，即《天玉》"水神百步始成龙，水短便遭凶；零神不问长和短，吉凶不同断"之法也。水胜山者，

―――――――

　　① 有出元不出卦者，有出卦不出元者。排龙须以天卦之局为法，若地卦不足论也。有山龙而水反胜乎山者，有水龙而山反胜乎水者，排龙须以胜处为主，弱处不足议也。

　　② 如天元、人元、地元之义，已详于前。

　　③ 挨来之星同在一元，固可暂用，但不如上下均合之为妙也。

　　④ 排向时，其向继收衰死，更须交媾者乃吉。

　　⑤ 排向时宜阴阳相见。

　　⑥ 高墉林宇古塔近峰皆是。

法以水为主。山龙近岸平庸，岸外潴水汪洋，江河横绕，登穴便见水光，其水有胜于近岸之山者，排龙时向必先收衰死，坐山虽不得生旺亦发。①排向时必继收生旺，②坐山虽不得衰死亦兴。水龙近岸水围岸外，众水潴蓄，百川潮注，登穴只见水光，其水有胜于穴星之体者，排龙时向必先收生旺，坐山虽不得衰死无害。排向时向必继收衰死，坐山虽不得生旺无虞者，照神夺权、宫神无力也。但山龙向上水大，必水光处能交媾，而山之差错始不验。水龙向上水大，必水光处能配合，而龙之杂乱始无忧者，即《天玉》"龙中交战水中装，便是正龙伤；前面无凶交破，莫断为凶祸"之法也。穷元运之变者，岂可忽诸？

一星转运，即属山乾水乾、向乾峰乾。③

论法：八纯之法，前已详言之矣。但人贪八纯之名，而不顾生旺衰死；只期得乾山乾向、午山午向、坤山坤向之局，以为作法既得，而时运可待。不知元空之法，八纯各有专司之责、主运之权也。

如：一运子山子向司天，以乾山乾向辅之，是以阳之一、阴之六，成一六共宗之交媾，而为贪狼主政之作法。六运乾向乾山司天，以子山子向辅之，是以阳之六、阴之一，成六一共宗之交媾，而为武曲主政之作法。除一六两运外，仍用一六之纯局者，法虽合、而祸反兴矣。

二运坤山坤向司天，以酉山酉向辅之，是以阳之二、阴之七，成二七同道之交媾，而为巨门主政之作法；七运酉山酉向司天，以坤山坤向辅之，是以阳之七、阴之二，成七二同道之交媾，而为破军主政之作法。除二七两运外，仍用二七之纯局者，星虽一而焰自起矣。

三运卯山卯向司天，以艮山艮向辅之，是以阳之三、阴之八，成三八为朋之交媾，而为禄存主政之作法；八运艮山艮向司天，以卯山卯向辅之，是以阳之八阴之三，成八三为朋之交媾，而为左辅主政之作法。除三八两运外，仍用三八之纯局者，理虽通而时不遇矣。

四运巽山巽向司天，以午山午向辅之，是以阳之四、阴之九，成四九

---

① 但剥官金煞之山不可犯。
② 共向两神必交媾始可下，慎之。
③ 《经》云"乾山乾向水流乾，乾峰出状元"者，即龙向山水均得武曲一星也；"午山午向午来堂"者，即龙向山水均得右弼一星也；"卯山卯向迎源水"者，即龙向山水均得禄存一星也；"坤山坤向水坤流"者，即龙向山水均得巨门一星也，岂时师纳甲运云哉？其实有八，姑举四卦，以例其余。

为友之交媾，而为文曲主政之作法；九运午山午向司天，以巽山巽向辅之，是以阳之九、阴之四，成九四为友之交媾，而为右弼主政之作法，除四九两运外，仍用四九之纯局者，局虽合而运未通矣。

第曰八纯之局，无论得阴阳太少之交，如子之配乾、坤之配酉、卯之配艮、巽之配午，一干未尝不配一支，又何必挨其时而后用之者，不知时中之义也。

予因此而试其法，不惟八纯宜用令星，即一切山水作法，不挂令星者，其力亦减半焉。至于中五之运廉贞司天，若遇纯局，寄四廉之数以四代，取九以为交媾；寄六廉之数以六代，取一以为交媾，① 其发福之速，真有疾雷不及掩耳之势已。予赘其说而补其远者，恐人贪其局而陷其咎也。（青田）

九气流行，当分东卦西卦、南卦北卦。②

论法：归元归卦、其法固清，而其地不验者，非元运之无凭、措施之未当也。如山龙峰宜生旺，水宜衰死，设排水而误下生旺，其祸可以立见。乃阅数年，或植树木以蔽之，不见波涛之状；或筑屋宇以塞之，不见浩瀚之形，其家反见兴隆者，生旺合形，不为水神之见泄故也。水龙峰宜衰死，水宜生旺，设排水而先安生旺，其福亦可以立见。乃阅数年，或值树木以蔽之，不见清流之激湍；或筑屋宇以塞之，不见波涛之掩映，其家反见衰败者，生旺失体，难收水神之生气故也。至山龙向有高墉林宇，③ 卜葬时先收生旺；水龙向有峤星栋宇，卜葬时先收衰死；固是玄空作法，乃不数年，林木见伐、高墉倒塌、峤星颓坏、栋宇摧崩，向之见为峰而收生旺衰死者，今则平荡无踪，而失生旺衰死之所凭依也，则求福者能不反见其祸哉？予窃思之，此中盖有天道，而非人谋之不善也。《插泥剑》曰"天工虽以人工亮，人力胜天天奈何。天道恶之假人力，祸福无常且自歌"者，即是之谓也。得法者遇此等事，虽有大力，其如之何哉？（青田）

天元地元人元，归之获吉。一运二运三运，由此渐挨。

论法：《宝照》曰"子癸为吉壬子凶，三字真假在其中"，盖言龙之行

---

① 各运廉贞，均以立极之数代。

② 言排星者，审得当元之生旺，而零正尤当排归三般卦内，才为清纯不杂，发福悠也。

③ 此就山龙之无岸者言也。

度，天元兼人元而行为顺子，顺子之龙为真龙也；天元兼地元而行为逆子，逆子之龙为假龙也，而非谓天元之龙可立人元之向，不可立地元之向也。如谓不可立地元之向，何《宝照》又曰"乾坤艮巽脉过凹，节节同行不紊淆；向对甲庚壬丙水，儿孙列土更分茅"乎？予自得法以来，始知龙之行夫顺子者，体天道之左旋也，左为阳，龙必左绕而阳气始动也；龙之行夫逆子者，体日月五星之右旋也，右为阴，龙若右旋而阴气多凝也。龙法贵阳而贱阴，故仙师专取顺子之龙以为阳龙也。至于立向之秘，以元运之挨得生旺为阳，衰死为阴。设天元之龙，生旺衰死挨在顺子之山向，始得零正交媾，则迁顺子之山向；若生旺衰死挨在逆子之山向，始得零正之交媾，则迁逆子山之向。如持顺子为真、逆子为假之说，而舍逆子之生旺，趋顺子之衰死，其顺子不如逆子多矣。学者岂可刻舟求剑，知经而不知权乎哉？(青田)

换象换爻，未澈玄空之奥义。合九合十，方为河洛之精英。[①]

论法：丈龙之法，创自青乌、楼里。后之元运家，据步武而谈吉凶，往往年代不遗一黍者，法本此矣。今之论三卦者，亦以生旺衰死是问。至于生旺衰死每年所行之度数，则置而不问，而不知失其丈龙之法度，即昧其行运之疾徐矣。《玉钥匙》曰："山龙用九，体夫乾八十一数安；水龙用六，体夫坤七十二睽分。"后需按此用九用六之数，准以周尺丈之法，以期合三百六十五日三时，共折为四千三百八十三时。以老阳九九八十一数分之，每一数得五十四时零十三分五秒。遇大干大枝龙、节疏长而峡阔达者，一数之期行运九寸，期年共计行运七丈二尺九寸；遇小干枝龙、节短促而峡狭小者，一数之期行运九分，期年共计行运七尺二寸九分。此用九八十一数之法，山龙之大小奉之为准绳也。又以老阴阴符六六三十六、阳符六六三十六，作七十二睽分之，每一睽得六十时七刻。遇大杆大枝龙、节长远而峡宽大者，一睽之中行运一尺零一分二厘五丝，期年共计行运七丈二尺九寸；遇小杆小枝龙、节短近而峡逼隘者，一睽之中行运一寸零一厘二丝五毫，期年共计行运七尺二寸九分，此用六七十二数之法，水龙之大小视之为步履者也。但老阳数中寓夫阴者，七十二睽之机缄，而以八十

[①] 时师不识元空妙义，有以抽爻换象、执方位以论理气者，有以六十四卦反对错综、执卦坐以论理气者，有以金龙四大水口论理气者，有以紫白板格论理气者。不知玄空雌雄之交媾，即此河洛合九合十之精英。未得天机钤诀，不几宫墙外望哉？

一数驭之也。老阴数中寓夫阳者，八十一数之化育，而以七十二睽代之也。地理家以山象乾，行运用九；以水象坤，行运用六。① 至山水二龙之宜行生旺衰死者，排龙从迁葬之日穴后起，丈至某节属某年管局，以山峰之秀丽凶顽、元运之零正得失，断其富贵贫贱。② 若向与八国之潮水城门、奇峰贵砂，亦从迁葬之日穴前起，或直丈，或横丈，或斜丈，丈至某峰某水属某年管局，以星峰之形象、洋光之大小、零正之得失，断其吉凶祸福，夫而后可谓一丝不走也。③ 学者识此，谈生旺衰死，庶几知其所行所止矣。(青田)

彼发青囊之秘，不过是焉，何来倒左而倒右；我穷朱雀之源，如斯而已，岂在净阴与净阳？

《前汉书·食货志》：周布幅广二尺二寸。程子言：古尺当今尺五寸五分弱。如此则周尺准今五寸五分。丈龙者，不可不知也。周尺七丈二尺九寸，准今尺四丈零九分五厘。此与青乌经三年一步，十步一世之法不同。但山龙先从穴后丈龙，以推生旺为主；水龙先从穴前丈向丈水，以推生旺为主。山水用神，如有所先，不可执一格以相绳也。(缘督《补义》)

---

① 所行尺寸，同归一辙。

② 峰秀而得生旺者，掌局之年必发福；峰恶而得衰死者，管局之年必发祸。若向与水，当以五年分符之数推之，则吉凶所应之年月自知矣。下盘排向，与此相对。上盘丈向、丈水砂之法详后。

③ 再以管局之年论，若与龙山生命，四冲三合、五合六合得焉，得禄得贵之年，必发无疑，累试累验矣。

第三帙　阳宅运会

阳宅运会序

"上古穴居而野处，后世圣人易之以宫室，上栋下宇，以待风雨，盖取诸大壮"①者，不过使上而朝廷之宗庙明堂，下而民间之炉舍居室，奠安磐石，以免震风凌雨之患耳，岂计其贞元运会、成败兴衰哉！而贞元运会、成败兴衰，莫不具焉。旷观古帝王之迁都定鼎，太史皆择其地以营之者，乘其王也。如尧都平阳、舜都蒲板、禹都安邑、汤都于亳、周都镐京，二帝三王，非不能同居一地也。亦以各王其德，各都其地，而后法度乃为之一新已。所可叹者，雍岐之王气未终，周平东迁而以地赐秦，自是周因洛邑而王纲坠矣，自是秦据肴函而车书一矣，自是汉有关中而帝业成矣。当其时，虽识者有"祖龙暴虐，王气犹存"之占，而英雄蓬起，惟汉高居此地，有登封受禅之符，乘其王可知也。汉至中业，太史曰"东南有天子气"。不数传，光武中兴定都洛阳，虽东汉之都预兆焉。而魏之篡汉、晋之篡魏，亦帝其都，岂非景运之在斯数？迨五胡乱华，西晋运终，东晋迁都江南，上继吴都，下为宋刘裕、齐萧道成、梁萧衍、陈霸先所藉，共为六朝王业之基，以应元会之所钟者，气之王于南江耳。他若隋杨坚篡周灭陈，统一天下，立都长安，先为唐高祖太宗创其宫室者，王气复钟于西北也。故曰"长安自古帝王都"也。五代如电光萤火，固不足志。宋有天下，太祖继周而都汴京，不又见王气之移，钟于汴乎？逮南渡以后，宋高都杭，江南虎踞；元帝都燕，塞北龙兴，须曰时事，孰非天运哉！即皇明足鼎江南，已垂万世之业；复都苏北，上应三垣之星，无非以都邑宫室，应五百年所兴之地也。且以列史考之，士大夫因居宅之吉凶而获祸福。若魏阳元以外家之宅相而致通显，若牛僧孺得麻誓之故居而膺大拜，若李林甫易置中门旋就败绝，若张燕公误穿地脉绝其嗣，若印经院址居者辄被褫

---

① 点校者注：出自《周易·系辞下·第八》。

削，若铜官庙后多士屡冠南宫，皆彰彰可考、历历为之不爽矣。夫帝王之业、相将之材，果因都邑宫室之得气而兴；则穷檐蔀屋，岂可悖生旺而妄作乎？予束发受书，喜闻斯道，而作多不验。后诣予友摘星子处告之，摘星子曰："拙哉，子也。不知法而妄动然也。"因捡《玉函》之法示之，予始知昔为瓮内醯鸡，不知此外尚有天地也。兹集《玉函》阳宅之秘，略详列代兴衰以叙。

适然子谨识

阳宅法鉴

阳宅之法，重向不重龙，重门不重坐。山龙虽以先天下卦，生旺以门向路为宗。水龙须以后天下卦，生旺亦以门向路为主。其门虽有大门、堂门、房门、后门、侧门、便门之殊，收生旺一也。其路虽有来路、去路、外路、内路、横路、交路之异，收生旺同也。且宅之所缺者，风门也。风门生旺，吉；风门衰死，凶也。向之所树者，峤星也。峤逼而克，凶；峤远而旺，吉也。[①] 但局则有山居、泽居、城居、市居之别；龙则有以龙、以门之分。

曷言夫"山居"也？居山中，宜宏敞；傍山隈，贵豁达。山朝有峰平镇之，水朝有光旺揖之。八面峰围，峰之缺处，风入也，置生旺以引之。[②] 四方水会，水之聚处，气结也，排生旺以蒸之。此山居得风得水之法也。

曷言夫"泽居"也？居水中，水作城；傍水湄，水作案。水潮之玄旺[③]导之，峰潮笔立[④]克应之。众渎会归应其门者，气聚也，安生旺以蓄之。百川围绕潮其门者，风入也，挨生旺以纳之。此泽居得风得水之法也。

曷言夫"城居"、"市居"也？居城中，风主之；居市中，水主之。山龙城市以先天定也，生旺置于风水之来去也。水龙城市以后天定也，生旺排于风水之出入也。其门向道路，以生旺为得也。其高墉林宇，以衰死为宜也。[⑤] 其四围之街巷射肘者，置生旺以导之。其八方之洞风穿户者，排生旺以引之。其直达之方，作房门以应之。其生机之位，安窗户以收之。此城市得风得水之法也。

曷言夫"以龙为龙"也？山泽之间，新构落院，开门立向，须从入首处下卦起星，排生旺以定之。城市之内，初修宫室，开门立向，须从渡脉

---

① 峤星以克为旺，非以旺为旺也。
② 衰死一人，如引盗入屋也。
③ 如七九曲之类是也。
④ 峤星也。
⑤ 与门向对冲逼压者，不吉。远则无碍。

处下卦起星，排生旺以安之。① 此以龙为龙之法也。

曷言夫"以门为龙"也？世居旧宅，追忆造作已六十龄矣，即以门为龙，生旺所到之方，开一门、通一路以舒之。卜室故院，② 回思寄迹已三十年矣，亦以门为龙，生旺所到之方，通一路、开一门以应之。③ 此以门为龙之法也。

夫零正既得其宜，而交媾当详于后。今之以龙为龙者，从向下卦以排之。今之以门为龙者，从龙下卦以推之。④ 果处处零正交、四象交、卦位交。福禄之验，自有征矣。**(幕讲)**

---

① 城居新造法，先从入脉处下卦，将生旺排在所修方道上，复据所修方道之坐山下卦，将生旺排在向上，然后修门以应之方吉。至峤星街巷，如前布置。

② 如购人之旧宅而居者是也。

③ 居人旧宅，初迁时，山泽之野居、市居者，仍以龙为龙。若城居者，又以坐山为龙。条分缕析之下，学者慎之。

④ 此下盘排星之法。

山龙以龙为龙一运天机图

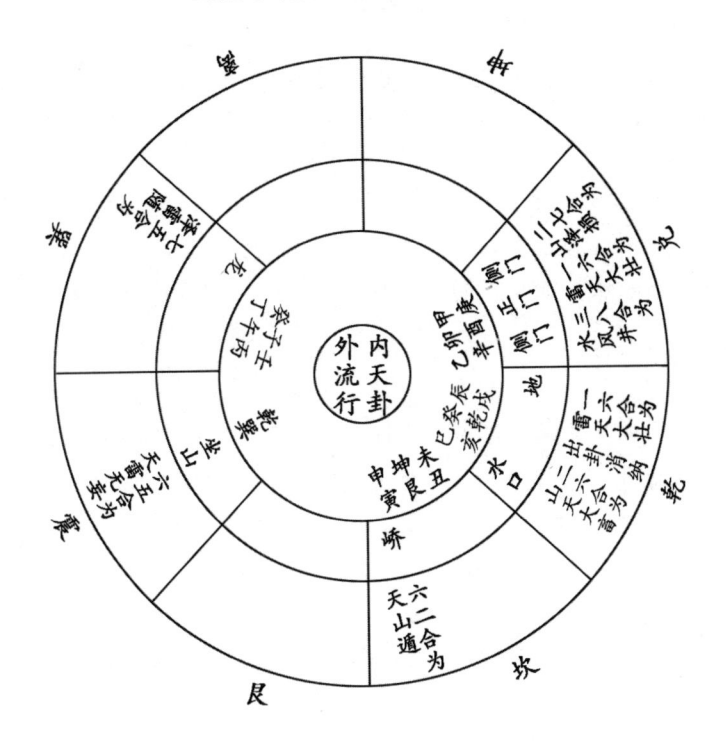

天机重卦抽爻换象法

上元一运兑卦，酉方正门。上盘流行重天卦雷水解，天卦重地卦水火既济，抽去天卦流行重地卦雷火丰。下盘流行重天卦天火同人，天卦重地卦火火离，抽去天卦流行重地卦天火同人。再以天卦重天卦水火既济，以流行重流行雷天大壮，则正酉之八卦定矣。

庚方侧门。上盘流行重天卦山雷颐，天卦重地卦雷风恒，抽去天卦流行重地卦山风蛊。下盘流行重天卦泽风大过，天卦重地卦风风巽，抽去天卦流行重地卦泽风大过。再以天卦重天卦雷风恒，流行重流行山泽损，则庚门之八卦定矣。

辛方侧门。上盘流行重天卦水山蹇，天卦重地卦山泽损，抽去天卦流行重地卦水泽节。下盘流行重天卦风泽中孚，天卦重地卦泽泽兑，抽去天卦流行重地卦风泽中孚。再以天卦重天卦山泽损，流行重流行水风井，则辛门之八卦定矣。

戌上凿池。上盘流重天卦雷天大壮，天卦重地卦天地否，抽去天卦流行重地卦雷地豫。下盘流行重天卦天地否，天卦重地卦地地地坤，抽去天卦流行重地卦天地否。再以天卦重天卦天地否，流行重流行雷天大壮，则戌池之八卦定矣。

亥方去水。上盘流行重天卦山地剥，天卦重地卦地天泰，抽去天卦流行重地卦山天大畜。下盘流行重天卦天天乾，天卦重地卦天天乾，抽去天卦流行重地卦天天乾。再以天卦重天卦地天泰，流行重流行山天大畜，则亥水之八卦定矣。

癸方冲峤。上盘流行重天卦天雷无妄，天卦重地卦雷雷震，抽去天卦流行重地卦天雷无妄。下盘流行重天卦山风蛊，天卦重地卦风雷益，抽去天卦流行重地卦山雷颐。再以天卦重天卦雷风恒，流行重流行天山遁，则癸方之八卦定矣。

卯山值坐。上盘流行重天卦天地否，天卦重地卦地水师，抽去天卦流行重地卦天水讼。下盘流行重天卦雷天大壮，天卦重地卦天水讼，抽去天卦流行重地卦雷水解。再以天卦重天卦地天泰，流行重流行天雷无妄，则卯山之八卦足矣。

巳龙入首。上盘流行重天卦泽雷随，天卦重地卦雷地豫，抽去天卦流行重地卦泽地萃。下盘流行重天卦雷风恒，天卦重地卦风地观，抽去天卦流行重地卦雷地豫。再以天卦重天卦雷风恒，流行重流行泽雷随，则巳龙之八卦定矣。合之成六十四卦，凡天地之机缄、人世之祸福括诸此矣。

阳宅归元归运之法，与阴宅不侔。曷为归元与运？一、二、三，上元之卦也。当值元之时，龙也、向也、门也，须立于各运天卦中一、二、三之位也。① 贪、巨、禄，上元之星也。收主运之星，向也、水也、门也、路也。须重于各运天卦中贪、巨、禄之上也。② 且以下盘排之，往来交也，零正合也，六十四卦之毓秀也。③ 以天星布之，五度也，三合也，关挟守照、升殿入垣之合格也。以地眽推之，斗枢也，帝星也，值眽卦爻、三奇四吉之到山也。夫然后鸠工也，庀材也，以成兹大厦也。创鸟革而贻燕翼者，好自为之，毋令后人笑汝拙也。

造书屋、修学堂，峰之挺立处，宜收文曲；④ 水之潴蓄处，宜排禄存。⑤ 肄业其阁者，方能掇巍科、食天禄。⑥ 惟向宜宏敞，收生旺以大其门阁。气宜相交，配零正以收其卦象。其效始速。⑦

---

① 注：水有出卦消纳之法，非若龙、向、门、峰之不可出卦也，但生、旺、零、正四象卦位得体方可。至龙山交媾上局，不交媾亦无碍者，阳宅原轻失龙山也。

② 注：贪上重贪，巨上重巨，禄上重禄，更喜。○○如一运山龙，天卦中之上元三卦，在后天方位坎、巽、兑上，作者以巳龙立卯山酉向，酉上开正门，庚辛二方开侧门，以成三门之势；又在癸方远冲一峤以镇之，此上元归元归运之天机直达也。再出卦补运之法：癸上放水，戌土凿池，则法愈密矣。但除坎、巽、兑三卦外，排生旺以开门者，谓之"收生旺"可，谓之"归元"非也。

③ 注：阳宅重卦，如八国山水重得满六十四卦者，谓之浑然一天地也，不以五行生克论。如以生克论，六十四卦中自有相兼之处，故置之不问也。但公位宜以生克断。

④ 修字库亦可。

⑤ 凿月池亦可。

⑥ 九运皆然，不可移易者。谓文为士子之星、禄为士子之俸故也。

⑦ 修文考棚法同。

山龙以门为龙一运天机图

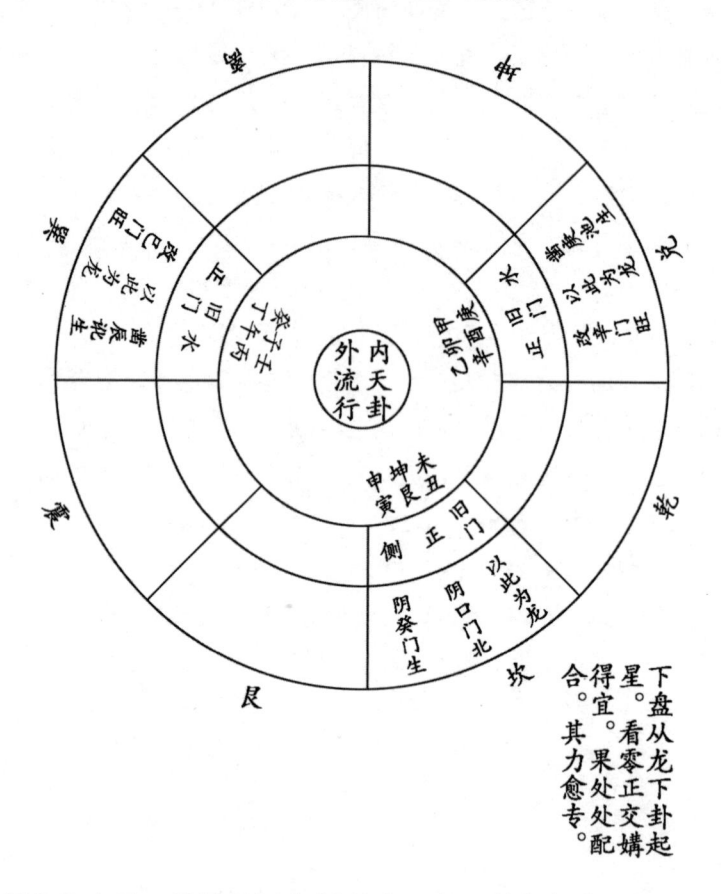

（图中文字）

内天卦 外流行

巽 离 坤 兑 乾 坎 艮 震

壬门正旧 癸子壬丁亥 乙卯庚酉甲 申坤未丑寅艮

下盘从龙下卦起，看零正交媾。果处处配合得宜。其力愈专。

以门为龙之局，虽用除旧布新之法，生旺所在方道，新开一门以纳之。其荫门也，凿深池以潴之。其引风也，通平阳以招之。风水融和，祥瑞生矣。

一运以酉门为龙者，辛方开门，以通阳气，谓之收祥风；庚方凿池，以见洋光，谓之纳吉水，格合犬拜不狼、雉仰金鸡。以巽门为龙者，巳方开门，以通阳气，谓之收和风；辰方凿池，以见洋光，谓之纳财水，格合蛇登月殿、蛟起春潭。以壬门为龙者，子方开门，以通阳气，谓之收和风；辰方凿池，以见洋光，谓之纳吉水，格合鼠仰蝠飞、金牛浴水。除此三卦外，排生旺以开门者，暂救平安可也，欲悠久不能耳。

衰死所在方道，急闭其门以杜之。其近门者，筑微墩以应之。其远门者，树高峰以照之。峰峤得位，灾患远矣。

就三卦向为之方切。

水龙以龙为龙一运天机图

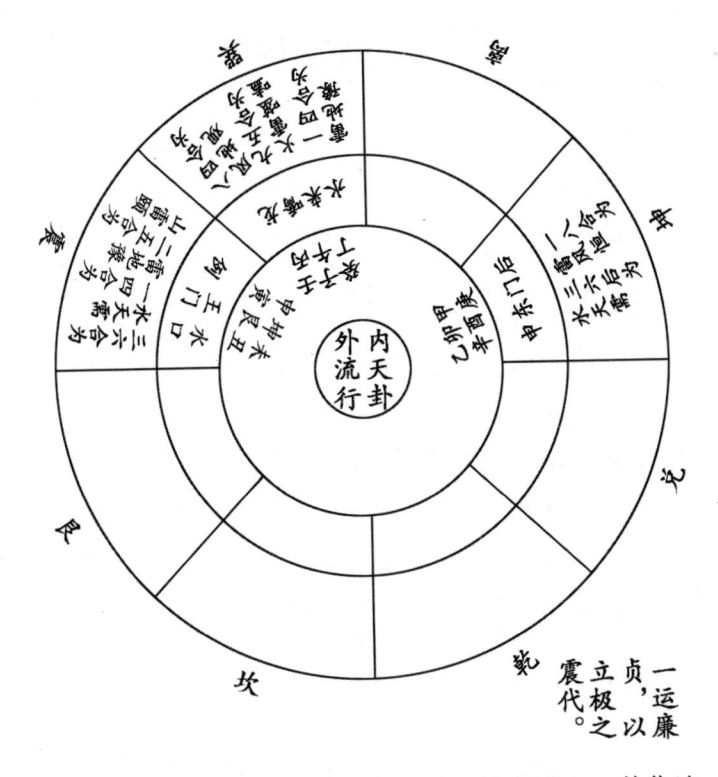

一运水龙，天卦之一、二、三在巽、震、坤方道上。其作法：开门处水光潮拱、曲屈上堂者，谓之祥风入户也。

此水来风来之说也。世执水去风回一说，迂矣。但直射湍激，谓之洞风。洞风者，阴风也。虽得生旺，亦属不祥。且风从东至者春风也，逢生旺，二宅均吉；遇衰死，阳宅损其长子，阴宅棺左生碧色蚁虫，孟房亦伤。其司令也，立春至谷雨，而年代即以寅卯辰覆之。风从南来者夏风也，逢生旺，二宅均吉；遇衰死，阳宅损其中子，阴宅棺南生赤色蚁虫，仲房亦伤。其司令也，立夏至大暑，而年代即以巳午未覆之。而且风从西至秋风也，风从北至冬风也，逢生旺，二宅均吉；遇衰死，阳宅损其少子；阴宅当秋风之射棺之西，生白色蚁虫，司令立秋至霜降，年代以申酉戌定季房之凶；当冬风之激棺之北，生黑色蚁虫，司令立冬至大寒，年代以亥子丑覆少位之失。

总之，山水二龙、阴阳二宅，风之来处均收生旺，不可令衰死激射也。如逢衰死，山龙则凿池以界之、水龙则冲峤以障之者，亦《插泥剑》

制风之法也。倘守宋人"山之风宜克，水之风宜旺"以辨阴阳、分雌雄，失之又远矣。

缘督曰："风之来处，如遇高峰高墉之类阻之，其风必返而入地。"风自南来，棺侧于南。风从北来，棺侧于北。风从东来，棺侧于东。风从西来，棺侧于西。而二宅之年代公位与生物，东来者亦以西断、南来者亦以北断也。学者识得此诀，然后可以言风。德彰曰："风之来处，阳口宽大、舒和，谓之雌风。雌风入穴遇衰死，始生蚁虫。阳口洞直、粗莽，谓之雄风。雄风入穴逢生旺，亦多翻覆也。

立向处、城门处，洋神潴蓄，带绕吾庐者，谓之吉水拱门也。冲峤处，体秀而远、形端而拔者，谓之峤星宿卫也。① 果处处两神交、八卦合、生旺宜、衰死配，直达补救，兼而有已，学者体之。

如修射圃，峰之挺立处，宜收武曲；水之潴蓄处，宜收破军。习技其间者，始能娴弓马、宴鹰扬、挂刁斗、掌元戎，以为国家之良将矣。②

---

① 若逼压当门，排生旺不可，排衰死不可。进退无权，不祥甚矣。
② 修武考棚法同。

水龙以门为龙一运天机图

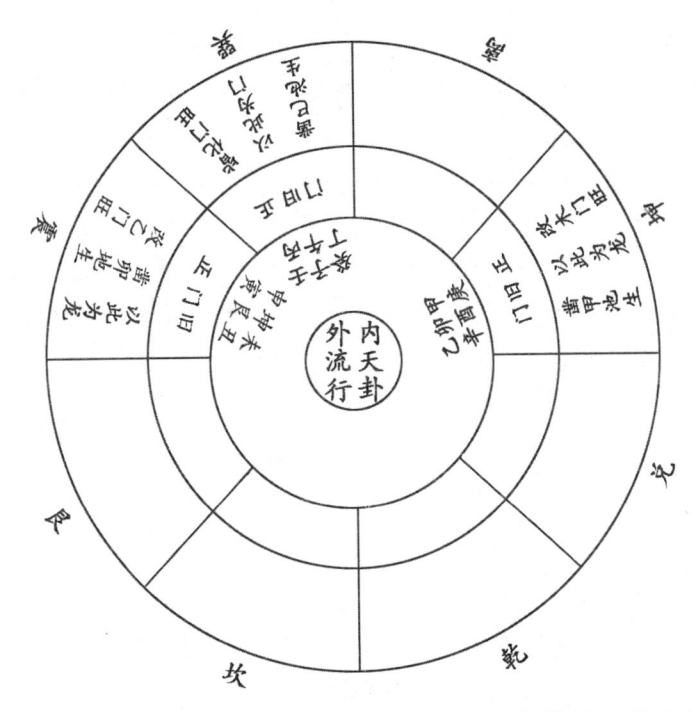

水龙以甲门为龙者,改乙门以通阳气,谓之收祥风;凿卯池以见洋光,谓之纳吉水,格合貊入天关、蝎扑雷门。以巽门为龙者,改辰门以通阳气,谓之收祥风;凿巳池以见洋光,谓之纳吉水,格合蛇化蛟龙、宝殿观月。以坤门为龙者,改未门以通阳气,谓之收祥风;凿申池以见洋光,谓之纳吉水,格合猿攀月桂、宝盖笼鸟。

一运总论

上元一运。贪狼主运星也,属木也。山龙木形者,宜行木运;水龙木运者,宜作木体形。座后峰峦高耸如顿笏,眠如紫气卧蚕,来气处,宜筑小贪以为胎息。

注:山龙巳龙,立卯山酉向者,在向之辛位兼戌处,横凿一眠木长池,上筑奎木狼星形于中水,以收本运生气、本山主星。且于巳巽方筑翼火蛇星形,以为酉向之长生、辛门之纳甲。丑方初度筑箕水豹星形,以为酉向之库位。左培一长搁木砂于未方,筑井木犴星形以为卯山之库位。至于金克木者也、土木克者也,于右砂子癸方筑一牛金牛、女土蝠星形,以

居酉向死位，使金不能施权、土愈为我制也。如此则五行生克得体矣。古仙留此作法，亦非好为穿凿也，盖阳宅未有不假人力而成者也。其法先以元运生旺定向、开门、放水、修路，然后各方道以此法培之方可，庶免偏差矣。水之木形者，堂前"湖池横抱如进笏"是也。其枕几筑值三台，以为天梯也。

注：水龙辰龙，立酉山卯向者，在向之乙位界辰处，横凿一眠木长池，上筑角木蛟星形于水中，以收本运生气、本宅主星。且于亥乾墩上筑室火猪星形，以为卯向之长生、甲水之纳甲。未宫初度高筑参水猿星形，以镇卯向之库位。左培一长掬木砂于丑方，高筑一斗木獬星形以镇酉山之库位。至于金克木者也、土木克者也，于右砂午丁方筑一鬼金羊、柳土獐星形，以居卯向死位，使金不能施权、土愈为我制。巳上凿一翼火蛇星形，以居酉山生位，使火克金、生土以相比和。如此则五星之生克得体矣。

其布基也，后横前宽，中方而整，① 以应直串之台星也。其架屋也，前阴后阴，中高而阳，以象穿窿之木天也。其天井也，后如玉尺，中堂如金箱，前庭如赦文诰书，以应五星也。其扶厝也，左厢之天井如玉鞭，右厢之天井如紫气，以象一木也。其培砂也，左掬筑木形，右掬筑金、水、土三形，以为生克之制化也。其天星也，用日出扶桑、水涵冰兔、日边红杏、月升沧海、水中花於等格，以为门向之扶补也。此一运木星之作法。再加生旺以为门向、水路之催官，其吉愈臻矣。

---

① 立定中宫，丈尺以十分算，前宜饶三，后宜减三。

山龙以龙为龙二运天机图

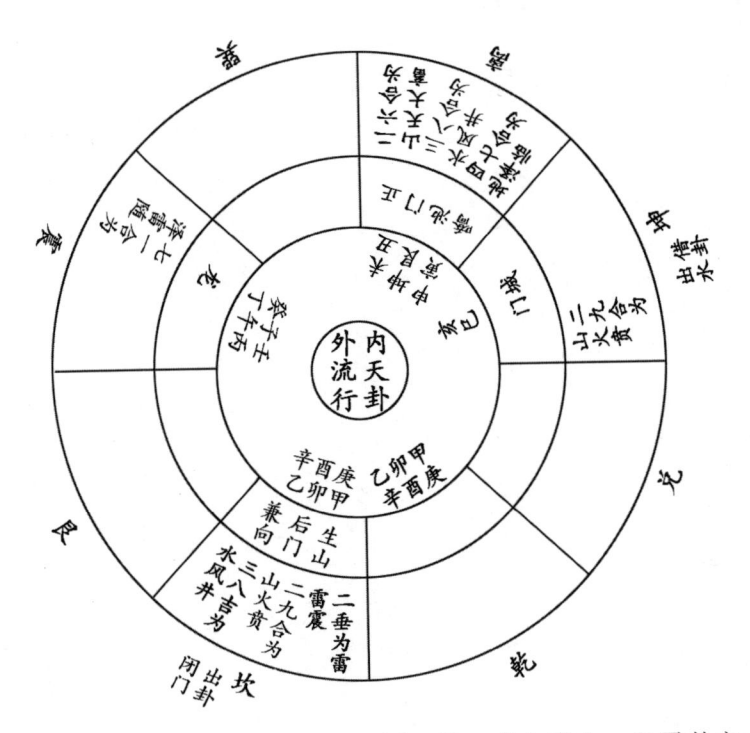

　　二运天卦之一、二、三在后天之震、乾、离方道上。以震卦之龙，作离卦之向，其法谓之归元；而后门水口出卦消纳，其法谓之补救。

　　非若阴宅，以天元龙立天元向、人元龙立人元向、地元龙立地元向，谓之归元；以天元兼辅、人地两元兼贪，谓之补救者，阳宅之法与阴宅异也。阴宅形势贵生成、理气贵纯一；阳宅形势贵培补、理气贵罗织。且以此局论之，乙龙丙向、壬山申水、丁峤午池，揆之三元归位之法，似属夹杂。不知丁禄居午，凿午池以为丁峤之禄建；午马在申，放申水以为午池之马建；子、申又为乙龙之阴阳贵人，开子门放申水以为乙龙之贵建。水法中有六建，此得其三，故出卦亦不嫌其杂也，况有生旺以值之乎？

　　卦既归元，排星宜收值运之旺神，以定元内之旺门向。法兼补救，排卦宜收司时之令星，以定卦外之水口。总之，元可出、卦可出，流行之生旺不可出也。

　　龙、向、门、峤断未有出卦而膺大福者，阳宅以此为主也。

　　昔胡公式为其友徐氏作此局阳宅，因乙龙生角蛟八九度，上应天文三公三星，周鼎三星分野应河南开封、许州、归德等府。丙向立星马三四度，上应天文大理二星、天相二星。午池际柳獐三四度，上应天文文昌六星、天记一星，分野星宿应黔省镇远、石阡、铜仁等府，柳宿应河南陕州。不数传，出人物二焉：一为中山徐达，以开国功臣，当屯兵于镇远、石阡、铜仁等地，后爵膺三公，官阶右相，食邑陕州；一为徐溥，以翰林院编修，知许州府，迁开封府，改南京大理寺，卿而入相，食邑于归德。由此推之，天文分野之验，信有征矣。须曰"徐氏之发，不止一宅"，而一宅之验，何一毫发之不爽也？学者知之。

右摘于《相宅金鉴》，以证作法之效。

山龙以门为龙二运天机图

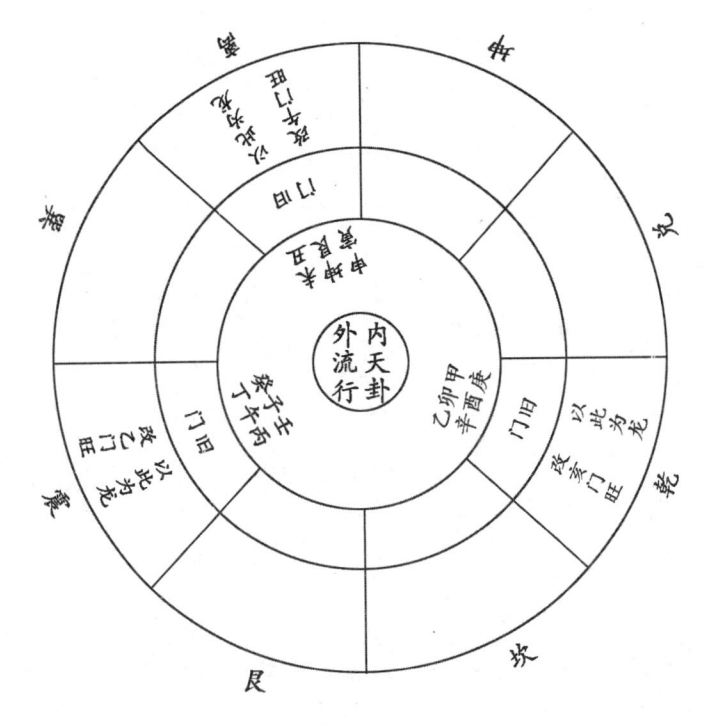

山龙以乾门为龙者,改亥门以通阳气,谓之收祥风;凿亥池以见洋光,谓之纳吉水,格合龙楼栖燕。

以卯门为龙者,改乙门以通阳气,谓之收祥风;凿乙池以见洋光,谓之纳吉水,格合雷门腾蛟。

以丙门为龙者,改午门以通阳气,谓之收祥风;凿午池以见洋光,谓之纳吉水,格合马载帝辇。

水龙以龙为龙二运天机图

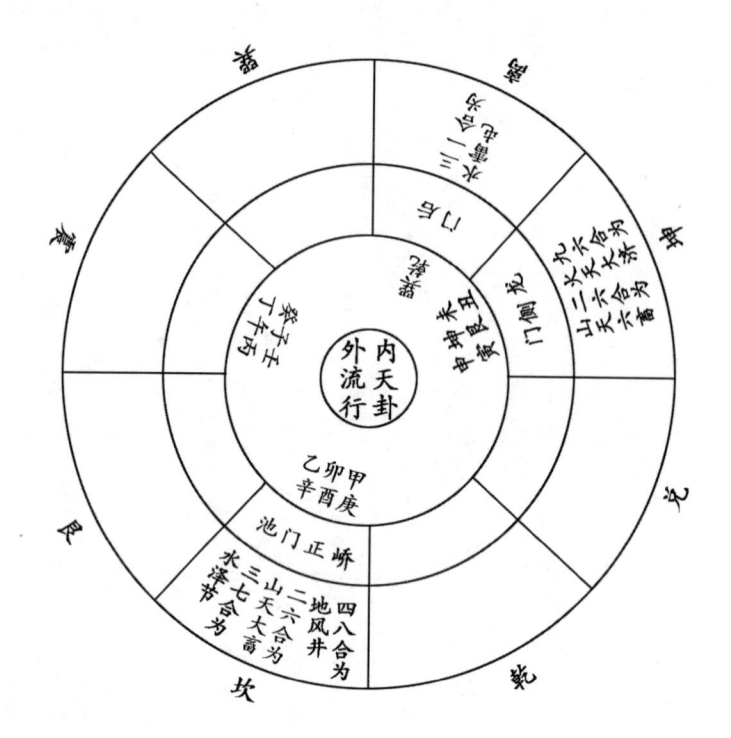

二运水龙天卦之二、一、三在坎、坤、震方道上。其子方开门也,作九曲回肠大路,以收旺气也。

注:往来者多谓之"人朝但路曲折",须如之字、玄字式样,不可作绞索、飞蛇等形,以犯阴文曲,而使有逢生旺多淫、逢衰死自缢之患矣。且其家多生蛇蝎。屡验。

壬方冲峤,作百尺文笔高峰,以收平气也。

注:二运之文,须属平气而星界中元,犯之多咎,故作文笔之峤镇之。使钟此灵者,珥笔彤廷。

癸方凿池,作半月蛾眉曲沼以收生气也。

注:癸禄在子,凿癸池以荫其禄。癸水汪洋,子门愈吉。

此向上生、旺、克之作法也。

注:子得天山大畜、壬得地风升、癸得水泽节,而天卦又属甲卯乙、庚酉辛。峤在孟,孟发甲少富。门在仲,仲发科、发富。水在季,季发富无科者,本《插泥剑》之法以覆之也。

至于后门开午、侧门开申,无非因禄马之所在,以收归一元卦内。

午与未合，开午门以为未龙之六合；午马在申，凿申池以为午山之马建。子在申，开申门、通申风以为子门之生位。作者安可舍元空之生旺，而尚天医福德之谬说哉！

水龙以门为龙二运天机图

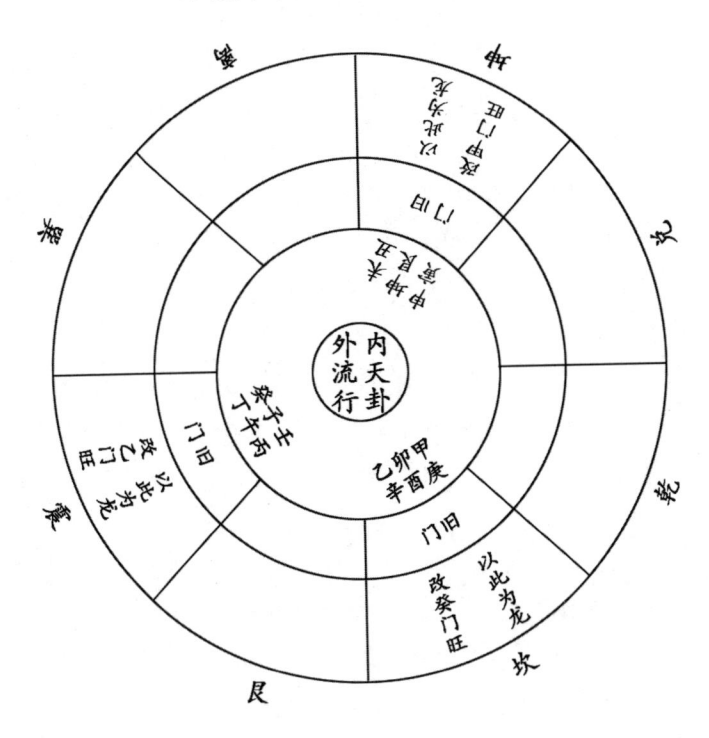

水龙以子门为龙者，开癸门以通阳气，谓之收祥风；凿癸池以见洋光，谓之纳吉水，格合帝乘銮驾。

以卯门为龙者，开乙门以通阳气，谓之收祥风；凿乙池以见洋光，谓之纳吉水，格合雷门腾蛟。

以未门为龙者，开申门以通阳气，谓之收祥风；凿申池以见洋光，谓之纳吉水，格合月照鸟巢。

二运总论

上元二运，主运星巨门土也。山龙因土形[1]而得土运者，作五星[2]以配

---

[1] 如玉屏等类正体土是也。
[2] 木火土金水是也。

之，天地之钟毓不爽。

注：如山龙乙龙，立壬山、丙向、午池、丁峤、申水之局，生旺既得，当于左砂卯方，作氐土貉星形，以为壬之贵建。乙禾生午，乙方作角木蛟星形，以荫午池之生气。丙禄在巳，巳宫未度作翼火蛇星形，以为丙向之禄建。右砂丙与辛合，辛方作奎木狼星形，以为丙向之地建。壬水生申，申方未度作参水猿星形，以为壬山之生气。且于午池近丁处，作鬼金羊星形，使丁与壬合以为壬山之天建。夫然后五星比和、形势之作法得矣。

水龙得土运①而作土形者，筑五行以助之，造化之功用始灵。

注：如水龙未龙，立午山、子向、壬峤、癸池、申门之局，生旺既得，当于左砂酉方，作胃土雉星形，以为壬峤之天厨。子生在申，申方末度作参水猿星形，以为子向之生气。午库在戌，戌宫末度作奎木狼星形，以为午山之库位。右砂乙贵在子，乙方作角木蛟星形，以荫子向之贵建。子与丑合，丑宫初度作箕水豹星形，以为子向之地建。且于癸池，作牛金牛星形，使癸禄在子，以荫子向之禄建。夫然后五行得体，裁成之大道全矣。

山龙也，坐后宜筑瑞气腾云土以接之。水龙也，坐后宜筑平肩玉几土以培之也。至于布基之法，后庭也宜阳厅阳井以化之也，前堂也宜阴厅阴庭以配之也。② 其扶厝也，左稍高为阳，井亦宜阳；③ 右稍低为阴，井亦宜阴，④ 以使阴阳之得交媾也。其筑路也，作金带弓形于池内，以拦内气而不使之外散也。此二运山水阳宅形势培补之法也，夫岂若诸术士之所为者哉！

注：理气以元运之生旺为主，其得生旺之地，当开门凿池、修路收风以值之。若筑五行星体，又宜在左右两面砂上培补，不得生旺无碍，得生旺其效更速。至于门、向、水、路、风、池，无生旺则多咎矣。

---

① 如得巨门者是。
② 如蛾眉金庭之类是也。
③ 阔大而方者是也。
④ 长直而狭者是也。

山龙以龙为龙三运天机图

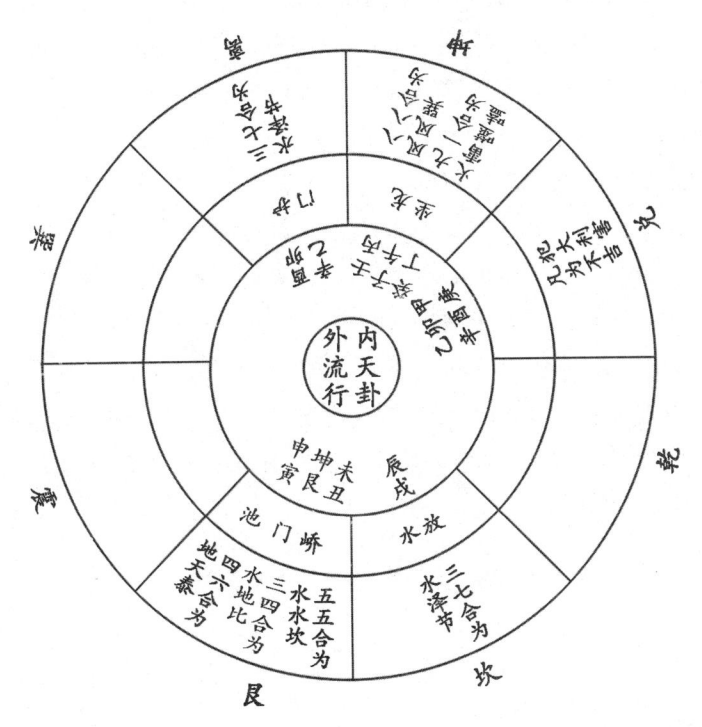

三运，天卦之一、二、三，在后天之坤、兑、艮方道上。兑为剥官寄泊之宫位，

注：凡立向开门、冲峤凿池、修路放水，犯之灾患不息。

造作不利；禄为上元殿运之星，界限多严。故此局逼而不广，宜审而后用。

注：如未龙排来，旺气在艮，立向以收之；生气在寅，凿池以纳之；死气在丑，冲峤以镇之，此元内收生旺之法也。至于出卦作法，壬方得旺，因水口以放之；丁方得旺，开后门以纳之。此元外收生旺之法也。且以诸贵例推之，壬以未为催官，丁以未为节度，放壬水、开丁门，以扶来龙之力量。丁合壬为财，壬合丁为官，开丁门以为壬水之天建。丁以寅为天福，壬以寅为文昌、文星、文曲，开丁门，放壬水，以助寅池。元运文曲之力钟此灵者，大魁天下必矣。但文曲遇水，又为出元之生气，风流学士可，欲为道德沉重之儒不得也。

作者就旺气之艮方开门修路,① 以通阳和之气,使祥风鼓荡而散舒。且于艮向之三百六十步外,筑太阳星形以照之,庶不嫌为鬼门也。

注：术家以八卦纳甲,定太阴朝暮出入,至艮纳为旁死魄太阴黑道上,名之曰鬼门。凡阳宅开此门者,多疾病、盗贼、不利女口。故筑太阳照之,以化其阴气也。

生气之寅方,凿池潴水以为荫蓄之源,使淑气团圆而不泄。况寅位上应天市垣诸星,又得元运之文曲以助之,其文明之启,当立身朝右矣。倘再以天卦公位辨之,六十四卦重之,星之分度、地之分野推之,则福禄所应之人、宦游所至之地,了然于掌矣。

注：寅得地天泰、孟房状元宰相、风流才子；艮得水地比、季房中当中贵、人物聪明；丑得水水坎、季房贵有科甲、富无仓箱；壬得水泽节、孟房出仕、富旋梓里；丁得水泽节、季房行商、财归故乡者,此《插泥剑》覆宅之法也。

山龙以门为龙三运天机图

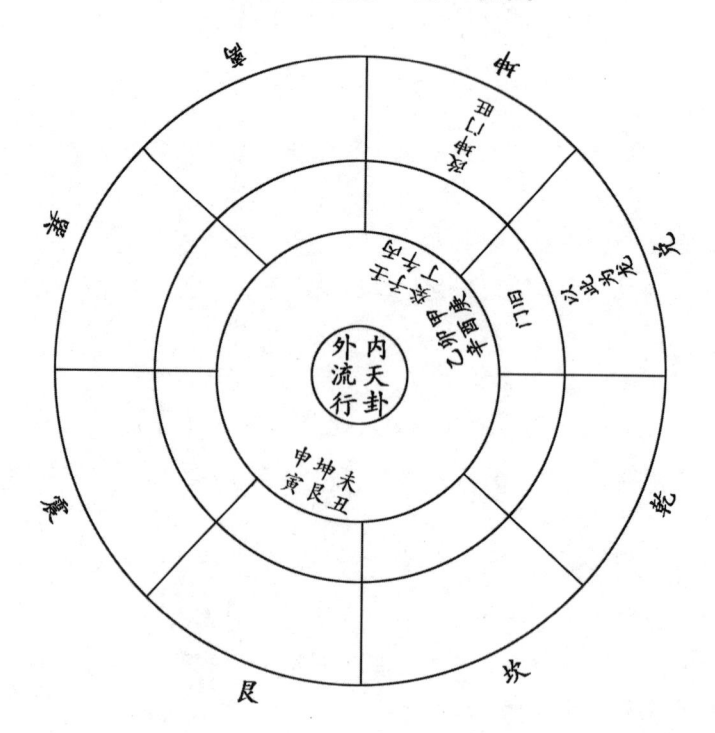

---

① 路不可直射令人夭折。

山龙以庚门为龙者，改坤门以通阳气，谓之收祥风；凿坤池以见洋光，谓之纳吉水，格合鸡棲宝盖。

水龙以龙为龙三运天机图

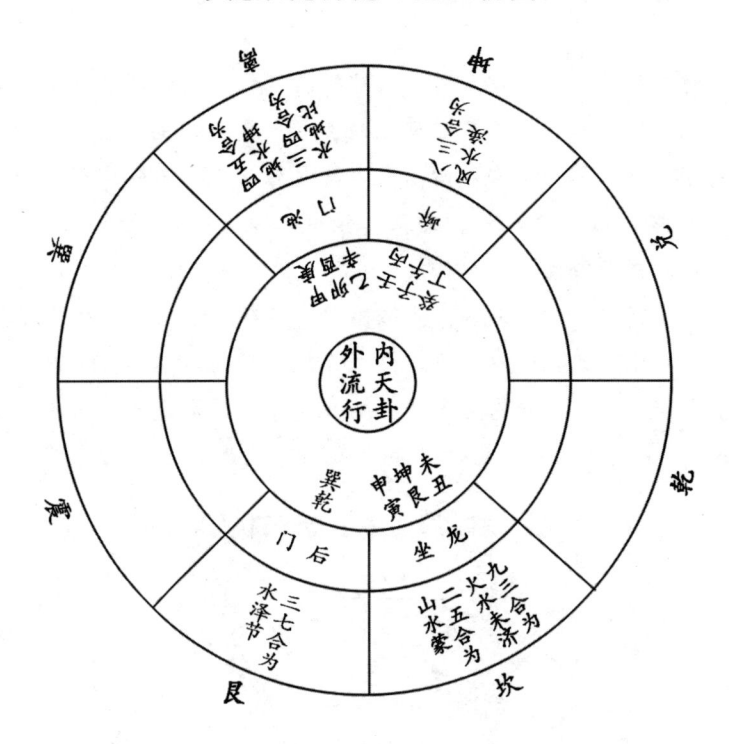

三运水龙，天卦之一、二、三，在坎、坤、离方道上。旺处开门，疏九曲潮水以荫之。风和水暖，生意浓浓。衣披一品，粟积千钟。

注：壬龙排来，旺在丁方，丁与壬合为财。开丁门、疏丁潮，以为壬龙之财建。况丁方际太微垣之局，经星在井木犴二十七八度，而内阶六星，适值其度。夫内阶者，天皇之陛、升降之阶也。向立于此，又得元运之禄存旺气以催之、潮水祥风以应之，则食禄天家、拜跪御阶之应可见矣。但形势必须融结，若空窝无气，其法难验。人谓"阳宅不言结作"者，谬矣。

生方凿池，作金圆镜湖以照之。波沉澜静、浩气森森。谷丰仓廪，士为国桢。

注：丙方凿池，对照壬龙，为荫龙水。况丙方经星，在星日马三四度，而大理二星、天相二星，适值其度。池凿于此，又得元运之文曲生气

催之，玉楼金榜，可以卜矣。但文曲为风流之星，幸排上盘与壬龙为四九之交，不然好色才人、浪子宰相，见于家矣。排运而收出元之文者，可不慎哉！

坤方得克，冲峤镇之。艮方得旺，开门纳之。峤光蠱蠱，门气融融。人物韶秀，时和年丰。

注：坤外纳癸得克气，而树峤以助癸山。艮甲纳丙得旺气，而开门以助丙池。须间有出元者，俨若在天元内矣。况艮之经星在尾末箕初，尾末值天篰八星近度，箕初值宗人四星近度，星皆和平，不犯灾侵。坤之经星在参之七八度，值座旗八星、文人二星伐三星近度，寿考威权，兼而有之。癸山丙池得此赞裹，其力倍宏。

再以天卦定之，孰吉孰凶？公位相逢，接吉福应，接凶祸同。

注：丁得水地比，季房富贵，悠久无疆。丙得地水师，孟房富贵，仅得中行。坤得风水涣，仲房发贵，杼轴其空。艮得水泽节，孟房行高，富旋梓乡者，《玉钥匙》一线之传、《插泥剑》重而绎之之法也。

水龙以门为龙三运天机图

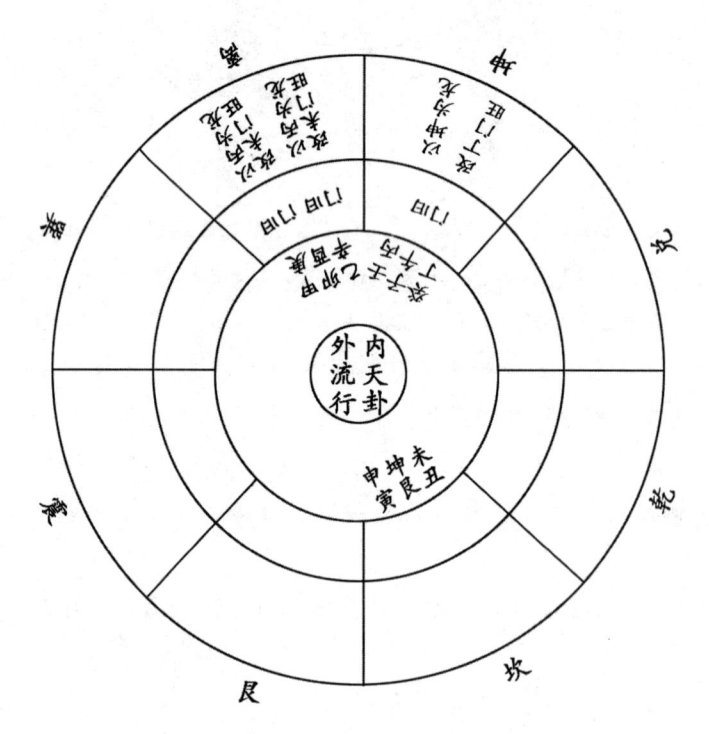

水龙以丙门为龙者，改未门以通阳气，谓之收祥风；凿未池以见洋光，谓纳吉水，格合马行月殿。

以丁门为龙者，开未门以通阳气，谓之收祥风；凿未池以见洋光，谓之纳吉水，格合龙墀玩月。

以坤门为龙者，改丁门以通阳气，谓之收祥风；凿丁池以见洋光，谓之纳吉水，格合猿戏井豺。

《补义》：上元既终三运，而三运之禄存，实上元之殿星也。排星者欲收贪巨，贪巨已退位而为败气；欲收文曲，文曲又出元而非同类；时逼局狭，隘而不广矣。然悟得此中妙谛，不难出元兼收也。假如此运新造之二局，均收文曲以凿者池，谓池水停蓄不流，性须动而体实静，非若弥漫之水，流荡无依，犯此淫邪也，即钟此灵者，多骚人才子，怡情风雅，纵怀诗酒，亦不过若温庭筠、李青莲、王摩诘、杜牧之等辈耳，庸何伤。至于收退位之贪巨，且有咎矣。慎之。

三运总论

上元三运主运星禄存土也。山龙得禄存之形，

注：土星多脚，如梳齿、鹤爪者是也。若金头多脚，形同破伞者，破军也。排星须审定星体，始不贻妄作之讥。

宜排禄存之运为催官，以收水路、风门之淑气，庇其本根。

注：如未龙、坤山、艮向、丑峤、寅池、壬水、丁门一局，生旺既得，形势宜培。气从左生者，则左培一金水木长搦砂；况丁以丑为天福，丑方中度作斗木獬星形，以为丁门之福应；未以亥为生气，壬以亥为禄位，亥方未度作室火猪星形，以为未龙之长生、壬水之禄建；丑以酉为帝旺，酉方中度作胃土雉星形，以为丑峤之旺气。势从右收者，右培一金水木长搦砂；翘寅旺在午，丁禄居午，午方初度作鬼金羊星形，以为寅池之帝旺；丁门之禄建未，以辰为天马，攀鞍加爵；丁壬以辰为黄甲，辰方中度作轸水蚓星形，以为未龙之福征、丁门壬水之癸征；且于寅池中作尾火星形，与丑峤之斗木成木火通明格。夫然后五星串生，而禄存土之煞亦化而和平矣。谁谓"阳宅仅重元运之生旺，而形势之左右前后，听其自然、不须培补"哉！

水龙得禄存之运，宜筑禄存之形为素质，以收水路、风门之祥光，覆其枝叶。

注：如壬龙、癸山、丁向、丙池、坤峤、艮门一局，生旺既得，形势宜培。气从右入者，则右培一金水木长掬砂；况丁以未为武星，壬以未为催官，未方中度作井木犴星形，以为壬龙丁门之贵征；壬生在申，申方中度作觜火猴星形，以为壬龙之财建生气；丁贵在酉，壬以酉为天厨，丁又以酉为太极，酉方中度作胃土雉星形，以为丁门之贵建、壬龙之食俸。势从左收者，则左培一金水木长掬砂，刻壬以甲为食神，癸以卯为阳贵，甲方作氐土貉星形、卯方作亢金龙星形，以为壬龙之食厨、癸山之贵建；壬水生甲库，辰方中度作轸水蚓星形，以镇壬龙之库位；且于丙池内作星日星形，与未方之井木成日边红杏格。夫然后天五星联镳，而禄存土有生无克矣。

其接气也，筑御阶脉以缓之。其布基也，作三堂式以排之。其架屋也，后堂宜阴，天井亦宜阴；[①] 中堂宜阳大而方，天井亦宜阳大而方；

注：天井中宜凿一八卦池也，深四尺八寸，四围用石砌成，八方各刻一卦，依先天次序安排，以潜水而荫财。

堂前宜阴，外庭宜作太阳木双疏气庭，以舒气而制煞也。其扶厝也，右宜阴小，作围房以备用；左宜阔远，作书室以向艮；再于向之三百步外，横作一水木掬抱大路，以拦内气，则禄存三运形势之裁成相得矣。

注：时过三运，遇此等形势，虽如法作之，亦有灾无福，学者勿刻舟求剑可也。

凡卜阳基，要辨土壤轻重、旺衰。其辨旺衰也，法以掘地方、深各一尺二寸，粉土罗之，复还原圈内，勿用按抑，次晨视之，若气旺则土喷，气衰则土凹。其辨轻重而定吉凶也，法以宝斗量土，平口秤其轻重，验其土之厚薄，每斗七斤为下，十斤为首，如其中平，厥斤为九。或用土四方一寸一块秤之，重三四两者凶，五六两者居之平平，九两以上大吉。

---

① 狭小之类也。

山龙以龙为龙四运天机图

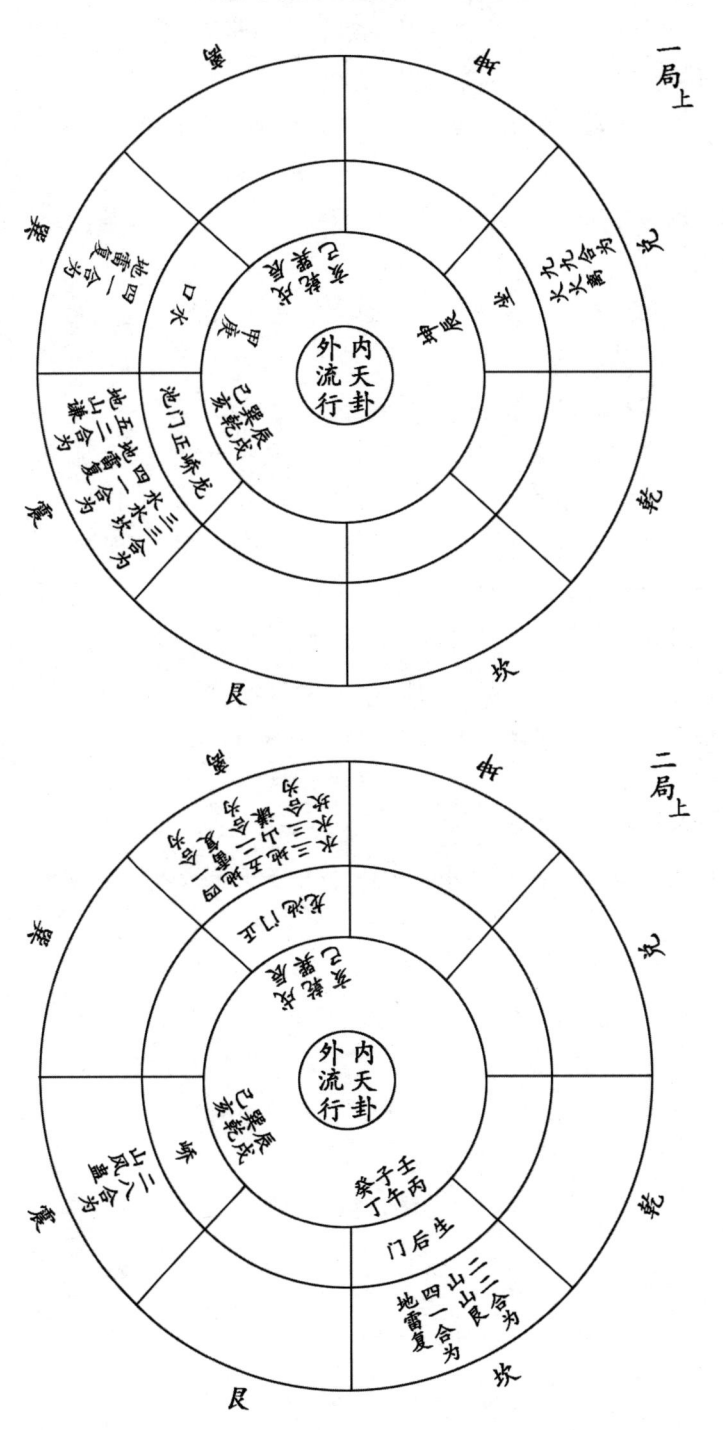

一局上

二局上

第三帙 阳宅运会

四运天卦之四六两卦，在后天之震离方道上。其以甲为龙也，旺在卯。开门以收阳和之气，得之玄水潮者，为惠风入户。潮以外作文笔峰镇之，于元运得四太阴一太阳之交媾。

　　注：四文曲也、一贪狼也。内得文曲以朝之，是正神拱户也。外得贪狼以镇之，是神守门也。而且山水得配，永无邪淫之患矣。

　　其无潮而作屈曲大路以朝者，亦次也。① 生在乙，凿池荫之。克在甲，冲峤镇之。

　　注：峤在龙身者，微培一墩以应之，不可大加凿筑，伤龙身而压龙脉也。

　　虽水口出卦而放于辰，卦出而运不出也。况辰得四一为二老之配，乙得五二为一卦之征，甲与酉得三三九九联成一卦之例乎？此甲龙得时交媾、直达补救之作法也。

　　注：甲龙、酉山、卯向、乙池、甲峤、辰水一局，取甲以卯为文魁，开卯门以应甲龙之文秀，甲又以辰酉为催官，放辰水、坐酉山以应甲龙之贵征。乙禄在卯，凿乙池以助卯向之禄建。况卯向际氐土貉一二度，值右参驱一星天枪阶，而其后封侯万里、典兵宿卫之验，当亦不爽。故曰"四运阳宅得旺运、得吉星者，所发之富贵有胜于一二三也"。

　　其以丁为龙也，旺在丙，开门以收酝酿之灵，得屈曲水潮者，为清风绕流。潮以外作文笔峰镇之，②

　　注：须于三百六十五步外作之，勿使逼压而为煞。如无潮者，不可妄作。

　　于元运亦得四太阴一太阳之交媾。其无潮而作之玄大路以潮者，又次也。③ 生在午，凿池荫之。克在乙，冲峤镇之。虽后门出卦而开于癸，卦出而运不出也。况癸得四一为二老之配，乙得二八、午得五二为一卦之例，丁与壬得三三二二④为一元之归乎？此丁龙得时交媾、直达补救之作法也。

　　注：丁龙、壬山、丙向、午池、乙峤、癸门一局，取乙丙丁为三奇贵

---

① 不失为吉。
② 如文笔峰为佳。
③ 不失为吉。
④ 不交媾，置之龙山无碍。

格，开丙门，冲乙峤，以合丁龙之三奇。丁禄居午，丙以午为黄甲，癸以午为天福，壬以午为催官，凿午池为丁龙之禄建、丙向壬山癸门之贵征。丁以壬为正官，癸以乙为食神，立壬山次为丁龙之官星，树乙峤以为癸门之食位。况丙向际星日马三四度，值大理二星、天相二星守门，夫大理天相，尚书宰相之位也。应此门而生者，官当一品。非若甲龙之局多武职而为将者，彼之正向，以文曲而遇参驱天枪骑官之武宿；此之正向，以文曲而遇天相大理之文星故也。

再以天卦公位辨之，吉凶祸福，确然不移矣。

注：上二局公位纯归孟房，仲季偏枯矣。

山龙以门为龙四运天机图

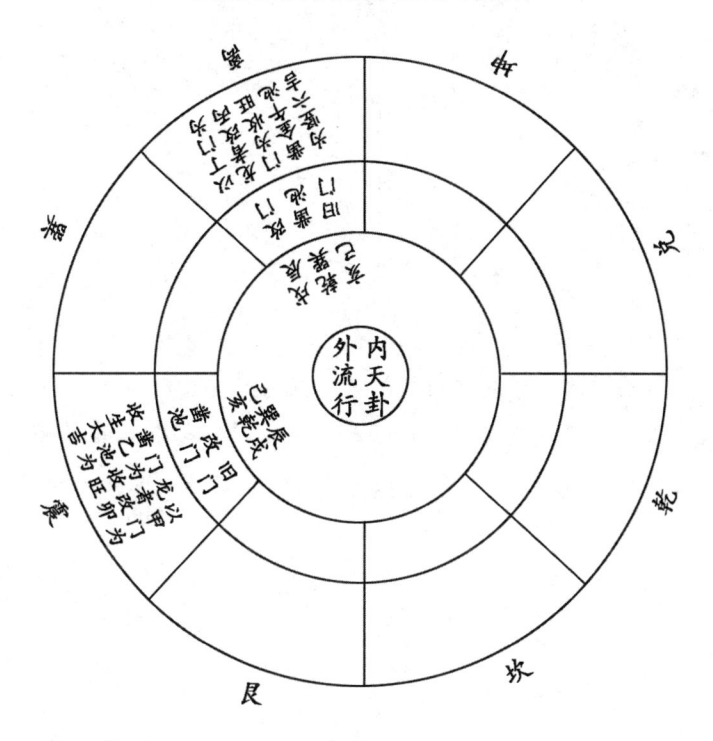

山龙以甲为龙者，改卯门以通阳气，谓之收祥风；凿乙池以见洋光，谓之纳吉水，格合貊入雷门、蛟龙腾甲。

以丁门为龙者，改丙门以通阳气，谓之收祥风；凿午池以见洋光，谓之纳吉水，格合龙墀走马、貊驾帝辇。

水龙以龙为龙四运天机图

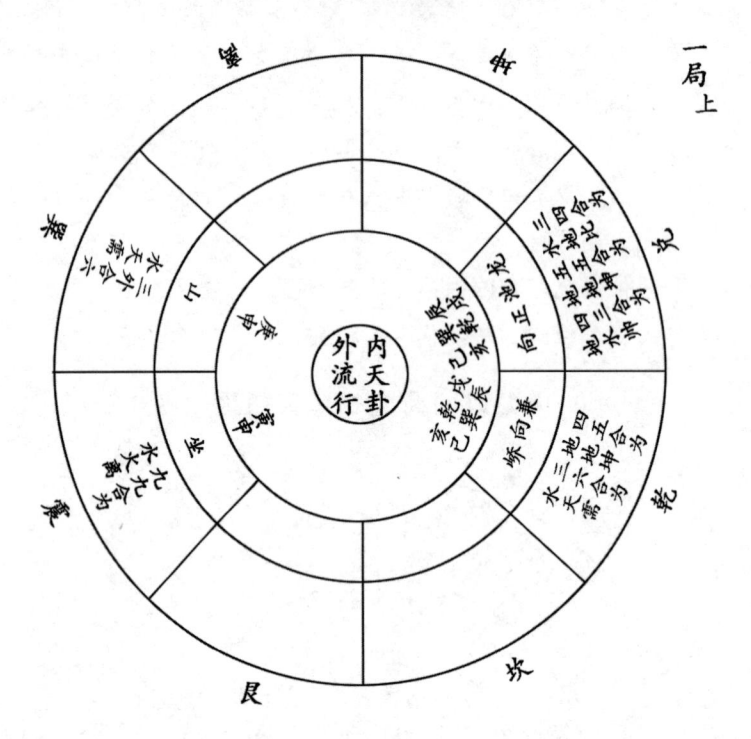

一局上

　　元运家以五黄廉贞所泊之宫,谓之大剥官,犯者灾祸叠见。兹逢四运,而中五所泊之宫,亦敢立向开门者,四以五为生气,他运得之而死亡过半,此运得之而封拜可期。若五运分寄之时,得大小廉贞同宫共庆、发福悠久,更为诸星所不及也。惟六运本运生旺不宜收,此学者辨之。

水龙以龙为龙四运天机图

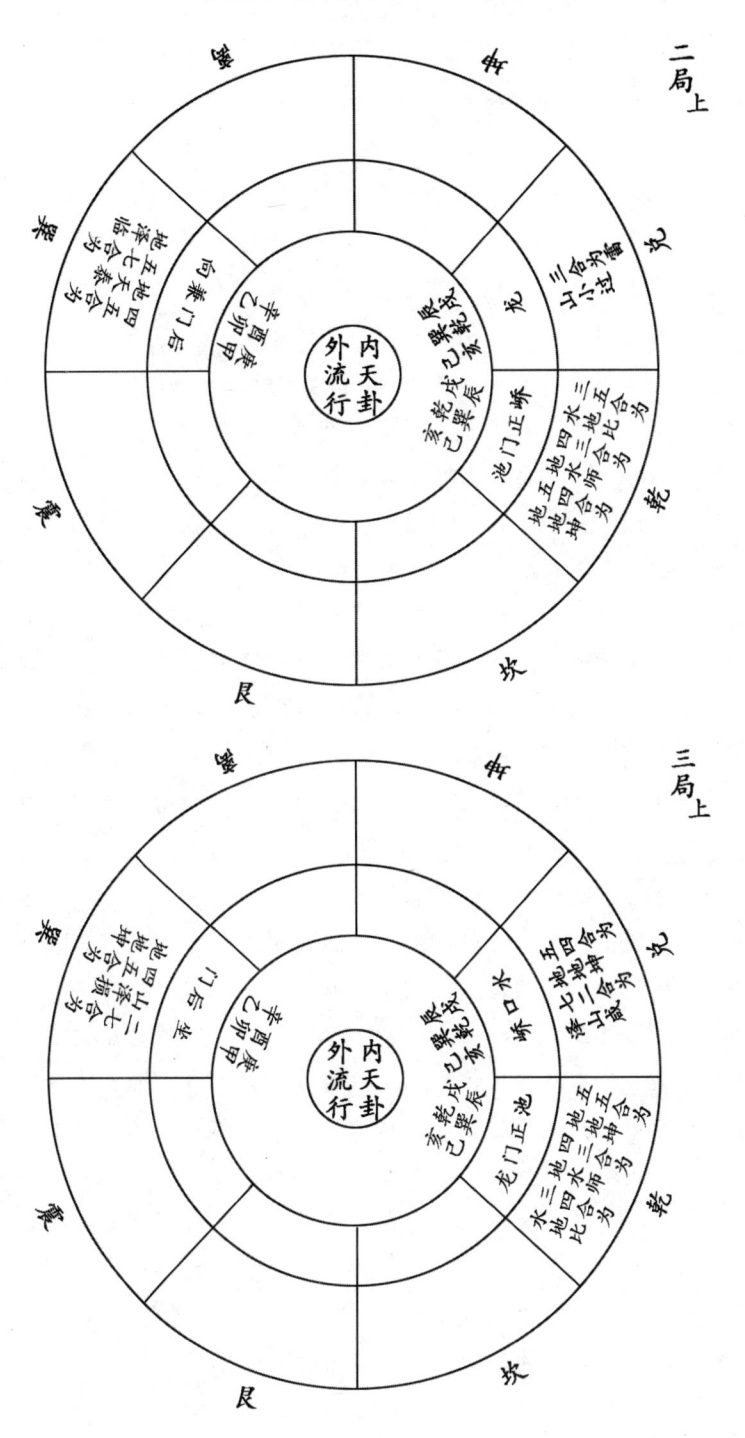

二局上

三局上

第三帙 阳宅运会

四运水龙之四六两卦在乾兑方道上。卦占二宫、法有三局。

其一局也，以庚为龙也，旺在辛戌，开辛门兼戌向，以收旺神而福禄自归。生在酉，凿酉池，以聚生气而财源自茂。克在乾，冲乾峤以镇克星，而官贵自成。此四运庚龙之作法也。

注：庚龙、乙山、辛向兼戌、坐辰、酉池、乾峤一局，取庚以辛为学堂，以戌为厨，又取地四生庚金，天六辛成之。庚辛原属老阴老阳交媾之数，开辛门兼戌向，以应庚龙之生成贵例。辛禄在酉，凿酉池以为辛门之禄建。乙与庚合，立乙山以为庚龙之天建。辛以辰为文曲，兼辰山以应辛门之文秀。乾与酉为比和，树乾峤以为酉池之比肩。况辛兼戌经星，际奎木狼五六七度，值天仓大星、右更五星、军南门一星。夫天仓积谷之所，右更老人之星，军南一星元戎之职也。应此门而生者，多富多寿，多专征伐。其次局也，以辛为龙也，旺在乾，开乾门以收旺神，而吉祥自应。生在亥，凿亥池以潴生气，而仓廪自庚。克在戌，冲戌峤以镇克星，而科第自显。此四运辛龙之作法也。

注：辛龙、巽山、乾向、亥池、戌峤、辰门一局，取辛入乾宫，立乾门以为乾父，生辛龙之兑女，体先天乾一兑二之序，又辛以戌为文曲，以亥为太极，以辰为天福，冲戌峤以为辛龙之文秀、凿亥池以为辛龙之贵征、开辰门以为辛龙之福应。况乾经星，际室火猪七八度，值天皇大帝临门，前有羽林以卫之，后有勾陈以助之。应此门而生者，常召对内庭，奏事宫闱，日亲帝侧，贵极人臣矣。

其三局也，以亥为龙，旺在乾，开乾门以收旺神，而富贵自悠。生在戌、在酉，凿戌池、放酉水以收生气，而金帛自丰。克在辛，冲辛峤以镇克星，而功名自利。此四运亥龙之作法也。

注：亥龙、巽山、乾向、辛峤、酉水、巳门，取乾金生亥水，立乾向以为亥龙之父爻。亥马在巳，开巳门以为亥龙之马建。巽纳在辛，冲辛峤以为巽山之纳甲。辛禄在酉，放酉水以为辛峤之禄建。辛以亥为太极、以戌为文曲，凿戌池以荫辛峤之文秀，冲辛峤以应亥龙之贵征。况乾之经星亦际奎木狼七八度，值紫微垣天皇大帝临门。应此门而生者，亦与辛龙之局同。

虽其间有纯阳卦，而八国处得纯阴卦配之，亦属无碍。但天卦公位，宜加详察，而所应之吉凶，始无鱼目混珠之缪矣。

注：庚龙一局，正门得四三之地水师，兼向得四五之地地坤。孟房富

贵，可冠一郡，仲季平平。仲季之孟，亦有富贵。龙得三四之水地比，峤得三六之水天需以应之。池得五五之地地坤，兼坐得九九之火火离以配之。孟房之孟，富不知书；孟房之仲，极贵极富。〇辛龙一局，正向得四三之地水师，池得五四之地地坤，峤得三五之水地比。孟房福禄，可以专城，仲季平平。仲房之孟，亦有丰荣。后门得四六之地天泰，后门兼向得五七之地泽临，龙得一二之雷山小过。孟房之孟，文拜武封，福绵寿永；孟之仲季，富贵稍次。〇亥龙一局，正门得四三之地水师，池得五五之地地坤，水得五四之地地坤，孟房福禄，悠久无疆，仲季平平。仲房之孟，富有文武。峤得七二之泽山咸，后门得四五之地地坤。孟房之孟，文而得俸；孟房之季，贵而无蓄。

水龙以门为龙四运天机图

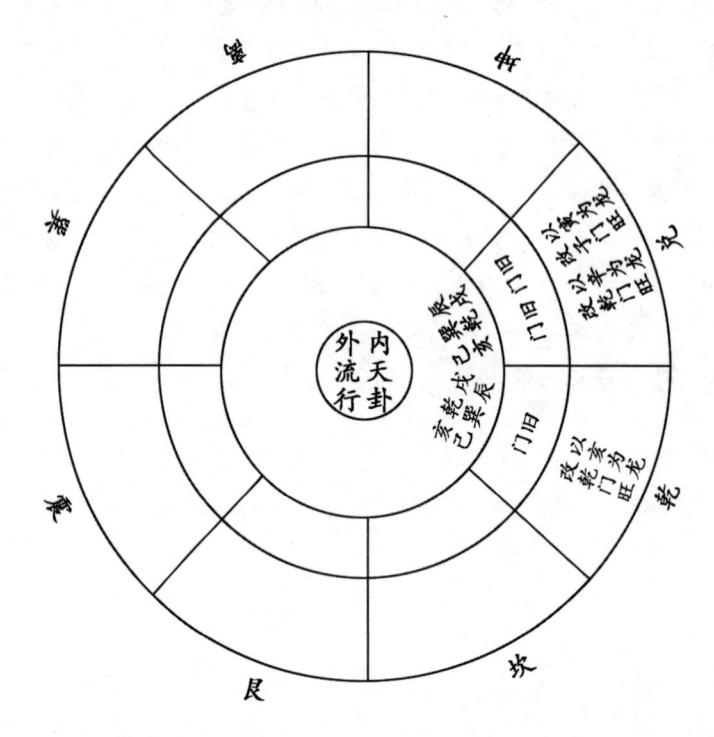

水龙以庚门为龙者，改辛戌门以通阳气，谓之收祥风；凿酉池以见洋光，谓之纳吉水，格合日照奎壁、鸡栖华盖。

以辛门为龙者，改乾门以通阳气，谓之收祥风；凿亥池以见洋光，谓之纳吉水，格合奎焕龙楼、狼含玉叶。

以亥门为龙者，改乾门以通阳气，谓之收祥风；凿戌池以见洋光，谓之纳吉水，格合燕集龙楼、月临壁水。[1]

四运总论

中元四运，主运星文曲水也。山龙得水星形者，[2] 排文曲运，以值门值水。翰苑挥毫，才子声同班马。经筵讲学，师儒品驾程朱。裁成获此，何吉如之？水龙得文曲运者，筑水星形以培山培脉。巍科高掇，才人早步鳌头。封诏频书，学士班联凤阙。补救如斯，诸祥吉矣。

---

[1] 如曲折之阴文曲、献花之阳文曲等形，不可用。慎之！
[2] 如震水帐、芙蓉帐、涨天水之类。

如山性敦厚，得文曲交媾，又得水星结作，水主聪颖，山主沉静，故出道学先生。若水龙，又出文人才子耳。如坐后筑平地芙蓉、云水帐之类。

注：一局，如甲龙卯向、乙池辰水作法，生旺既得，左培一长掬木砂，夹耳处作火嘴蝉翼二层。况甲以丑为阳贵，丑方六度，作斗木獬星形，以为甲龙之贵建。甲禄在寅，寅方末度，作尾火木星形，以为甲龙之禄建，而为木火之通明。且于蝉翼下作一玉印，以为天枢土镇之。右培一单提作案长掬木砂，夹耳处作火嘴蝉翼二层。况甲以午为太极、文魁，于午方初度，作鬼金羊星形，以为甲龙之贵征。甲以辰为催官、酉以辰为六合，于辰方中度作轸水蚓星形，以为甲龙之福应、酉山之地建，而为金水之会合。且于蝉翼下作金箱，以为天河土镇之，始合。一局，丁龙丙向、壬山午池、乙峤癸门作法，生旺既得，右培一长掬木砂，夹耳处作火嘴蝉翼二层。况乙丙丁为三奇，乙方中度作角木蛟星形，以成丁龙丙向之奇格。丙禄在巳，巳方末度作翼火蛇星形，以为丙向之禄建，而成木火之通明。且于蝉翼下作一玉印，以为天枢土镇之。右贴来脉作一眠弓案，夹耳处作火嘴蝉翼二层。况丙与辛为五合，丁以酉为文昌、太极，辛方近酉作娄金狗星形，以为丙向之天建、丁龙之福应。丙以申为文星，丁以申为官贵，申方末度作参水猿星形，以为丁龙丙向之贵征。而成金水之会合，且于蝉翼下作一金箱，以为天河土镇之。乃配。

一局庚龙辛兼戌向、酉池乾峤、乙山作法，生旺既得，左贴龙身培一长掬木砂，夹耳处作火嘴蝉翼二层。况乙以未为武星，庚以午为阴贵，午方初度、未方末度，作井木犴星形，以为乙山之武秀、庚龙之贵建。庚禄在申，申方中度作觜火猴星形，以为庚龙之禄建、而成木火之通明。且于蝉翼下作一玉印，以为天枢土镇之。右培一单提作案长掬木砂，夹耳处作火嘴蝉翼二层。况酉库在丑，酉又以丑为龙章凤诰，丑方初度作箕水豹星形，以镇酉池之库位。乙贵在子，辛又以子为文魁之催官，子方初度作牛金牛星形，以为乙山辛向之贵建、而成金水之会合。且于蝉翼下作一金箱，以为天河土镇之，乃宜。一局，辛龙巽山乾向、亥池戌峤、辰门作法，生旺既得，左贴龙身培一长掬木砂，夹耳处作火嘴蝉翼二层。况辛以午为阴贵，午方初度作井木犴星形，以为辛龙之贵建。辛库在申，辛又以申为天福，申方中度作觜火猴星形，以镇辛龙之库位、而成木火之通明。且于蝉翼下作一玉印，以为天枢之土镇之。右培一单提作案长掬木砂，夹耳处作火觜蝉翼二层。况辛以丑为文魁催官，丑方初度作箕水豹星形，以为辛龙之文秀。辛生在子、辛又以子为催官，子方初度作牛金牛星形，以为辛龙之生气，而成金水会合。且于蝉翼下作一金箱，以为天河土镇之，乃济。一局，亥龙巽山乾向、戌池酉水、辛峤巳门作法。生旺既得，左培一掬木砂，夹耳处作火嘴蝉翼二层，况亥库在未，亥又以未为华盖，未方中度作井木犴星形，以镇亥龙之库位。巳合在申，辛又以申为天福，酉以申为天马、加爵，申方中度作觜火猴星形，以为巳门之地建、酉水辛峤之福应，而成木火之通明。且于蝉翼下作一玉印，以为天枢土镇之。右贴龙身配一眠弓案，夹耳处作火嘴蝉翼二层。况亥旺在卯，卯方初度作亢金龙星形，以为亥龙之帝旺。辛以丑为文魁催官，亥以丑为冠带，丑方初度作箕水豹星形，以为亥龙之冠带、辛峤之贵征，而成金水之会合。且于蝉翼作一金箱，以为天河土镇之，乃合。

若夫布基之法，坐山后之三百六十五步外，① 紧接芙蓉云水等帐下，作一武曲金星，以镇扫荡之水。坐山后之七十二步外，② 作一御屏土星，以生覆体之金。明堂内池形，作一圆镜太阳金星，以生后帐之水。然后左右之五行济和。架屋之法，后庭宜阴作一覆金之形，天井亦宜圆而阴。中堂宜阳，作一方土之形，天井宜方而阳。前厅宜阴，作一覆梭之形。前庭又宜方而阳，如赦文土星之形。如前后之布置停匀。扶厝之法，其左也宜架一长直木形天井，亦宜木条以脱杀。于夹中堂处，或修一日形之楼，③ 或凿一日形之井。

注：凿深三尺六寸，以体复卦至乾卦，阳三十六宫之数。阔五尺五寸，以体河图五十五数。

其右也，宜架一三折水庭，天井亦宜圆曲以相生。于夹中堂处，或修一月形之楼，④ 或凿一月形之井。

凿深三尺六寸，以体姤卦至坤卦，阴三十六宫之数。阔四尺五寸，以体洛书四十五数。均宜潜水。

然后龙虎之取配有方，学者法此，庶几形势之足以补天理气也。

---

① 以体周天之三百六十五度也。
② 以体期年之七十二候也。
③ 如八卦亭、圆亭之类是也。
④ 如半月形、覆梭形之画阁是也。

五运说①

元空三元之说，每以中元中运为上下之衡者，以五黄廉贞为河洛之中五。故运行至五，即以之为中天也。然诸说纷纷，各有其例。邵雍则举十二会推衍，以午会为中天者，论乾坤开辟日月星辰丽天之运也。青乌则举五百四年推算，以中六十年为中天者，论帝王升降都邑宫室、嬗代之运也。杨曾则举一百八十年轮转，以中二年为中天者，论士民兴衰炉墓、造葬迁移运也。明是理者，谈天之运，则以十二会论开辟。谈帝王之运，则以五百四十年定升降。谈士民之运，则以一百八十年辨兴衰。庶几大小合宜、因材取用矣。

但运至中天，空虚无象。前夫五者——四也，五之前十年即以四代。四虽不敢居五之尊，位能行五之政令也。故四之本运得文廉者，发必大也。五之寄四得廉贞者，效更捷也。而文曲不得兼收于寄运之中者，本运已遇，不得于摄政之时，犹作威福也。

后夫五者——六也，五之后十年即以六代。六虽不敢揽五之大权，能施五之条教也。故五之寄六得廉武者，福不凡也。六之本运得武曲者，效始神也。而廉贞不得并收于寄运之外者，大权已谢，不得于退位之日，犹亲庶事也。

《插泥剑》曰："四当代五以行权，五离四兮令自专。五非得大谁称制，六难偕五共经天"。即此之谓也。学者识得此中三昧，自一往无阻矣。

---

① 缘督补义：九运中（之）五黄三阳方，新建阳宅之可向者，惟一八木运以木克土、六七金运以金泄土。五土气衰，用之获益。若火与水土诸极司令时，新建之宅向之，亦受其灾。但中五分运时，新旧宅向之，大吉。

山龙以龙为龙五运寄四天机图

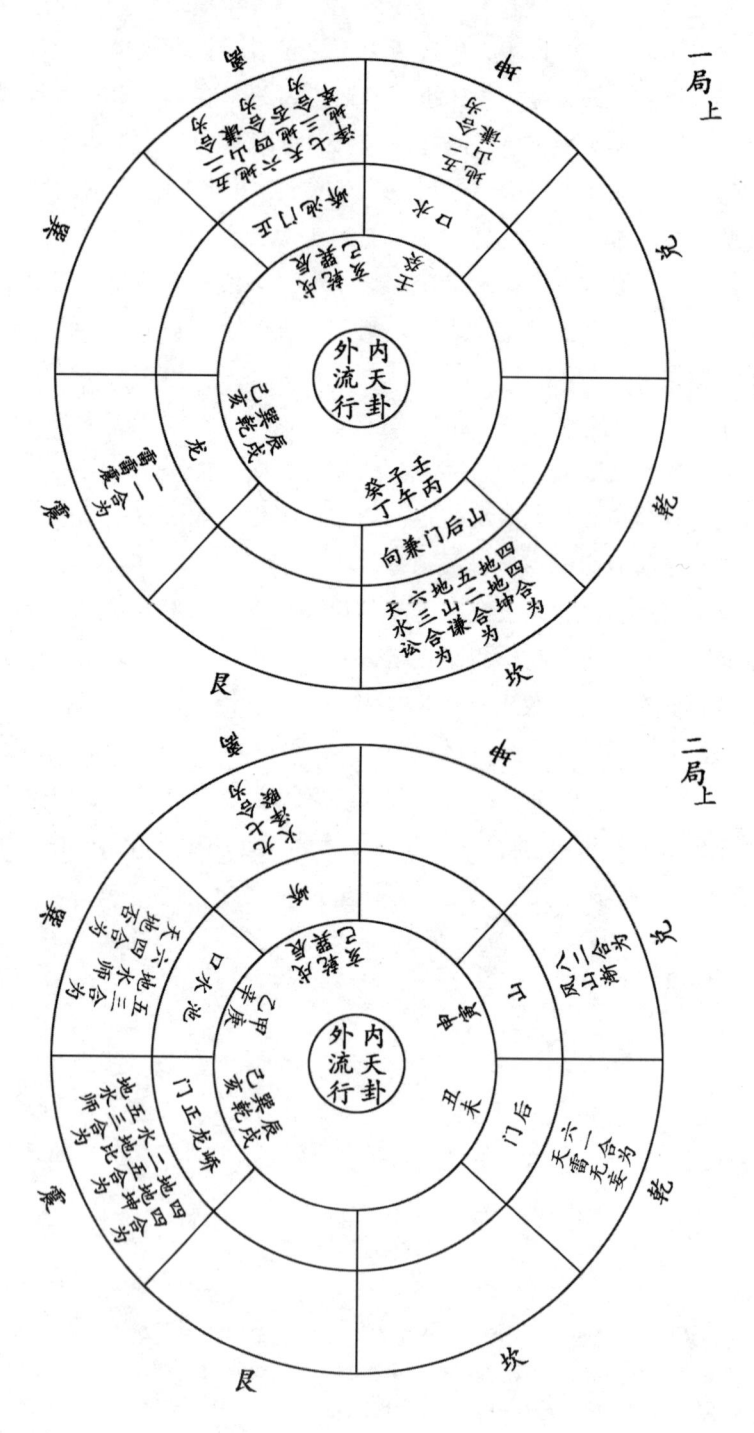

一局上

二局上

第三帙　阳宅运会

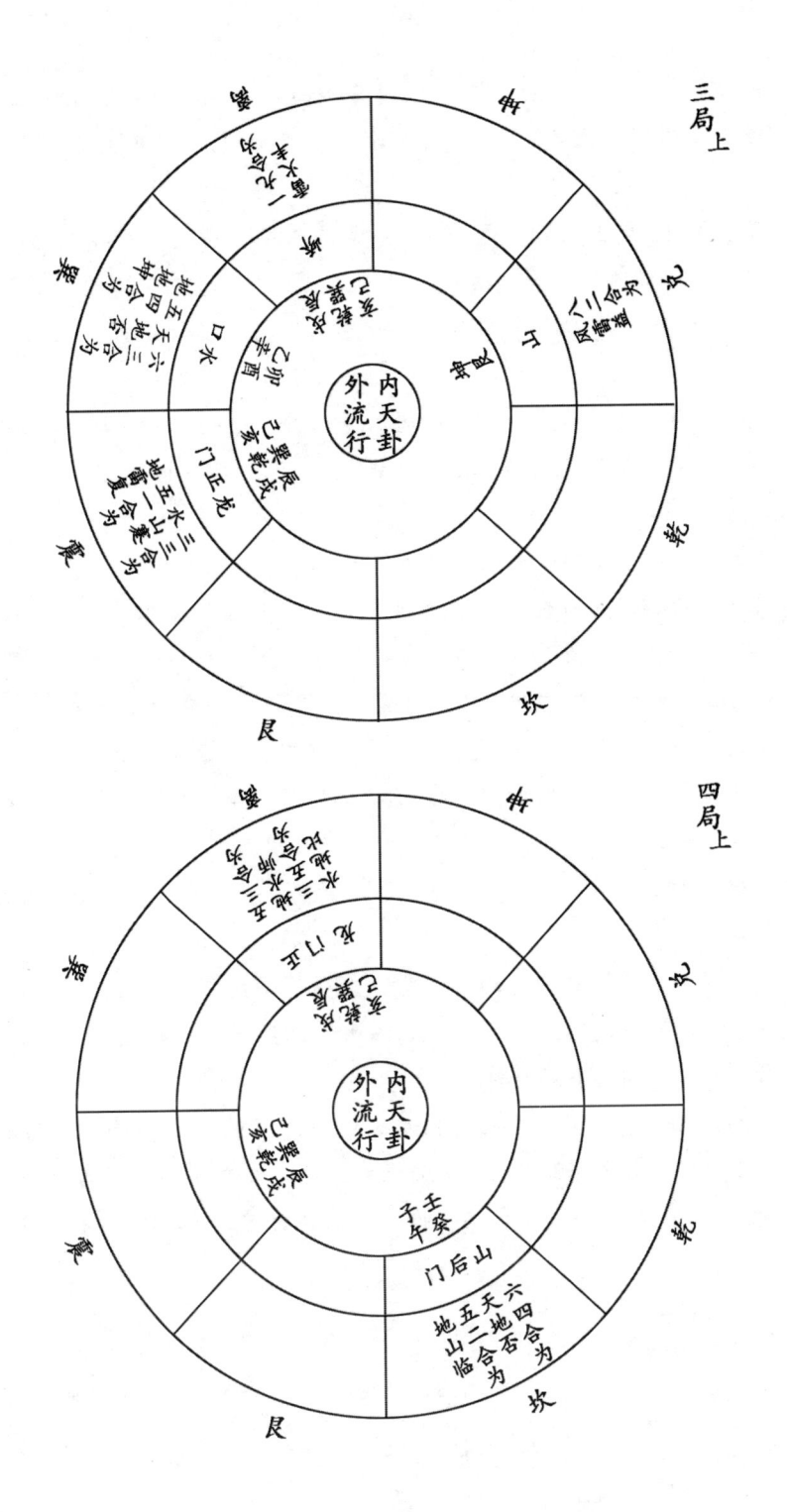

五运寄四，文曲逆排，武曲顺排者，山龙排龙之法也。山龙排水反是。斯时门水得生旺者，所发之富贵大于各运也，故多列其图，以便取用。

　　五运寄四，天卦之四六两卦，在后天之震离方道上。法寻本卦，用归本元，则见衡星执令，天地之精华拔萃。极运施权，① 山川之毓秀超群。黄婆诞育麟儿，乾坤扭转② 人物。白帝资生，龙子日月光辉。③ 运以五为极，力能权万物之重轻。局虽四而分，福已为三元之冠冕。④

　　其一局也，旺处开门，户入清风，一积丹书之诏。生方凿池，门荫绿水，仓多红粟之粮。况水流旺地，峤镇克方。⑤ 其零正既已得宜，而子孙必多逢吉。

　　乙龙、丙向、壬山、午池、丁峤、申水、子癸开门一局，聚乙丙丁为三奇贵格，故乙龙立丙向，冲丁峤以合之。又乙以子为阳贵、申为阴贵，放申水、开子门，以为乙龙之阴阳贵建。乙生在午，凿午池以为乙龙之生气，丁合在壬，冲丁峤以为壬山之天建矣。乙以丁为食神，癸又以乙为食神，癸门丁峤，均是以应乙龙之食位。生旺得、禄贵逢，出卦如一卦矣。况丙之经星，际星日马三四度，值大理二星、天相二星守门。夫大理者，掌国家之政形。天相者，宰天下政事也。应此门而生者，位至宰相，兼理刑部。但形属贪狼，理气又得廉贞、贪狼交重，有操莽之富贵者，亦有操莽之跋扈。

　　其次局也，旺处立向，和气溢洋，驷马门不让于公独有。旺方凿池，祥光潴蓄，金穴户岂容郭氏专称。矧一水流回生气，双峤镇彼克星。⑥ 其衰旺既已合辙，而富贵必至骈臻。

　　卯龙、乙向、辛山、辰池、巳水、戌门、甲丙冲峤一局，取乙禄在卯，开乙门以为卯龙之禄建。卯马在巳，放巳水以为卯龙之马建。丙合在辛、卯合在戌，冲丙峤、开戌门，以为辛山之天建、卯龙之地建。卯以辰

---

① 五黄极星也。
② 谓出此旋乾转坤。
③ 乾为龙，震亦为龙。震之龙，乾之子也，故曰"龙子"，谓收武曲而得"一六共宗"者。
④ 五运寄四，有上中下四局。虽中下之局，其力量犹超夫前后八运。
⑤ 斯时破平而犹克也。
⑥ 甲方冲峤，以镇上砂。丙方冲峤，以镇水口。

为攀鞍，甲以卯为文魁，凿辰池、冲甲峤，以为卯龙之马建文秀。元运既得，生旺以催之；龙山又得，禄马以应之，出卦者无碍矣。况乙向之经星，际角木蛟七八度，值进贤二星、三公三星守门，后之六度有开阳一星决之，前之九度有周鼎三星辅之。夫三公，进员公卿齐土之职也；开阳，主天仓之谷也；周鼎，主国家之神器也。应此门而生者，职居三公，操进退人才之权、出纳府库之柄，而为国家柱石之臣也。阳宅获此，福莫加矣。非有德者，执克当此。

其中局与下局也，门逢旺气，收祥风之习习。粟满千钟，不意石崇再见。池得正神，①睹流水之洋洋。衣披一品，何期李泌重逢。况镇夫克，卦归其元。其局虽逊于上等，而福犹超夫各元。

如甲龙、卯向、酉山、午峤、巳巽水口一局，取甲木生亥、旺卯，甲又以卯为文魁，开卯门以为甲龙之生气文秀。卯以巳为马，放巳水以为卯向之马建。甲以午为文魁、太极，以酉为唐符威星，冲午峤，立酉山以为甲龙之福应。况卯之经星，际氐土貉初一两度，值右参驱一星、天枪三星、骑官二十七星、帝席三星守门，夫参驱、天枪、骑官，卫士之象也，帝席，天子宴乐之所也。应此门而生者，职任军机，权参枢密，常侍宴于君侧也。○丁龙、丙向、壬山、子门一局，取丁合在壬，丁以壬为正官、而以子为天厨，丁又以子为威星，立壬山，开子门，以为丁龙之天建、之官星，丙向之厨位。况丙之经星，际星日马三四度，亦值大理二星、天相二星守门。应此门而生者，其福何以减于乙龙之局耶？盖生旺虽得、星辰虽佳，而池峤水路之配合、禄马官贵之补助，不及乙龙之局故也。

若再以抽爻换象之重卦辨之，则吉凶准验，毫发无憾矣。

---

① 池与水口一例。

山龙以门为龙五运寄四天机图

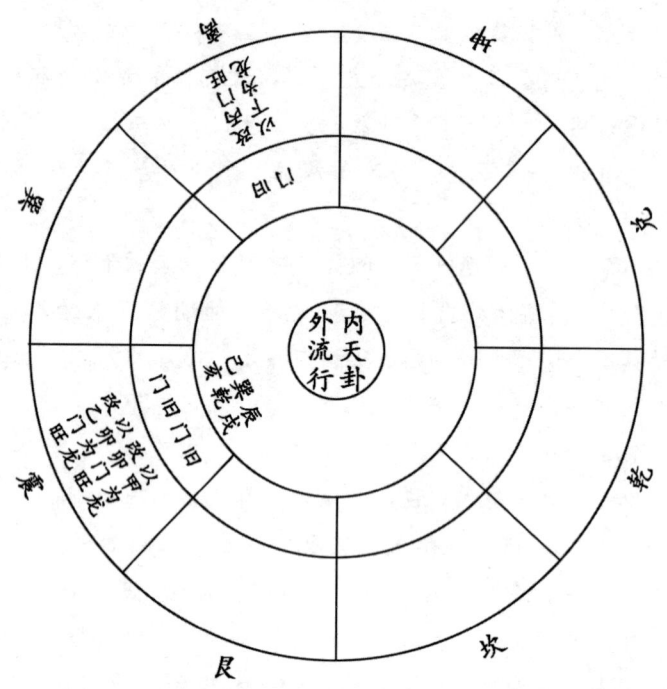

　　山龙以甲门为龙者，改卯门以通阳气，谓之收祥风；凿卯池以见洋光，谓之纳吉水，格合貉入雷门。以卯门为龙者，改乙门以通阳气，谓之收祥风；凿乙池以见洋光，谓之纳吉水，格合将军射蛟。以丁门为龙者，改丙门以通阳气，谓之收祥风；凿丙池以见洋光，谓之纳吉水，格合龙墀走马。

水龙以龙为龙五运寄四天机图

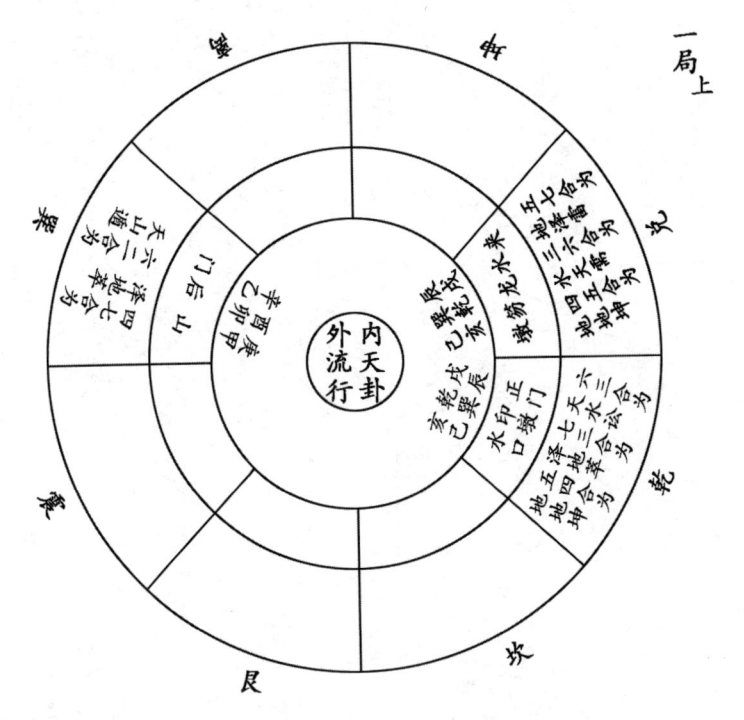

　　各运金煞之未离宫者，均不敢犯。惟五运廉贞主事，用之反吉者，盖廉贞火气也。以火克金，是为财山。龙山得此，尚属平平。若门向、水池得之，财源涌进，不可以御。但非大五黄所泊之宫，减量。

重订全本玉函通秘

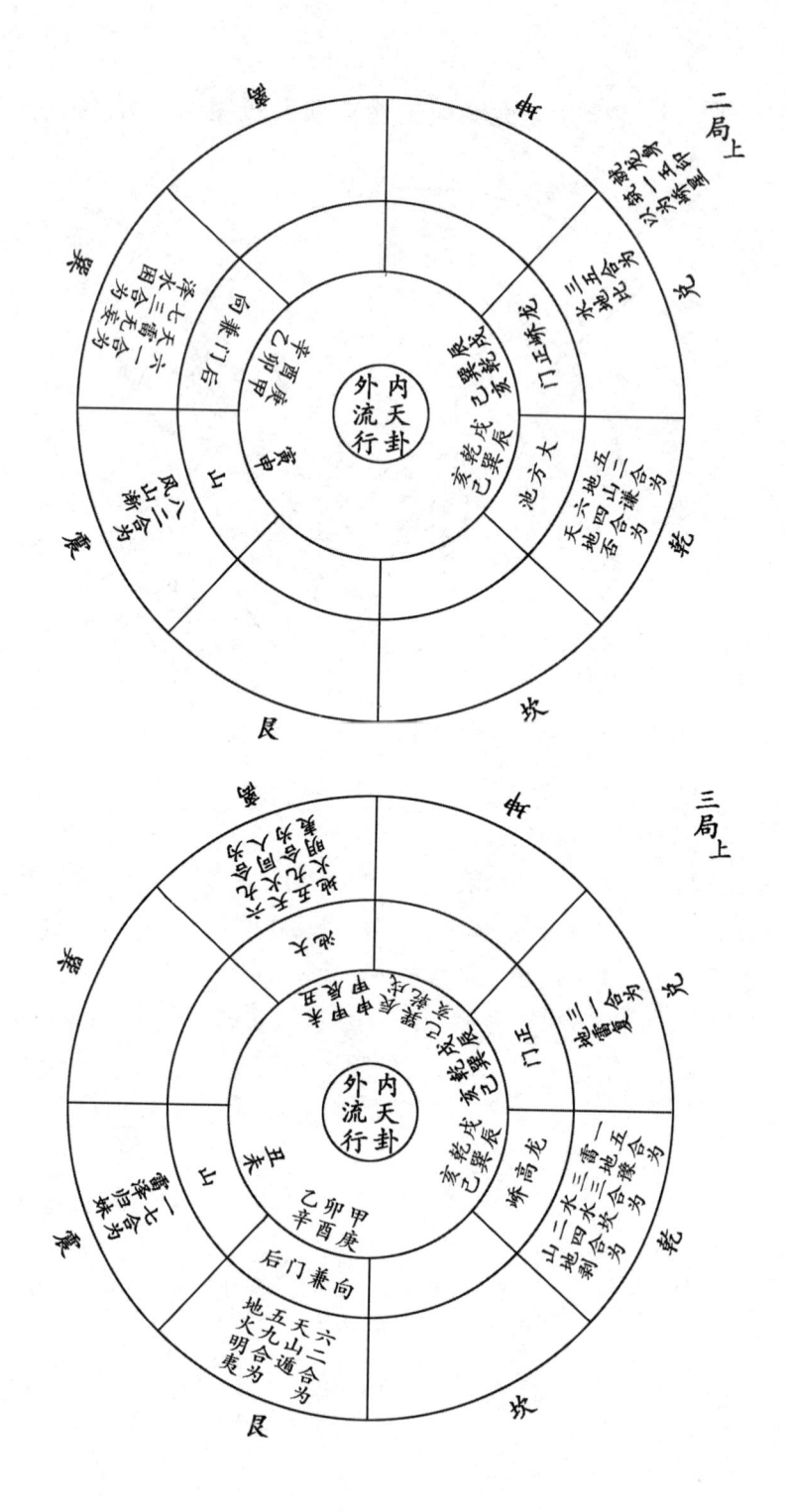

二局上

三局上

第三帙 阳宅运会

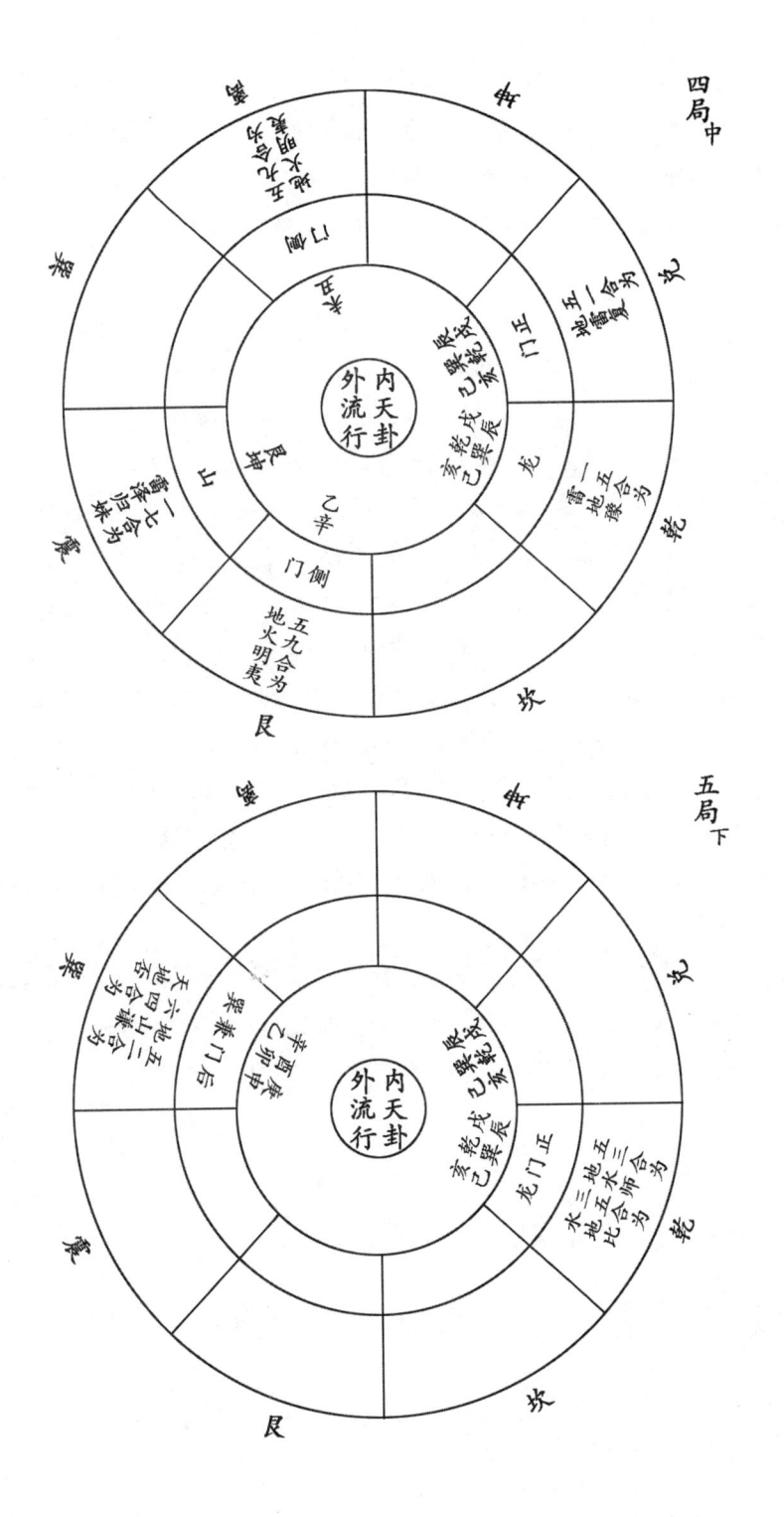

水龙五运寄四，天卦之四六两卦，在乾兑方道上。此元广大，立局宏多。其以酉为龙也，来源去水，① 排旺神以临之。花红水暖，蛟龙得雨而兴。后户前庭，② 排生气以值之。衣紫腰金，驷马冲门而入。左培笏垒，③ 自执圭而拜九重。右筑印砂，必分符以当一面。④ 此酉龙收生旺、布卦象之作法也。

注：酉龙、戌向、辰山、巳门、庚来水、亥去水、辛阳峤、乾阴峤一局，取酉合在辰、生在巳、马在亥。立辰山以为酉龙之地建。放亥水，以为酉龙之马建。开巳门，以为酉龙之生煞。又辛禄在酉，辛方筑一笏形之墩，以为酉龙之禄建。乾金与酉金为比和，乾方筑一印形之墩，以为酉龙之比肩。酉又以戌为攀鞍，辰又以戌为天马、加爵，立戌向以助酉龙辰山之马建。而庚申在巳，亥马亦在巳，开巳门又为庚水之生气、亥水之马建。生旺既得，禄马如斯，扶龙补山之法尽矣。况戌之经星，际壁水貐六七入度，值土司空一星、女御四星守门。夫司空，掌国家城郭宫室之官；女御，掌八十一御妻之职也。应此门而生者，男则由工部而升宰辅，女则由妃嫔而册皇后。若财禄之丰降，更不烦言矣。但形势不佳，减量。

其以庚为龙也，门收旺气，⑤ 玄字潮来，朱雀翱翔而入户。峤树克才，⑥ 丹书镇荫，苍龙腾跃而升天。向右凿池，⑦ 时方遇旺，居官者禄食万钟。山左开门，⑧ 气得逢生，守户者丁添百子。此庚龙收生旺、布卦象之作法也。

注：庚龙、辛向、乙山、庚峤、乾亥池、巽巳门一局，取庚合乙为官星，立乙山以为庚龙之贵官。巽纳在辛，开巽门以为辛向之纳甲。庚申在巳、亥马亦在巳，后门兼巳，以为亥水之马建、庚龙之生气。庚以亥为文

---

① 来庚去亥。
② 戌向巳门。
③ 辛方得克，筑一笏形之墩，高七尺二寸，以象七十二候；直长五丈五尺，以象河图五十五数。
④ 乾方得克，筑一印形之墩，高七尺二寸，以象七十二候；方宽四丈五尺，以象洛书四十五数。
⑤ 辛方立向，开正门。
⑥ 龙从庚来，紧就龙身筑大方土墩，如诰书以镇之。但其墩宜高三尺六寸、阔七丈二尺，以体三十六宫、七十二睺之数。不可过高而受压脉之煞也。
⑦ 乾亥方凿一大池以潴水。
⑧ 开巽巳后门。

星、太极，辛以亥为学馆，凿乾亥池以为庚龙辛向之贵征。元运既宜，禄马又合，扶龙补山之法尽矣。况辛向之经星，际奎木狼八九度，值右更五星、军南门一星守门。夫右更，国之黄发也；军南门，国之元戎也。应此门而生者，或贵而寿考，以宰辅而为帝王师；或才长将略，以公孤而专行征伐。权如东汉之桓荣、蜀汉之诸葛一等人物。形势者佳，世袭罔替矣。

其以戌为龙也，庚方得旺，立向收潮，① 致富不亚陶朱。艮方得旺，开门纳气，生人多如元白。午丁而值生旺，潴水凿池，② 家有王楼之造。乾亥而遇死衰，筑土冲峤，③ 士登金榜之名。此戌龙收生旺、布卦象之作法也。

注：戌龙、庚向、甲山、乾亥峤、午丁池、艮丑后门一局，取庚以戌为天福，立庚向以为戌龙之福征。甲以丑为阳贵、庚以午为阴贵，凿午池、开丑艮门，以为庚向甲山之阴阳贵建。甲又以戌为黄甲，戌又以午为帝旺，丁又以戌为催官文魁，立甲山，疏午丁池，以为戌龙之贵征。而亥生午为应钟生蕤宾，午生丑为蕤宾主大吕，凿午池，后门兼丑，又为亥峤午池之隔八相生，元运既得，贵禄皆逢，扶龙补山之义得矣。况庚向之经星，际昴日鸡二三度，值砺四星、天苑十六星守门。夫砺者，磨利锋刃之象也。天苑者，圈养禽兽之所也。应此门而生者，或身因战功而封侯，或职仕虞衡而应六位。

他若乾龙收生旺、布卦象之法，则又因旺神在酉，张潮立向，④ 财收万倾之源。克星值卯，镇煞立山，秀衍千丁之室。至丙位开门，寅方立户，无非助正门以造中等之福禄也。

注：乾龙、酉向、卯山、丙寅二方开侧门一局，取丙以酉为阴贵，开丙门以为酉向之贵建。寅生酉为太簇生南吕，开寅门以为酉向之隔八相生。生旺虽得，扶补不齐，其量已减。况酉向之经星，际娄末胃初，值天囷十三星、胃三星守门。夫星列天囷，屯御粮之所也；胃为天厨，藏三谷之仓也。应此门而生者，不过坐拥仓箱、富雄一郡。

亥龙定卦象、收生旺之经，则又因旺神在乾，立向通阳，钟灵者庆簧

① 无潮凿池亦可，至于修之出大路以朝者，又次也。
② 宜大而方。
③ 宜高而直。
④ 无潮凿池、无池收风，亦可。

车之满；令星守辰，开门纳吉，毓秀者贻瓜瓞之芳。至亥龙得克，巽山得生，不过助正向而成下等之财丁也。①

学者考零正、辨卦象、定公位、断吉凶，则覆验之时，始无妄谈不经之说也。

重卦象公位之例详前，不必赘说，人可自悟。

---

① 亥龙、乾向、巽山、辰门一局，其乾向之经星虽际室火猪七八度，值天黄大帝临门，而池峤不全、禄马不扶、官贵不助，应此门而生者，亦田舍翁之多财多子耳。或云"天皇至尊，应之多贵"，不知诸吉不辅，乾向无益。如庶民家不敢邀天子銮与驻跸以取罪庆也。谈元运者，既得形势之结作、生旺之扶持，而不明此禄马官贵之作法，又安能辨富贵之大小哉！彼执一端以论得失者，可以恍然悟矣。

138

水龙以门为龙五运寄四天机图

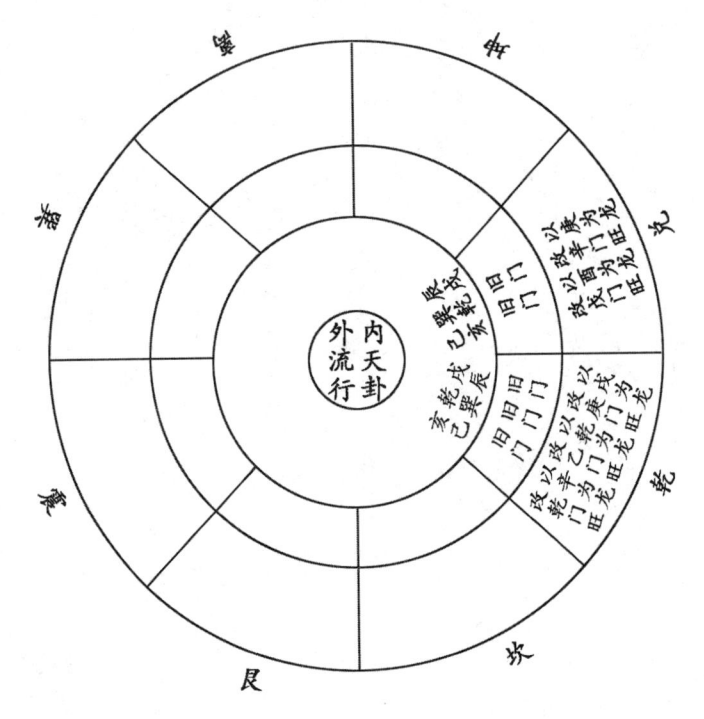

水龙以庚门为龙者，改辛门以通阳气，谓之收祥风；凿辛池以见洋光，谓之纳吉水，格合鸡升奎阁。

以酉门为龙者，改庚门以通阳气，谓之收祥风；凿庚池以见洋光，谓之纳吉水，格合华盖鸣鸡。

以戌门为龙者，改庚门以通阳气，谓之收祥风；凿庚池以见洋光，谓之纳吉水，格合璧府闻鸡。

以乾门为龙者，改酉门以通阳气，谓之收祥风；凿酉池以见阳光，谓之纳吉水，格合龙楼集雉。

以亥门为龙者，改乾门以通阳气，谓之收祥风；凿乾池以见洋光，谓之纳吉水，格合燕入龙楼。

山龙以龙为龙五运寄六天机图

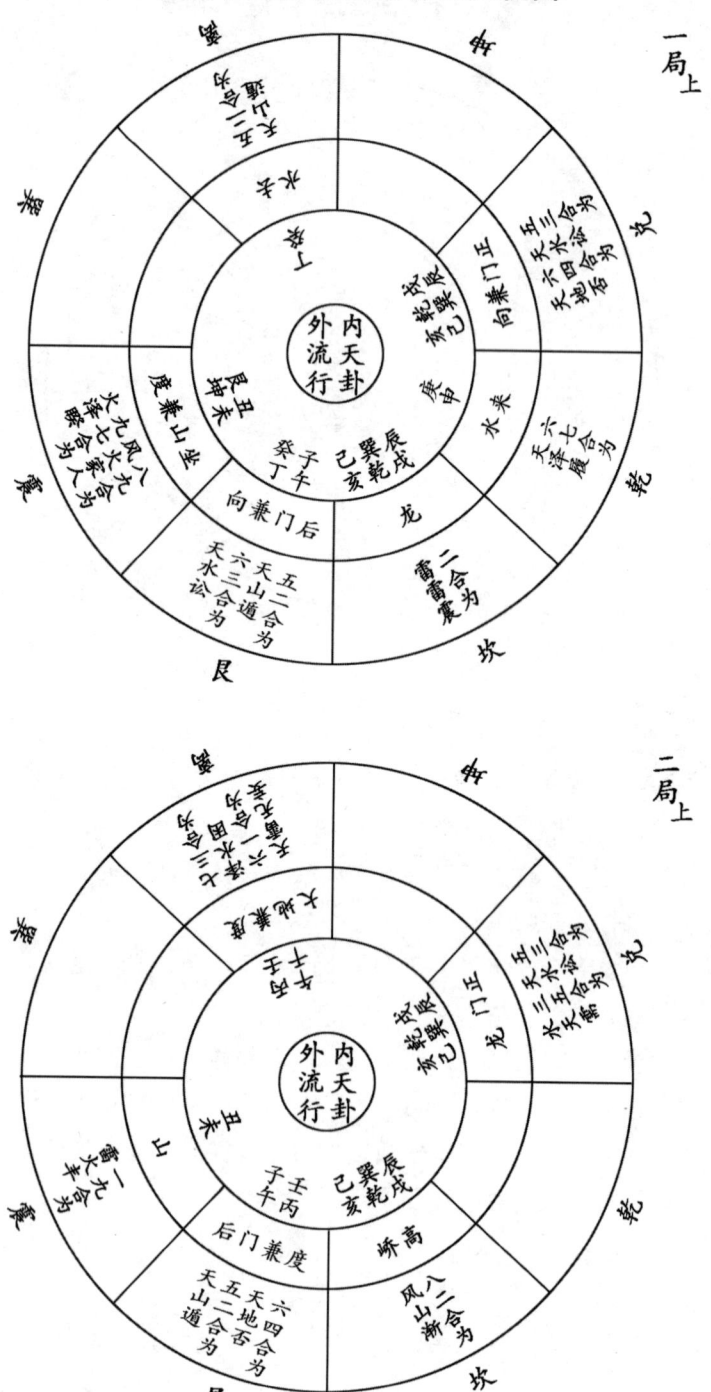

第三帙　阳宅运会

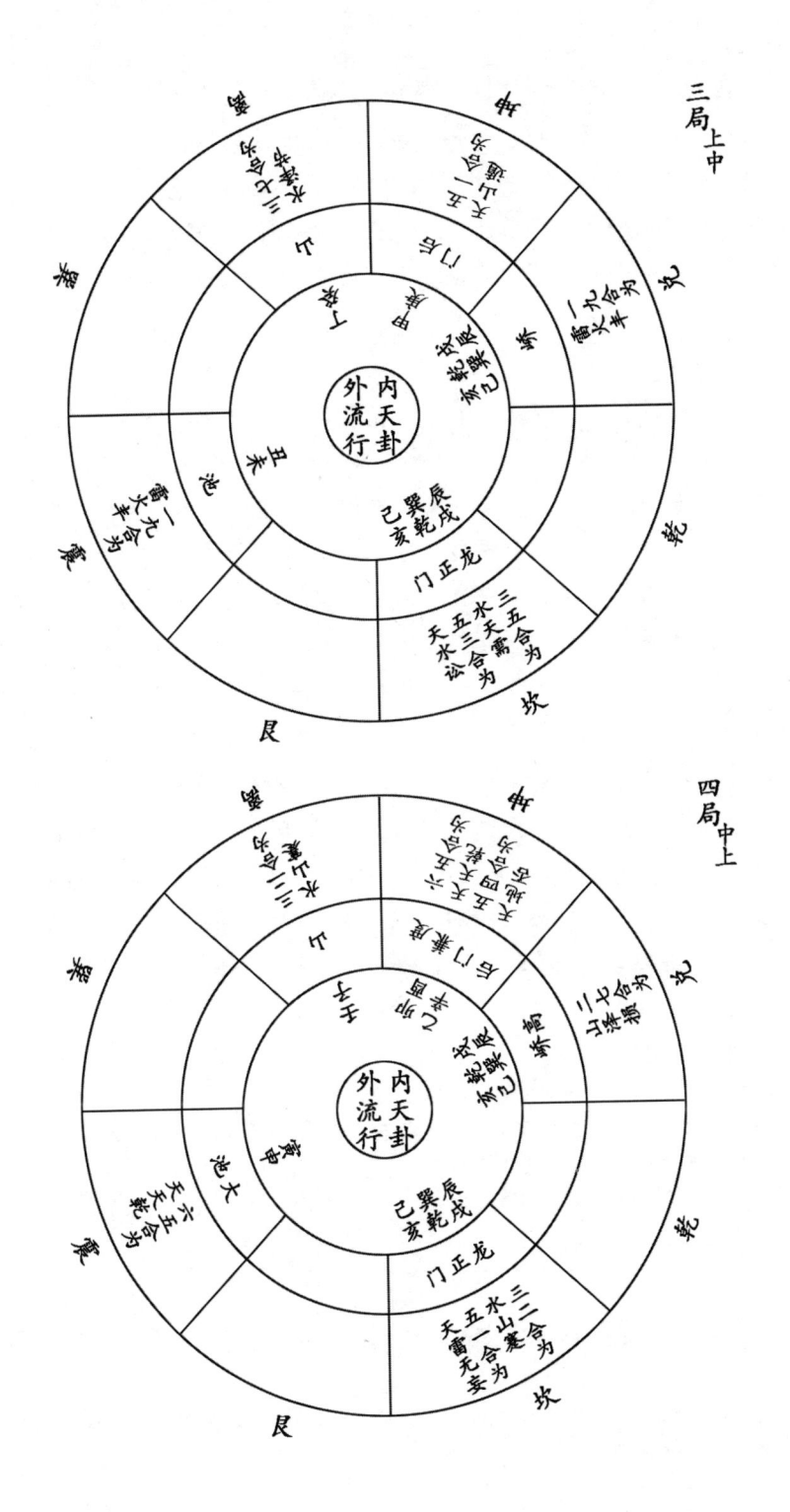

山龙五运寄六，天卦之四六两卦，在后天坎兑方道上。运为南北东西之冠，星摄死衰生旺之权。众美毕包，周流天地化机。群生尽育，衍泄乾坤奥妙。有时龙峡属癸，星由癸而历周天，生旺重重值向，① 潮若杖交九曲，将相才高，列爵分茅胙土②。往来灏灏逢时，③ 城如带束双围，④ 王侯德盛，享配清庙明堂。其他排生旺以开后门，⑤ 值衰死而立坐山，⑥ 无非直达补救，以绵夫元运之祚也。

注：癸龙、庚酉向、戌来水、丁去水、艮寅门、甲卯山一局，取癸生在卯、又以卯为文星、以寅为黄甲，兼卯山开寅门以为癸龙之贵征。庚以寅为阳贵、以丁为正官，开寅门放丁水以为庚向之贵建、官星。甲禄在寅、戌又以寅为龙章，开艮寅门又为甲山之禄建、戌水之福征。甲以酉为催官、丁又以酉为太极，兼酉向以为甲山丁水之贵征。寅生酉为太簇生南吕，卯生戌为夹钟生无射，寅门、酉向、卯山、戌水均属隔八之相生。元运既合，禄贵又逢，扶龙补山之法详矣。况庚向兼酉三度半其经星，际胃土十一度，值卷舌六星守门，夫卷舌主，言语之星也，应此门而生者，主白衣上殿谈天下事，如战国苏季，逞横议而佩六王之印；汉室张良，以三寸舌而为帝者之师。且有长于应对，才臣出使外国者。

有时龙峡属辛，运由辛而行大地。门旺池生，⑦ 门若高而池若大，潴水洋洋、和风习习，贵专城，富甲郡，极一时冠盖之荣⑧。峤衰龙克，⑨ 峤若耸而龙若平，玉垒巍巍，金台叠叠，魁多士，冠群英，擅百代文章之美⑩。至于排生旺以开后门，⑪ 值衰死而立坐山，⑫ 不过兼往得来，以近夫

---

① 庚向兼酉三度半。
② 无自然之潮者，于向之百步凿大圆池，上迎来水、下通去水。再于水外之三百六十五步，筑一朝峰，如文笔者，文魁天下；如兜牟者，武魁天下。其验不爽。
③ 戌方来水逢生，丁方去水逢旺。
④ 大溪如御带束身者，两重三更佳。
⑤ 开艮寅后门。
⑥ 甲山兼卯。
⑦ 庚门午池。
⑧ 门高三丈以见池峤，池宽十亩以应门间，其发始速。
⑨ 壬峤辛龙。
⑩ 峤高十丈，令彼庚门见者，其效始速。但宜择峦头平叠、不甚高耸者为之，才不掩蔽峤星。若嫌峦头卓拔，而凿平马，反凶矣。
⑪ 开艮丑后门。
⑫ 立甲山。

星卦之绪也。

注：辛龙、庚向、甲山、丙午池、壬峤、艮丑后门一局，取庚星以午为阴贵，凿午池以为辛龙之贵建。壬以甲为食神、甲以丙为食神、辛以丙为正官，山立甲、池兼丙以为壬峤之食位、辛龙之官星。甲贵在丑，艮纳在丙，后门开艮兼丑以为甲山之贵建、丙池之纳甲。辛以午为黄甲天厨，以丑为文魁催官，丑门午池又为辛龙之贵征。而午生丑为蕤宾生大吕，丑门午池又为隔八之相生。元运既合，禄贵又逢，扶龙补山之法祥矣。况庚向之经星，际昴日鸡二三度，值砺四星、天苑十六星守门，夫砺者，磨利锋刃之象也，天苑者，围养禽兽之薮也。应此门而生者，或身因战功而至封侯，或戎任虞衡而荣膺大位。

独是龙至子而落脉者，子龙也。从坎定卦，因子起星。融融旺气，开门纳潮，禄食二千石，贵何如之①。郁郁生机，凿池蓄水，仓堆百万粮，富孰过此②。若夫克冲峤应文秀，③ 衰立坐配化机，④ 旺开门邀天运，人以为矫揉造作，吾以为布置周详也。

注：子龙、癸向、丁山、甲池、辛峤、未门一局，取癸禄在子，立癸向以为子龙之禄建。甲以辛为正宫、辛以癸为食神，冲辛峤以为甲池之官星、立癸门以为辛峤之食位。子生未为黄钟生林钟，后门开未又为子龙之隔八相生。元运既得，禄贵又逢，扶龙补山之说合矣。况癸向之经星，际斗木獬二十度，值河鼓三星、奚仲四星守门。夫河鼓，主军鼓铁钺之星也；奚仲，为军政大御之官也。应此门而生者，身为将帅，职统三军，因功封侯，世袭武职。此其验也。

龙至壬而束腰者，壬龙也。从坎分星，由壬历运。旺从向入，⑤ 霞蔚云蒸暖气熏，而官阶至贵且多矣。生自池来，⑥ 波摇浪滚祥风引，而仓廪丰富莫敌焉。以及峤镇煞作星峰，⑦ 门迎旺收阳神，⑧ 山遇衰配两仪，⑨ 人

---

① 立癸向。
② 凿甲池。
③ 冲辛峤。
④ 立丁山。
⑤ 立子向。
⑥ 凿乙池。
⑦ 庚方冲峤。
⑧ 申方兼庚门后门。
⑨ 立午山。

以为刻舟求剑，吾以为准绳法律也。

壬龙、子向、午山庚峤、乙池、申兼坤后门一局，取壬水生申旺子。立子向，开申门，以为壬龙之长生帝旺。庚以壬为食神，冲庚峤以为壬就之食位。庚又以子午为阴贵，乙又以子为阳贵，立午山，开子门，以为庚峤乙池之贵建。壬又以午为催官、文魁、天福、戚星，立午山又为壬龙之福征。生旺既得，禄贵又逢，扶龙补山之法合矣。况此向之经星，际女土蝠三四度，值十二诸侯、楚燕二星守门。夫十二诸侯，分土列爵之君也。应此门而生者，亦当出守一方，专城而居。

不知此中妙谛，而妄加毁谤者，斯藩篱之鹦，岂能与之料天地之高哉！

山龙以门为龙五运寄六天机图

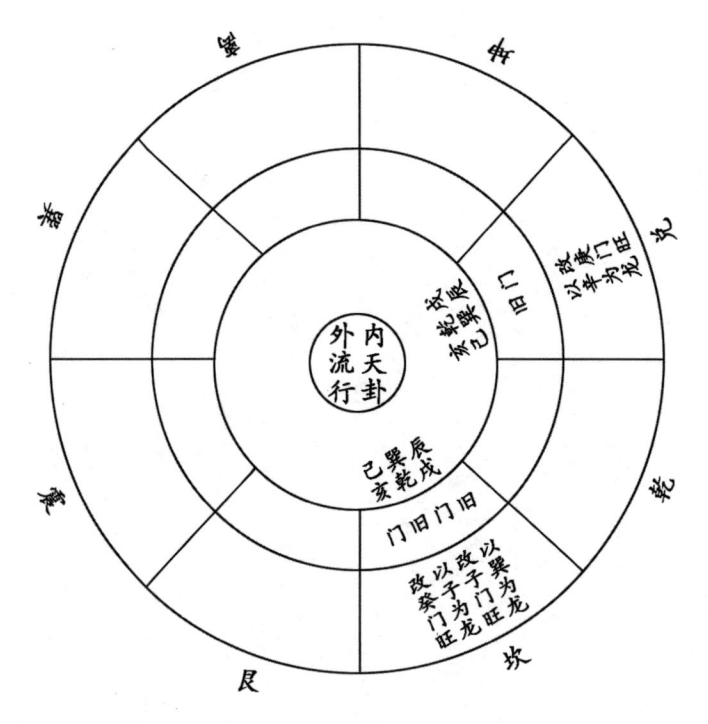

　　山龙以辛门为龙，改庚门以通阳气，谓之收祥风；凿庚池以见洋光，谓之纳吉水，格合奎光射日。以壬门为龙者，改子门以通阳气，谓之收祥风；凿子池以见洋光，谓之纳吉水，格合日临帝坐。以子门为龙者，改癸门以通阳气，谓之收祥风；凿癸池以见洋光，谓之纳吉水，格合帝坐乘銮。

水龙以龙为龙五运寄六天机图①

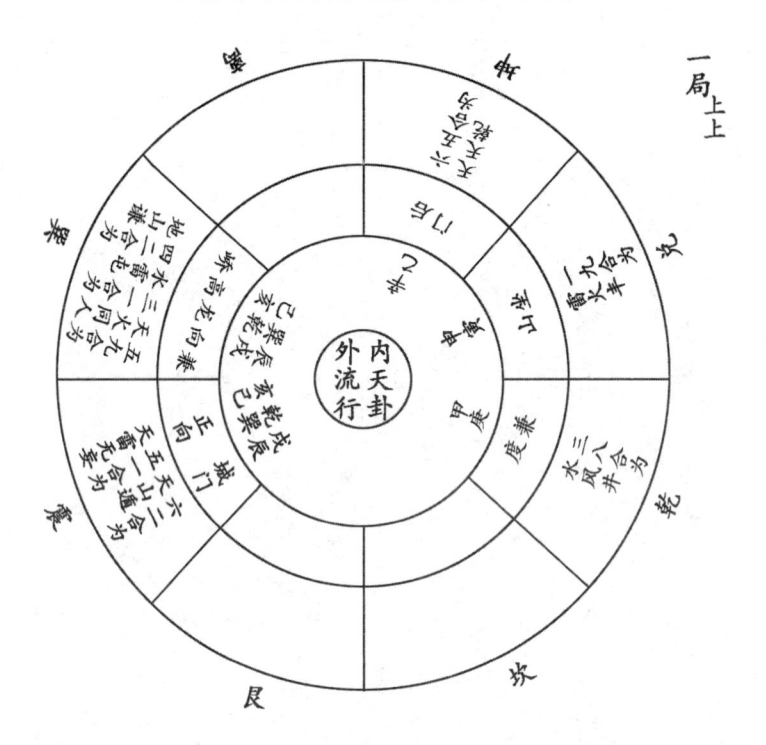

宗阳子曰：此运此局，与山阴吕氏祠符。相传明仙师宋铎卜其宅。向收之玄潮水，近向半里许。天生一凤尾官星，以为内岸。官星外有一深潭，宽广百亩，以潆潮来之水，然后悠扬曲抱而出于甲。而潮水外二三里，即天目山拱门处，九峰耸秀。中一峰高插穹汉，真状元笔也。登门望之，不逼不压，堂局合宜。师复于向三百六十五步之巳方，冲一文笔峤星，高计十丈，以配甲方之水口。吕氏至今魁天下者二人，列九卿者六人，富甲一郡，丁发千口。

---

① 一局上上。

水龙以龙为龙五运寄六天机图[1]

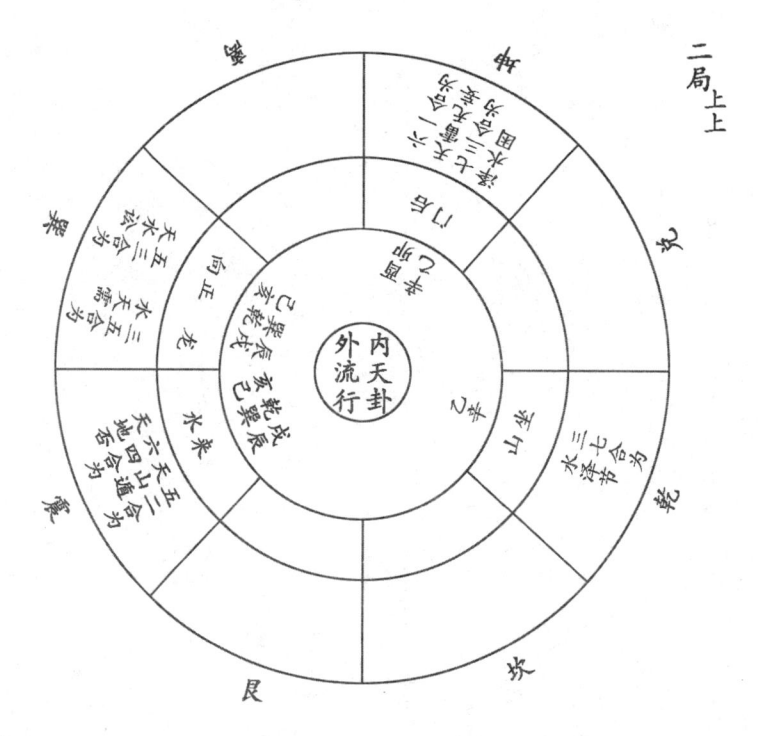

宗阳子曰：此运此局与浙绍张氏宅符。相传亦宋铎卜。来源去水，登门望之，洋洋活活，如匹练缠身。师于向之三百六十五步，筑一官星；又于官星下，凿一深潭，阔计十亩。上迎来水、下分去水。张氏至今富过百万，贵有科第。

---

[1] 二局上上。

水龙以龙为龙五运寄六天机图

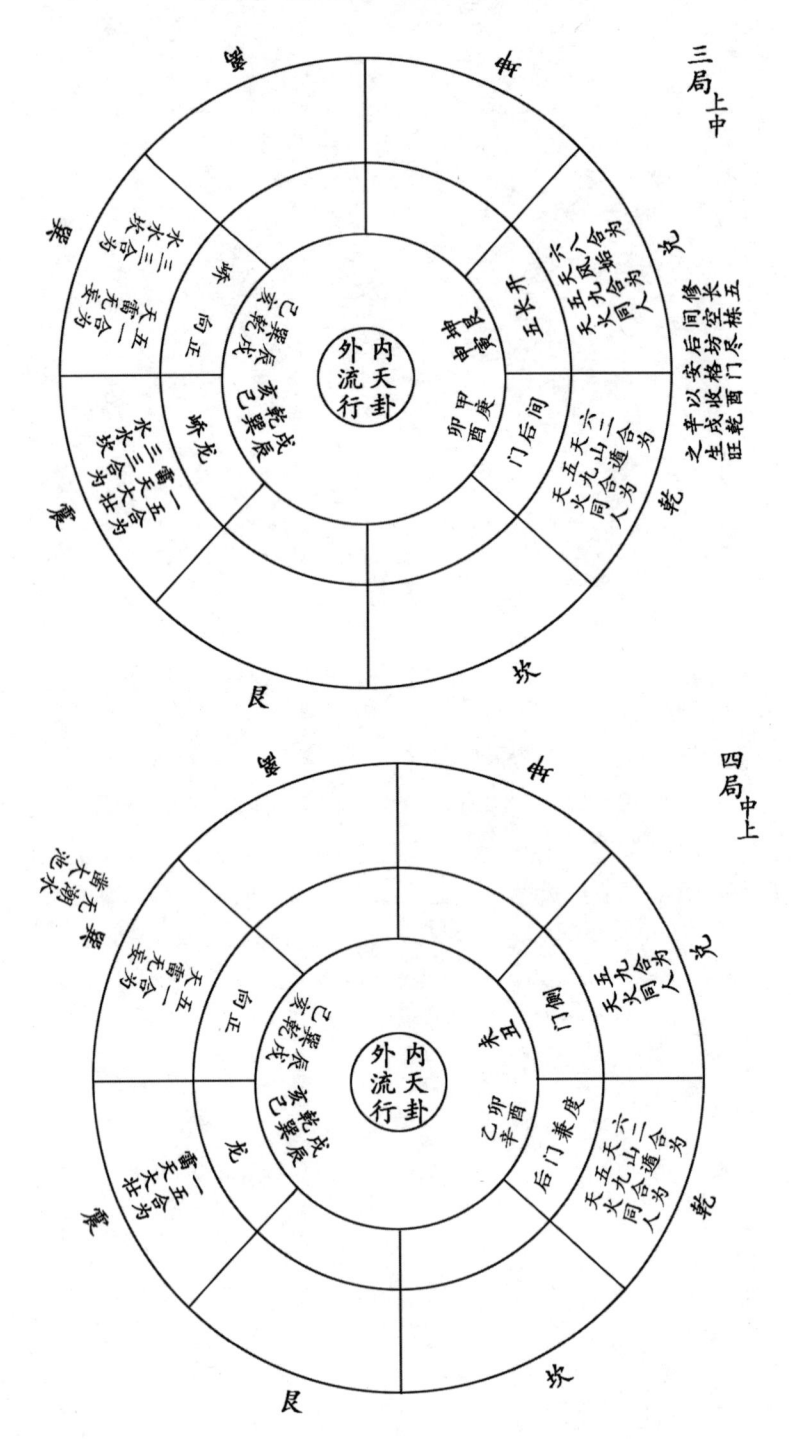

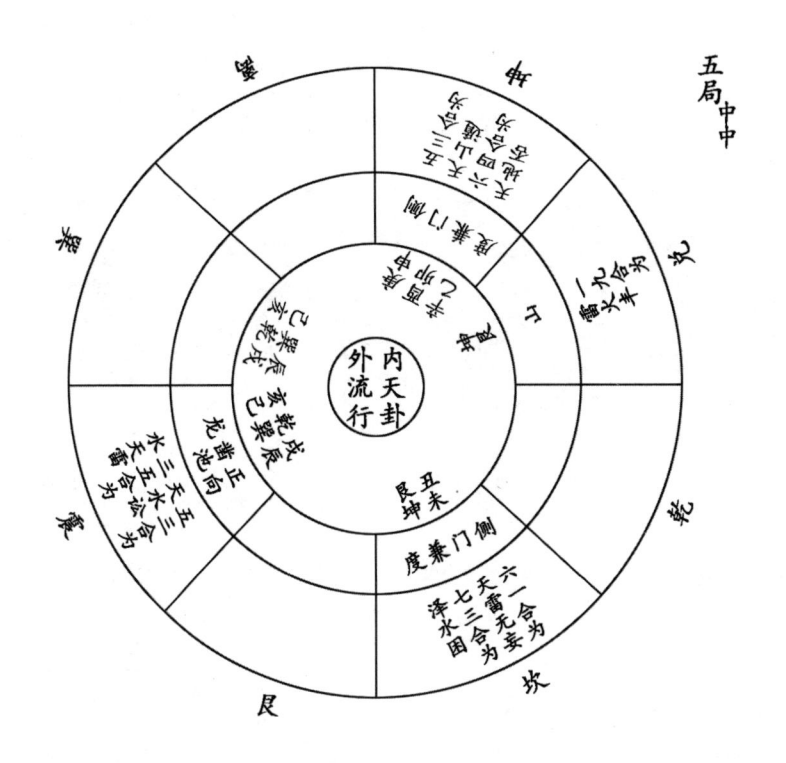

水龙五运寄六，天卦之四六两卦，在震巽方道上。其以巽为龙也，宫入五黄，脉受乾坤。正气卦分六白，向钟天地精英。[①] 九曲潮迎，玉户双值旺神。时至矣，森森灏灏，一泓水屈绕门，[②] 独饶生趣。气佳哉，郁郁葱葱，兼之峤耸巳方，笔峰挺秀。棘闱早步鳌头，门立申位。淑气盘桓兰室，欣歌麟趾。彼作法之经若是，而挨星之局多灵矣。

注：巽龙、乙辰向、甲水、巳峤、甲门、辛山兼戌一局，取巽纳在辛，立辛山以为巽龙之纳甲。甲以辛为正官，立辛山又为甲水之官星。乙以申为阴贵，开申门以为乙向之贵建。戌以甲为马，开申门又为戌山之马建。甲以巳为文魁官贵，乙以巳为学馆催官。辛以巳为天福，冲巳峤又为

---

① 乙向兼辰。
② 水出甲。

甲水、辛山、乙向之贵征。戌生巳为会射生仲吕，戌山巳峤又为隔八之相生。生旺既得，禄马又逢，扶龙补山之法得矣。况乙向兼辰之经星，际角木蛟四度，值辅一星守门，右有开阳一星、进贤一星夹之，左有天田二星、平星二星佐之交。辅星者，佐北斗以成功，如宰辅佐君以治旺也。

此局因向上潭涧百亩，收尽左右开阳、进贤、天田、平星数曜之灵。故应此门而生者，经邦论道，身为帝者之师。谈阴阳理，名列大臣之传。兼有鼎甲天下、富雄一郡者。

其以辰为龙也，黄婆入舍，宫中既得生机。① 白帝分符，卦内犹合淑气。② 向有深潭，当得令乘时之会，蛟龙不久于池中。③ 水如匹练，映来源去水之光，驷马自充于厩内。④ 兼之亥山得宜，⑤ 镇克气，收平星，坎泽之波澜有节。⑥ 辰脉合用，因零神，配正曜，水天之时事可需。⑦ 彼化机之既获其宜，而人力当缝其阙矣。

注：辰龙、巳向、亥山、甲卯来水、坤申去水一局，取亥马在巳，凿巳池以为亥山之马建。甲以巳为文星官贵，以辰为催官，收甲水以为辰龙巳向之贵征。巳合在申，放申水以为巳向之地建。亥以辰为攀鞍，甲以辰为华盖，立亥山，放甲水，又为辰龙之福应。辰生亥，为姑洗生应钟。甲生卯，为夷则生夹钟。辰龙、亥山、卯来水、申去水，均为隔八之相生。元运既得，贵应亦齐，扶龙补山之法合矣。况巳向之经星，际张月鹿十度十一度，应长垣十四星、少微四星守门。夫长垣者，王公设险以守土之象也。少微者，处士、议士、博士、大夫之象也。应此门而生，乃或因工部而居宰辅之堂，或以处士而受蒲旌之聘，且生严光、陈希夷、宋野、邵尧夫一等君子。

若夫甲之为龙，其局犹佳；一向能收旺气，张山食水。得潮者，鸾翔而上玉京。凿池者，凤翔而登金榜。⑧ 双峤以镇克星，荫脉夹门。应左者，

---

① 大运五黄巽。
② 辰龙之天卦，分得武曲起星。
③ 巳方开正门。
④ 水来甲卯而主坤申。
⑤ 亥山得禄破。
⑥ 亥山得水泽节之卦。
⑦ 辰龙得水天需之卦。
⑧ 辰方开正门，际大理之五黄照临，又得流行之五黄以佐之，女贵不可胜焉。

文有韩欧之誉。应右者，字工晋魏之书。① 此得应之阳基，灵虽不爽。非后门之揽气，② 力岂如斯。

注：甲龙、辰向、卯巳冲峤、酉辛戌乾开后门一局，取甲以辰为催官，立辰向以为甲龙之贵征。辰合在酉、卯合在戌，酉戌二方开后门，以为辰向卯峤之地建。乾纳在甲，甲以辛为正官、以酉为天官，开酉辛乾后门，又为甲龙之纳甲官星。而酉生辰为南吕生姑洗，卯生戌为夹钟生无射，戌生巳为会射生仲吕，酉辰卯戌巳五位，互为隔八之相生。元运既明，贵运重逢，扶龙补山之旨合矣。况辰丙之经星，际轸水蚓四五度，值三公三星、三卿三星守门。天三公，燮阴理阳、论道经邦之人；三卿，措政施沈、致君泽民之职也。应此门而生者，方居台阁，职统万揆。

乃有以卯为龙者，排旺神于巽位。③ 向之所揽，或潮或池，炳灵者禄食万钟。收生气于亥门，或长或幼，毓秀者丁添百子。至庚户通阳，④ 不过补旋乾之力；卯龙镇克，无非配行运之阴，而助局以成也。

注：卯龙巽向、庚方侧门、亥乾后门一局，取庚以卯为咸星，亥以卯为文笔，庚戌二方开门，以为卯龙之贵征。庚以亥为文星太极贵人，开亥门又为庚门之福应。元运既得，禄贵不空，扶龙补山之法尽矣。况巽向之经星，际翼火蛇七八度，值左扶法一星、五帝坐四星临门。左扶法者，御史大夫之象也；五帝坐者，明堂祝朝之地也。应此门而生者，职居御史，辅佐帝阙。

以乙为脉者，张潮向旺，⑤ 水中芦梗得时，开万朵红莲；⑥ 开户迎生，⑦ 室内芝兰映日，吐千枝白萼。⑧ 至山镇克星，亦仅为左右门之配；龙排退气，聊成此往来水之交，而补衮之阙也。

注：乙龙、卯向、酉山、壬子未坤开侧门一局，取乙禄到卯，坤纳在乙，乙以子为阳贵。立卯向，以为乙龙之禄建。开子坤二门，又为乙龙之

---

① 钟太傅，魏人。王右军，晋人。
② 后作长五间空栋格门，以收酉辛戌乾之灵。
③ 斯时大五黄在巽流行，又排得五黄以应之，其局贵而且速。
④ 庚方开侧门
⑤ 立卯向无潮者，凿池亦可。
⑥ 喻一时得小贵者之多。
⑦ 左开壬子侧门。
⑧ 喻一时生人之多。

纳甲贵建。而子生未，又为黄钟生林钟。元运既逢，禄贵亦合，扶龙补山之义见矣。况卯向之经星，际土貉一二度，值氐女星、右骖驱一星守门。夫氐星者，为天子路寝之官也；骖驱者，为天子藩卫之臣也。应此门而生者，武则侍卫，文则乡榜。

水龙以龙为龙五运寄六天机图

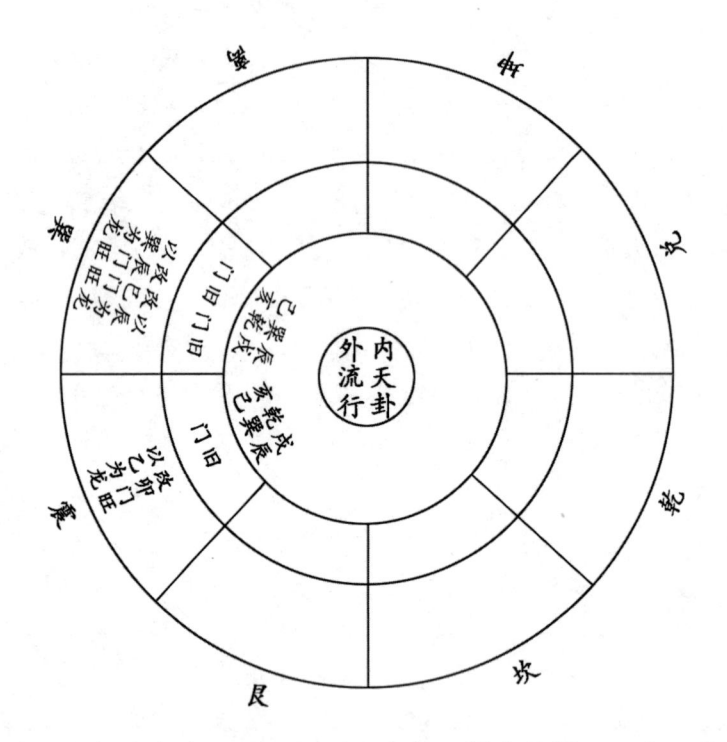

水龙以巽门为龙者，改辰门以通阳风，谓之收祥风；凿辰池以见洋光，谓之纳吉水，格合宝殿临罡。

以辰门为龙者，改巳门以通阳风，谓之收祥风；凿巳池以见洋光，谓之纳吉水，格合蚓朝张月。

以乙门为龙者，改卯门以通阳风，谓之收祥风；凿卯池以见洋光，谓之纳吉水，格合蛟化金龙。

五运总论

五运主运星廉贞火也。当寄四之时，山龙得火星之形，宜收廉贞之运者，其局有四：

注：一局，乙龙、丙向、午池、壬山、丁峤、申水、癸门。培补之

法，取乙以子为阳贵，于坐后子宫之十五六度，作一御屏方土，上筑女土蝠星形，以为乙龙之贵人。其左砂也，大势宜作一长掬木形。培补之法，取乙以丁为食神，乙曰丁在丑，故以丑为福星，于左砂丑宫之二三度，开一水窝，上筑箕水豹星形，以为乙龙之福应。而壬以辰为黄甲，且壬生申旺，子墓辰于左砂，辰官之二十四五度，培一笏墩，上筑角木蛟星形，以为贵应墓位。其右砂也，在大势宜作一长掬金形。培补之法，取壬以酉为天厨，丙以酉为文魁，乙以酉为威星，于右砂酉宫之六七八度，垒一金堆，上筑娄金狗星形，以为乙龙丙向壬山之福应。且于右砂下接一玉带眠弓长堤，横绕过门，以作单堤之案，关蓄内气，阻御外侮。夫而后五行相生，形理合辙矣。

二局，卯龙、乙向、辛山、辰池、巳水、戌门、甲丙双峤。培补之法，取辛禄居酉，于坐后酉宫之十七八度，作一御屏方土，上筑胃土雉星形，以为辛山之禄建。其左砂也，大势宜作一长掬木形。培补之法，取乙墓在戌、卯合在戌，辰又以戌为天马、加爵，于左砂戌宫十五六度，开一水窝，上筑壁水貐星形，以为卯龙乙向辰池之贵征。而辛以丑为催官，于左砂丑宫十五六度，培一笏墩，上筑一斗木獬星形，以为辛山之贵应。其右砂也，大势宜作一长掬金形。培补之法，取辛以午为阴贵，乙以午为长生，于右砂午宫七八度，垒一金堆，上筑鬼金羊星形，以为乙向之辛山之生气贵建。且于右砂下接一御带眠弓长堤，横绕过门，以作单堤之案，拦取内气，阻御外侮。夫而后五行济美，生克皆化矣。

三局，丁龙、丙向、壬山、子门。立法取丁合在壬、丁又以壬为正官，于坐后壬方作一御屏方土，上筑女土蝠星形，以为丁脉之三合官应。其左砂也，大势宜作一长掬木形。培补之法，取艮纳在丙，丁以丑为天富，于左砂丑宫二十三度近艮处，开一水窝，上筑箕水豹星形，以为丙向之纳甲、丁龙之福星。而乙丙丁格合三奇，丁以卯为催官、丙以卯为太极贵人，壬以卯为阳贵，于卯宫初一两度界乙处，培一笏墩，上筑角木蛟星形，以为丁龙丙向、壬山之贵应。其右砂也，大势宜作一长掬金形。培补之法，取丙丁以酉为催官、文魁、太极贵人，于右砂酉宫之六七八度，垒一金堆，上筑娄金狗星形，以为丁龙丙向之贵征。且于右砂下接一玉带眠弓长堤，横绕过门，以作单堤之案，关收内气，储蓄生机。夫然后五星比和，形理得配矣。

四局，甲龙、卯向、酉山、午峤、巳巽水口。取甲以酉为催官、为威星，于坐后酉宫之十七八度，作一御屏方土，上筑胃土雉星形，以为甲龙之贵征。其左砂也，大势宜作一长掬木形。培补之法，取卯合在戌，甲以戌为黄甲，酉以戌为攀鞍，于右砂戌宫十五六度处，开一水窝，上筑壁水貐星形，以为甲龙酉山之贵征。而甲以丑为阳贵、酉以丑为库位，盖于左砂丑宫十五六度，培一笏墩，上筑斗木獬星形，以为甲酉之贵人、墓库。其右砂也，大势宜作一长掬金形。培补之法，取甲以午为文魁、太极贵人，于右砂午宫七余度，垒一金堆，上筑鬼金羊星形，以为甲龙之贵应。且于右砂下接一御带眠弓长堤，横绕过门，以作单提之案，拦收内气，潜蓄生机。而后五行得宜，裁体有象矣。

水龙得廉贞之运，宜作火星之形者，其局有五：

注：一局，酉龙、戌向、辰山、巳门、庚来水、亥去水、辛阳峤、乾阴峤。培补之法，取辰合在酉，于入首下酉宫之十八九度，作一御屏方土，上筑胃土雉星形，以为辰山之六合。左砂也，大势宜作一长掬木形。培补之法，取辰生在申，庚以甲为黄甲，辛以申为天福，酉以申为天马、加爵，酉金又以坤土为父母，于甲宫二十七八度，开一水窝，上筑参水猿星形，以为辰、酉、庚、辛各方吉曜。而辛禄在酉，于左砂辛峤，筑奎木狼星形，以为酉龙之禄主。其右砂也，大势宜作一长掬金形。培补之法，取辰以子为帝旺、将星，戌以子为凤诏，于右砂子宫七八度，垒一金堆，上筑金牛金星形，以为戌向、辰山之贵征。且于右砂下接一御带眠弓长堤，横绕过门，以作单提之案，关收内气、阻御外侮。夫而后五星济和，生克得体矣。

二局，庚龙、辛向、乙山、乾亥池、巽巳门。培补之法，取乙禄在卯，于坐后卯宫十六七度，作一御屏方土，上筑氐土貉星形，以为乙山之禄建。左砂也，大势宜作一长掬木形。培补之法，取乙以辰山为天福，辛以辰为唐符，于左砂辰宫十五六度，开一水窝，上筑轸水蚓星形，以为辛向乙山之贵征。而亥以未为库位，盖乙以未为武星、节度，于左砂未宫十五六度，培一笏墩，上筑井木犴星形，以为亥池之库位、乙山之福征。右砂也，大势宜作一长掬金形。培补之法，取乙以子为阳贵，辛以子为催官、文魁，于右砂子宫六七度垒一金堆，上筑牛金牛星形，以为辛向乙山之贵征。且于右砂下接一御带眠弓长堤，横绕过门，以作单提之案，关收内气，潜蓄生机。夫然后五行得配，胎化有原矣。

三局，戌龙、庚向、甲山、乾亥峤、午丁池、艮丑门。培补之法，取卯生戌，为夹钟生会射；甲又以戌为黄甲，于坐后卯宫二十一二度界甲处，作一御屏方土，上筑氐土貉星形，以为戌龙之隔八相生。左砂也，大势宜作一长掬木形。培补之法，取甲以辰为催官，丁以辰为黄甲，于左砂辰宫十五六度，开一水窝，上筑轸水蚓星形，以为甲山丁池之贵征。而甲以未为天福、文星，戌以未为攀鞍，于左砂未宫十五六度，培一笏墩，上筑井木犴星形，以为戌龙甲山之福应。其右砂也，大势宜作一长掬金形。培补之法，取戌以子为凤诏，甲以子为太极贵人，于右砂子宫七八度垒一金堆，上筑牛金牛星形，以为戌龙甲山之福征。且于右砂下接一御带眠弓长堤，横绕过门，以作单提之案，拦收内气，阻御外侮。而然后五形得配，裁成有象矣。

四局，乾龙、酉向、卯山、丙寅二方开门。培补之法，取乾纳在甲，于坐后卯宫二十六七度界甲处，作一御屏方土，上筑氐土貉星形，以为甲龙之纳甲。左砂也，大势宜作一长掬木形。培补之法，取酉合在辰，于左砂辰宫十五六度，开一水窝，上筑轸水蚓星形，以为酉向之六合。而卯以未为龙章、凤诏、墓库，于左砂未宫十五六度，培一笏墩，上筑井木犴星形，以为卯山之贵征。右砂也，大势宜作一长掬金形。培补之法，取丙以癸为正官，癸禄又在子，于右砂子宫六七度界癸处，垒一金堆，上筑牛金牛星形，以为丙门之官星。且于右砂下接一御带眠弓长堤，以作单提之案，拦收内气，潴蓄生机。夫而后五行比和，制克均平矣。

五局，亥龙、乾向、巽巳辰后门。其左砂也，大势宜作一长掬木形。培补之法，取辰以申为龙章，坤交乾为地天泰，于左砂甲宫二十六七度界坤处，开一水窝，上筑参水猿星形，以为乾向之交媾、辰门之贵征。而巽纳在辛，于左砂辛方作一笏墩，上筑奎木狼星形，以为巽山之纳甲。其右砂也，大势宜作一长掬金形。培补之法，取亥以卯为帝旺、龙章，于右砂卯宫十一二度，垒一金堆，上筑亢金龙星形，以为亥龙之贵征。且于右砂下接一御带眠弓长堤，横绕过门，以作单提之案，关收内气，阻御外侮。夫而后五行有化，相辅会克矣。

值寄六之际，山龙得火星之形，宜收廉贞之运者，其局亦有四：

注：一局，癸龙、庚向兼酉、甲山兼卯、戌来水、丁去水、艮寅门。培补之法，取癸以卯为阳贵，于坐后卯宫二十一二度，作一御屏方土，上筑氐土貉星形，以为癸龙之贵人。其左砂也，大势宜作一长掬木形。培补之法，取酉合在辰，酉生辰，又为南宫生姑洗，甲以辰又为催官，于左砂

辰宫十五六度，开一水窝，上筑轸水蚓星形，以为酉向之隔八相生、甲山之贵应。而甲以未为阴贵，癸以未为库位，于左砂未宫十五度，培一笏墩，上筑井木犴星形，以为甲山之贵人、癸龙之墓库。其右砂也，大势宜作一长掬金形。培补之法，取癸禄在子，甲以子为天福、太极贵人，癸又以子为催官，于右砂子宫八九度，垒一金堆，上筑牛金牛星形，以为癸之禄建、甲山之贵征。且于右砂下接一御带眠弓长堤，横绕过门，以作单提之案，吸纳内气、潴蓄生机。夫而后五行得配，二气交感矣。

二局，辛龙、庚向、甲山、壬峤、丙午水、艮门。培补之法，取辛以卯为咸星，甲以卯为文魁，壬以卯为阳贵，于坐后卯宫二十二三度，作一御屏方土，上筑氐土貉星形，以为辛龙、甲山、壬峤之贵征。其左砂也，大势宜作一长掬木形。培补之法，取甲山以辰又为催官，壬以辰为库位，于左砂辰宫十五六度，开一水窝，上筑轸水蚓星形，以为甲山辛龙之贵征。而庚以丁为正官，丁禄在午，又以未为天官，辛又以午为阳贵、黄甲、天厨，于左砂午宫初一两度，培一笏墩，上筑井木犴星形，以为庚向之官星、辛龙之贵征。其右砂也，大势宜作一长掬金形。培补之法，取辛以癸为食神，以子为天福、太极贵人，于右砂子宫五六度界癸处，垒一金堆，上筑牛金牛星形，以为辛龙甲山之福应。且于右砂下接一御带眠弓长堤，横绕过门，以作单提之案，关收内气、阻御外侮。夫而后生克比和，泽化会合矣。

三局，子龙、癸向、丁山、辛峤、甲池、未门。培补之法，取丁禄居午，癸又以午为文魁、天福，于坐后午宫五六度，作一御屏方土，上筑柳木獐星形，以成丁山癸向之禄贵。其左砂也，大势宜作一长掬木形。培补之法，取子生在甲，丁以甲为官贵，于左砂中宫二十四五度，开一水窝，上筑参水猿星形，以为子龙之长生、癸向丁山之贵征；而子以戌为封诏，丁以戌为文魁、催官，于左砂戌宫二十三四度，培一笏墩，上筑奎木狼星形，以为子龙丁山之贵应。其右砂也，大势宜作一长掬金形。培补之法，取癸以卯为阳贵，丁以卯为太极贵人，于右砂卯宫十一二度，垒一金堆，上筑亢金龙星形，以为癸向丁山之贵征，且于右砂下接一御带眠弓长堤，横绕过门，以作单提之案，关收内气，潴蓄生机。夫而后法配五行，理通一贯矣。

四局，壬龙、子向、午山、庚峤、乙池、申坤后门。培补之法，取壬以午为文魁、催官、天福，乙以午为天厨，庚以午为阴贵，于坐后午宫十六七度，作御屏方土，上筑柳木獐星形，以为壬龙、乙池、庚峤之贵应。其左砂也，大势宜作一长掬木形。培补之法，取壬生在甲，子生亦在甲，壬又以申为官贵、太极，庚禄居申，乙又以申为阴贵，于左砂申宫二十五六度，开一水窝，上筑参水猿星形，以为壬、子、庚、乙各方之贵征。而子以戌为凤诏，午以戌为龙章、库位，于左砂戌宫二十四五度，培一笏墩，上筑奎木狼星形，以为子向午山之福应。其右砂也，大势宜作一长掬金形。培补之法，取壬以卯为阳贵，于右砂卯宫八九度，垒一金堆，上筑亢金龙星形，以为壬龙之贵征。且于右砂下接一御带眠弓长堤，横绕过门，以作单提之案，关旺内气、阻御外侮。夫而后五行比和，一团生机矣。

水龙得廉贞之运，宜作火星之形者，其局有五：

注：一局，巽龙、乙向、辛山、甲水、巳峤、申门。培补之法，取辛禄居酉，于坐后酉宫十七八度，作一御屏方土，上筑胃土雉星形，以为辛山之禄建。其左砂也，大势宜作一长掬木形。培补之法，取辛以戌为文魁，乙以戌为唐符，于左砂戌宫十五六度，开一水窝，上筑壁水貐星形，以为乙向、辛山之贵征。而辛以丑为催官，甲以丑为阳贵，于左砂丑宫五六度，培一笏墩，上筑斗木獬星形，以为辛山甲之官贵。其右砂也，大势宜作一长掬金形。培补之法，取辛以午为阳贵、黄甲，乙以午为天厨，甲以午为文魁、太极贵人，申以午为天马、加爵，于右砂午宫五六度，垒一金堆，上筑鬼金羊星形，以为辛山、甲水、申门之贵征。且于右砂下接一御带眠弓长堤，横绕过门，以作单提之案。关收内气，潴蓄生机。夫而后五行济美，一团淑气矣。

二局，辰龙、巳向、亥山、甲卯来水、坤申去水。培补之法，取辰旺在子，辰又以子为旺星，亥以子为天马，巳以子为加爵，于坐后子宫十八九度，作一御屏方土，上筑女土蝠星形，以为辰龙、巳向、亥山之贵应。其左砂也，大势宜作一长掬木形。培补之法，取辰以丑为攀鞍，巳以丑为库位，于左砂丑宫四五度，开一水窝，上筑箕水豹星形，以为辰龙、巳向之福应。而坤纳在乙，于左砂来龙之正乙方，培一笏墩，上筑角木蛟星形，以为坤水之纳甲。右砂也，大势宜作一长掬金形。培补之法，取辰合在酉，巳旺在酉，巳又以酉为龙章，于右砂酉宫十八九度，垒一金堆，上筑娄金狗星形，以为辰龙巳向之福应。且于右砂下接一御带眠弓长堤，横绕过门，以作单提之案，拦收内气、阻御外侮。夫然后生克比和、形理不悖矣。

三局，甲龙、辰向、卯巳冲峤、酉辛戌乾后门。培补之法，左砂宜作一长掬木形，又取辰以戌为天马、加爵，甲以戌为黄甲，于左臂大砂内戌宫十一二度开后门处，凿一水池，池内筑壁水貐星形，以制火煞，而应甲龙辰向之贵征。且甲以丑为阳贵，辰以丑为攀鞍，于左大砂丑宫十五六度，培一笏墩，上筑斗木獬星形，以为甲龙辰向之贵人。右砂宜作一长掬金形，亦取甲以辛为正宫，辰以酉为六合，于右臂大砂内酉宫六七度界辛开门处，垒一塌地金堆，筑一娄金狗星形，与戌宫之池相配，而后门之福征、甲龙辰向之宫星亦旺。且于右砂下接一御带眠弓长堤，横绕过门，以作单提之案，关收内气，潴蓄生机。夫而后五行得配，一宅无损矣。

四局，卯龙、巽向、庚侧门、亥乾后门。培补之法，左砂宜作一长掬木形，又取卯以丑为冠带，巽所纳之爻辰在丑，丑又为乾山之父爻、巽向之财爻，于左臂大砂内丑宫三四度，开一水窝，上筑箕水豹星形，以为卯龙、巽向、乾山之扶补。且乙禄到卯，卯又以辰为攀鞍，于左大砂内辰宫二十六七度界乙处，培一笏墩，上筑角木蛟星形，以为卯龙之禄建。右砂宜作一长掬金形，亦取乾四爻之爻辰，亦纳午，亥生午，为应钟生蕤宾，于右砂内午宫火六七度，垒一平地金堆，堆上筑鬼金羊星形，以为乾亥之贵应。且于右砂下接一御带眠弓长堤，横绕过门，以作单提之案，关收内气，阻御外侮。夫而后后制克相宜，形理合格矣。

五局，乙龙、卯向、酉山、壬子未坤侧门。培补之法，取乙合在庚，乙又以酉为威星，于坐后酉宫十七八度，作一御屏方土，上筑胃土雉星形，以为乙龙之地建。其左砂也，大势宜作一长掬木形。培补之法，取卯合在戌，乙又以戌为唐符，于左砂戌宫十五六度，开一水窝，上筑壁水貐星形，以为卯向乙龙之贵征。而酉库在丑，酉又以丑为龙章凤诏，于左砂丑宫十五六度，培一笏墩，上筑斗木獬星形，以为酉山之福应。其右砂也，大势宜作一长掬金形。培补之法，取乙木生午，乙又以午为天厨、文魁、太极贵人，于右砂午宫六七度，垒一金堆，上筑鬼金羊星形，以为乙龙之贵征。且于右砂下筑一御带眠弓长堤，横绕过门，以作单提之案，关收内气，潴蓄生机，夫然后五行相宜、二气合轨矣。

要之，火星之作法，未有二也。

注：山龙火星形体，或三峰刺天如列炬，或一笔凌云如飞凤，或土坪峦火如灯焰等格，方可作用。若破碎之火星逼近，反有凶灾。长者龙之眠

体火星，峦头下金光圆不刺目，方吉。

其布基也，合前后左右大势，宜作一方形，以化火胎而泄火气。其架屋也，后堂宜阴屋、阳厅，而后堂前不宜开天井，只凿一玉尺水池直拦，①以成水火之既济。中堂宜阳屋、阳厅，天井亦宜阳。前堂宜架低小阴屋，而大作开阳方正土庭，以成火土之相生。其左右扶历也，宜直长而小，以象木形。再集三堂之阴阳厅屋合而观之，方正如御屏、巨门等土星者，其火星之煞始经化育、其廉贞之气始为鼓荡也。至于冲峤星、凿池，又宜象地而施，随运而布，不可先执一端矣。

---

① 池宜深七尺二寸，以象七十二候；深三尺六寸，以象三十六宫，长与堂齐。宜常蓄水，不可令涸。

山龙以龙为龙六运天机图

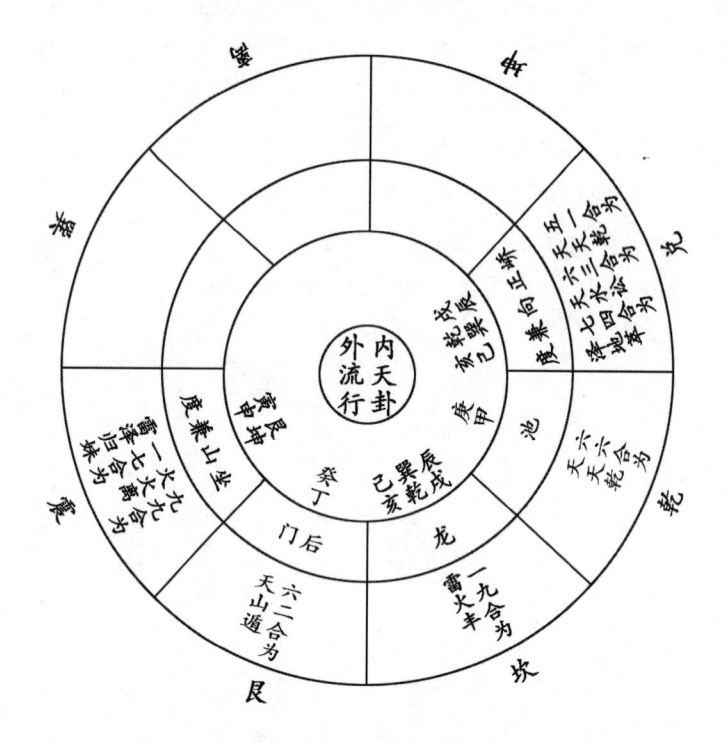

　　山龙六运，天卦之中四六两宫，在后天坎兑方道上。白帝乘权，少微垣中闻天鸡之戒旦。赤符佐使，①雷门舍里②睹天蝎之辉光。

　　注：《天文志》：少微垣在酉，禽说酉为鸡，故云"少微垣中闻天鸡"也。且金旺于西也，值六运金旺之时，武曲恰排在正西之酉，是旺星而居旺地也。钟此灵者，富贵不可限量。

　　此运癸龙起星，上下挨排，卯山得纯离之卦，以归先天离位，格合火燃天蝎，以煖正西之秋金，而不使之寒也。

　　脉度金牛，③星以克而得体，气培富贵根基。门临火虎，气逢旺而有蒸，预兆子孙繁衍。

　　注：寅方开后在尾火虎者，武曲之顽金始有煖气也。况火克金为财

---

①　言坐山得弼星也。
②　《说苑》谓：卯为富门者，以二月卯建，雷始发声也。
③　六运癸龙虽偏，在牛金牛度方吉。

门乎？

峰朝并此水朝，正收旺气，鹗之荐，鹏之搏，多士入青云之路。峤荫兼之池荫，双拱祥门，龙有章，凤有诏，群英联紫阁之班①。

注：庚峤得五五以镇克，戌池得六六以收旺，准以六运六代五之例，池峤皆得六六老阴纯数，又得卯山之九九老阳纯数配之，则坤用六、乾用九，六九交而地天泰矣。此《玉钥匙》八国兼配之法也。

他若推官贵、求禄马、定卦象、辨吉凶，无因零正之机、旺衰之运，以测将来之祸福耳。

注：缘督补义曰：此运此局，脉来牛金牛、山坐亢金龙、向立娄金狗，又值六运金旺时，用之为纯金矣。夫纯金则不化，故放昴日鸡之庚位冲峤、尾火虎之寅位开门、壁水貐之戌位凿池，使日以暄之、火以煖之、水以泄之，而金始无顽梗之煞矣。此幕讲立法之深意也。

癸龙、酉向兼辛、卯山兼乙、庚峤、戌池、寅门一局，取癸以卯为阳贵、文昌，以乙为食神，立卯山兼乙，以为癸龙之贵人、食位。癸又以酉为文星，辛又以癸为食神，立酉向兼辛又为癸龙之文星、食位。卯生戌，为夹钟生无射，凿戌池以为卯山隔八相生之贵人。乙合庚为天财，庚方冲峤以为乙度之财建。癸以寅为黄甲，庚以寅为阳贵，戌以寅为龙章，开寅门又为癸龙、庚峤、戌池之贵建。生旺既得、贵禄又逢，扶龙补山之法得矣。况酉向兼乙二度之经星，际娄金狗十一度，值天囷十一星守门。夫天囷，为国家储蓄御粮之星也。应此门而生者，登高科，称巨富，或为光禄正卿以掌御馐，或为户部尚书以筹国用。

---

① 喻一时仕官之多。

山龙以龙为龙六运天机图

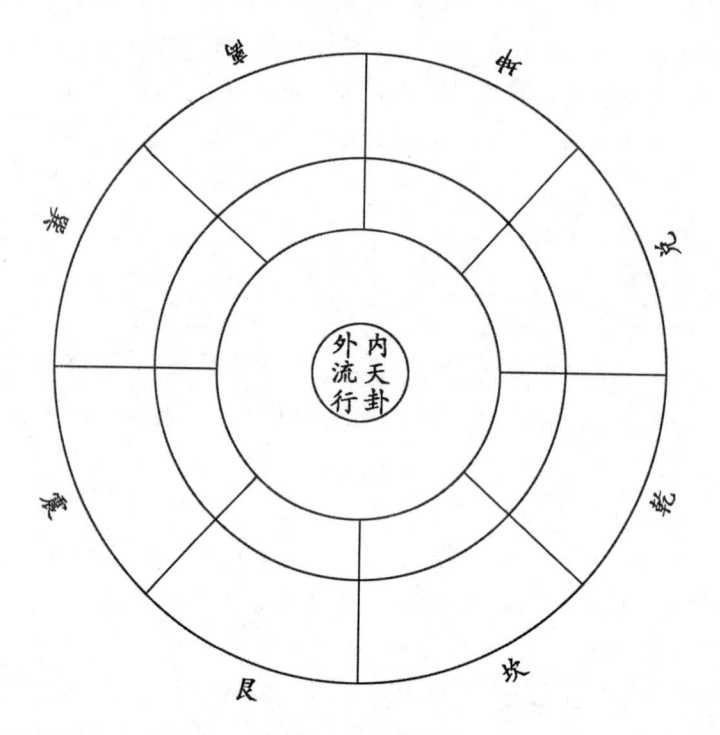

六运山龙，天卦四六，两宫之以门为龙者，同宫之左右，无生旺门可改。执法者须出卦以开生旺门，暂救一时之急可。

水龙以龙为龙六运天机图

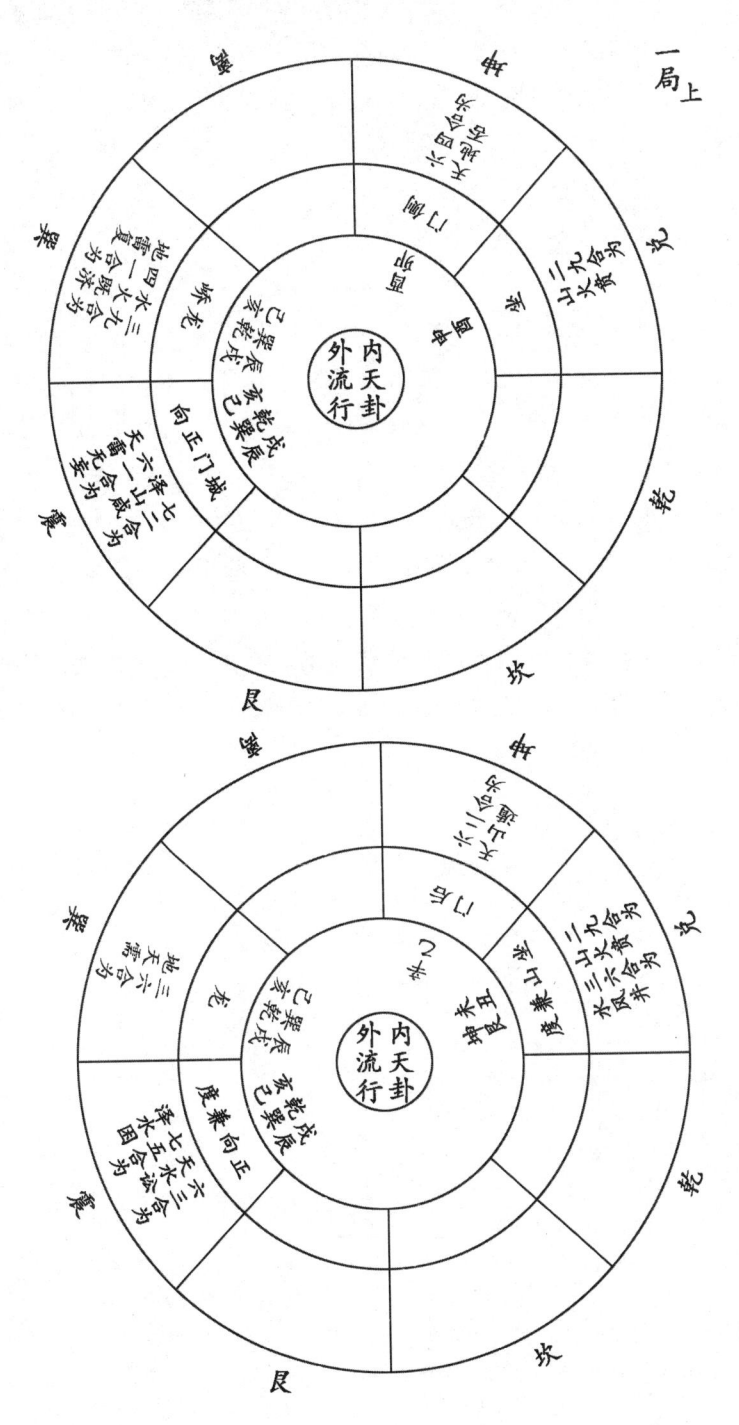

一局上

六运水龙，天卦中之四六两宫，在震巽方道上。其脉而入于辰者，吐蜃木蛟，①乘长风而破巨浪，自拥丽珠；②捍门土貉，③纳逝水而挽颓波，群欣兽锁。④非乙向得六一之交，精神岂足。⑤惟甲城收七二之配，国量斯宏。⑥峰排玉笋，⑦抱膝卧龙，已展长吟之志。⑧岸列金箱，⑨题桥司马，早传卖赋之声。⑩巽字冲峤，文曲嵯峨映水，⑪既富矣，⑫犹生荀氏八龙。⑬坤方立户，武曲薰陶到门，添丁者，必产谢家三凤。⑭他若辰龙收克、辛山得衰，象有配夫阴阳，宅原轻此坐脉。

注：辰龙、乙向、辛山、甲水、巽峤、坤门一局，取坤纳在乙，巽纳在辛，立乙向辛山以为坤门、巽峤之纳甲。甲以辰为催官，又以星为正官，城门放水，甲以成辰龙辛山之官贵。巽木克坤土为财，开坤门以为巽峤之财建。辛以辰为文星，乙以辰为天福，辰龙又为乙向辛山之福应。生旺既得、官贵又逢，扶龙补山之法得矣。况乙向之经星，际角木蛟七八度，值进贤一星、三公三星守门。夫三公者，朝廷师保之官也；进贤者，宰相之职也。应此门而生者，或经筵讲学，身为帝师，受国恩而爵加九锡；或奉旨衡文，职居宰相，因开府而仪同三司。

其脉而入于巽者，甲门遇旺，风煖水潆，石崇之金玉重逢；⑮卯度收生，峰高岭秀，王旦之科名可望。⑯龙山而遇衰神，阳用阴应，经有名

---

① 立乙向，正值角木蛟度。
② 潮大风和乙门得荫，盖福攸同。
③ 甲方放水正值氐土貉度。
④ 收江河湖池之水口中流，突立一峰或剑印等，据者佳。
⑤ 乙向上下排来，得一六共宗、太阴太阳之交媾。
⑥ 甲方城门上下排来，得二七同道，少阴少阳之匹配。
⑦ 乙向之潮水外，得此峰之拱拜者，吉。
⑧ 诸葛未遇先主时，尝抱膝而为《梁父吟》。
⑨ 乙向之潮水外，得山峰之挺秀，吉。
⑩ 汉司马相如得陈皇后千金，作赋以感武帝，故人谓千金卖赋。
⑪ 巽方上下排得一太阳、四太阴之交媾，以与甲方城门相配，是借文曲之峤、以镇武曲之潮也。端在风雅，兼而有矣。
⑫ 乙向收潮主富。
⑬ 巽得文曲，主出才人叔辈。
⑭ 坤门上下排来，得六四合十之配，主添丁。
⑮ 向有潮水者，富甲一郡、财雄一方。
⑯ 《宋史》：王旦以三元而登宰辅。此局潮外有峰拱拜者，亦出如许人物。

言。① 门户而邀旺令，阴用阳朝，法从古例。② 或云六运多逢武贵，方应天机；谁知中元尽属文臣，乃为真宰。

缘督曰：六运金形金运，理应尽出武贵。而幕讲以文臣立象者，谓金之所生者水也，水性主动，文人之象也。故此运凡向之有潮有池者，其贵皆得以文职例也。若江北无水，陇右尽山，得旺运者，则又出武而不出文矣。

辨得圈中造化，方明个里机缄。

注：巽龙、甲向兼卯、庚山兼酉、申门一局，取巽为阴木，甲为震之阳木，阴阳交而风雷益矣。故立甲向，以为巽木之配。甲以酉为催官，庚以卯为咸星，向兼卯、山兼酉，以为甲庚之官贵。庚禄居申，又以申为黄甲，开申门，以为庚山之禄建。卯以申为天马，酉以申为加爵，开申门，又为酉卯之马建。生旺既得，禄马又逢，扶龙补山之法得矣。况甲向之经星，际氏土貉十三度，值坐官一星、天辐一星守门。夫坐官者，理车驾之官也；天辐者，主銮舆之职也。应此门而生者，登第后，或职居兵部而掌国之车徒，或身侍銮舆而从驾之驻跸，方合天文分野、列宿钟灵之验。

---

① 辰龙、庚山均得克星，而阴阳之气始交。
② 申方开门，得旺神以配庚山之衰气。至于辰龙之克星，又得甲门之旺气配之矣。

水龙以门为龙六运天机图

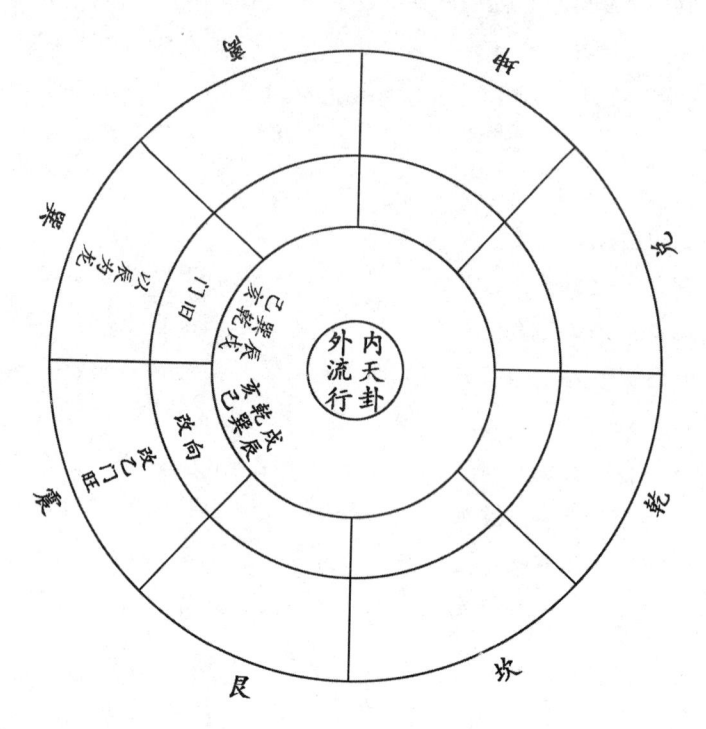

水龙以辰门为龙者，改乙门以为通阳气，谓之收祥风；凿乙池以见洋光，谓之纳吉水，格合引化春蛟。

六运总论

六运主运星，武曲金也。山龙得武曲之形者，宜求武曲之运，其局始真。

注：一局，癸龙、酉向兼辛、卯山兼乙、庚峤、戌池、寅门。培补之法，取癸以卯为阳贵、文昌，于坐后卯宫十七八度，作一御屏土墩，上筑氐土貉星形，以为癸龙之贵建。其左砂也，于峦头下肩处，作一金箱土以生之，再取卯以未为龙章、凤诏。盖癸以未为文魁，于左砂未宫十五六度砂头，培一木形，上筑井木犴星形，以为癸龙卯山之贵应。癸龙以甲为官贵、太极贵人，卯以申为天马、加爵，于左砂申宫二十一度砂头，培一火曜，上筑觜火猴星形，以为癸龙卯山之官贵。其右砂也，于峦头下肩处，作玉印土以助之。又取癸禄在子，癸又以子为催官，于右砂子宫七八度砂头，配一金形，上筑牛金牛星形，以为癸龙之禄建。酉以戌为攀鞍，卯合

在戌，卯生戌，又为夹钟生无射，于右砂戌宫十五六度砂头，配一掬曲水体，上筑壁水貐星形，以为卯山之隔八相生。夫而后五行济美、八国生华矣。

水龙得武曲之运者，宜求武曲之形，其用始灵。

注：一局，辰龙、乙向、辛山、甲水、巽峤、坤门。培补之法，取辰合在酉，辛禄居酉，于坐后酉宫十八九度，作一御屏土墩，上筑胃土雉星形，以为辰龙之地建、辛山之禄建。其左砂也，于峦头下肩处，作一金箱土以生之，再取辰以丑为攀鞍，辛以丑为催官、节度、文魁，于左砂丑宫十五六度砂头，配一木形，上筑斗木獬星形，以为辰龙、辛山之官贵。乙以寅为词馆，辛以寅为阳贵、太极贵人，于左砂寅宫二十三度砂头，作一火曜，上筑尾火虎星形，以为乙向、辛山之贵建。其右砂也，于峦头下肩，作一玉印土墩以助之。又取辛以午为阴贵、黄甲、天厨，辰以午为凤诏，于右砂午宫六七度砂头，配一金体，上筑鬼金羊星形，以为辰龙、辛山之贵征。辰以辰为养盖，辛以辰为文星、唐符，甲以辰为催官，于右砂来脉之辰宫十一二度砂头，培一掬曲水形，上筑轸水蚓星形，以为辰龙、辛山、甲水之福应。夫而后五行兼济、一宅阳和矣。

一局，巽龙、甲向兼卯、庚山兼酉、申门。培补之法，取甲以酉为催官、威星，于坐后酉宫十八九度，作一御屏巨门土墩，上筑胃土雉星形，以为甲向之官星。其左砂也，于接峦头下肩处，作一金箱土星以生之，再取甲以丑为阳贵，于左肩丑宫十五六度砂头，培一木形，上筑斗木獬星形，以为甲向之贵建。庚以寅为阳贵、天厨、甲禄，又到寅于左肩寅宫十五六度砂头，作一火曜，上筑尾火虎星形，以为庚山之贵建、甲向之禄建。其右砂也，于接峦头下肩处，作一玉印土墩助之，又取庚以午为阴贵、天福，甲以午为太极贵人，于右肩六七度砂头，作一金形，上筑鬼金羊星形，以为庚山、甲向之贵征，甲以辰为催官，于右砂辰宫十四五度，作一掬曲起浪水形，上筑轸水蚓星形，以为甲向之贵征。夫而后五行有配、一宅和平矣。然以其作用详之，布基也，上从入脉，下至内岸，左右逢中，以天心十道定之，其中心立为中堂，前截立为前庭，后截立为后庭。于入脉下，作一御屏土，以生峦头金气；左右两肩培一土墩，以间隔峦头金煞。至于左砂，或木或火，右砂或金或水，无非配中宫方土，以成五星聚会也。

注：以合宅福大势，宜作一方土形；以三堂论中堂，宜作一方土形，

而金胎去顽梗之煞。

架屋也，内堂宜阴厅阴井，中堂宜阳大而方，天井亦宜阳大而方。天井之左凿一日池，形如圆镜。天井之右凿一月池，形如覆梳。

注：日池宽八尺一寸，以合九九老阳之数。深五尺五寸，以合河图五十五数。月池宽宜七尺二寸者，盖取七十二候，两轮老阳之为以。深四尺五寸者，又取合洛书之四十五数也。

前庭宜阴厅阴井，不可太高；外大作覆土阳庭，回生峦头金体，则三堂之式合法矣。左右扶厝也，屋宜阴小而低。天井宜木条以脱煞，使人合观之，大势如一方正土星者，大吉也。他若向外凿池开沟、修门筑路，必因元运之生旺形势之饶减而定可也。

山龙以龙为龙七运天机图[1]

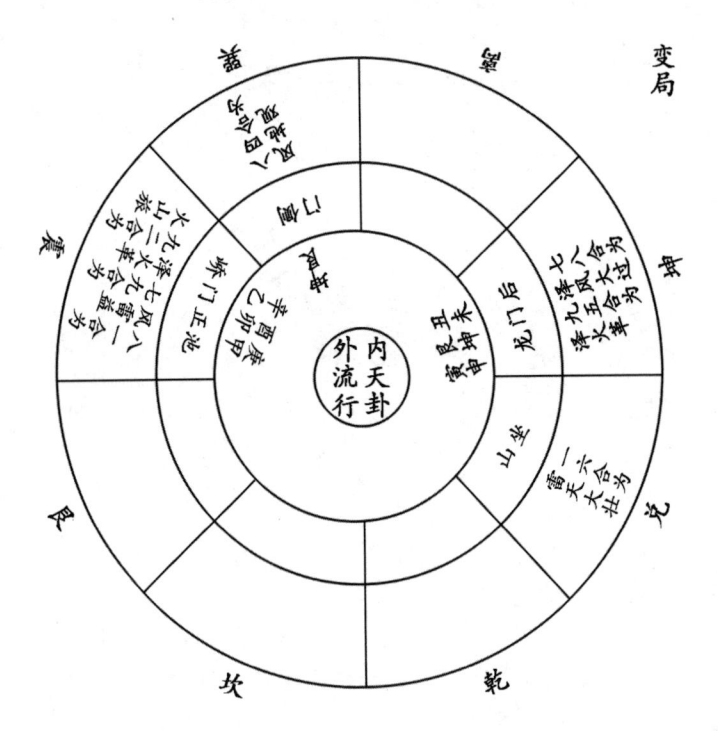

《插泥剑》曰："五黄可向不可坐"者，[2] 盖新建阳宅受气在龙山，其向不立在大五黄方道，难收三阳潮水，

注：山龙阳宅七运收三阳星，以七八九为旺，非阴宅以一二三为旺也。

故新建时之大五黄可向。

注：无水不成为三阳。向之获祸，潮水光大者可向。若无潮水只有峰峦，向之受克。慎之！勿过贪三阳而忘局也。

若已成故第，受气在门，改修大五黄方道，反受剥官大煞，故旧宅之大五黄方不可修。夫气受在龙门，临三阳是为旺入；

注：九运中三阳方，新建阳宅之不可向者，惟一八木运以木克土、六七金运以金泄土，五土气衰、用之获益。若火与水土诸极司令时，虽新建之宅，向之亦受其灾。但中五分运时，新旧宅向之皆大吉。

---

[1] 无水不成为三阳，向之获福。
[2] 阳宅不可执一概论。

气受在门方，修五黄是为煞入。挨排虽一，新旧有分。学者不详，贻误无穷。列此一局，以为拘泥者例。

山龙以龙为龙七运天机图

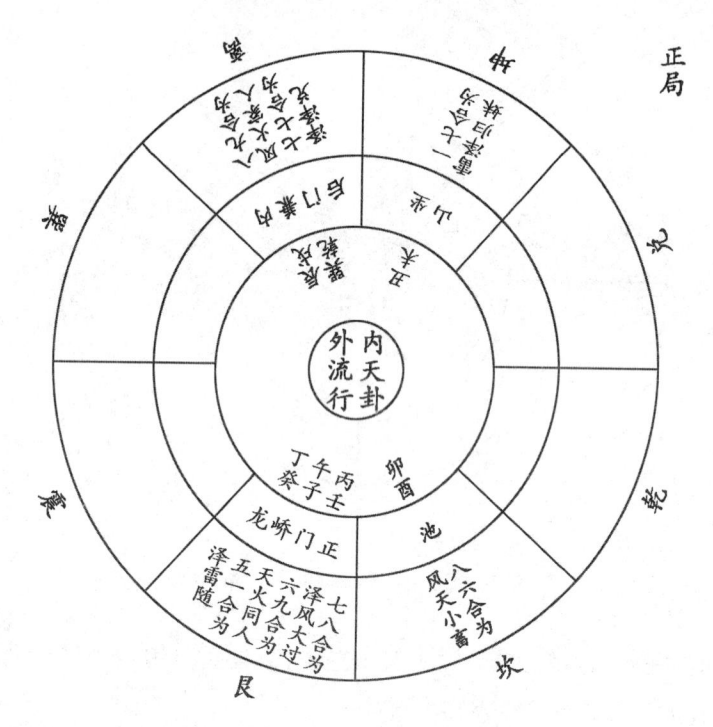

山龙七运，天卦中七八九三宫，在后天坤震艮方道上。① 局有正变，法宜区分。其变也，浪涌雷门，幸遇三阳拱照；波腾蝎舍，恰逢五土飞临。② 木兔宫中潴汇，③ 陶朱富赛五湖；④ 金牛⑤舍里崔巍，李白文超一代。⑥ 甲池水溢，人称金穴之家；乙峤峰高，士至木天之地。至于翼蛇⑦受气皆生，巽风吹户，士登鳌背而升；⑧ 巨蟹⑨排星遇旺，未地开门，人听蟊

---

① 震宫立向遇大五黄，有水者大吉，无水者大凶。
② 大五黄到震。
③ 禽说卯为兔，五行卯又属木，故卯向以木兔名之。
④ 卯向有水储蓄、四季不涸者，大富。
⑤ 酉宫次舍之名。
⑥ 坐后有山绕者，贵。
⑦ 巽方分野之经星也。
⑧ 巽为六秀方，又得元运生气开侧门以纳之，主科第大发。
⑨ 未宫次舍之名。

声之集。① 此皆安门置向之秘法。

注：申龙、卯向、酉山、乙峤、甲池、巽侧门、未后门一局，取申生卯，为夷则生夹钟，卯以申为天马、加爵，立卯向以为申龙之隔八相生。卯以未为龙章、凤诰，未方开后门以为卯向之贵应。卯在震，震在阳木、巽为阴木，巽方开门以配阴阳而成雷风相薄。甲遇卯为文魁、遇酉为催官，凿甲池以为卯向酉山之禄征。乙以申为黄甲催官，冲乙峤以为申龙之贵应。乙又以申为阴贵、以卯为禄甲，又以未为阴贵，乙峤、甲池又为申龙卯向未门之贵达。生旺既得、禄贵又逢，扶龙补山之法得矣。况卯向之经星，际氐土貉初一两度，值骖驱一星、天枪三星守门，夫骖驱者、天子藩卫之官也，天仓者、天宫守备之器也。应此门而生者，身列部曹、为兵科驾车之官；职居侍卫、为内庭执戟之士。形势佳者，且能当握元戎、指麾关外，而为一代之名将。

其正也，虎啸山林，② 龙过则风云际会；③ 獬栖野木，④ 豻逢则日月增光。⑤ 艮峤百尺崔巍，科登榜首；子池一方阴照，富冠天涯。扉起午宫，定尔阳回黍谷。⑥ 金分丙舍，知其春到玉门。⑦ 他若水潮洋溢，天吊增辉；⑧ 山势环旋，金相受气，⑨ 无非因龙收旺玄机。

注：寅龙、丑向、未山、艮峤、子池、午门兼丙一局，取寅以丑为太乙贵人，未生寅为林钟生太簇，立未山丑向以为寅龙隔八相生之贵应。丑合在子、午合在未，凿子池、开午门以为丑向未山之地建。午生丑为蕤宾生大吕，子生未为黄钟生林钟，午门子池又为丑向未山之隔八相生，艮纳在丙，午门兼丙故为艮峤之纳甲。而寅以午为龙章、天马、加爵、将星，开午门又为寅龙之贵征。生旺既得、禄贵又逢，扶龙补山之法合矣。矧丑向之经星，值斗木獬五六两度，上应天文织女三星、扶筐七星守门。夫织女者，天帝之女天孙也；扶筐者，后妃亲蚕所取之器也。应此门而生者，

---

① 未方开门，主人丁繁衍。
② 寅属虎，《演禽》寅又为山林。
③ 言以寅为龙，挨排自得交媾也。
④ 斗木獬在丑，丑方立向故以獬论。
⑤ 井木豻在未，立未山，故以豻论。
⑥ 午方开门遇旺，故以吹律回阳喻之。
⑦ 午门兼丙，以收生旺。
⑧ 天吊丑也。
⑨ 金相寅也。

女入宫闱，躬理亲桑之典；男尚公主，身蒙赐锦之恩。

山龙以门为龙七运天机图

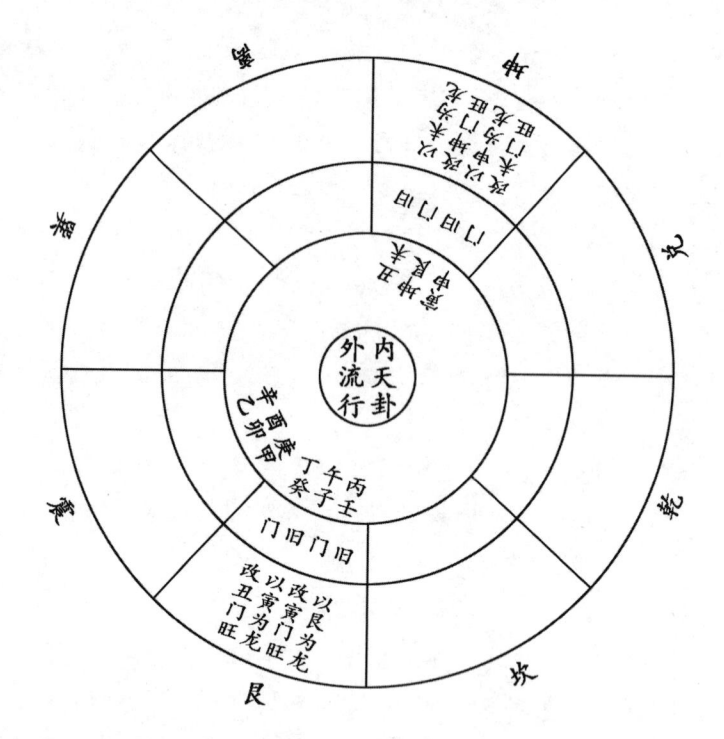

山龙以艮门为而龙者，改寅门以为通阳气，谓之收祥风；凿寅池以见洋光，谓之纳吉水，格合凤阁卧虎。

以寅门为龙者，改丑门以通阳气，谓之收祥风；凿丑池以见洋光，谓之纳吉水，格合文虎搏獬。

以未门为龙者，改坤门以通阳气，谓之收祥风；凿坤池以见洋光，谓之纳吉水，格合豻栖宝盖。

以申门为龙者，改未门以通阳气，谓之收祥风；凿申池以见洋光，谓之纳水，格合毕乌戏蟹。

水龙以龙为龙七运天机图

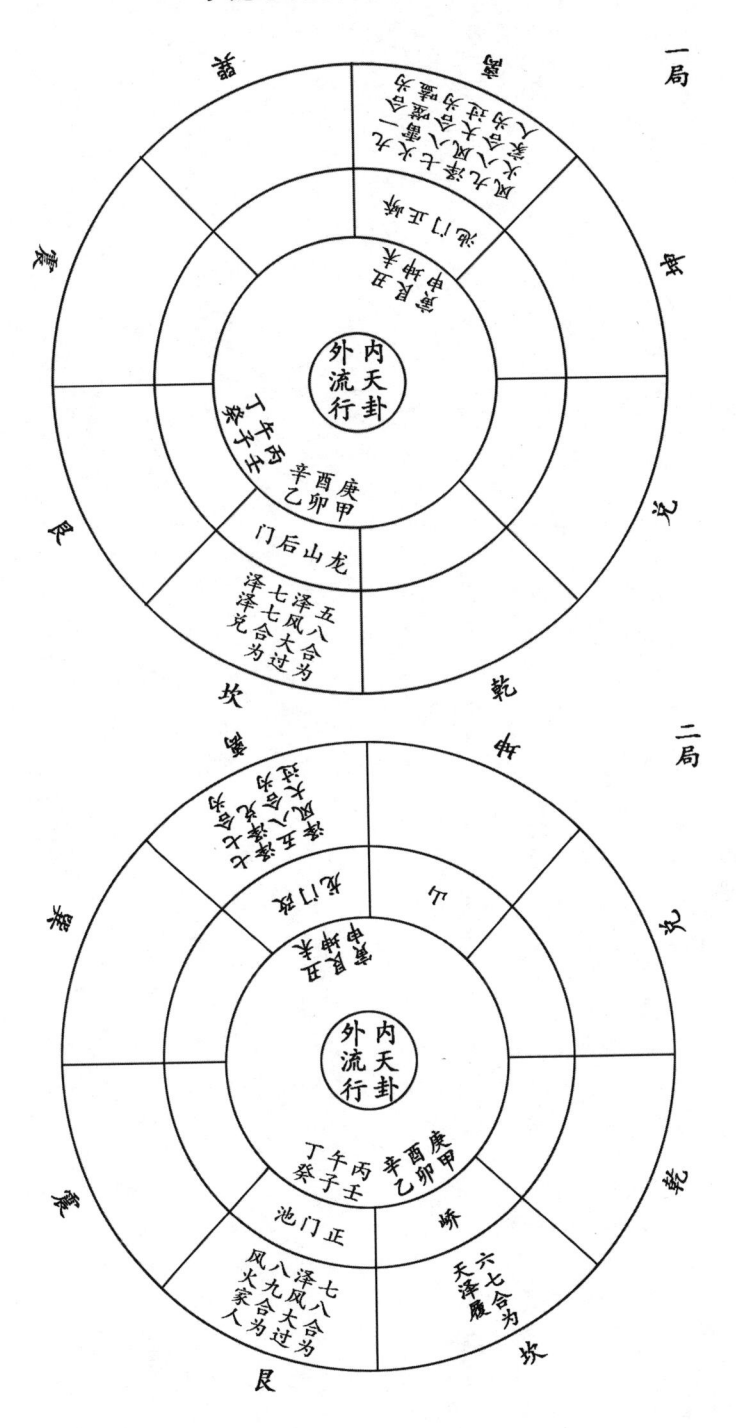

一局

二局

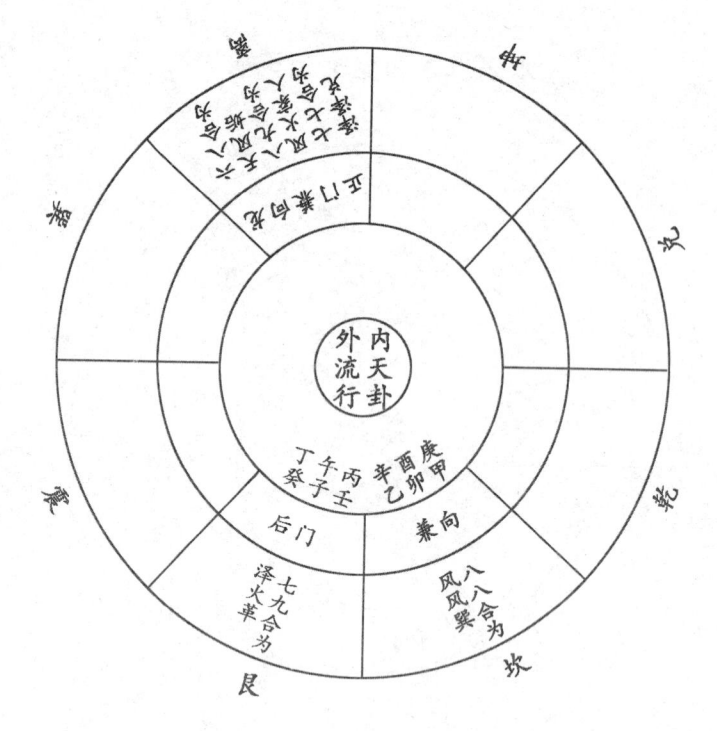

七运水龙，天卦中七八九三宫，在坎离艮方道上。破统下元，冠三军而操黄钺。杓斟大运，①膺五福而受丹书。门逢此宿当权，功侔二十八将，像绘凌烟。②水值其星司令，道继七十二贤，堂升洙泗。③其以壬为龙也，向旺午宫，④书生长将略，虞允文之克金，良有以也。池生丁位，⑤韦布奋经纶，诸葛亮之辅蜀，岂徒然哉！⑥弼镇丙峤，王曾则四冠群英。⑦破临癸户，吕子⑧则三为宰相。此皆七赤之钟灵，而为三元之大局。

注：壬龙、午向、子山、丙峤、丁池、癸后门一局，取壬以午为文

---

① 杓，斗杓也。即破军星也。
② 七运水龙，门收旺星，生人多文武兼备，崛起田间，从龙定鼎，位列侯王。如西汉之萧何、韩信，东汉之郑禹、耿弇，大唐之魏征、房、杜诸人。形势若佳，则分茅胙土，与国咸休。
③ 水得破军，得北斗摇光之正气也。此星调和四时，斟酌元运，有旋乾转坤之力。人钟其灵，亦能继绝存亡，而为一代承先启后大儒，配享洙泗者。
④ 午方得旺开正门。
⑤ 丁方得生，凿池潴水。
⑥ 七运门向值生旺，明堂有水潮入，岸卯有峰拱拜者，必生此等人物。
⑦ 《宋史》：王曾以三元及第后，应制又得第一，故自号曰"四冠多士山人"。
⑧ 蒙正也，《宋史》记其三为宰相。

魁、催官、天福；正门开午，以为壬龙之福应。癸禄在子，丙以癸为正官。癸方开后门，以助子山之禄建、丙峤之官星。丁以壬为正官，丁方凿池，又助壬龙之官星。丙以午为黄甲、以子为天厨，丁以子为咸星，癸以子为催官，以午为天福，丙峤、丁池、癸门皆助午向子山之贵征。生旺既得，禄贵又逢，扶龙补山之法得矣。况午向之经星，际柳土獐五六两度，上应天纪一星、上台二星守门。夫天纪者，主理禽兽，国家虞衡之官也；上台者，六府上二星，近文昌，为司命，主寿也。按：三台为三公诸侯之位，应此门而生者，始则职任虞衡，继则位居台鼎。

其以丁为龙也，丑方遇旺向，安斗宿，宫中才子高迁凤陛。艮位逢生池，凿箕星，舍里佳儿早步龙墀。癸池峤高百尺，乃文乃武，相承坐拥貔貅。午宫门阴一泓，宜子宜孙，公族主为麟凤。虽天罡之毓秀如斯，亦昌运之蒸陶乃尔。

注：丁龙、丑向、未山、癸峤、艮池、午后门一局，取丁以丑为天福唐符。丁禄又居午，立丑向，开午门，以为丁龙之禄建福应。午生丑，为蕤宾生大吕；开午门，又为丑向之隔八相生。癸见未为文魁，见丑为催官天福，冲癸峤，以为丑向未山之贵应。艮为少阳之土，丁为少阴之火，凿艮池，又为丁龙之火土相生。生旺既得、贵禄亦逢，扶龙补山之法得矣。况丑向之经星值斗木獬五六两度，上应天文织女三星、扶筐七星守门。夫织女者，天帝之女天孙也。扶筐者，后妃亲蚕所需之器也。应此门而生者，女入宫闱，躬理亲桑之典；男尚公主，身蒙赐锦之恩。

其以丙为龙也，旺际丁方，毓秀者名传乌府；生临午舍，钟灵者身到凤池。大将军威镇诸藩，执櫑枪①而自立。②多才士名登首榜，得辅佐以同升。③龙自丙来克应之，则人丁繁衍，多贵而且多男。门开癸位旺催之，则富甲郡都，获福兼之获禄。应此生旺之方，深蒙诞降之祥。

注：丙龙、丁向兼午、癸山兼子、丑方开后门一局，取丙以癸为正官、以子为天官。癸山兼子，故为丙龙之官星。丁禄居午，立向兼午，又为丁向之禄建。丁以丑为天福，后门开丑，更为丁向之福应。生旺既得，官禄重逢，扶龙补山之法有矣。况丁向之经星，值井木犴二十六七两度，

---

① 破军也。
② 言向获破军，生人多作藩镇大臣。
③ 言向兼佐辅生气，生人多抡元者。

上应天文爟一星、内阶六星守门。夫爟星，主四时之火政也；内阶者，天皇之陛，升降之阶也。应此门而生者，职掌庭僚，官居阁相。武能定四方之峰烟，文则升九级之堂阶。

水龙以门为龙七运天机图

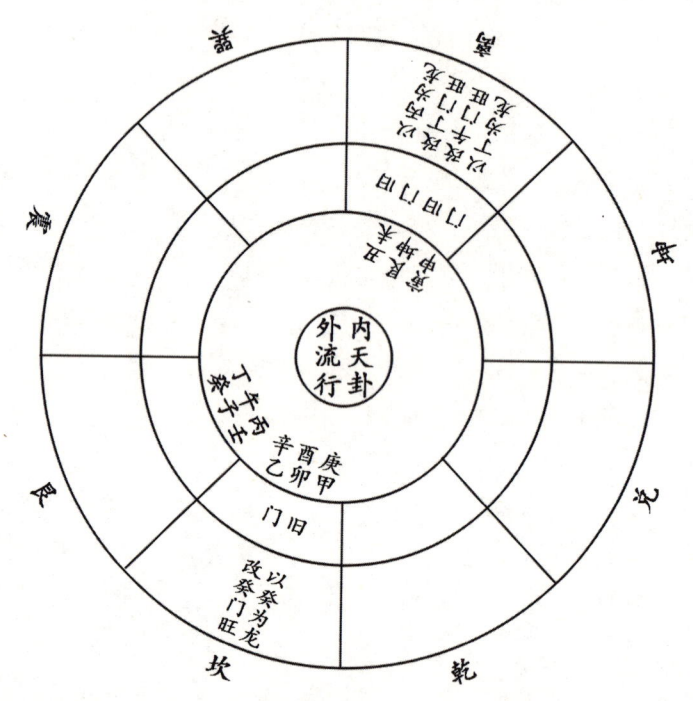

水龙以壬门为龙者，改癸门以通阳气，谓之收祥风；凿癸池以见洋光，谓之纳吉水，格合入武扶銮。

以丙门为龙者，改丁门以通阳气，谓之收祥风；凿丁池以见洋光，谓之纳吉水，格合马走龙堰。

以丁门为龙者，改午门以通阳气，谓之收祥风；凿午池以见洋光，谓之纳吉水，格合羊牵引帝辇。

七运总论

七运主运星，破军金也。山龙得破军之形，宜求破军之运者，其局有二。

破军，取形如顿旗，尖脚、兜耳、多支者始可入用。若三台破碎、折伞拍板、櫼枪卷旗诸形，须当令用之亦出巨盗，悖逆行凶者，学者慎之，勿贪运而忘形也。

注：一局，申龙、卯向、酉山、乙峤、甲池、巽侧门、未后门。培补之法，取酉见申为天马、加爵，于坐山酉宫十八九度，作御阶九级土，上筑胃土雉星形，以为申龙之贵应。甲以午为文魁、太极，乙以午为天厨，于右砂午宫六七度，作一金堆，上筑鬼金羊星形；午宫十五六度，作一土体，上筑柳土獐星形，以为甲池乙峤之福应。酉以丑为龙章凤诰，申以丑为攀鞍，于左砂丑宫十六七度，作平地木形土堤，上筑斗木獬星形，以为酉山申龙之贵征。申生卯，为夷则生夹钟，于卯宫二十五六度当甲处，凿方大土池，池中筑氐土貉星形，以为生龙之隔八相生。夫而后五行比和，一门获吉矣。

一局，寅龙、未山、丑向、艮峤、子池、丙而午后门。培补之法，取寅以午为龙章、将星、天马、加爵、带旺，于生后右手午宫十一二度，作御阶九级土，上筑柳土獐星形，以为寅龙之贵应。未以卯为凤诰，于右砂卯宫八九度，作一金堆，上筑亢金龙星形；卯宫十六七度，上筑氐土貉星形，以为未山之贵应。寅以戌为库位，盖子以戌为凤诰，丑以戌为攀鞍，午以戌为龙章，于左砂戌宫二十五六度，作平地木形土堤，上筑奎木狼星形，以为寅龙子池丑向午门之贵征。艮纳在丙，坎纳在戌，子为坎卦中爻戌之精也，而丙以戌为食神，丙日之戌又在子，是子为艮峤之福星贵人。于子宫十四五度，凿方大土形之池，池中筑女土蝠星，形以为艮峤丙门之福荫。夫而后生克比和，门宅兼济矣。

水龙得破军之运，宜求破军之形者，其局有三。

水龙建阳基，须因运而象形。但平洋水聚天心，乱流织锦、大会明堂诸格，皆可以破军目者，水之分流如山之分脚，山之金头多脚为破军、水以金城多流为破军。学者详辨，自不贻误。

注：一局，壬龙、子山、午向、丁池、丙峤、癸后门。培补之法，取丙以癸为正官，癸禄在子，又以子为天官，于坐后子宫十五六度作御阶九级土，上筑女土蝠星形，以为丙峤癸门之官星。壬以酉为天厨，丁以酉为阴贵，于右砂酉宫六七度作一金堆，上筑娄金狗星形；酉宫十七八度，作一土体，上筑胃土雉星形，以为壬龙丁池之贵应。壬以辰为黄甲、天福，丙以辰为墓库、龙章、华盖，午以辰为凤诏，于辰宫二十五六度作平地木形土堤，上筑角木蛟星形，以为壬龙子山、丙峤午向之福应。夫而后五行济美、二气平和矣。

一局，丁龙、丑向、未山、艮池、癸峤、午后门。培补之法，取丁禄

177

居午，午生丑，为蕤宾生大吕；癸又以午为天福，于来龙午宫之十一二度，作御阶九级土，上筑柳土獐星形，以为丁龙丑向癸峤之禄建福应。丁以卯为催官，艮纳在丙，丙以卯为太极贵人，未以卯为凤诏将星，于右砂卯宫六七度，作一金堆，上筑亢金龙星形；卯宫十七八度作一土体，上筑氐土貉星形，以为丁龙艮池未山之贵征。丑以戌为攀鞍，午以戌为龙章，丁以戌为催官文魁，于左砂戌宫二十四五度，作平地木形土堤，上筑奎木狼星形，以为丁龙丑向午门之贵应。夫而后形理相和，象气交媾矣。

　　一局，丙龙、丁向兼午、丑门兼癸。培补之法，取丙以癸为正官，癸禄在子，又以子为天官，于坐后子宫十六七度作御阶九级土，上筑女土蝠星形，以为丙龙癸山之官星禄建。丙以酉为文魁、太极贵人，丑以酉为凤诏，于右砂酉宫八九度，作一金堆，上筑娄金狗星形；酉宫十七八度作一土体，上筑胃土雉星形，以为丙龙丑门之贵应。丁以辰为黄甲，丙以辰为文魁，午以辰为凤诏，丑以辰为天马、加爵，于左砂辰宫二十五六度，作平地木形土堤，上筑角木狡星形，以为丙龙丁向午丑门之贵应。夫而后补救有方，生克得配矣。

　　然以成法考之，峦头下虽多破碎，而布基宜筑御阶土以制之。① 峦头之右，宜筑一抱砂，土身金头。峦头之左，宜筑平地土堤。② 其中宫，宜留一脱煞小巷。③ 左砂之扶厝内，宜开一放煞沟。④ 扶厝外亦宜开一放煞沟，紧接放煞沟下，或凿池，或穿井，以潴沟水，而注破军生炁。⑤ 放煞沟外，⑥ 又宜横建一扶楼，⑦ 以为左手关炁之砂。堂前宜筑大覆土庭，以回生峦头金体。庭外凿方正土池，宽广阔大，⑧ 方受破军生气。至架屋之法，于中宫脱煞巷左右二屋，并建共山共向，正厅宜高大而阳，天井宜方正而阔，前堂宜浅泊低小，不可过高，以蔽正厅屋节。左右幕屋，尺寸又宜较准，始无偏房之患。此破军建宅之秘法，岂无与诸星体同哉！

---

① 筑至九级，以体乾之用九者佳。
② 高宜三尺六寸，以体三十六宫之数。若过高，则阻气而不能放煞矣。
③ 巷宜宽八尺一寸，以体老阳之数而制阴金也。
④ 宽二尺八寸、深三尺六寸，以体古法。
⑤ 无池金井，虽以泄破军之煞，卦又云：阳宅所放之煞水，不可饮，只宜凿池种莲，次之以灌花木。若因其井而饮之，居人多疾。
⑥ 指二层放煞沟。
⑦ 或三间，或五间亦可。
⑧ 宽百亩者上，宽十亩者次，逼隘者凶。

山龙以龙为龙八运天机图

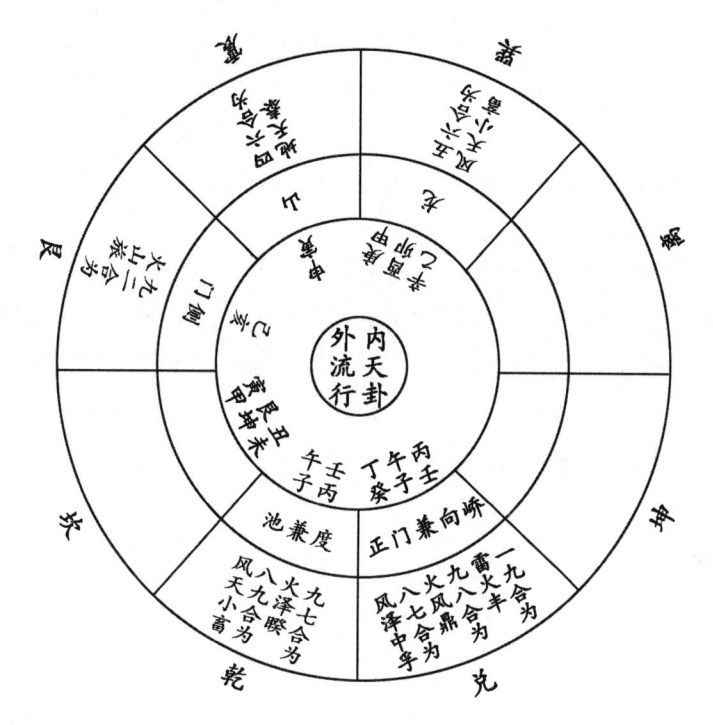

山龙八运，天卦中七八九三宫，在后天坎、巽、兑方道上，形以金推鹫岭之幞头耸秀，运仍木主龟书之玉背呈文①。钟此灵而诞降，虬骧庆霄，不继夌龙之謦；毓其秀以扬辉，凤鸣阿阁。不楼鹯鹞之巢，当令旺而才生宰相；方伸八白之奇，遇克星而身阅车徒。必得五黄之配，②虽云八一有交，得风雷之相薄；岂若二三兼济，有奇耦之联镳。③况以辰为龙，

注：壬龙、辛向、兼酉乙山、庚峤、乾池、戌寅则门一局，取辛以寅为阳贵，以酉为禄，兼酉向，开寅门，以为辛向之贵；建禄建辛，以辰为文曲唐符。乾为金之父，辛为金之女，立辛向，又为辰龙之贵，应乾池之比和。乙合在庚乙，又以庚为正官，树庚峤，以为乙山之天建、官星。辰

---

① 左辅一星，在形势家之九星以金论，元运家之九星以木论者，辅属巽卦、巽为阴木故也。

② 阳宅门、向、水三处得辅星旺气者，主出宰相人物。若坐山来脉又得五黄镇之，以成二五八南北一卦，必有才长将略，因相臣而统兵者也。

③ 八运收星，虽云得贪辅之正配为上，而得三八以成四象之交，得二五以成一卦之配者，亦属正格。至于得一阳一阴者稍次。

合在酉，兼酉向，以为辰之地建。乙以辰为福星，立乙山以为辰龙之福荫。辰以戌为天马、加爵，池兼戌，又为辰龙之马建、爵星。生旺既得，禄贵又逢，扶龙补山之法得矣。况辛向兼酉之经星，值奎木狼十度、娄金狗初度，上应天文左更三星、天大将军十二星守门。夫左更者，主掌山林泽薮之官也。天大将军者，大将之星也。应此门而生者，或任工部之虞衡，因谏猎而迁居台辅；或统禁林之军旅，因戡乱而升授相臣。如司马相如、寇准一等人物。

克气遇廉，天罡兮旋水蚓，麟趾多呈；以辛为向，旺星收辅，真符兮驭木狼，螭头早占。① 峤镇庚而得贪，棠棣蜚声，宋郊、宋祁堪羡。池鹰乾而收辅，鹰鹏健翮，王曾、王旦争鸣。子孙千亿之多，② 文躔角宿。米粟万仓之积，弼遇尾星。③ 至生旺兼排补救合，骏烈长留奕稷；阴阳得配卦象嘉，鸿恩早锡彤廷。

---

① 天罡辰也，轸宿居乎辰；真符辛也，奎宿即居乎辛。
② 乙山正坐角宿度内。
③ 寅门正界尾宿度内。

山龙以门为龙八运天机图

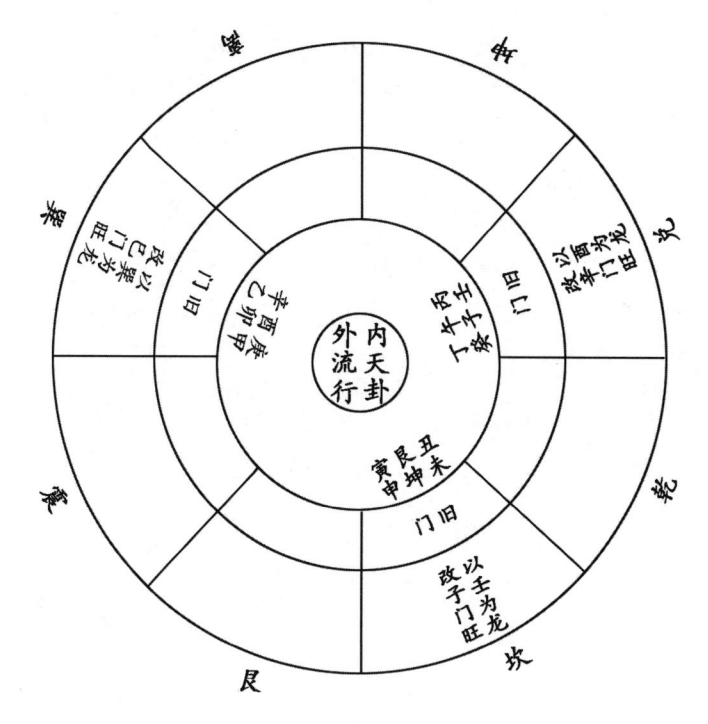

　　山龙以壬门为龙者，改子门以通阳气，谓之收祥风；凿子池以见祥光，谓之纳吉水，格合武朝帝坐。以巽门为龙者，改巳门以通阳气，谓之收祥风；凿巳池以见祥光，谓之纳吉水，格合宝殿观鹿。以酉门为龙者，改辛门以通阳气，谓之收祥风；凿辛池以见洋光，谓之纳吉水，格合雉入奎垣。

水龙以龙为龙八运天机图

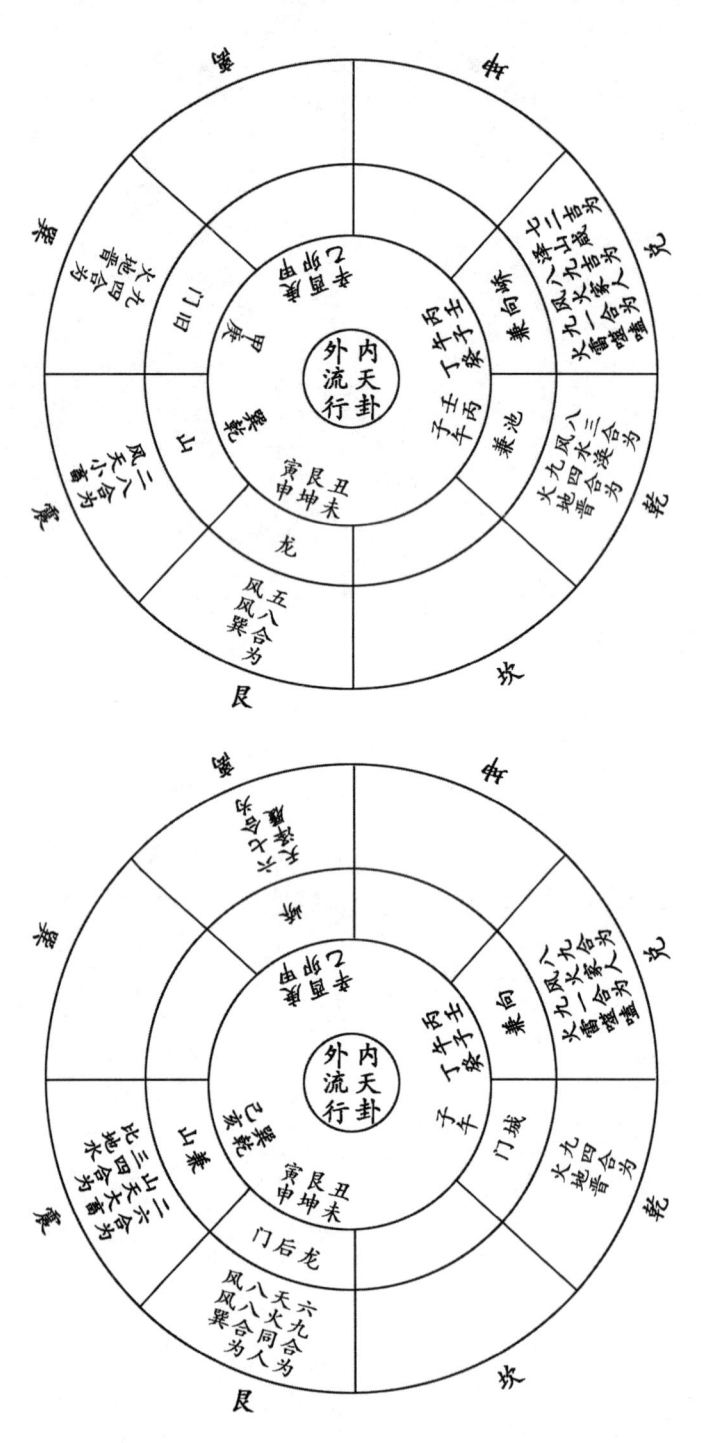

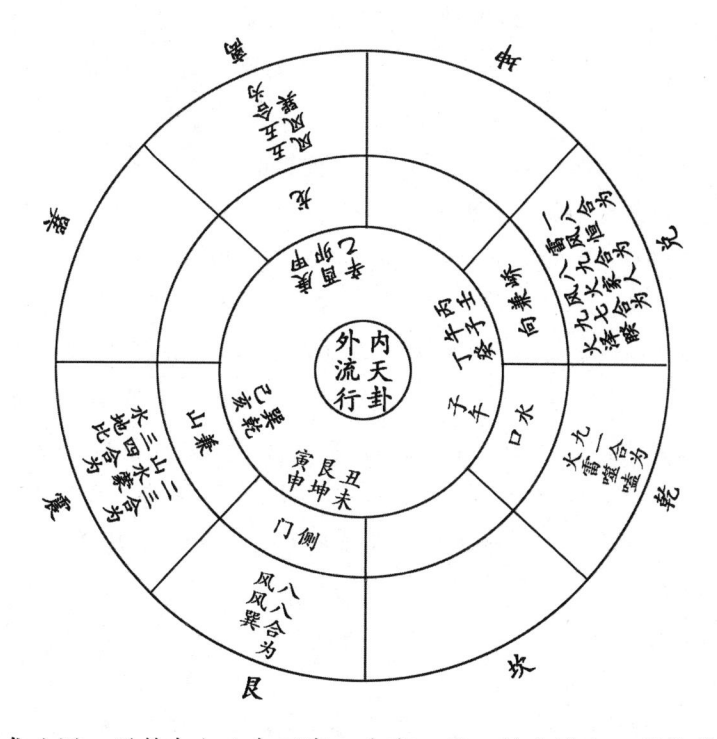

水龙八运，天卦中七八九三宫，在离、艮、兑方道上。星佐紫微，作天皇之冢宰；运行黄道，变时令之阴阳。六府峰撑远水，八一交而贵列三台。① 一泓浪接前潮，九四合而财添万顷。② 窦家五桂联芳，峤收贪辅。③ 荀氏八龙竞秀，山获巨廉。此虽八运之机械，亦取九星之补救。况夫寅之为龙门，遇零神钟西岭列星之瑞。④ 池逢旺气，当北垣出地之乡。⑤ 屠嘉之围邓通峤，得破军之正气。⑥ 周勃之诛吕产，潮收右弼精华。⑦ 列廉火于枣

---

① 八运水龙，外光外得一六府星峰，高插云汉，而挨星上盘得辅、下盘得贪，以成雷风相薄者，位列三台。
② 正向有潮上堂者，挨星上盘得九、下盘得四，以成太阴太阳之配，富甲一郡。
③ 峤星上盘得一、下盘得八，主科名。
④ 开酉得旺，兼辛得生，分野又属少微垣之宫，钟此灵者，封拜可期。
⑤ 北极出地三十度，正值西北乾方，故乾之中度为紫微垣，天皇大帝之座也。凿戌乾地以收生旺，上应天星，下荫门峤，爵可封侯，富可敌国。
⑥ 庚方冲峤，得七二同道之交媾，坐此破军正炁者，主出宰辅，亦刚方正直，执法不避权幸，如申屠嘉一等人物。
⑦ 兼辛收潮，得九一合十之龙者，主出锄暴安国之人。

原，云中守休夸魏尚；排巨星于坐榻，塞外功不亚班超。① 钱神论自鲁褒，戌池得旺；才子生如曹植，辰户逢生者。② 无非一局之乘时，有合三元之至法耳。

注：寅龙酉向兼辛，戌池兼乾，庚峤卯山辰门一局，聚寅生酉为太簇，生南吕，立酉向，以为寅龙之隔八相生。辛禄居酉，又以寅为阳贵太极，兼辛以邀酉向之禄建，寅龙之贵建，寅戌为华盖，卯生戌为夹钟，生无射；辰以戌为天马加爵，辛以戌为文昌，庚以戌为天福，凿戌池，以为寅龙辰门辛向庚峤之贵应，卯山隔八相生，寅见庚为阳贵，对庚峤以邀寅龙之贵建，酉生辰为南吕，生姑洗，辰合又在酉，开辰门以为酉向之隔八相生，生旺既得，禄贵又逢，扶龙补山之法得矣。况酉向兼辛之经星，值娄金狗十一二度，上应天文天囷十三星守门。夫天囷者，国家屯粮之所，内府帑藏之地也。应此门而生者，身居户部，先司出纳之官；职任台衡，次迁宰辅之位。

他若以丑为龙，金牛宫中遇旺，浪涌宸扉；③ 火猪度里逢生，波迴帝座。④ 地耸丁峤，钟曲者身将三十六将军。⑤ 门兼辛位，应弼者名符一十八学士。⑥ 天蝎排来巨土，室庆多男。⑦ 人马际遇辅金，士欣及第。⑧ 此皆"审两仪之交媾，故迩知九运之吉凶"。

注：丑龙、酉向兼辛、卯山兼乙、乾水、寅门、丁峤一局，取丑旺在酉，丑以酉为凤诏；立酉向，以为丑龙之贵应。辛禄居酉，兼辛以邀酉向之禄建。辛以寅为阳贵、太极，寅生酉为太簇生南吕，开寅门，又为辛酉向之贵建隔八相生。丁见酉卯为催官、文魁，树丁峤，以邀酉向卯山之贵应。生旺既得，禄贵又逢，扶龙补山之法得矣。况酉向兼辛之经星，值娄

---

① 寅龙得五八，卯山得二六，钟其秀者主选将封侯。
② 戌池收旺，富甲一郡。辰门收生，才冠九州。
③ 金牛酉宫次舍也，度应少微垣内坐，故天文以宸扉目酉。当八运时，又得旺气催之，迎潮立向大吉。
④ 火猪，乾之躔宿也，度应紫微垣天皇大坐，故天文以帝坐称乾。值八运时又得生气城门，会此大吉。
⑤ 《汉书》：吴王、赵王谋逆，景帝命太尉周亚夫将三十六将军以讨之。此局丁峤得武曲之克应，当出此等人物。
⑥ 《唐史》：太宗绘功臣像于凌烟阁，号曰"十八学士登瀛洲"。
⑦ 天蝎，卯也。卯山得巨土以克之，主人丁繁衍。
⑧ 人马，寅也。寅门得旺，主科名大发。

金狗十一二度，上应天文天囷十三星守门，但立向虽与寅龙之局同，而交媾不及，所发之贵，亦当减量。

至于以丙为龙，局虽平庸，人可采用。脉化水而成天建，辛向饶多生趣。① 门属金而喜禄星，酉潮颇获旺②神。水去天门，生机活而石崇斗③靡。④ 峤冲赵野，⑤ 克气侵而潘岳流名。⑥ 兼之寅位开门，令星得地，乙方置坐，退气归源。虽降人一等，不能为卿大夫之庭；而乘令则兴，亦可作田舍翁之宅已。

注：丙龙、辛向兼酉、乙山兼卯、庚峤、乾水、寅门一局，取丙合在辛为官星，立辛向以为丙龙之官星。丙以酉为阴贵，辛以酉为禄，兼酉以为丙龙之贵建、辛向之禄建。丙以卯为太极贵人，立卯山以为丙龙之贵应。丙以庚为禄神，乙合庚为财星，树庚峤，以为丙龙乙山之福应。寅生酉，为太簇生南吕，开寅门，又为酉向之隔八相生。禄贵既得，生旺又逢，扶龙补山之法合矣。况辛向兼酉之经星，值奎木狼十度、娄金狗初度，上应天文左更五星、天大将军十二星守门，以此局而应山门也。或富有多金，纳粟而充工部之官；或力能杠鼎，执戈而备虎贲之职。

---

① 丙合辛化水而为天建，故丙龙合酉方之旺气，而立辛向之生气以从化。
② 辛禄居酉，辛向兼酉，以收旺而邀禄。
③ 原注：此篇因重补的，故尔不贯接。
④ 天门，乾也。水口会乾又得生气，主富。
⑤ 庚酉之分野在赵。
⑥ 庚方冲峤，得贪辅一八之交媾，主出才人学士。

水龙以龙为龙八运天机图

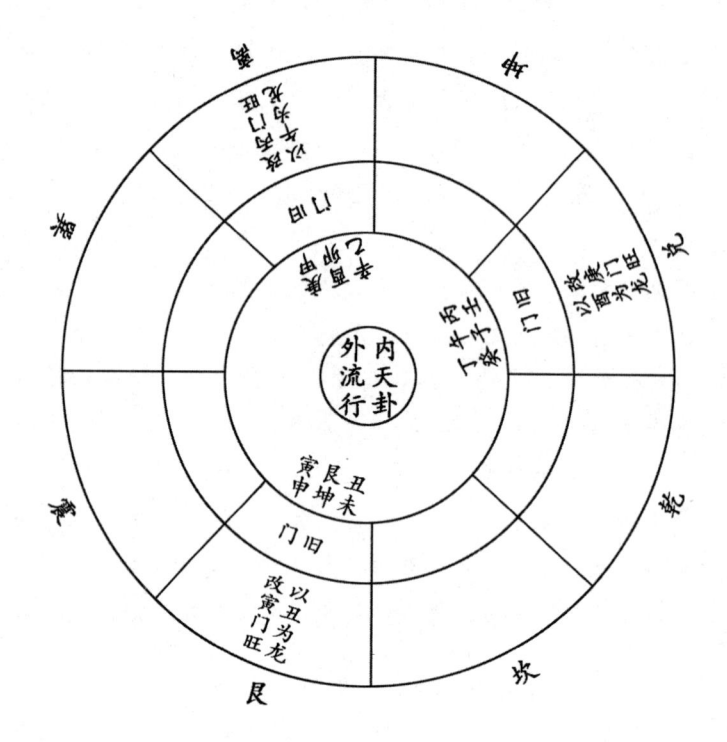

水龙以酉为龙者，改庚门以通阳气，谓之收祥风；凿庚池以见洋光，谓之纳吉水，格合雉吐翰音。以丑为龙者，改寅门以通阳气，谓之收祥风；凿寅池以见洋光，谓之纳吉水，格合斗射金相。以午为龙者，改丙门以通阳气，谓之收祥风；凿丙池以见洋光，谓之纳吉水，格合柳阴系马。

八运总论

八运主运星，左辅也。形势家之左辅，金也。理气家之左辅，木也。[①] 山龙得左辅之形、宜求左辅之运者，其局有一。

注：一局，辰龙、辛向兼酉、乙山兼卯、乾池兼戌、庚峤、寅门。培补之法，取乙禄到卯，于坐后卯宫十六七度，培御阶九级土，上筑氐土貉星形，以为乙山之禄建。其左砂也，取辰以午为太极、文魁，故于左砂之午宫十五六度，培一玉印土墩，上筑柳土獐星形，以为辰龙乙山之福应。

[①] 山龙形势尊，八运左辅，峦头得之属金，理气得之属木。水龙形势平，八运左辅，峦头得之属木，理气得之亦属木。法详《玉钥匙》。

乙以未为武星，复于左砂之未宫之十三四度，培一玉尺木形笏砂，以抱内堂。笏上筑一井木犴星形，以为乙山之贵应。其右砂也，取乙以为子之太极贵人，辰以子为将星，于右砂子宫五六度，速筑二玉镜金墩，墩上筑一牛金牛星形，以为辰龙乙山之贵荫。辰以戌为天马、加爵，卯以戌为攀鞍，庚以戌为天福，辛以戌为文星，于明堂内乾戌池中，培一尖秀木星，以成水火既济。而峰上复作室火猪星形，以为八国贵征。夫而后五行济美，一宅蒙休矣。

水龙得左辅之运，宜培左辅之形者，其局有三。

注：一局，寅龙、酉向兼辛、戌池兼乾、卯山兼乙、庚峤、辰门。培补之法，取卯见乙为邀禄，于坐后卯宫三度界一处，垒一小贪狼木墩，上筑角木蛟星形；于卯宫二十二三度，培一直三台玉墩，上筑氐土貉星形，以补卯山之禄而制煞。其左砂也，取寅以未为攀鞍、卯以未为库位、龙章、凤诰，于未宫十五六度，培一木峰，上筑井木犴犴星形，以为寅龙卯山之贵征。其右砂也，取辰以子为将星帝旺，戌以子为凤诰，于子宫六七度，垒一金堆，上筑牛金牛星形；子宫十五六度，垒一土堆，上筑女土蝠星形，以为戌池辰门之贵征。再取寅以戌为华盖，辰以戌为天马、加爵，酉以戌为攀鞍，庚以戌为天福，于乾戌池中，培尖秀火峰，上筑室火猪星形，以成水火之既济。庚峤夹荫酉辛正向以为寅龙、辰门、酉向、庚峤之贵征。夫而后五行兼济，一室祥矣。

二局，丑龙、卯山兼乙、酉向兼辛、寅门、乾水、丁峤。培补之法，取卯见乙为邀禄，丁见卯为文魁、催官、太极贵人，卯见卯为咸星，于坐后卯宫一二度界一处，垒一小贪狼木墩，上筑角木蛟星形；卯宫二十二三度，培一直三台土墩，上筑氐土貉星形，以为卯山之禄建、丁峤辛向之贵征。其左砂也，取卯见未为龙章、凤诰、库位，寅见未为攀鞍，丁见未为武星、节度，于未宫十五六度，垒一木峰，上筑井木犴星形，以为卯山、寅门、丁峤、辛向之贵征。其右砂也，取丁见子为咸星、乙见子为太极贵人，且乾之初交六纳子，于子宫六七度，垒一金堆，上筑金牛金星形；子宫十五六度垒二土墩，上筑女土蝠星形，以为乾池、丁峤、乙山之贵征耳。于乾池中培一尖秀火峰，上筑室火猪星形，与峦头成木火通明之格。夫而后五行兼济，一宅平和矣。

三局，丙龙、辛向兼酉、乙山兼卯、乾水、寅门。培补之法，取丙见乙为词馆、见卯为太极贵人，于坐后卯宫一二度界一处，垒一小贪狼木墩，上筑角木蛟星形；卯宫二十三度，垒一直三台土墩，上筑氐土貉星形，以为丙龙之贵应。其左砂也，取丙见未为催官，乙见未为武星，于未宫十五六度，垒一木峰，上筑井木犴星形，以为丙龙乙山之贵征。其右砂也，取丙见子为天厨、咸星，乙见子为贵阳太极、文曲，辛见子为催官、文魁，于子宫六七度，垒一金堆，上筑牛金牛星形；子宫十五六度，垒一土墩，上筑女土蝠星形，以为丙龙乙山辛向之贵应。且于乾池中垒一尖秀火峰，上筑室火猪星形，与峦头遥遥相映，成木火通明之格。夫而后八国兼配，五行咸措矣。

　　有时而卜宅于山也，左辅峦头属金，理以金形而收木运为财，① 故布基有异于水龙者。山之佐辅峦头下，宜筑御阶九级土，以回生其体。御阶土下，左宜作火形、右宜作水形两翼小砂，以成既济之象。其左大砂也，靠火翼小砂处，宜筑一玉印土墩，土墩下培一火曜，形如玉尺木形笏砂，以抱内堂。其右大砂也，靠水翼小砂处，宜连筑二玉镜金堆，金堆下培一屈曲仙带水形砂头之抱内堂，再于三百六十步外生旺方，凿一金箱土形大池，② 以荫峦头金气，而前后左右之五行得配矣。至架屋之法，后堂宜阴屋荫井，③ 中堂宜筑方正太阳厅④天井亦宜阳大而方正，前堂宜架阴屋，堂外又宜作阴覆大土庭⑤。土庭左角凿一日形井潴水，⑥ 化气始交。若左右扶厝再能相称，八运山龙左辅之作法合矣。

　　有时而卜宅于水也，左辅之气化为木，理以木形而收水运为旺，故布基有异于山龙者，水之左辅峦头下，左宜筑一小贪狼木土墩，右宜筑一直三台土墩。其左砂也，大势宜培一玉尺木形掬抱内堂，左砂之中筑一玉笋木峰配之，木气始有扶助。其右砂也，大势宜培一土身金水之脚掬抱内堂，右砂之中筑金土两墩配之，木气始能流通。正门三百六十步外生旺方，凿一木形⑦疏气大池，⑧ 池中筑一尖秀火峰以拱之，使水火既济，而前

---

① 形克运，吉；运克形，凶。
② 宽至十亩者大佳。
③ 井，天井也。
④ 高三丈六尺，以体三十六宫之数。
⑤ 形如覆掌者属阴。
⑥ 宽九尺九寸以体老阳之数。
⑦ 宜横不宜直。
⑧ 宽至十亩者佳。

后左右之化气交矣。至架屋之法，后堂宜阴厅阴井，中堂宜阳大而方，天井宜阳大而方，前堂宜架低小阴屋，屋外作覆掌土庭，以舒其气而发其华。左右扶厝之内，又宜各作一木条天井，以脱本身之煞、而消本宅之水。八运水龙左辅之作法，俗师执金、执木以论者，岂知参互之化育哉！

山龙以龙为龙九运天机图

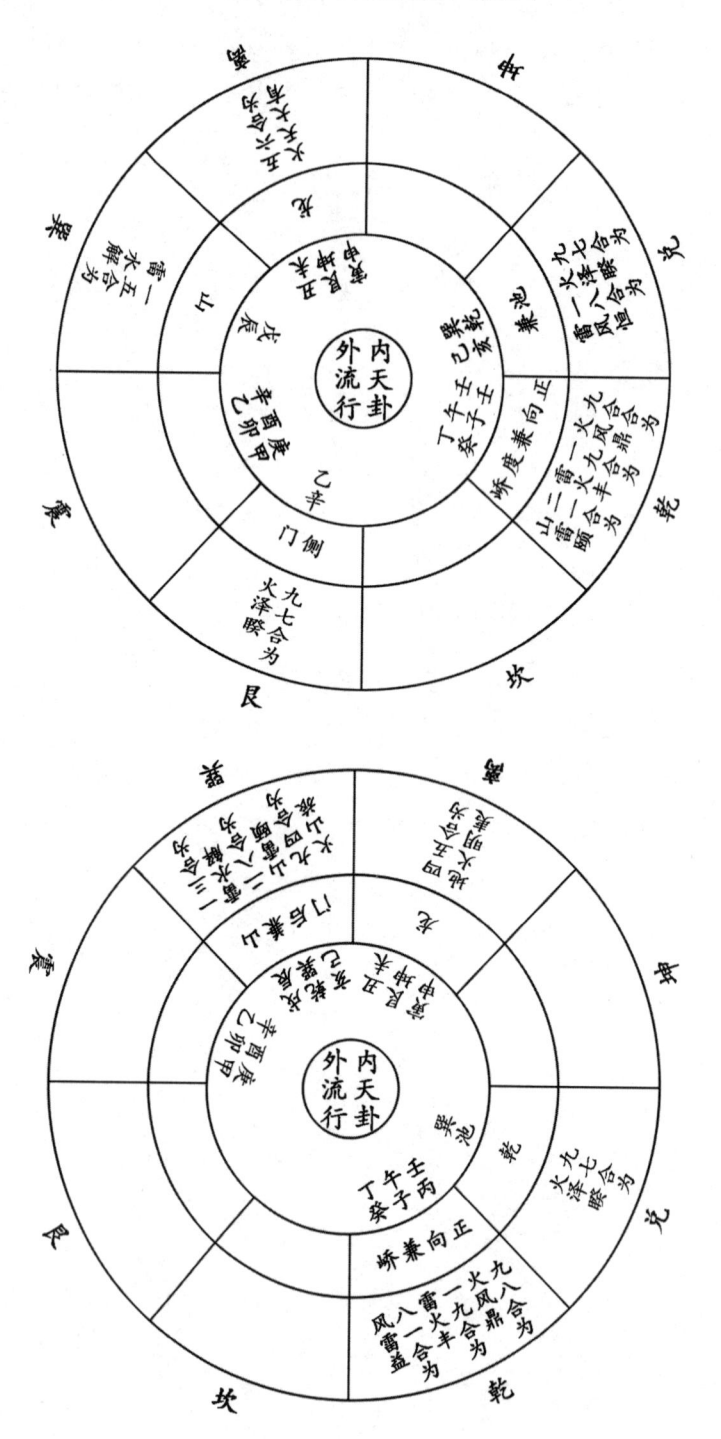

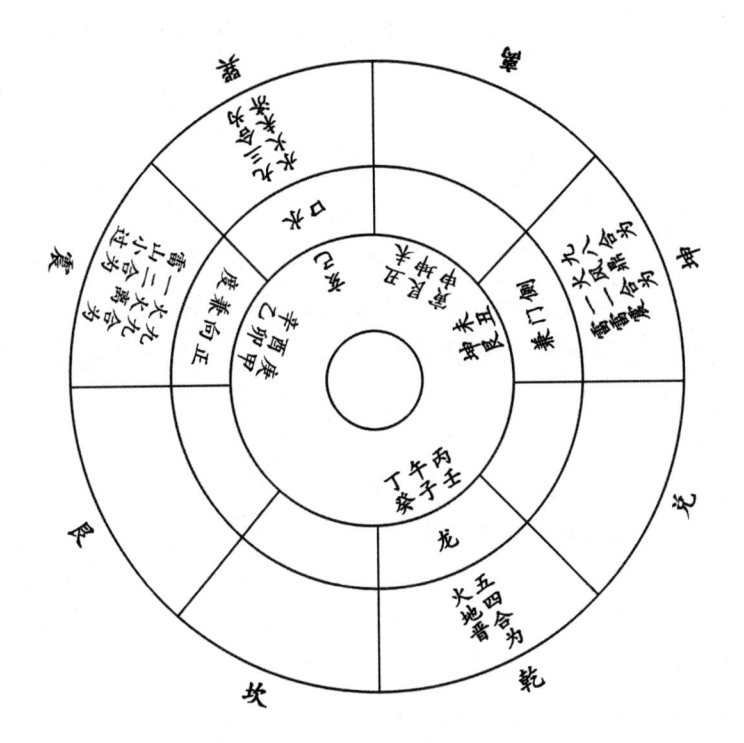

九运山龙，七八九三宫，在后天震乾离方道上。九紫腾辉，立极由坤而运。① 五黄镇定，飞宫泪坎而居。② 钟图马弼星之瑞，职授密枢，著伟烈而安社稷。毓贪狼生气之灵，官参知政，展经论而辅天朝。星归一卦，③子孙袭数世之官；运殿三元，人物追六朝之士。盐梅暂作干城，星兼禄破戎马。犹酬典籍，④运佐文贪。其以丁为龙也，

注：丁龙、戌向兼乾、酉池兼辛、辰山兼巽、亥峤、寅门一局，取丁以戌为文魁催官、玉堂贵人，立戌向兼乾，以为丁龙之福荫，丁以酉为阴贵、文昌、太极贵人。巽纳亦在辛，辰合又在酉，酉生辰，且为南吕生姑洗，凿丁池，以为丁龙之贵建；巽辰坐山之纳甲，地建隔八相生。戌以寅为龙章、生气，丁以寅为天福、以亥为学馆天宫、以辰为黄甲，辰生亥，又为姑洗生应钟，开寅冲亥峤，以为戌向辰山之贵秀。生旺既得，禄贵又

---

① 九运山龙先天坤八入中立极以布天卦，非若水龙用后天之九紫也。
② 九运大五黄在坎壬子癸三方，不立山。至放水则无妨者，九运三阳之水在坎也。用法宜忌详前。
③ 或三六九各得地位，或九四各配阴阳，或八九一各得补救，均是。
④ 《宋史》：太祖事周世宗时，每行军必载书籍数车，以拱搏览。

逢，扶龙补山之法尽矣。况戌向兼乾之经星，际壁水貐五六两度，上应天文土司空一星、勾陈一星挟守此门。夫勾陈虽理后宫之事，亦将军文象也。土司空者，主国家水土之事也。应子门而生者，或身为国戚，典禁兵而居使相；或制平水土，辟草莱而任司空。

必戌乾立向，丰鼎双排，① 必生一范一韩，惊西域蛮夷之胆；酉辛凿池，暌恒并峙，② 定产一宗一岳，作南朝柱石之臣。郭汾阳二十四考中书，天门峤耸；③ 王叔文三五一入翰苑，④ 天市门开。⑤ 他若火天聚会，⑥ 丁脉受钟灵之秀；雷水同归，⑦ 辰山萃毓诞之奇。自尔贵超一代，岂难富有千箱。其以午为龙，

注：午龙、戌向兼乾、酉池、亥峤、巳门、辰山兼巽一局，取午以戌为库位、龙章、华盖，乾外三爻纳午，立戌向兼乾，以为午龙之福应。午以辰为凤诏，立辰山以为午龙之贵征。辰合酉为地建，酉见戌为攀鞍，酉生辰，为南吕生姑洗，凿酉池与辰山，地建有隔八相生之义。辰生亥，为姑洗生应钟，冲亥峤，又为辰龙之隔八相生。戌生巳，为无射生仲吕，开巳门，又为戌向之隔八相生。生旺既得，禄贵又逢，扶龙补山之法得矣。至戌向兼乾之经星，与本运山龙丁脉同。

戌向迎星，⑧ 紫光阁大书麟绩；亥峤得地，⑨ 绿衣郎早步鳌头。金牛舍里观渠，⑩ 坐听鲁褒之论⑪水蚓宫下榻，喜闻郭令之歌。⑫ 龙据狮宫，⑬ 天

---

① 戌得八九，其卦重鼎；乾得一九，其卦重丰。
② 酉得九七，其卦重暌；辛得一八，其卦重恒。
③ 天门，亥也。
④ 《唐史》：王叔文三五一入翰苑。
⑤ 天市，寅也。
⑥ 丁脉重卦得大有。
⑦ 辰山重卦得解。
⑧ 向得旺气。
⑨ 峤得克气。
⑩ 金牛，酉宫之坎舍也。凿酉池潴水，大富。
⑪ 鲁褒作《钱神论》。
⑫ 轸水蚓，辰山所坐之宿也。《外史》："郭令公多子孙，自歌《螽斯》、《麟趾》以自娱。"
⑬ 狮宫，午也。

下人称八斗。① 门开鹿殿，② 田舍翁要满千仓。③ 至于向佐乾天，人谓旺生直达。若夫山兼巽地，我云补救得宜。其以亥为龙也，旺生并向，

注：亥龙、甲向兼卯、庚山兼酉、巳水、谓坤门一局，取甲生在亥、甲见亥又为学堂，亥见卯又为龙章帝旺，立甲向兼卯以为亥龙之贵征。亥见庚为文昌、太极贵人，立庚山以为亥龙之贵征。亥以巳为马，甲以巳为食禄、官贵、天厨，庚以巳为正印、催官、文魁，故巳水以为亥龙之马建、甲向庚山之福应。亥以未为库位，庚以未为天福，开未坤门，以为亥龙庚山之贵应。生旺既得，禄贵重逢，扶龙补山之法合矣。况甲向兼卯之经星，际氏土貉十三四度，上应天文坐官二星、天辐二星守门。夫坐官者，天子侍卫之臣，执戟之郎官也。天辐者，国家车驾之司，主銮舆之事。应此门而生者，或列虎贲宿卫，因功而授密枢之使；或从龙驻跸，蒙眷而居工部之官。

峰奇则高掇科名；零正当门，砂抱则广生兰柱。万派流归巳位，阖辟真机，得之者财雄郡邑；④ 一枝渡自亥山，天皇贵曜，遇之者丁产名贤。⑤ 虽云下局，所发如斯；退位大图，安能若是。

---

① 午得文廉，故出才人。
② 张月鹿，巳门所列之度。
③ 后门得旺，富有羨余。
④ 亥龙巳水有合陈希夷阖辟水法，得之者大富。
⑤ 亥为天皇龙，阳宅获此龙，而又获生旺之门向、阖辟之水口，毓秀者非名贤，即大儒。

山龙以门为龙九运天机图

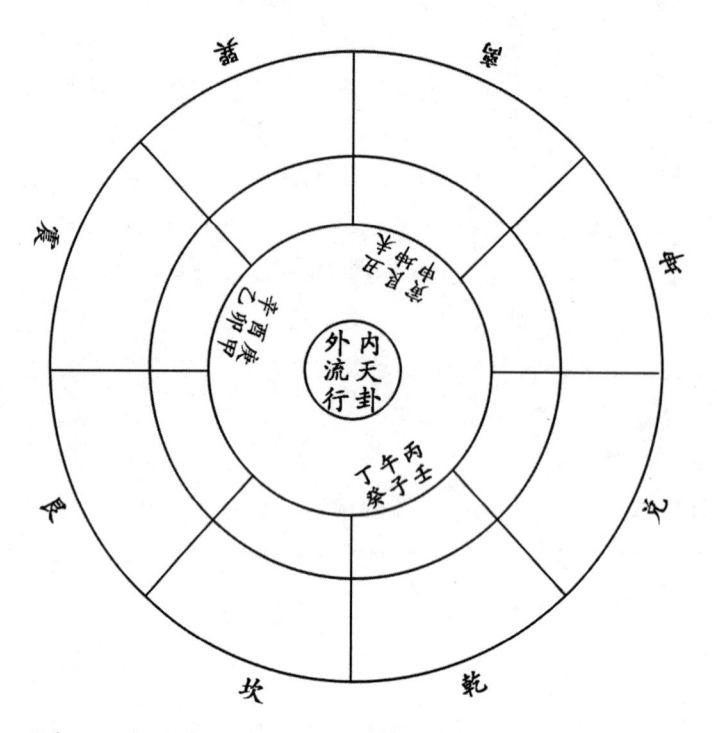

九运山龙，以门为龙之局，七八九三卦所泊宫次，无旺门可改。学者暂出天卦收旺，以救一时之急亦可，但不耐久耳。

水龙以龙为龙九运天机图

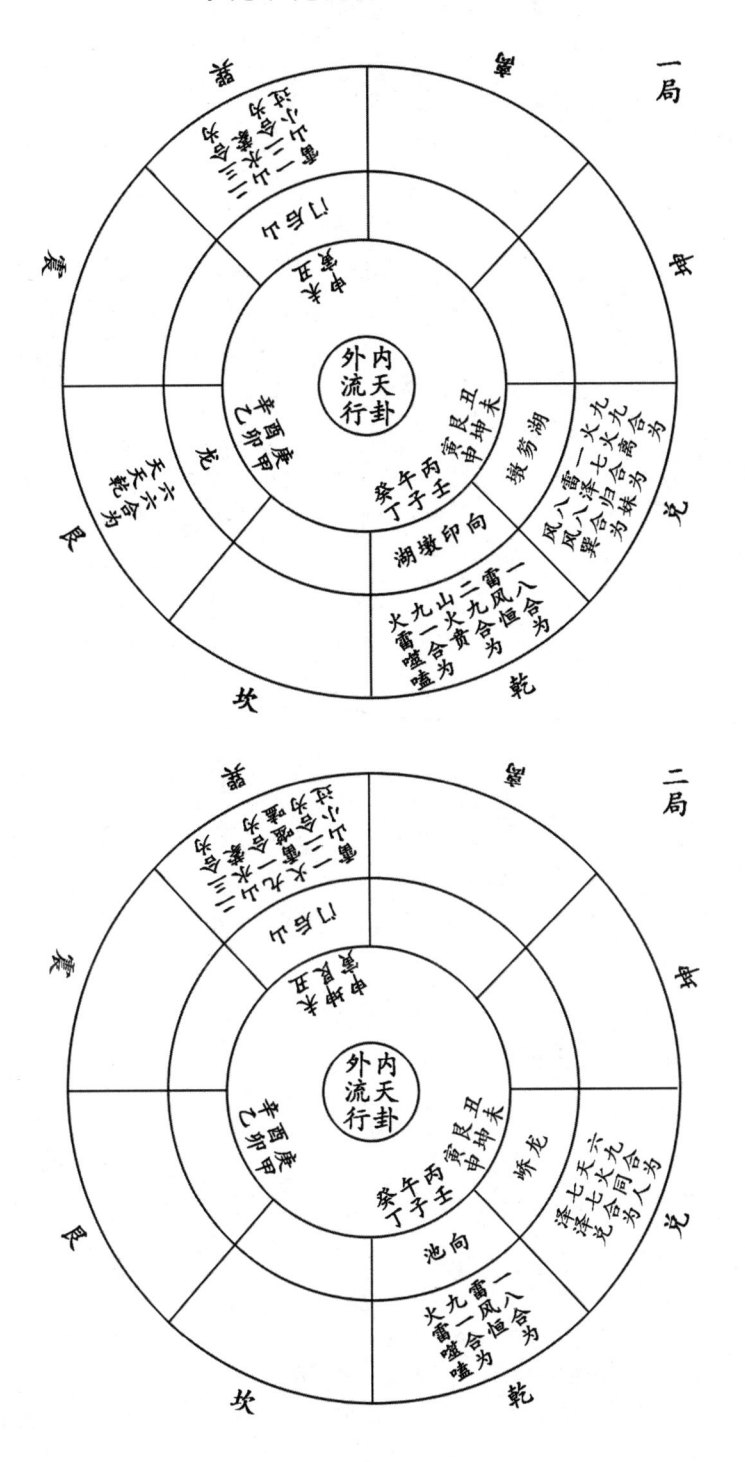

一局

二局

第三帙 阳宅运会

水龙以龙为龙九运天机图①

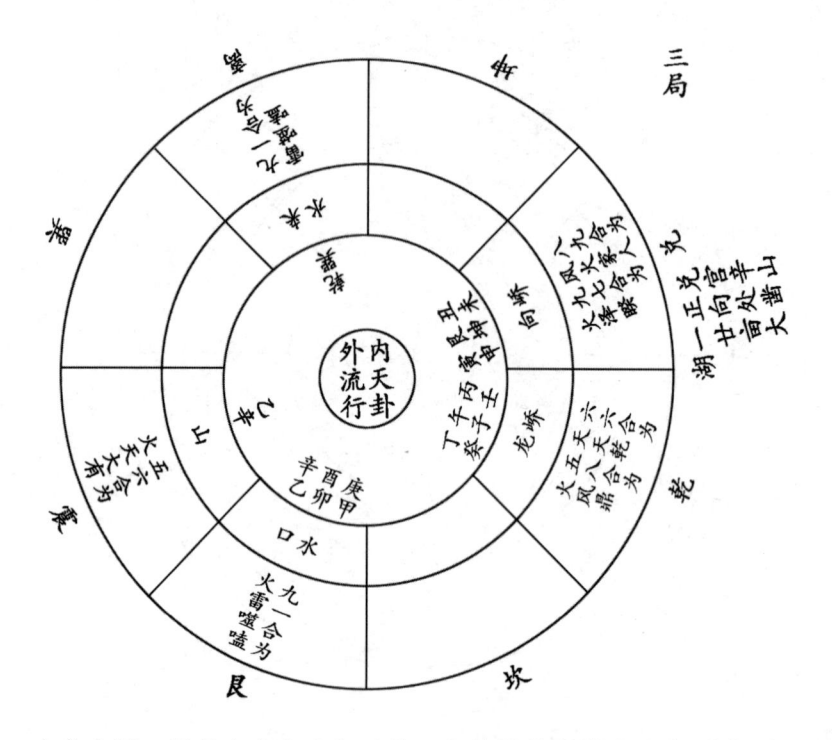

  水龙九运，天卦中之七八九三卦，在乾艮兑方道上。起元贞下，开天之机缄。启后承先，泄乾坤之奥妙。一九双飞，水火刚成既济。②六三并到，③旺生得位而丰。④人居紫光阁内，书姓者无非钟紫气之灵。⑤天上白玉楼成，诏题者不过毓白星之瑞。⑥星统三元，宰相才皆因此出。⑦气络九运，文学士且萃于斯。其以艮为龙也，

  注：艮龙戌向、庚亥二方凿池、辛方筑笏墩、乾方筑印墩、辰山巳门一局，取艮卦纳甲初爻在辰，立辰山以应艮卦之爻辰。辰见戌为天马、加

---

  ① 兑宫辛山正向处，凿一二十亩大湖。

  ② 九运水龙，排龙以一立极，卦合成既济者。九紫，离也；一白，坎也，坎水离火，故云。

  ③ 九运必取武、禄之星以为补救，方合江西一卦。

  ④ 生气，震雷也；旺气，离火也。生旺合，而卦成丰矣。

  ⑤ 水龙向水排得九紫旺气，所出人物有功书麟阁者。

  ⑥ 水龙向水排，得一白生气，主出名动天子者。

  ⑦ 右弼一星，原属紫微垣之辅佐，得山星之旺气者，主生相才。

爵，立戌向以为辰山之马建。庚见戌为天福，辰生亥，为姑洗生应钟，凿庚亥二湖，以为戌向之福应、辰山之隔八相生。夫乾金，老父也；辛金，少女也。乾辛二方筑墩，夹向正为戌向土之用星。且戌生巳为无射生仲吕，巳方开后门，更为戌向之隔八相生。生旺既得，禄贵重逢，扶龙扶山之法得矣。况戌向之经星，值壁水貐六七两度，主应天文土司空一星、女御四星守门。夫土司空者，国家治平水土之宫也；女御者，八十一御妻之象也。应此门而生者，男居宰辅，兼操工部之权；女作后妃，执掌宫门之政。

门开戌地，雷风相薄而恒象成。① 坐立辰方，山水奇逢而蒙卦立。金印筑于乾宫，彼朱虚侯之按剑，曰臣将种也。② 玉笏培于辛位，而白太傅之蒙褒，曰卿相才乎。③ 昴鸡踏浪，波流紫锦之霞。④ 危燕穿湖，土入丹扉之直。⑤ 人谓官泰知政，大都印笏流辉；我云职任平章，兼得湖池助映。夫岂巳门之饶有生机，遂使艮龙之广多奇效。其以庚为龙也。

注：庚龙、戌向、辰山、酉峤、亥池、巽巳后门一局，取庚戌为天福，辰以戌为天马、加爵，立戌向以为庚之福荫、辰山之马建。辰合在酉，庚以亥为太极贵人，辰生亥，为姑洗生应钟、冲酉峤、凿亥湖，以为庚脉之贵建、辰山之地建与隔八相生。戌生射，为无射生仲吕，庚以巳为催官、文魁，开巽巳后门，又为戌向之隔八相生、庚龙之官星。生旺既得，禄贵重逢，扶龙补山之法得矣。况戌向之金星际壁水貐六七两度，上应天文土司空一星、女御四星守门，所占与上艮龙戌向之局同。

白羊宫中立户，⑥ 生机郁郁，子孙代处木天；⑦ 双鱼舍里穿池，⑧ 旺气

---

① 艮龙立戌向，两盘排来，其卦重恒。
② 乾方两盘，排得巨得弼，毓贲卦之灵，而生有胆识之将才者，盖因乾金得土以生、得火以制，成一时之利气耳。
③ 辛方得辅，故生相才。
④ 昴日鸡，庚方之坐度宿也；紫锦，喻九紫也，庚池得九紫旺气，主富。
⑤ 危月燕，亥方之坐度宿也，亥池得旺、宝列三台者，亥际紫征垣天皇大帝之位也。
⑥ 白羊，戌宫次舍名也。
⑦ 木天，翰林所居之院也。戌向排得生气，又得亥池之旺气交映，水暖花红，士有居翰苑而得大魁者。
⑧ 双鱼，亥宫次舍名也。

蓬蓬，公族同居金穴。① 酉峤矗耸，诞祥者如汲黯之揖卫青，不如将军而折节。庚脉蜿蜒，育瑞者若唐介之弹彦樽。② 不因平章事而改容③或谓巽方开户，富豪敌国之称。安知辰位修山，室有多男之庆。其以亥为龙也。

注：亥龙、辛向、庚乾二方冲峤、午方来水、丑方去水、乙山。取辛见亥为太极贵人，立辛向以为亥龙之贵荫。一合在庚，左冲庚峤，以为巳山之天建。乾金为老父、辛金为少女，右冲乾峤，为以辛向之比助。庚辛以午为阳贵、黄甲、天厨、天福，亥生午为应钟生蕤宾，收午来水上堂，以为辛向庚峤之贵建、福荫、亥龙之隔八相生。辛以丑为文魁催官，去水绕堂出丑，以为辛向之官星。生旺既得，禄贵重逢，扶龙补山之法合矣、况辛向之经星，际奎木狼八九两度，上应天文右更五星、军南门一星守门，夫右更者，国家上库所养之三老五更也，军南门者，国家主掌军旅之臣也，应此门而生者，或侧席求贤，以布衣而作帝王师；或指麾众将，掌元用而居丞相职。如东汉桓荣、后汉方合天文占验。

向驭直符，④ 遵湖水以荫之，千斯仓，万斯箱，本此薰陶之旺气；⑤ 克居两地，⑥ 冲峤峰以镇之，及有文，乃有武，共登及第之科名。一泓来自狮宫，潘岳何堪欣羡。⑦ 众派流归蝎磨，石崇不足夸张。⑧ 虽乙山得火天之克，仅配阴阳。觉亥龙收五八之交，终享富贵。人能推此三元，天将难逃一掌。

---

① 亥池得火雷噬嗑之卦，主大富。
② 宋文彦樽。
③ 酉峤得破之纯卦，庚龙得武弼之合卦，主出人直介面折延争者，盖破武之金纯刚故也。
④ 直符，辛方之一神名也。
⑤ 辛向排得九七之火泽暌，主财雄一郡。
⑥ 庚得八九，乾得六六，均属克气。
⑦ 狮子，午宫次舍名也。
⑧ 磨蝎，丑宫次舍也。

水龙以门为龙九运天机图

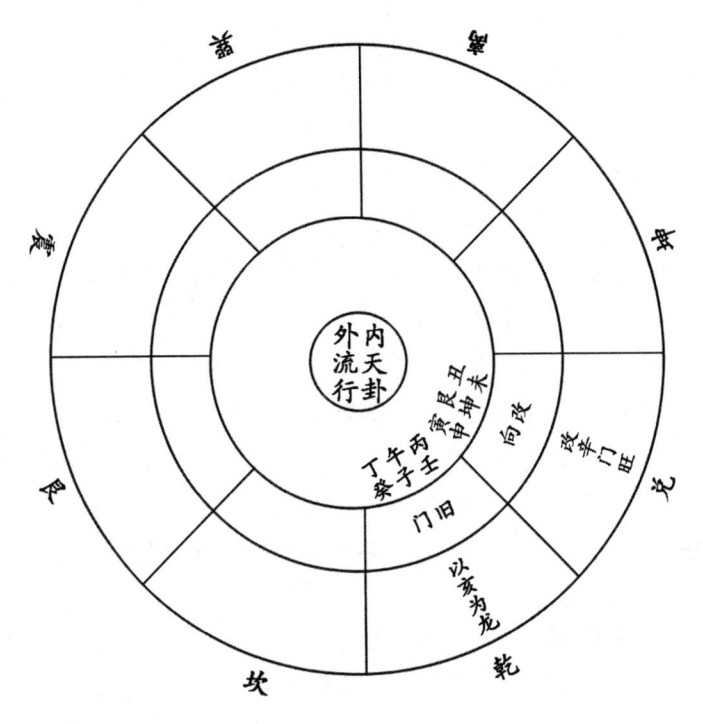

水龙以亥为龙者，改辛门以通阳气，谓之收祥风；凿辛池以见洋光，谓之纳吉水，格合燕入奎垣。

九运总论

九运主运星，右弼火也。① 山龙培右弼之形，宜求右弼之运者，其局有三。

注：一局，丁龙戌向兼乾、辰山兼巽、亥峤、寅门、酉池兼辛。补培之法，取丁禄居午，辰以午为凤诏，寅以午为龙章，戌以午为将星，于火星峦头下午宫五六度，培一方正土墩，上筑柳土獐星形，以为丁龙之禄建、戌向辰山寅门之贵征。丁以甲为官贵，辰以申为龙章，于左砂申宫二十七八度，大开水窝，筑参水猿星形，以为丁龙辰山之贵应。辛禄居酉，于戌宫二十八九度正辛处，培一笏砂抱内，上筑奎木狼星形，以为酉池之

---

① 形势家之右弼，常随八星而行。在山龙，则过峡穿坪跌断处为右弼；在水龙，则开大坪处为右弼。

邀禄。丁以卯为催官、太极贵人、文魁，于右砂卯宫十三四度，垒一金堆，上筑亢金龙星形，以为丁龙之福荫。丁合在壬为正官，于子宫二十八九度正壬处，培一玉印土墩，上筑女土蝠星形，以为丁龙之官星。辰见戌为天马、加爵，于关气案外三百六十步、戌宫二三度，高筑一尖秀火峰财山，上筑室火猪星形，以为辰山之马建。夫而后五行济美、八方得配矣。

二局，午龙戌向兼乾、辰山兼巽、酉池、亥峤、巳门。培补之法，取戌旺在午，于午宫十五六度，培一方正土墩，上筑柳土獐星形，以为戌向之帝旺。午合在未，于未宫一二度，大开水窝，上筑参水猿星形，以为午龙之地建。辛禄居酉，于酉宫一二度正辛处酉池下，培一笏砂，上筑奎木狼星形，以为酉池之邀禄。卯合在戌，于右砂卯宫十二三度大垒金堆上，筑亢金龙星形，以为戌向之地建。辰旺在子，戌又以子为凤诏，巳又以子为天马、加爵，于子宫十三四度亥峤上，筑一玉印土墩，以为辰山戌向巳门之贵征。午墓在戌、午又以戌为龙章，于关气案外三百六十步之戌宫二三度，高垒尖秀火峰为财山，上筑室火猪星形，以为午龙之贵应。夫而后五行比美、一室蒙休矣。

三局，亥龙甲向兼卯、庚山兼酉、巳水、未坤门。培补之法，取甲以酉为催官，于酉宫二十一二度，培一方正土墩，上筑胃土雉星形，以为甲向之官贵。庚见戌为天福贵人，于右砂戌宫十五六度，大开水窝，上筑壁水貐星形，以为庚山之福征。甲以丑为阳贵，于丑宫二十二三度，培一笏砂斗木獬星形，以为甲之文秀。庚以午为阳贵天福，于右砂午宫六七度大垒金堆上，筑鬼金羊星形，以为庚山之贵建。亥旺在卯，亥又以卯为龙章，于卯宫十六七度，培一印土墩，上筑氐土貉星形，以为亥龙之贵荫。庚以寅为阳贵、天厨，于关气案外三百六十步、寅宫一二度当甲处，垒一日华云烂财峰，上筑房日兔星形，以为庚山之贵建。夫而后五行和济、八方有配矣。）

水龙得右弼之运，宜筑右弼之形者，[①] 其局有三也。

注：一局，艮龙、戌向、辰山、庚亥二方凿池、辛方筑笏墩、乾方筑印墩、巳门。培补之法，取戌合在卯，于卯宫二十一二度，培一方正土墩，上筑氐土貉星形，以为戌向之地建。辰生在申、又以申为龙章，于左大砂申宫二十六七度，大开水窝，上筑参水猿星形，以为辰山之生旺位。

---

① 右弼一星系离卦，当以正火星论。

辰旺在子，戌又以子为凤诏，于右大砂子宫六七两度，大垒金墩，上筑牛金牛星形，以为辰山之旺位。谈法者，既于辛乾二方筑笏印之砂，庚亥二方凿生旺之池，以挨生镇煞，合天心之正运者，若再于关气案外三百六十步之戌宫，高培一云水朝案，以为财山，上筑壁水貐星形，作辰山之天马、加爵。夫而后五行调济、八国得配矣。学法者，布基推运，当以此局为矩程耳，岂可执一哉！

二局，庚龙、戌向、辰山、酉峤、亥池、巽巳门。培补之法，取庚以卯为唐符、咸星，于坐山右卯宫十八度，筑一方正土墩，上筑氐土貉星形，以为庚龙之武贵。辰生在申，庚又以申为黄甲、催官，于左大砂之申宫二十三四度，大开水窝，上筑参水猿星形，以为庚龙辰山之贵征。辛禄在酉，酉峤下正辛处，培一笏砂抱内，以为酉峤之邀禄。辰旺在子，戌又以子为凤诏，于右大砂子宫五六度，高垒金堆，上筑牛金牛星形，又以戌向辰山之贵应。壬禄在亥，于亥池靠壬处，培一玉印土星，以为亥池之邀禄。辰以戌为天马、加爵，庚以戌为天福贵人，于关气案外三百六十步，正戌向之十五六度，高筑一云水潮峰，以为财山。夫而后五行比和，四方有助矣。

三局，亥龙、辛向、乙山、庚乾二方冲峤、午方来水、丑方去水。培补之法，取乙禄居卯，甲见辛为正官，于坐右卯宫二十五六度，大开水窝，上筑参水猿星形，以为乙山之贵应。乙以子为太极贵人，辛以子为催官，亥以子为天马，于右砂七八度，大垒金堆，以关去水，上筑牛金牛星形，以为乙山辛向亥龙之福应。亥见辛为太极贵人，于关气案外三百六十步，高树一冲天木星，上筑奎木狼星形，以为亥龙之贵应。回生峦头火星，而成木火通明大格。夫而后五行调济，一宅蒙休矣。

布阳基者，当平基之时，入脉处高筑尖秀三峰，以肖火星三台。再于三台下，筑一火星，峦头左右大培两砂，左砂至转弯处，大开水窝，上筑水星形象[1]砂头，形作象笏以抱内；右砂至转弯处，大筑金堆，上筑金星形象砂头，形作玉印以抱内。[2] 火星峦头下，当两砂中，再作一方正土墩，

---

[1] 随局筑星，总以二十八宿论。
[2] 左方出水，左砂下作一玉带长堤，以为关气内案；右方出水，右砂下作一玉带长堤，以为关气内案。

以泄火星气。① 土墩下横筑后堂基地，② 至中堂天井，宜方正而阔达。③ 前堂土庭，宜金唇而圆大。案外财山形，或火、或木、或金、或水、或土，象局施宜。财山两傍，或凿池、或冲峤，随运铺张。然扶厝后鸠工架屋。后堂宜阴屋阳厅，不开天井。④ 中堂宜阳屋、阳厅、阳井，前堂宜低小阴屋，不可过高。左右扶厝，宜低小阴屋以配之。大门外，左建圆亭、⑤ 右建方亭以镇之，⑥ 则火星之作法合矣。《经》云："火星高耸插天红，架煞土坪好受空。任他凌会尖带嘴，阴阳制法得正宗。"

胡公式曰："山龙无右弼之正形。"凡正火星峦头，皆可以右弼论。再能得右弼旺运者，真天然之右弼也。较诸培补成形者，大异天渊矣。

虽水龙待培筑而成形，亦宜觅墩阜，接壤之下，大开坪处，方合右弼之形。谈元运者，岂可忽诸！

---

① 墩宜高大。
② 阶下再开玉尺沟，引水拦截，以制炎威。
③ 左作日形池，右作月形池。
④ 宜作一条玉尺沟横过。
⑤ 高三丈六尺。
⑥ 高二丈四尺。

第四帙　司马两城门法

司马五星城门序

　　《易》曰"在天成象，在地成形"，是地之形原本夫天之象也明矣。世之谈地者，往往拘执师传，取其一则弃其一焉。不知岗峦之五行挺列于一方，即苍穹之五星会萃于一处。五行之在行龙也，则以祖山分脉处论之，少祖属何星体之五行，当以本体之星形，推排周流六虚，审峦头水口以看生旺，交媾则在山之城门，五星生克已见矣。五行之在流水也，则以流神交会处论之，水口属何方位之五行，当以本体之星形，推排飞挨八国，审祖山坐穴以看生旺，交媾则在水之城门，五星生克已见矣。司马又以元运先后天参用，乘除其数，推排零正而定吉凶者，盖以星体水口之五行排砂排水，以先后天互用排，个中兴衰生死庶几哉！元运中动静催照之法备，五星城门之诀明矣。余自得法以来，取《玉函》天机钤诀，参阅其理，恍悟城门之诀，别有一道，无怪夫《天玉》诸书当郑重而不敢轻泄也夫。

浒湾后学复元子跋

山龙篇

司马山龙五行动静说

　　山主静，水主动，自然之理也。山之峰峦，或竖、或眠、或横、或直，无非五行之布列也。水之滢洄，或曲、或直、或潮、或泻，无非五行之形象也。山之方、圆、直、锐、曲，即符乎土、金、木、火、水之形，此静中之五行也。水之方、圆、直、锐、曲，亦符乎土、金、木、火、水之形，此动中之五行也。以山之城门求水之城门，是以静求动也。以水之城门配山之城门，是以动合静也。《易》曰："一动一静，互为其根。"识得五行动静之理，则元运城门之法无二说矣。

司马山龙认山之城门诀

高陇大岗，一例可推。城门之在山者，人皆昧之。不知因穴寻龙寻到本龙大分支处，① 认定本支祖宗是何星体。金有三种，② 土亦两般。③ 他若火木与水，均有其星，④ 然后因形起星，⑤ 顺排二十四山，⑥ 看城门之主星⑦生克峦头、水口、奇峰、贵砂否。如果相生则取之，⑧ 如果相克则补之。⑨ 倘无补救直达，形势虽佳，元运虽旺，而五行交战之凶威，终当暴怒于得意隆时也。⑩ 若此龙来踪甚远，⑪ 其分支不可尽穷，当于父母山下开大帐过峡处辨之。⑫ 法贵活看，不可拘执，则城门之法始贯通矣。

司马山龙分脉以静求动法⑬

静为死，动为生。有动无静，则变幻无方；有静无动，则胶执鲜通。法以宗山之城门为静，⑭ 以会水之城门为动。⑮ 今以宗山之星体起星，是以

---

① 或三五支，或七八支，不一。
② 如武曲、破军、左辅是。
③ 如巨门、禄存是。
④ 如木起贪、火起廉、水起文之类。若右弼则付于八星之中，无定形故不起星。
⑤ 先取罗经格定下脉是何方位。如子上是木星，即从子上起贪狼；子上是土星，即从子上起巨门、禄存之类。
⑥ 罗经既格定，峦头坐定穴是何方位，水土城门是何方位，八国奇峰是何方位，一一排去，吉凶自见。
⑦ 看山之城门也。
⑧ 比和亦可。
⑨ 取水之城门以合之。
⑩ 有吕霍之贵者，即有吕霍之祸。
⑪ 或十里、或数十里、或数百里分支而来，此龙力量甚大，当结大地也。
⑫ 城门之处不一，有分支在分支处寻，无分支在开大帐处寻，无开帐则非城门耳。
⑬ 此两城门排砂之秘旨，非两城门催照之枢机也。分而考之，其法始备。
⑭ 须格是何方位下脉为准。
⑮ 须格是何方位出口方准。

静为根也。① 顺排至城门②之罗星、八国、朝峰及城外之捍门、华表等处，③ 看生克，审衰死，④ 是以动为用也。此山以静求动之法鉴也。⑤

司马山龙认水之城门诀

城门之在水，人皆知之。水之所以为城门，人不知之。有数流会此而出者谓之城门，有众流聚此而潴者谓之城门。有众小流会合而来，大江横截，收尽洋神，虽千流万派，一滴不漏，其大江所截之方位，亦谓之城门。⑥ 总之，水之城门，原以收山之脂膏耳，其行龙之分脉也。分一支即有水，分数支即有数水，或左或右，或前或后，周围绕抱，融聚城门。⑦ 然后知此地之关键，实以锁龙气而通山川之性情也。⑧ 虽法有以朝水会合为城门者，⑨ 有以来水为城门者，⑩ 城门之地不一，而排城门之法则无二焉。⑪ 操斯术者，岂可拘泥一格哉！

---

① 如宗山下脉系卯、山形是武曲，即从卯上起武曲，顺排至水之城门方位，看水之城门得何星体。如得贪狼则为金克木，五行山克水为财，三元武遇贪为旺，又为一六共宗。如水之城门得廉则为火克金，五行水克火为煞。若比和相生，亦可入用。若《玉函》收星又自不同者，《玉函》言气此言形也，学者详之。

② 水之城门也。

③ 其排法亦分天地人三元顺逆推挨。而排八国朝峰、四围侍卫，五行亦宜生旺，祖山不可倒克其上免致生犯之辈。慎之。

④ 山之城门起星，排至水之城门，宜旺。

⑤ 法宜先取罗经，在山之城门上格定水口、捍门在祖山何方，峦头、朝峰在祖山何方，然后一一挨排，以静求动，得之者用，失之者弃，其法始无遗漏。

⑥ 此大水收小水之法也。

⑦ 水之城门也。

⑧ 水之城门起五行之法有三：一法以认定罗星形像而定五行，如罗星尖者为火起廉，圆而光润者为武曲金起武，圆而破碎者为破军金起破，圆而方长者为左辅金起辅，直而长者为木起贪，曲而荡者为水起文，方而平者为巨门土起巨，方而多脚者为禄存土起禄。一法以捍门华表形像起星。一法无罗星捍门朝水、无盖案来水、无天关，虽格定会水聚处是何方位，借方位干支交象之分星五行以为起例。此法至秘，不可轻泄。

⑨ 法以遮洋案之星体五行起例，无案则以方位分星之五行起例，逆排以至祖山。

⑩ 必众流会聚而来绕堂之方位始，大抵横龙多此局耳。

⑪ 水之城门起例，均用逆排。

司马山龙会水以动合静法

闻之水为山家血脉精,水会而止,群峰万壑之气亦因之而止,若是乎水之城门关系亦非轻也。法从水之城门起星,① 逆排至祖山及八国朝峰、峦头坐穴,看五行之相生相克。② 以合山之城门。此以动合静之秘旨也。

司马山之城门辨③

城门有真即有伪。远而望之,众山团聚、开帐过峡似真;近而察之,群峰皆借,非真城门也。④ 然而城门之真自在也,无论穿落处有侧落、正落、闪落、意落、透空落、半腰落、妖兽脉之反背落、龙耳脉之听受落,其起顶之五行,或开华盖帐,或开三台帐,或开云水帐,或开九脑、七脑、飞鹅等帐,而后下脉起蜂,始有此等贵脉。⑤ 学者认脉不真,虽有城门之法,用之卜地,百无一验。

司马水之城门辨⑥

水之城门,其地虽不在一处,察龙者认定此水为此中山水之大聚会,方是真城门。⑦ 如一水横流,过堂反捍,不得谓之城门;两水相会,交剑直流,不得谓之城门;朝水扑面,直如竹筒,不得谓之城门;来水散漫,下关不闭,不得谓之城门。夫既不得谓之城门,即不可行城门之法也。又有一格,人多忽之。如回龙顾祖,两边随龙大溪,会合于峦头坐穴之后,虽有靠山鬼尾遮拦,而此龙之峻岭重峦,⑧ 此局之奇峰贵曜,满腹精神,尽发于斯,此水躔玄武、坐水攀龙之上格也。认得此种城门,庶几可以言

---

① 所起之五行九星,法详于前。
② 山之城门起星,顺排二十四山为下盘;水之城门起星,逆排二十四山为上盘。独于两城门处看生旺交媾,其余各方均论五行之生克者,此排砂之法,非催照之法也。学者详而别之,其法始验。
③ 以山龙言。
④ 用法者执此以论生克,形假而气亦假,求福反而获祸,慎之慎之。
⑤ 亦怪脉也。
⑥ 以山龙言。
⑦ 无论去水、朝水、来水均是。
⑧ 行龙之贵格,不得一例。

道矣。①

司马山龙水之城门先后天互织乘除催照法②

《易》之为书，虽"范围天地而不过，曲成万物而不遗"，无非先后天之参互错综、爻辰交织，以成六十四卦之贞悔焉。地理不过得《易》之偏端，安可不先后天并用哉！夫《玉函》之排山龙，有时从龙上排，有时从向上排，立极所开之天卦，均用先天之合九；定卦分星，不杂后天之气者，山龙不下水故也。岂知《玉函》于两城门之法、催照之例，又用先后天交织而体用始全乎？以山龙论，排水之城门所以用先天者，以先天立极排龙之天卦，顺布八宫，分爻起星，③将龙上所得之星，安置水口城门，④以为天数。次以先天立极排向之天卦，逆布八宫，数起先天，卦填后天，借卦分星，以为人数。⑤再加罗经静盘后天方位抽爻换星之数，以为地数。三乘其数，⑥逢十除，逢五除，⑦举其除数，⑧从水之城门一宫一星，逆排至龙、至山之城门。⑨其入首之龙必得旺神、山之城门必得生神，而后吉

---

① 用法得体，较他等城门发之更速、更大者，以生气冲和于坐后，群峰万壑之灵先此而钟也。

② 此《玉函》调催照之法也，不同乎五行排砂之术。而催照之法先以水之城门为本者，盖山之精神，其机必动于水，则此局之奇峰贵砂，始成活泼泼地。故法于排元运之外，先此为急务。合之山之城门，以排零正，则乾坤消息之窍通矣。

③ 顺逆挨排，二十四山从龙起。

④ 山龙逆排至龙上星喜旺。

⑤ 如得先天之乾一，则以后天之戌乾亥填之；得先天之兑二，则以后天庚酉辛填之；得先天之离三，则以后天丙午丁填之；得先天之震四，则以后天甲卯乙填之；得先天之巽五，则以后天辰巽巳填之；得先天之坎六，则以后天壬子癸填之；得先天之艮七，则以后天之丑艮寅填之；得先天之坤八，则以后天未坤申填之。此先后天互错交易之秘法也。

⑥ 如龙山所得之星，得贪为一数、得巨为二数、得禄为三数、得文为四数、得廉为五数、得武为六数、得破为七数、得辅为八数、得弼为九数，排向所填后天卦位星数如之，静盘方位所分之星数亦如之。三乘其数者，以天人地三盘之星数重而计之，看共得何数，以便乘除耳。

⑦ 除十、除五，除中宫之戊巳也。但法仅两除，无三除之例者，仿乾坤之策也。义详《易纬通卦验》。

⑧ 除十除五之除数。

⑨ 所以用一宫一星者，体洛书之九气运行八宫也。法不同元运之挨排二十四山者，此催官之法也。

气融焉。复从龙上起①所得之星，②一宫一星，顺排至向、至水之城门，其立向之方必得克神、水之城门必得衰神，而后煞气放焉。③所以然者，水既会萃，夫山岳之精华，因以动荡之生机，鼓舞夫岗陵之静质，使郁郁葱葱，毓秀钟灵，方不负大造重峦耸翠、众水澄清之意。此从水之城门审催照之秘旨也。（《补义》：重数若逢二十六七之多，法以逢十逢五两除之外，所余之数，如逢十一，起奇数星，从贪上起排；逢十二与十数，起偶数星，从弼上起排。但星当次序顺排，不可倒置。）倘元运排龙、排向生旺得宜，则城门之法愈灵；若元运乖戾，则城门之法无地而施。学者宜知之。

司马山龙之城门先后天互织乘除零正法④

天地之道，有阴必有阳、有逆必有顺。逆者既以验山川之休咎，顺者亦可决岭洋之吉凶。此造化自然之理也。⑤明乎此理，山之城门又当论矣。曷言乎山之城门也？因分脉分水之间，山则拥护夫峡，水则分缠夫脉，山水同在一处分，如出一门焉，故谓之城门也。然山既有城门，必有法以排在山之城门，而在水之城门，始有配合交媾之真机。法以先天立极排向之天卦，逆布八宫，定卦分星，从向上起星、向上收星，⑥将向上所得之星，

---

① 入首之龙即系山之城门更佳。
② 从水之城门逆排来者。
③ 法以城门之水上起乘除之除数，一宫一星，逆排至入首之龙在山之城门，龙必旺，山之城门必生。又从龙上起所得之星，立向之方必克，水之城门必衰，则阴阳相见之法始备。如一运水之城门得武得贪，为一六共宗，交水之城门得文，龙得一，为太阴太阳交。或一七一卦交、或一八合九交、或一九合十交，兼收二七交、二八交、二五一卦交之类，可以例其余，学者推广可也。
④ 此《玉函》调零正之法也。夫零正之法后以山之城门为用者，盖水之根源其始必发于山。相地者能于此究其理，则明堂之千流万派，亦无泛泛之弊。故此法于排水之城门下，复排城门在山之零正，以审交互吉凶。
⑤ 山龙排水之城门，既由城门逆推；排山之城门，可由城门顺挨。
⑥ 排水之城门，龙上起星、龙上收星。排山之城门，向上起星、向上收星。以元运为两，挟两城门于中。《经》云"明堂正向须知好，认取来山脑"者为山之城门言也。又云"水发城门须要会夫城门而曰发"则知山龙分脉发源为山之城门也。"水曰要会愈知山"山水会为水之城门也。其法不重坐山者，法"向首一星灾福柄，来去二口死生门"之旨也。

安置山之城门，以为天数，① 次以先天立极排龙之天卦顺布八宫，数起先天、卦填后天，借卦分星以为人数。② 再加罗经静盘后天方位抽爻换星之数，以为地数，③ 三乘其数，④ 逢十除，逢五除，⑤ 举其余数⑥，从山之城门，一宫一星，顺排至向、至水之城门。⑦ 其立向之方必得旺神、水之城门必得生神，而后瑞气钟焉。复从向上起所得之星，⑧ 一宫一星，逆排至龙、至山之城门，其入首之龙必得克神、山之城门必得衰神，而后滞气通焉。⑨ 再于两城门所收之星，审其零正；龙向所收之星，辨其阴阳，形佳运合，乾旋坤转，庶无愧仰观俯察之任也。⑩

《补义》：前五星之术论星体之形，以辨金木水火土之象；此两城之法论河洛之气，以辨白黑绿碧黄白赤紫之运。立法者既以星体之五行辨两城八国，是以形论形，欲形之生形，不使形之克形也。复以河洛之九气排两城二口，是以气运气，欲气之配气，不使气之戾气也。学者三绎斯言，则个中之精义明矣。

司马山龙三才配卦说

《易》曰"立天之道阴与阳，立地之道柔与刚"，而所以通夫阴阳运其刚柔者人也，是天地非人不能成三才之数矣。地理两城之法，亦无非体夫

---

① 山龙顺排至向上星喜克。
② 所填之法，亦以先天之乾一取后天戌乾亥填之、先天之兑二则取后天庚酉辛填之、先天之离三则取后天丙午丁填之、先天之震四则取后天甲卯乙填之、先天之巽五则以后天辰巽巳填之、先天之艮七则以后天丑艮寅填之、先天之坤八则以后天未坤申填之。此法至离、至奇、至精、至奥，语不嫌赘，学者谅之。
③ 星数详催照法内。
④ 集天地人三数计之。
⑤ 除法详前。
⑥ 所除以外之数。
⑦ 水之城门逆排，取阳生于外，逆运九气以临山也。山之城门顺排，取阳生于内，顺运九气以临水也。识得此法，而后识"阴阳两路行"之义。识得此法，而后识"山水浑然象两仪"之说。秘哉斯旨！泄造化机矣。
⑧ 得从山之城门顺排来者。
⑨ 此阴阳旋转以定交错互易之法也。如水之城门排来所得生旺者，山之城门宜排衰克以配之；水之城门排来所得衰克者，山之城门宜排生旺以配之。再加先后天互错之法，体"河洛重交，图可为书，书可为图"之义。
⑩ 昔有仙师以元运排龙之法启水之城门，以元运排向之法启山之城门者，衍太易对待之数也。

三才之道也。说以元运排龙之说为天道、排向之说为地道，① 五行城门之说为人道，天地两道包含人道于中。故山龙排水之城门，以排龙所得之星起；山龙排山之城门，以排向所得之星起者，人力可以斡旋天地，使碧落之英华由口而入、赤壤之燥湿由脉而出也。此三才并立之理也，而所以配卦者，以水之城门排来所得之星，配山之城门排来所得之星，重演其卦，分别爻辰，以定本龙之子父财官而考贞悔。明乎此理者，即明夫此法，庶不以互错交易之机缄，为悖缪之小说也。

用法：如水口下盘得文、上盘得贪，② 卦属雷地豫，来龙下盘得辅、上盘得贪，③ 卦属雷风恒。豫为震二世卦、恒为震三世卦，是龙与水均属震木，同气之卦也。水口之豫初爻为龙之财、二爻为龙之子、三爻为龙之兄弟、四爻为龙之子、五爻为龙之官、六爻为龙之财，其分爻之法，一宫三十度，一爻值五度，六爻共值三十度。格城门者，须格的何度，方有准验。至排山之城门，以向上所重之卦论子父财官。

司马山龙阖辟交媾水法

《易》曰"阖户谓之坤，辟户谓之乾，一阖一辟谓之变"，虽六十四卦三百八十四爻，莫不因阖辟之变换，而成其象数，以辨其吉凶。地理得《易》之一端，岂可置阖辟之机缄而不论哉！况辟者分也，山之城门分脉体此也；阖者合也，水之城门合水准此也。就其辟者言之，脉分四隅，向立四正；脉分四正，向立四隅，其所辟者清也。就其阖者言之，脉来四隅，水归四隅；脉来四正，水归四正，其所阖者通也。且就四隅之龙言之，乾字来龙，子山午向，水流巽方；巽字来龙，午山子向，水出乾方；艮字来龙，卯山酉向，水出坤位；坤字来龙，酉山卯向，水出艮位。此元运中之四大御街，④ 天门地户之阖辟水也。⑤ 就四正之龙言之，子字来龙，乾山巽向，水流午位；午字来龙，巽山乾向，水流子位；此后天之坎离，即先天之乾坤，天地阖辟之窍通矣。⑥ 卯字来龙，艮山坤向，水流酉方；

---

① 山龙排两城门，先天互以后天。水龙排两城门，后天互以先天。
② 贪震文坤。
③ 辅巽贪震。
④ 《经》云"乾坤艮巽御门开"，即此之谓也。
⑤ 天地人三元，各清其界。
⑥ 宜破三合"流破地支终须绝"之疑团，方可以言道。

酉字来龙，坤山艮向，水流卯方，此后天之震兑，即先天之坎离，日月阖辟之理贯矣。①

至于四隅地元，辰戌丑未之龙，立甲庚壬丙之向，就辰戌丑未龙之对宫放水，元运又得交媾，是以库乐长春也，阖辟之义合也。借乾坤艮巽消水亦可者，辰戌丑未本乾坤艮巽之子息，借之得宜，亦合"水到御街官便至"之法。若甲庚壬丙之龙，立辰戌丑未之向，仍就甲庚壬丙之龙对宫放水，则非阖辟之义，用之反至获祸。②四隅人元，寅申巳亥之龙，立乙辛丁癸之向，虽乙辛丁癸有水交流，③而出口仍是寅申巳亥，阖辟之理亦通。若寅申巳亥之龙与水兼乾坤艮巽以为来去，亦合马上御街之格者，寅申巳亥犹在乾坤艮巽卦内也，亦可主用。倘乙辛丁癸之龙，立寅申巳亥之向，而水仍放乙辛丁癸龙之对宫，阖辟之理不贯，用之反致生灾。④学者分而用之，则《宝照》"乾坤艮巽天然穴，水来当面是真龙"之天机灵泄矣。⑤法本希夷，予复赘述焉，使法瞭如指掌，庶不致误己而误人也乎？

---

① 乾坤老而不用，以坎离水火代之。故先后天之坎离，皆可运阖辟之法者，河图以天地交，洛书以日月交故也。

② 法宜借库消水，终非美局。

③ 《经》云："寅申巳亥骑龙走，乙辛丁癸水交流。"

④ 宜放子午卯酉，以成乙辛丁癸之官禄水，终非交媾。

⑤ 所谓水来当面者，就龙之当面言也。如乾龙巽水、巽龙乾水、艮龙坤水、坤龙艮水，为乾坤艮巽之天然水也；子龙午水、午龙子水、卯龙酉水、酉龙卯水，为乾坤艮巽变换水，皆为上格。辰龙戌水、戌龙辰水、丑龙未水、未龙丑水，四库齐门，亦为正格。古仙认大江大洋之脉不可追寻者，先格定水口方位一丝不移，即知水口之对宫为来龙之入首也。其余诸法，不过权救一时之急，终非阖辟之旨。

水龙篇

司马水龙五行动静说

地理法乾坤天地也。乾为天，乾之静也专，乾之动也直；是乾纳甲之五行，动静体夫天也。坤为地，坤之静也翕，坤之动也辟；是坤纳甲之五行，动静效夫地也。而水之动静亦然焉。水城之围绕，水形之流走，方圆直锐曲为有形之金木水火土，东西南北中为方位之金木水火土。其在平原平阳，以蛛丝马迹、墩阜丘垤辨金木水火土之形者，静中之五行也；以渠沼沟浍、溪涧池湖辨金木水火土之形者，动中之五行也。其在大江大洋以水为龙、为砂，以水为八国、为四神，举停蓄潴聚、深沉不溢辨金木水火土之形者，静中之五行也；举波涛奔赴、浩瀚横流辨金木水火土之形者，动中之五行也。学者识得动静中之五行，然后可以言水龙之机窍矣。

司马水龙认分水之城门诀[①]

天下之形势，断未有大块横亘、浑然而不分者也。以蛛丝马迹行龙者，上无分则为鬼劫奴龙；以洪涛巨浸为龙者，上无分则为过水缠龙。

曷言乎蛛丝马迹之行龙也？平原平阳之有分者是也。[②] 当天大帐之下，看所起之墩阜是何星形体。圆而光润者为武曲金，体圆而阔长者为左辅金，体圆而破碎者为破军金，就其地形之金逆排，则金气之生克已游于八宫矣。体方而端正者为巨门土，体方而数脚者为禄存土，体尖而正大者右弼火，体尖而多焰者为廉贞火，因其火土之形逆排，则二气之生克已历于四正四隅矣。他若直长为贪狼木，屈折为文曲水，欲知水气、木气之生克，先将八国之星体认真，然后逆排，以论交战、比和之直达，则平阳平原分脉城门之星，可一见而明矣。[③]

[①] 平原平阳，一例可推，即山之城门也。
[②] 脉有分，方有城门。
[③] 用法：先将罗经格定二十四山某山之形体属何五行，由分脉城门之星逆排二十四山某山所得之星属何五行，以排来之五行加形上之五行，论生克，讲制化，考时令，究吉凶，而后排砂之下盘得矣。学者熟读沉思，其义自见，但须细心方能悟耳。

曷言乎洪涛巨浸之为龙也？大江大洋之有分者是也。其源或分自海港，或分自长江，或分自五湖，或分自四海，或分自黄河，或分数大支而此支独小，或分数小支而此支独大，①认定此支是分脉城门，②详审水面之星形。圆如镜者为武曲金，圆而阔者为左辅金，圆而破碎者为破军金，就其水形之金逆排，则金气之生克可布于八宫矣。方而正者为巨门土，方而分数派者为禄存土，尖而端正者为右弼火，尖而多焰者为廉贞火，因水体火土之形逆排，火土二气之生克已周于四正四隅矣。他若直长为贪狼木，屈折为文曲水，欲知水气、木气之生克，先将八国之水形认的，然后逆布，以论生和、冲制之补救，则大江大洋分脉城门之星，可以览而知也。

寻水龙者合而观之，足迹庶几可以遍天下也。

司马水龙分脉以动生静法

水之动静，大异于山矣。水之分流，其机始动。水必同源，其动始生。知水之布散而动荡九州者，即知阳气之充满夫三十六宫矣。顾观水有术：睹水之掀波涌浪，即睹龙之腾跃起伏也；睹水之洪涛喷怒，即睹龙之耸拔崔嵬也。此动则生阳，而分派之城门实当其地也。

水必交汇，其流始静。水必澄潴，其静始生。知水之会合而静镇一方者，即知阴气之可配夫二十四山也。顾出口有方：观水之深沉不波，即观龙之从容中矩也；观水之汇聚停蓄，即观龙之精神抱注也。此静则生阴，而合流之城门又置其位也。③

排法：以分派之城门为动，④ 以合流之城门为静。⑤ 今以分派之水形起星者，⑥ 气生于阳也。⑦ 逆排至合水之城门罗星、四方贵秀，及城外之剑

---

① 必数支为此支缠护，而此支是主，众支是宾，方算城门。
② 水无个字不成龙，须认的确。
③ 平原平阳法与水龙一例，均以分派之城门为动，以合流之城门为静，方可运用。宜细玩之。
④ 须格定是何方位分派，不可混排。
⑤ 须格定是何方位出口，方有准验。
⑥ 平阳平原又以分脉之墩阜形像起星。
⑦ 既格定二十四山方位，分派城门，位在何方，形像何星，以此处形像之星，加此处方位之上，逆布八宫，天地人三元各元分挨，先论五行生克，后查合水处所得之衰死，又受分派处之生旺制克则完。他处只论五行之生克、而不计时令之生旺。学者宜知此法，方不致误。

印、龟蛇、狮象等守关处，① 看生克、审比和者，② 气配以阴也。③ 夫既以阳而求阴，是阴阳之交媾；先以至动之机缄，为至静之比耦也。欲知阴可以敛阳之理者，当知动可以生静之言。

司马水龙认合水之城门诀

江河大势，亦未有分而不合、氾滥无归者，此江汉之所以朝宗于海也。夫水自水源头分派，④ 以一人之身喻，即囟门也，而五官六腑从此分焉。水之分派于城门，多者十数派、少者五六派，亦由人身之五官六腑也。人之一身有咽喉以吸其精华，即有尾闾以消其渣滓；水之八国有枝干以扬其生趣，即有水口以消其秽浊。是合水之城门，虽属关锁龙气，亦以消纳五行之凶威也。

法之平原平阳也，合水之城门何在也？或从小水会聚而出，谓之城门；或两大溪交口而，出谓之城门；或万倾田潮、融聚屯潴、水光如鉴、生机洋溢处，亦谓之城门；或数小水合流，而一大水横截之，大水亦谓之城门。认得各种城门，则平原平阳之机窍通也。⑤

法在大江大洋也，合水之城门何在也？或万派朝宗、以成水聚天心之格者，谓之城门；或众水交会、直趋下流、势如群山万壑赴荆门者，谓之城门；或两界缠身、水会元武、格成坐水攀龙者，谓之城门；或江豚拜浪、孤月况江、莲花出水、平沙落雁等格，四面皆水、八方尽潮、浩淼无涯，又以水之平静不作波涛处，迴水湾环、漩水曲折、情堪荫穴者，亦谓之城门。认得诸类城门，则大江大洋之法律备矣。

学者神而明之，则城门之贻漏者鲜矣。

司马水龙合流以静配动法

天地机缄，有静而无动，虽四渎五湖，停储不溢，不能畅达其生机，亦弃壤之区也。⑥ 无静以驭动，虽千流万派，不能合荫其佳城，亦过隙之

---

① 但八国秀砂上所得排来之星，不可倒克分派城门。
② 分派城门起星排至合水城门星宜得克。
③ 此阳用阴应之法也。
④ 即分水之城门是也。
⑤ 起水口之五行，有罗星之五行与无罗星借方位爻象之五行。起法详前。
⑥ 此死水也，全无活泼气象，故不主用。

光也。① 不知诸水止于斯，则全局之精神亦注于斯；诸水合于斯，则数流之秀气亦钟于斯。若是乎合水之城门，实为关龙气、锁明堂、束流神、通关窍之要害也。法从合流出口之方，格定交辰，起其星象，顺排至分派之城门，兼察八方之秀气、一穴之峦头，看五行之生克，合分派之城门，以配动荡之天机。若在平阳平原也。其法从合水之城门，起城门形象之五行，顺排二十四山，然后审分派城门所得之星，以定其生克也。即在大江大洋，也从会水之城门，起城门形象之五行，顺排二十四向，然后究分派之城门所得之星，以决其休咎也。详而辨之，则动静交配之法律精而且严矣。

司马分水之城门辨

《经》云"倘若来龙骨不真，从此误了人"，而平原平阳、大江大洋之分脉分派，认之不真，格之不的，则贻误更多也。然而平阳犹有草蛇灰线之可寻也，② 至平原则全无迹焉。如江北秦川，横阔千里，既无蛛丝之牵连，复无马迹之突露，茫茫一片，问脉自何方分来，人皆不知也。法以聚糠、聚沙之术辨之。当天之将雨也，或洒粟糠于大地，或洒白沙于平坡，及云开雨霁，往验其迹。审糠来于何处即之知水分于何处者，其来处即分脉城门也；沙聚于何处即知气聚于何处者，其聚处即结穴之真机也。古仙三试其法，虽万里平川，亦不难认之也。

然而大江犹有洲渚挟岸之可步也，至大洋则无涯焉。如洞庭彭蠡，弥漫千里，既无岛屿之露迹，复无石脊之奔洪，浩浩连天，问脉从何处分，人亦不知也。法以穷水源、格水经之术辨之。当罗经之将格也，或穷水源于三叉，③ 或格水经于一线，④ 及艇来舟往，详观其势，审舟行于何处⑤ 即知水经直于何处者，其水经即龙脊也；知艇之漩于何处即知水之转于何处者，其转处即龙身也。古仙屡探其源，虽万顷之波涛，亦不难认之也。学者果认得此种分派之派源，平居聚首而谈，出门放眼以观，庶不致贻屋里

---

① 此湍流也，全无收束气象，故不主用。
② 如墩阜行龙，尚有踪迹可寻，认之犹易耳。
③ 水有三叉，即此龙分派之城门也。所分愈多，龙格愈美，《经》云"朱雀发源生旺气"、又云"水对三叉细认踪"是也。
④ 就水经中线格去，方识出脉之干支。
⑤ 就下流论，若水沉不动，谓之合水之城门可，谓之行龙不可也。

先生之诮也。

司马会水之城门辨

水有分必有合。有合无分，何以见龙之开帐？虽踊跃奔腾，属缠支也。有分无合，何以见龙之驻跸？虽悠扬浩瀚，无关气也。

然而辨平阳之水合易也，有脉脊以行龙，即有两溪以界龙，穴结而两溪之水自合，辨之故易也。若平原之龙，上之分无所见，下之合亦无所考，安所谓合水之城门也？不知平原之间，有渠池以荫之，正《经》云"沟渠点滴有神功"也。格定渠池之方，以作合流之城门，法善而发愈速，较胜于天戈砥柱之关锁重重者，以少为贵也。

然而辨大江之水合易也，有一水以为龙，即两岸以界龙，穴结而两岸之水自会，辨之亦易也。若大洋之龙，上则渺茫无所分，下则浑浩无所合，又安所谓合水之城门也？不知大洋之中有岛屿以镇之，[①] 正《经》云"芳洲一突见精灵"也。格定芳洲之地，以作镇水之城门，法密而效亦灵，不异乎捍门华表之拥护层层者，以奇为要也。

明夫此理，任天下至难定之水口，亦能定之矣，夫岂有外此者哉！

司马水龙会水之城门先后天互错乘除催照法

《易》之为书也，先后同原，故曰"先天而天弗遗，后天而奉天时"。不用后天者，虽有先天无气也；徒用后天者，舍弃先天无根也。故《玉函》水龙排会水之城门，以后天为体，先天为用；爻辰互错，卦象纵横。排龙排向，均以后天合十为宗；催官催福，复以先天合九为照。庶几哉！河洛之苞符已泄，龟马之图书尽呈矣。然而水龙所以用后天者何也？排会水之城门，非后天则气无所考也。故法以后天立极排龙之天卦，逆布八宫，分爻定卦，[②] 龙上起星，龙上收星，将龙上所得之星，安置水口城门，以为天数；[③] 次以后天立极排向之天卦，顺布八宫，数起后天，卦填先天，

[①] 无上以为穴，则穴不真；无土以塞流，其穴无用。
[②] 顺逆挨排，二十四山推元运之法也。
[③] 水龙顺排至龙上星喜克。

借卦分星，以为人数，① 再加罗经静盘方位抽爻换象之星数以为地数，三数相乘，其数②逢十除，逢五除，举其余数，③ 从会水之城门，一宫一星，顺排至龙，至分水之城门，④ 其入首之龙必得克神，分水之城门必得衰神，而后阴气通焉；复从龙上起所得之星，⑤ 一宫一星，逆排到向，至会水城门，其立向之方必得旺神、会水之城门必得生神，而后阳气发焉。⑥ 所以然者，取刚柔相摩、八卦相荡，且因先后天之摩荡，而使扶舆磅薄之气、江汉炳赫之灵，尽毓于斯，而产孝子贤孙，以作朝廷之桢干，夫岂谓卜窀穸计哉！倘元运排龙排向而生旺得宜、零正得地，自然一葬便兴隆，正《经》云"泥鳅浪里跳龙门，渤海便翻身"。若元运乖戾，则不谈矣。

司马水龙分水之城门先后天互错乘除零正法

南唐何令通云"用后天以立向，宜求三般卦例；用先天以统龙，当审四龙天星"者，法为分水之城门设也。抑又闻之"从来水路后天成，复取山骨先天生"者，法以后天兼运夫先天也。明师善用后天之道，一生一旺，吉凶可辨；仙师兼用先天之道，一零一正，福禄自催者，无非守其法而通其用也。

然试以分派之城门论之，法以后天立极排向之天卦，顺布八宫，定卦分星，⑦ 向上起星，向上收星，将向上所得之星，安置分派城门，以为天数，⑧ 次以后天立极排龙之天卦，逆布八宫，数起后天，卦填先天，借卦

---

① 如得后天之坎一，则以先天庚酉辛填之；得后天之坤二，则以先天壬子癸填之；得后天震三，则以先天丑艮寅填之；得后天之巽四，则以先天之未坤申填之；得后天之乾六，则以先天之丙午丁填之；得后天之兑七，则以先天之辰巽巳填之；得后天之艮八，则以先天之戌乾亥填之；得后天之离九，则以先天之甲卯乙填之。此后天互错先天，使体用兼全，以成坎离之匡廓，而开乾坤之橐龠也。非天道而何哉！
② 以天地人三盘之星数重而计之，看得何数以便乘除。
③ 所除之余数。
④ 运行八宫，不入中宫。
⑤ 从水之城门顺排来者。
⑥ 交媾法生旺宜向与会水之城门、衰克宜龙与分水之城门，而配合又以一六、二七、三八、四九阴阳少太，合九合十、雷风相薄、水火既济、山泽通气、天地定位为上格，否则阴阳相见亦可。
⑦ 即水龙元运排向之法。
⑧ 水龙逆排至向星喜旺。

分星，以为人数。① 再加罗经静盘方位抽爻换象之星数，以为地数，三乘其数，② 逢十除逢五除，举其余数，③ 从分派之城门，一宫一星，逆排至向，至会水之城门。④ 其立向之方必得克神、会水之城门必得衰神，而后乖戾之气出焉。复从向上起所得之星，⑤ 一宫一星，顺排至龙，至分派之城门，其入首之龙必得旺神、分派之城门必得生神，而后融和之气通焉。推原其故，无非阴用阳朝、阳用阴应，雌雄交会，以成元空之浑象，而不负此河岳之英灵也。倘元运交媾，形穴天然，正《经》云"识得零正与正神，指日入青云"。至元运失位、零正失机，则万丈火坑亦随之至矣。为地师者，可不慎哉！

司马水龙三才配卦说

《天玉》曰"上按三才并六建，排定阴阳算"，是排三才之说，又用夫阴阳之顺逆也。法以排龙之天卦为天道，排向之天卦为地道。排龙顺者，排向必逆也；排龙逆者，排向必顺也，所谓阴阳算也。以两城门为人道，浑然中处，而置天地于上下矣。其排两城门也，审形象之五行，分脉顺排者、会水必逆排也；分脉逆排者、会水必顺排也，此静位之排定阴阳算也。辨催照之九气，会水顺排者，龙必逆排也；分水逆排者，向必顺排也，此动位之排定阴阳算也。夫既以天地两道包涵人道于中，是两城门之法可以与天地参矣。法所以配卦者，排龙与排向所挨之星，交重为一卦者，此大父母卦也；⑥ 排两城门形象之星，两盘交重为一卦者，此动静之卦也。当看生克制化，排两城门催照之星，两盘交重为一卦者，此零正之

---

① 如得后天之坎一，则以先天庚酉辛填之；得后天之坤二，则以先天壬子癸填之；得后天之震三，则以先天丑艮寅填之；得后天之巽四，则以先天之未坤申填之；得后天之乾六，则以先天之丙午丁填之；得后天之兑二，则以先天之辰巽巳填之；得后天之艮八，则以先天之戌乾亥填之；得后天之离九，则以先天之甲卯乙填之。

② 以天地人三盘重而计之，如逢七八九数则除五，十一至十五数则除十，十六至二十七数之多则逢十除、逢五除。两除之外、法无三除者，体河图中宫天五生土地十成之，生成之数也。

③ 所余之数，一数起贪，二数起巨，三数起禄，四数起文，五数起廉，六数起武，七数起破，八数起辅，九数起弼，逢十数逆行仍起弼，逢十一数顺行起贪，次序渐接也。学者宜细心体贴，方不致误，岂予之好为赘说哉！

④ 运行入宫，不入中宫。

⑤ 从分派之城门逆排来者。

⑥ 俗所云天父地母者是。

卦也。当辨子父财官，夫然后三才之道备，而两仪四象之理得矣。

司马水龙阖辟交媾水法

《奥语》云"第七奥，要向天心寻十道"者，即陈希夷所谓阖辟水也。夫既以阖辟之机缄，定十道之天心，其辟而分者属乾坤艮巽，其阖而合者亦乾坤艮巽也。且坐与向，亦不出乾坤艮巽之外，此天元中四隅之天心十道也。卦气剪清生旺，得地发福最久。其辟而分者属子午卯酉，其阖而合者亦子午卯酉也。且坐与向，亦不出子午卯酉之外，此天元中四正之天心十道也。卦气不杂，零正乘时，发贵最速。

若人元寅申巳亥之山向，得人元乙辛丁癸之龙与水，① 亦为天心十道。但人元单行，半吉半凶，② 必乙辛丁癸之龙与水，兼子午卯酉而行，始合《地钳经》"借资坎离震兑气之法"也。寅申巳亥之龙与水，兼乾坤艮巽而入，方合《宝照经》"半穴乾坤艮巽宫"之诀也。③《经》云"寅坤申艮御门开"，兼之"巳丙宜向天门上，亥壬向得巽风吹"之秘诀，一言以道之矣。即三合家"乙向巽流"、"癸归艮位"、"辛入乾宫"等格，其义亦本于此。此人元可以兼天元而为阖辟之变格也。

若地元甲庚壬丙之山向，以辰戌丑未为阖辟之十道者，自库长春之义也。倘逢辰戌丑未之山向，不重甲庚壬丙之天卦，金煞先已犯矣。即天卦之甲庚壬丙重于辰戌丑未之爻，龙在此，水亦在此，④ 尚属四库齐开之十道。假辰戌丑未之山向，放甲庚壬丙之水，则卦气已淆，而十道虽通，下之反以贾祸也。学者岂可拘执其理哉！

---

① 龙之对宫放水。
② 《经》云"乙辛丁癸单行脉，半吉之时又半凶"也。
③ 寅申巳亥四马位水，若兼乾坤艮巽而行，正三合家"马上御街"之格也。法宜活看。
④ 如辰龙戌水丑山未向，丑龙未水辰山戌向之例，可以类推。

司马水法外卷

司马水法外卷原始考

司马公姓刘名潜，宋哲宗时江西南康府人。遁世为僧，直号头陀。著《水口论》一书，僧死竟失其传。前明寺废，遂得此书于佛之腹中。从未有此秘之传也。

司马水口论

今夫水口者，天地消水之府也。东海南海之交，有尾闾驿，譬诸人身之元关谷道。人当南面而立，其敛啜必在南方也，所谓地卦之山水对也。① 至于尻尾督脊、生机宣泄之处，纵左顾右盼，必在于北，所以地卦之水有明朝者、有不必明朝者，无论何卦何字，来去必视其潮迎宣泄，合天卦中之兑巽以消、② 艮震以迎，③ 夫然后山泽通气，天地卦之消息成矣。若稍易位置，则人身颠倒，是渣滓污溺不由谷道精孔而出也。俗术昧此，岂可以论水口之机缄哉！

司马水法兼用兑巽震艮说

龙运之所在水口兼用兑巽，④ 其实只一兑卦，反复用之也。奇门以兑巽为生开二门，盖兑位东南，天地受水、消水之处即生东南。⑤ 人身以首为昆仑，昆仑在地之西北，则东南应属之兑。老子曰"闭其兑、塞其精"是也。《参同契》曰："上弦兑数八，下弦巽亦八。两弦合其精，乾坤道乃成。"

附说

天地成道生物必用兑巽者，言金龙一动，急向天卦中寻兑巽两卦，⑥

---

① 即艮兑交加、山泽通气之说也。
② 巽反成兑，故用之以消外元之水也。
③ 震反成艮，故用之以收外元之山也。
④ 天卦中之兑巽也。
⑤ 东海、南海。
⑥ 天卦中之兑巽，非罗经上之兑巽也。兑巽之水口既得，震艮之龙山亦合。挨星之生旺衰死，又得阴阳配合，安顿逢时，此山泽之气通，而城门之法验矣。

以定水口。苟不合此，则不能聚两弦之光，以通山泽之气也。夫山泽之气不通，虽有生旺之星照临穴中，不能容纳，直等浮云之在空，于斯地何设？故谈元运之生旺不验者，不识个中妙谛，徒恃挨排末技耳。《经》所谓"五星一诀非真术，城门一诀最为良"，其斯之谓欤！但此诀一得，石破天惊，鬼当夜哭，慎之慎之！勿妄传匪人、自贻伊戚可也。

司马金龙水口说

水口必用兑者，认金龙中消泄之玄关也。自天地定位，而后山泽之气不通，虽有男女之名，而无夫妇之实，何以宏生育而成天地之功用乎？自金龙一动，天地易位，欲穷随时随运之水口，向金龙中兑艮上求。夫金龙中之兑艮，虽非万古不易之东南，觉识得此一元一运之东南，以放流神而消煞气，大辟造化之枢机，开乾坤之橐籥，运阴阳之血脉，决人生之休咎。天地之大、山海之烦，法岂外是欤！而用兑兼震巽艮者，艮作龙山，法以兑为水口。如用兑不得，① 则求天卦之巽以放之者，盖巽反成兑故也。② 兑作水口，法以艮为龙山，如用艮不得，③ 则求天卦之震以主之者，盖震反成艮故也。要之，艮兑为上，震巽次之。④ 虽挨星之生旺相同，而力量悬殊也。

司马顺逆左右说

形势一局，结成水，有从左来者，有从右来者，一山两用，顺逆分焉。姑以静盘之式论。如艮作龙山，水从左来，⑤ 则当放兑以成顺局。⑥ 若水从右来，⑦ 又当放巽以成逆局。⑧ 诀曰"知要妙，左右玄关同一窍"，言识天卦之兑巽，然后可以放左右顺逆之水，而通彼玄关之一窍也。岂同俗

---

① 或零正不合，或流神不属，均是也。
② 上中下三爻，各依本爻放之，更佳。
③ 或生旺不合，或脉络不属均是也。
④ 艮兑为内元，震巽为外元。内元更佳。
⑤ 自震、巽、离、坤，环绕曲抱，而出于庚酉辛方道上。
⑥ 但不可立甲卯乙三山，以成顺水无关之穴。虽元运生旺合宜，亦难救其流荡之祸。
⑦ 自坎、乾、兑、坤，虽环绕曲抱，而出于辰巽巳方道上。
⑧ 但艮上受巽木之克，又当立甲卯乙三山，或别立旺山旺向均可，而龙由艮震来者方合。

司马山水二龙分先后天说

元运之法，山水攸分，山用先天，水用后天，言之详矣。知法者，山龙以乾一入中宫，次第顺加，以开天卦，① 认定兑艮在何地、震巽在何方，然后以震艮所属之龙起星，挨排推至兑巽之水口，② 生旺合宜，零正得体，卦气通而元运合矣。水龙以离九入中，次第逆加，以布天卦，③ 认定兑艮在何方、震巽在何地，然后以震艮之龙起星，挨排推至兑巽之水口，④ 四象得宜，两仪交媾，山泽通而雷风感矣。

一运山龙天卦山泽通气雷风相薄图

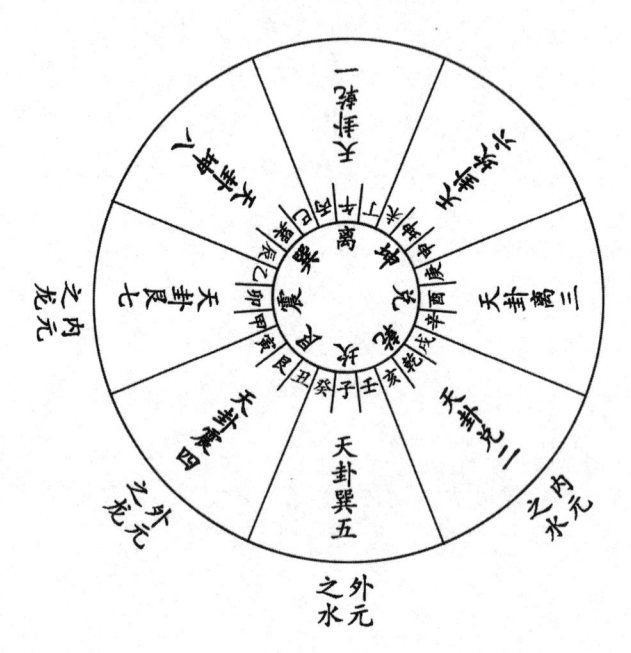

先天入中立极。

一运山龙，如卯龙、立卯山酉向、左水倒右而出于戌一局，龙山系天

---

① 各运依先天卦次序，入中立极，以开天卦，自五至六。
② 如水不出天卦之兑巽，龙不由天卦之艮震，则非"山泽通气、雷风相薄"之机缄。生旺虽合，卦气不交，终非吉穴。
③ 各运依后天次序，入中立极，以开天卦，自五自四。
④ 如水不由兑巽两卦出、龙不由艮震来者，不合作法，决非吉穴。

卦之艮，水出戌又系天卦之兑口，则山泽之气通矣。复以元运之法挨排，卯得一、戌得九，零正交媾，葬之捷如影响已。如甲卯之龙，水放壬子癸，亦属天卦之巽，巽反成兑，虽外元亦可放水，但零正不合，不可入用。丑艮寅之龙，水放戌乾亥亦可者，丑艮寅本天卦之震，反之可成艮故也。

图南说法：如一运山龙亥脉亥山，水出于卯者，亥之天卦属兑，卯之天卦属艮，山泽倒装而成，其气虽通，发后贵人多颠倒政事，而淫乱任性者也。知法者慎之，勿徒恃挨排之生旺，遂谓葬之得时耳。①

一运水龙天卦山泽通气雷风相薄图

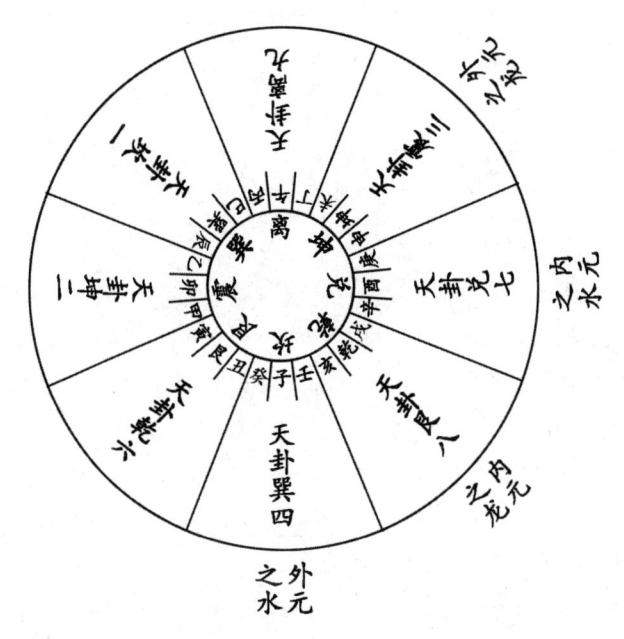

后天入中立极。

一运水龙，如戌龙、立子山午向兼癸丁，水由坎艮震巽离坤而放于兑口之庚，此左水倒右之一局也。法以天卦之艮在戌乾亥，天卦之兑在庚酉辛，以戌龙放庚水，谓之为山泽通气，由艮首而出兑口也。山复立于子癸者，以天卦之巽在壬子癸，巽反成兑，法有坐空之说，亦合。兼之庚得一、戌得六、午得二、丁得一、子得三、癸得二，坐后若有水绕，格合大

---

① 葬之亦能发者，亥得贪，卯得廉，零正交媾，生旺乘时耳。

地阳春之局，福人得此，富不可言，贵不可言也。

如坤龙、立庚山甲向、右水倒左、由离巽震艮而放于坎之子者，法以天卦之震在坤、天卦之巽在坎，是外元龙放外元水，雷风相薄之象成矣，反之而山泽之气亦通。复立庚山甲向者，以庚酉辛本属天卦之兑，而庚犹为兑口，坐空之法亦合。况坤得九、庚得五、甲得二、子得一，生旺零正均合，虽逊于内元，而福不过减一等耳。①

二运山龙天卦山泽通气雷风相薄图

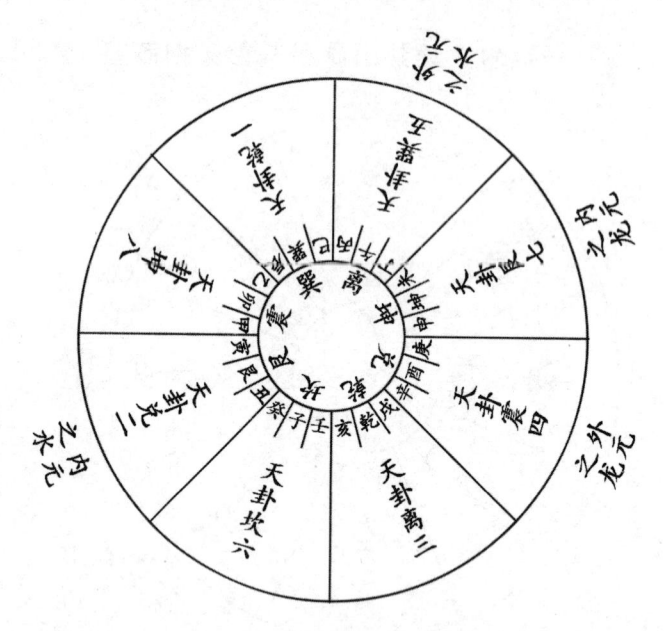

先天入中立极。

二运山龙，如坤龙、立申山寅向兼坤艮，丑艮寅三方，有三阳水，数曲悠扬，潮迎而入；随龙大溪，右水倒左，由兑乾坎而会于丑艮寅，复由震巽而放于离之丙午方焉；在向之卯峰，有形如御屏、金箱、天仓、赦文、天财等土星者，富甲天下，贵至一品。何也？盖未坤申之天卦属艮，丑艮寅之天卦属兑，艮兑交而山泽之气通矣。水放于丙午者，天卦属巽，反之成兑故也。况挨排入首之星，申得二、坤得一、②艮得七、丑得六、

---

① 知法者若遇无德者，不可轻为造葬，自干谴戾，若筠松与李龙图可戒。

② 贪为统运，过之亦可兼用无妨。

寅得五，① 午得六、丙得五、卯得二，生旺得宜，零正清纯。合此法者，富贵双清。

二运水龙天卦山泽通气雷风相薄图

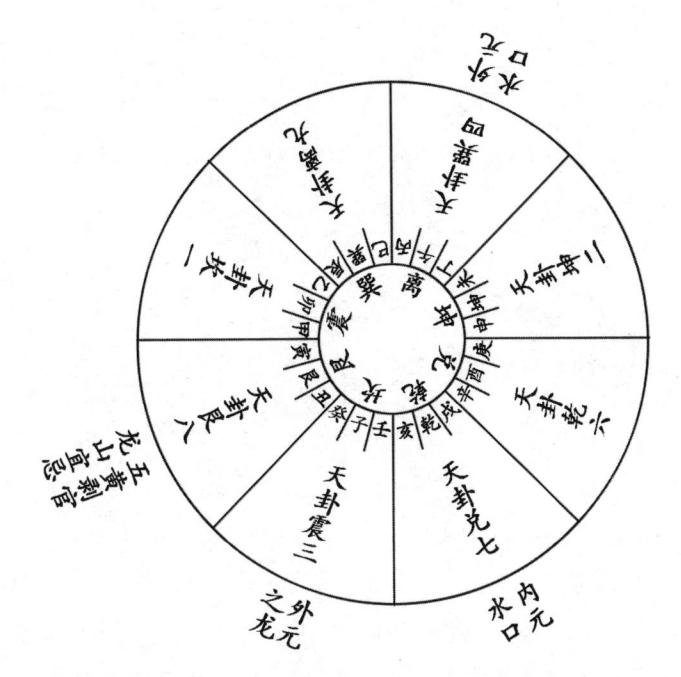

后天入中立极。

二运水龙，非动静兼收，不能宏大者，天卦之艮即五黄剥官所临之宫，古仙皆不敢用之以作龙山。故此运仅以癸龙、立甲山庚向，右水倒左而放于午丁。夫壬子癸之天卦震也，反之可以成艮；丙午丁之天卦巽也，反之可以成兑。癸龙午丁水，雷风相薄而山泽之气通矣。甲山地卦属震，庚向地卦属兑，静动交合，虽非内元之局，而卦气亦清。况元运挨排癸得八、午得二、丁得三、庚得三、甲得六，生旺零正均合，下之可以大发。若午上大水，会合庚上秀砂朝拜，主富甲一郡，贵至二品。

---

① 又当大五黄飞临，是为三阳。

三运山龙天卦山泽通气雷风相薄图

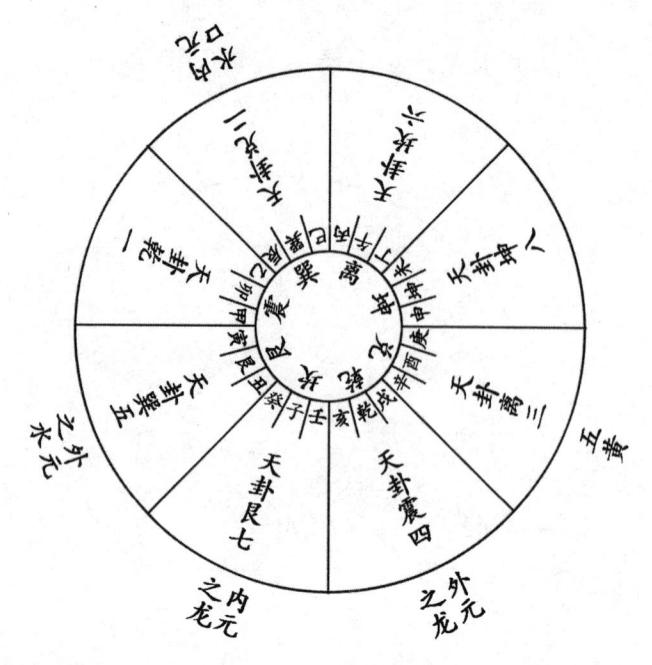

先天入中立极。

三运山龙,如癸龙、立癸丁向,右水倒左,由乾兑坤离而出于巽辰。夫壬子癸之天卦艮也,辰巽巳之天卦兑也,以癸龙而放巽辰之水,内元山泽之气通矣。以挨排法推之,癸龙得三、癸山得三、丁向得七,水口巽得一、辰得九,零正相合,生旺逢时,下可以催官发福。①

一局如戌龙、立癸山丁向、右水倒左,由兑坤离巽震而出于寅,则雷风相薄之象成矣。午丁方若得高矗耸,形如文笔、双荐、双童、展诰、三台等峰作秀,主三元及第,大魁天下者数人。何也?以元运排来,癸得三、丁得四、午得三、寅得五、戌得六,人安得以外元而忽之?山阴徐氏祖墓,法取夫此。因戌龙不旺,下后一纪后,甲第始发,入词林者五人,魁天下者一人,探上苑花者二人。二传后,出徐阶,遂入阁而大学士矣。知法者切不可因外元力轻,而弃此大地也。

---

① 外元。

三运水龙天卦山泽通气雷风相薄图

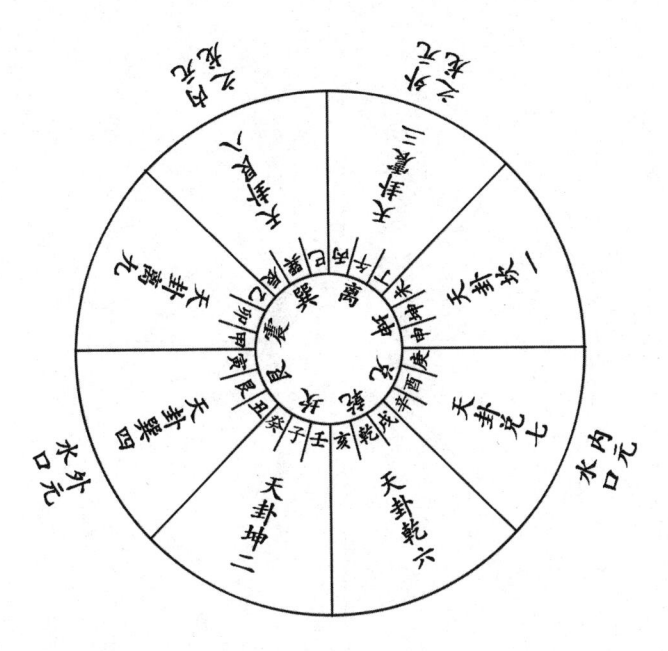

先天入中立极。

三运水龙，如辰龙、立丁山癸向，大溪潴蓄于子癸丑三方，复由丑方流入案内，九曲交杖朝堂，次由酉方出口，水绕元武，聚于丙午方，而成数里之湖。依形论，坐水攀龙之格成矣。以理论，辰之天卦艮也，酉之天卦兑也，辰入首，酉出口，山泽之气通矣；丙午丁之天卦震也，丑艮寅之天卦巽也，水由丑而朝堂，缠午丙而荫穴，雷风相薄之象成矣。以数与气论，丁得二、癸得三、子得四、丑得三、午得三、丙得四、辰得六、酉得一，生旺聚水，零正合形。以法论，富堪敌国，贵至封侯，用之催官最速、最效者也。遍阅名坟，惟沈万三之祖墓合此。惜墓之龙格不佳，故富能如此，而贵不及也。

四运山龙天卦山泽通气雷风相薄图

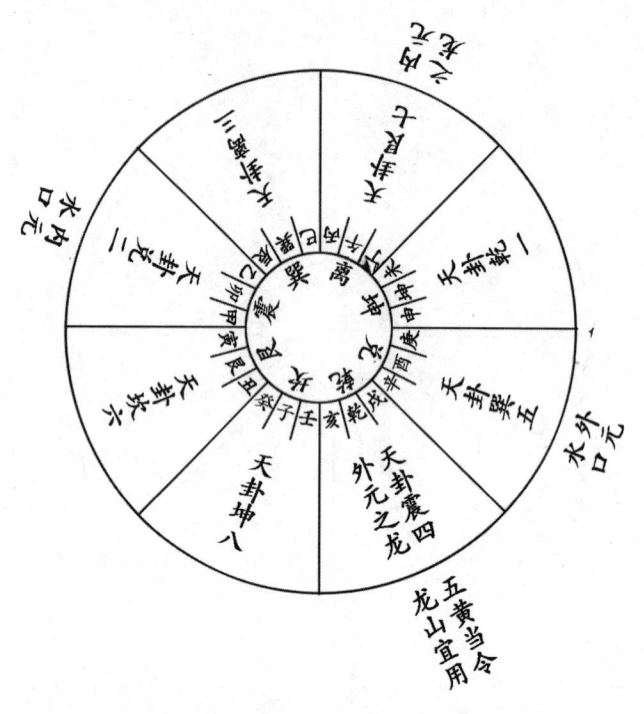

先天入中立极。

四运山龙，如丁龙、立丙山壬向兼午子，水由左倒右，自坤兑乾坎艮而出于卯乙。夫丙午丁之天卦属艮，甲卯乙之天卦属兑，丁龙之水，山泽之气通矣。癸上一文笔峰，秀欲插天；丙午之峦头，端正尊严；丁龙之过峡，穿水渡脉。① 后脉之蜿蜒传变，贵格重重；左右帐幕之下，堆甲屯兵，烟花粉黛，无一不备。元运排来，丁得三、丙得四、午得五、壬得二、子得三、癸得四、乙得二、卯得一，理通气旺，形佳数合，下之当大魁天下，出将入相，封侯列爵，子孙簪缨不替，此四运内元之大拮拘也。

如乾龙、立乾山巽向兼亥巳、左水倒右，由坎艮震巽离坤而出于兑之庚。以理论，戌乾亥之天卦震也，庚酉辛之天卦巽也，乾龙庚水，雷风相薄之象成矣。以形论，乾上峦头高耸、庚上捍门、华表双插天，水虽出此，但见峰头，不见水光。以气与数论，乾得四，庚得四，生旺逢时，当代即发。中元之局，逢此等山水，力量加倍，自非化运之所能及也，人安

---

① 故丁脉不旺无妨。

得以外元轻之哉！

四运水龙天卦山泽通气雷风相薄图

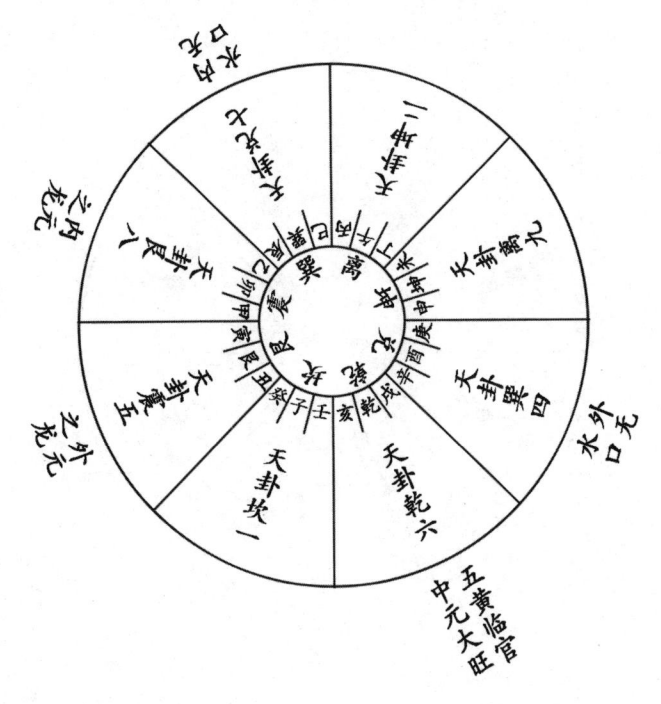

后天入中立极。

四运水龙，内元无合法之局。外元如丑龙、立丑山未向，水由右倒左，自乾兑坤离而出于巽巳。辰巽巳之天卦属兑，丑艮寅之天卦属震，反之可以成艮，丑龙巳水，虽曰借局，山泽之气亦通。况元运排来，丑得七、未得四、巽得五、巳得四，生旺乘时，零正得位，下之富贵大发。

第四帙　司马两城门法

五运山龙天卦前^①山泽通气雷风相薄图

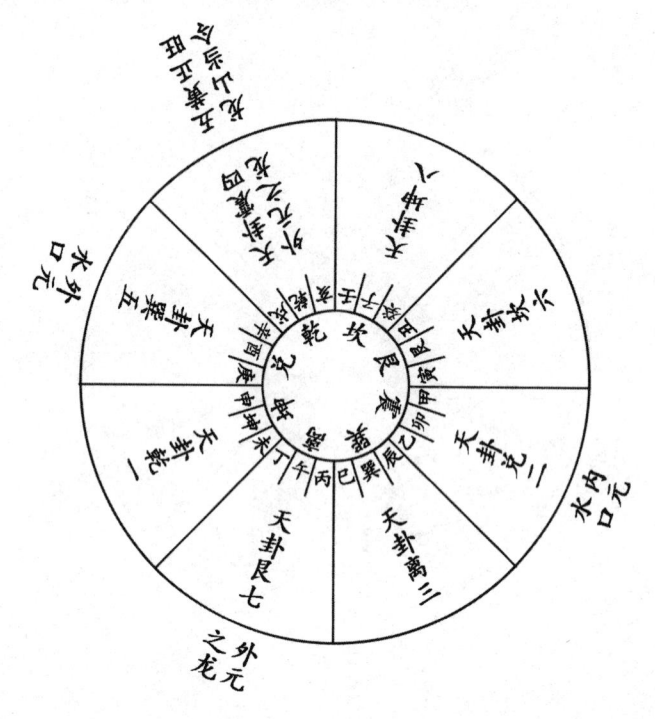

先天入中立极。

五运山龙，如亥龙、亥山巳向，水由左倒右，自坎艮震巽离坤，而出于酉辛方。以形势论，戌上之峦头高耸，形如覆钟武曲；亥上之穴星，形如御屏正土，顶上有六府小峰二；巳向明堂，内有镜湖，当中宽圆三里许，收尽案外群峰，万壑之水，复纡徐而出酉辛之方。酉居左，高峙太阳一峰，水由辛酉之中而出，但见峰头，不见水光，古仙所谓"日月捍门"是也。以理论，戌乾亥之天卦震也，庚酉辛之天卦巽也，以戌亥龙而出酉辛之水，雷风相薄之象成矣。以气数论，亥得五、戌得六、巳得九、辛得六、酉得五，^②生旺得宜，又得大五黄飞临，后天乾卦中元五运得此，力量倍于各运者，以其得天地之中气也。明时惟中山王徐达祖墓合此，一时当富贵人物，自非寻常可及。生斯时而葬斯地者，何幸如之也。

---

① 十年寄四。
② 此收峰之法不见水光故也。

五运水龙天卦前①山泽通气雷风相薄图

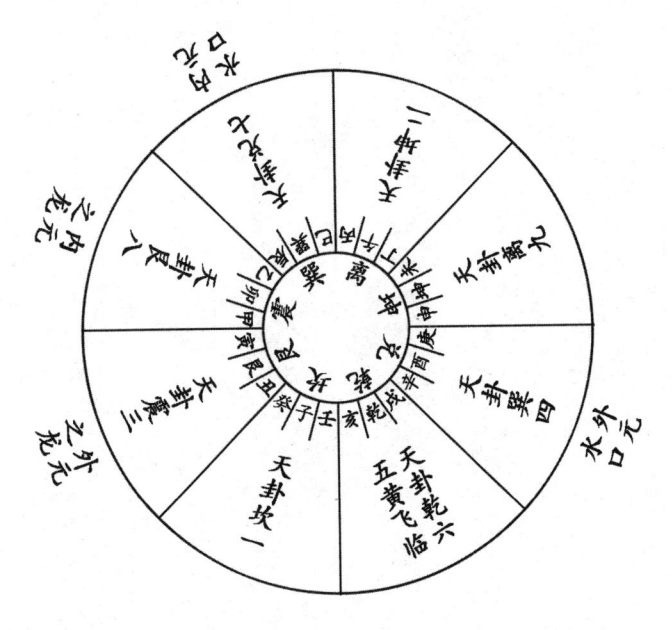

后天入中立极。

五运水龙，惟内外元无收，始有完局。如寅龙、立寅山申向、右水到左，由坎乾兑坤离而出于巽辰。以理论，丑艮寅支天卦属震，反之成艮；辰巽巳之天卦属兑，反之成巽，寅龙巽水，山泽之气通，而雷风之象成矣。以气数论，申得五、巽得五、辰得六、寅得八，生旺乘时，零正得位。下之可以大富贵亦寿考者，内外通权达变之格者也。学者岂可拘泥一例哉！

---

① 十年寄四六。

五运山龙天卦后十年寄六山泽通气雷风相薄图

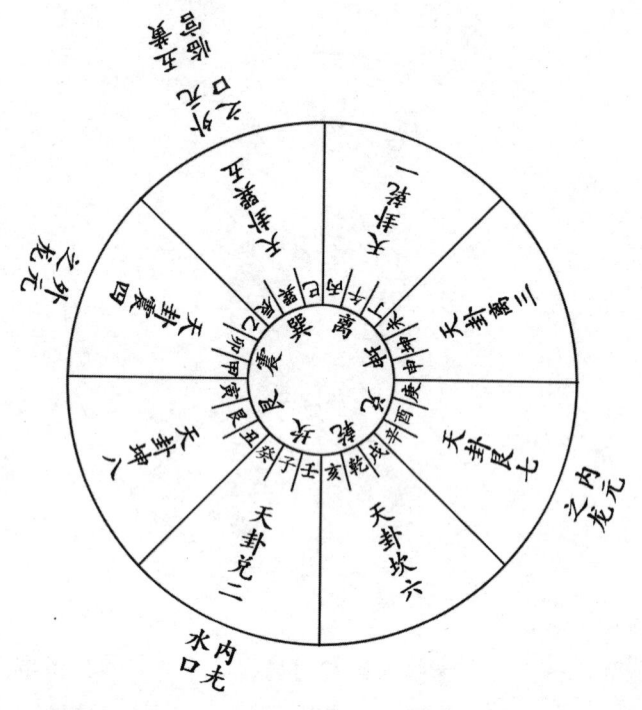

先天入中立极。

五运山龙，如乙龙、立乙山辛向兼卯酉，巽甲两峰挟峙，巳为天门，峰耸天戈；亥为地户，峰如砥柱，水由左倒右，自巽离坤兑乾聚于亥而出于子癸。以卦理论，甲卯乙之天卦属震，辰巽巳之天卦属巽，庚酉辛之天卦属艮，壬子癸之天卦属兑；乙龙乙山兼卯，辛向兼酉，巽甲之左右峰，子癸之回还水，均在艮兑震巽之卦，可谓山泽通气、雷风相薄矣。以形象论，乙龙之峦头，格合水土连云大帐；乙山兼卯之穴星，格合将军大座。甲上树一圆峰，势如衣冠金吏；巽上树一尖峰，势如凌霄火笔。辛酉明堂，溪水曲抱，形如御带。案外五峰挺立，势欲插天。水来于巳，峰耸天戈，以作天关，聚于亥；峰如砥柱，以成地轴，始复纡徐，而出于子癸。以气数论，乙得五、卯得七、辛得四、酉得三、甲得六、巽得五、巳得六、亥得五、子得九、癸得一，理气象数，生旺零正，皆得其宜。所以出将入相，封公食禄者也。此裴晋公度大父地也，备志焉，以为五运之证佐。

五运水龙天卦后十年寄六山泽通气雷风相薄图

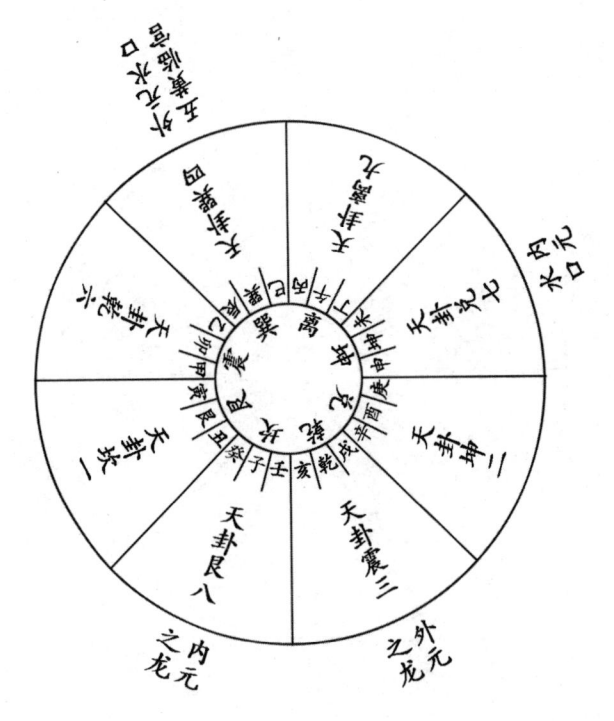

后天入中立极。

五运水龙，如明代刘大夏公祖地，由壬字开帐穿渡，斜行至癸，脉合芦花三岛格，顿起金水三台穴星；明堂内局依然立壬山丙向，① 癸字顶后，随龙大江聚会于此，成一巨湖，深数十丈，阔二里许，正当癸字之顶，格成坐空之局；湖水复由砂外自艮震左水倒右，从巽入堂，曲抱穴星而出于坤。夫壬子癸天卦属艮，未坤申天卦属兑，癸龙坤水，山泽之气通矣。兼之元运排来，壬得七、丙得五、癸得五、巽为外元，水又得大五黄，坤得七，故大夏公少年登第，官至尚书阁老，子孙簪缨数世。明法者当以此为准绳也。

---

① 挨星以癸字起星推排。

六运山龙天卦山泽通气雷风相薄图

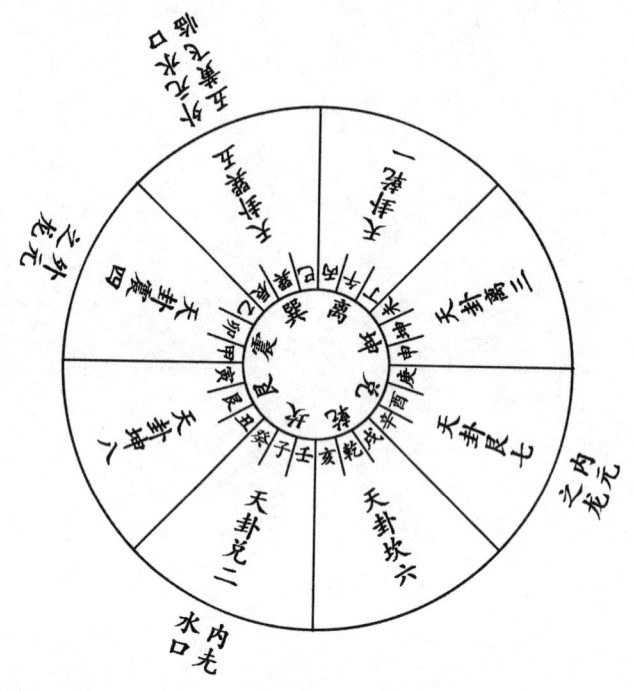

先天入中立极。

六运山龙，如杨士奇相国大父地，自父母山顿开水土连云大帐，落一飞丝脉，左有天弧，右有天角，挟侍中脉，系甲字过峡入首，突起武曲金贵人大座，峦头穴下脐心，立甲山庚向兼卯酉；巳上一圆峰，以作衣冠吏；丑上一尖秀奇，峰形如文笔，均排立穴星左右；案外三峰耸翠，势插霄汉；案内随龙大涧，由左倒右，自离坤兑乾，形如御带，曲抱明堂而出于子癸，与右边随龙大涧交会，后有捍门、华表锁住水口，水交势止，形家真一大观也。以理论，甲卯乙之天卦属震，反之可以成艮；壬子癸之天卦属兑，甲龙癸水，虽外元龙，放内元水，山泽之气亦通。以气论，甲得六、① 卯得七、② 庚得五、酉得三、辛得四、③ 巳得六、丑得四、④ 子得九、癸得一，生旺零正，无一不佳。故杨氏子孙，科名鼎盛，大拜入阁。时师

---

① 形气合时，体用同流，故主大贵。
② 兼收生气。
③ 水外远秀排得宜，其法亦合。
④ 文武排班，形理均合，惜左右越次，不然难言。

好谈封拜，试问有此形此理此运乎？

六运水龙天卦山泽通气雷风相薄图

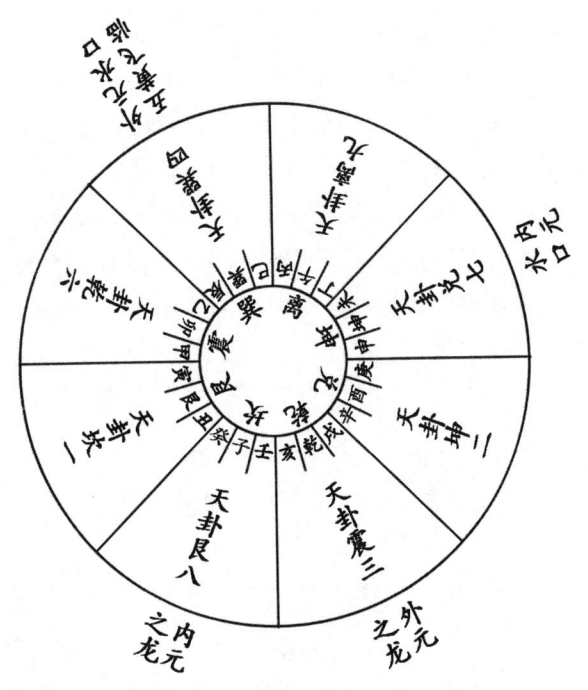

后天入中立极。

六运水龙，如溧阳史氏墓，系癸龙入首、立癸山丁向，形势本逆水而上之龙，大开明堂，突起平面太阳金以作穴星，左右迭开莲瓣大砂，八重案成御几眠弓之格，站堂侍卫两大土墩，形如荷盖，排立两边。案外一墩，头小身圆而长，形如鸥鹭，展翅朝来，此昔人喝之为莲花出水者也。潮水自坤方入口，九曲朝堂，悠扬潴蓄，由右倒左，自辰方出口，绕抱穴后，而聚于子壬之方，成一巨泽，法合坐水攀龙之局。周围八里之外，万峰攒簇，以作罗城，此水龙结穴山、作藩篱之大观也。以卦理论，壬子癸天卦艮也，未坤申天卦兑也，辰巽巳天卦巽也，反之兑也，以癸为龙，水自坤入，复由巽出，而注于子壬，山泽之气通矣。以气数论，癸得五、丁得六、坤得七、辰得一、壬得七、子得六，生旺乘时，零正得位。所以史氏魁天下者二人，得鼎甲者三人，入翰苑者六人，登进士第者十三人，大学士而兼六部尚书、八省总督者一人。① 虽曰此天之所以报史阁部之忠也，② 抑此地之钟灵而后福膺如斯也。③

一浔阳富翁郭氏墓，系戌龙、立亥山巳向兼乾，形势本张山食水之局，脉络一路墩阜而来，大帐之内，左仓右库，护送到头，无懈可击。穴星土坪高大，俗喝青牛饮水形。向上收浔阳大江，三折朝堂，江中突起沙洲，高有三丈，形如蛾眉秋月，以作朝拜，此形势之大佳者也。以卦理论，戌乾亥天卦震也，辰巽巳天卦巽也，戌龙巽巳水，雷风相薄之象成矣。况大五黄又到巽，用之运财，其法亦合。以气数论，戌得七、乾得九、亥得八、巳得六、巽得七，生旺乘时，形理合辙。故郭氏有数百万之富，而为一郡之巨家也。相传缘督翁为其婿下云。

七运山龙天卦山泽通气雷风相薄图

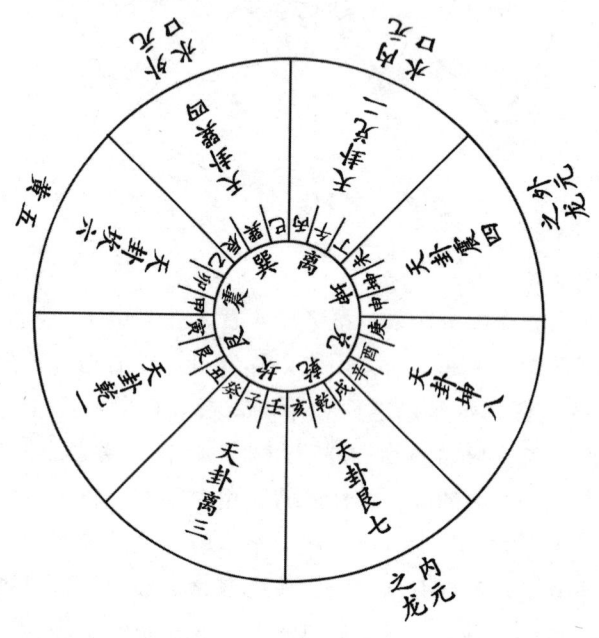

先天入中立极。

七运山龙，如未龙、立坤山艮向兼申寅，水由左倒右，自兑乾坎艮震

---

① 即文恭公。
② 公讳可法。
③ 文恭公名畏师。

而出于巽巳，其向上甲方一峰，癸方一峰，以作案山之周召侍。以卦理论，未坤申天卦震也，辰巽巳天卦巽也，未龙巽巳水，雷风相薄之象成矣。以气数论，未得六、① 坤得七、申得八、艮得一、寅得二、甲得七、癸得九、巽得四、巳得五，生旺零正，虽龙当退运，而得令者尚多，所以发稍迟，而悠久可爱也。

七运水龙天卦山泽通气雷风相薄图

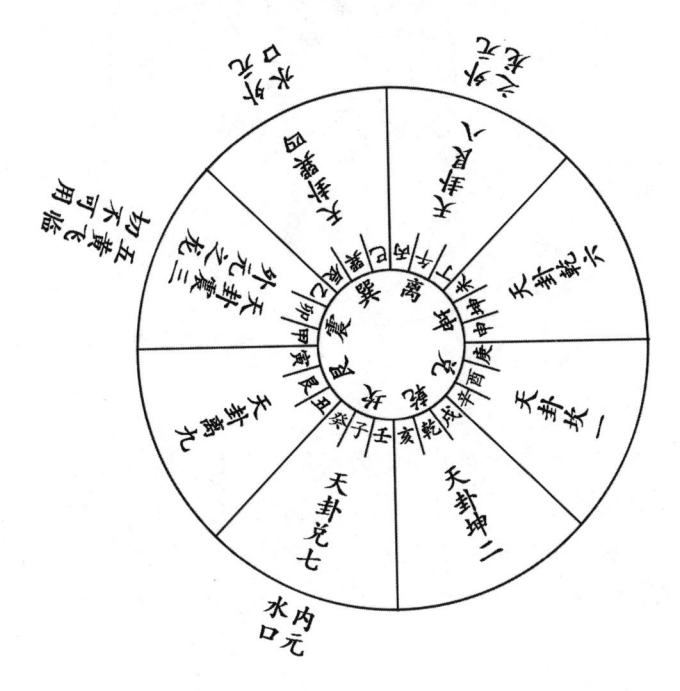

后天入中立极。

七运水龙，如丙龙、立丁山癸向一局，以形象论，系回龙挂钩之结，水由右倒左，自巽震艮以会，癸上大溪三折潮，复由乾绕抱龙虎砂外，聚于午丁。坐后成一大湖，以合水缠元武、坐水攀龙之格。以卦理论，丙午丁天卦艮也，壬子癸天卦兑也，丙龙癸向癸湖，午丁之池又能荫穴，山泽之气通矣。以气数论，丙得六、午得八、丁得七、癸得八、子得九，生旺既合，作法亦善，下之可以护福。予推广其法，惜七运山水二龙，均无大局可收，此亦造物之多忌也。外此虽多收生旺之局，奈玄关不通，焉能尽善。慨夫！

---

① 龙不旺发故迟。

八运山龙天卦山泽通气雷风相薄图

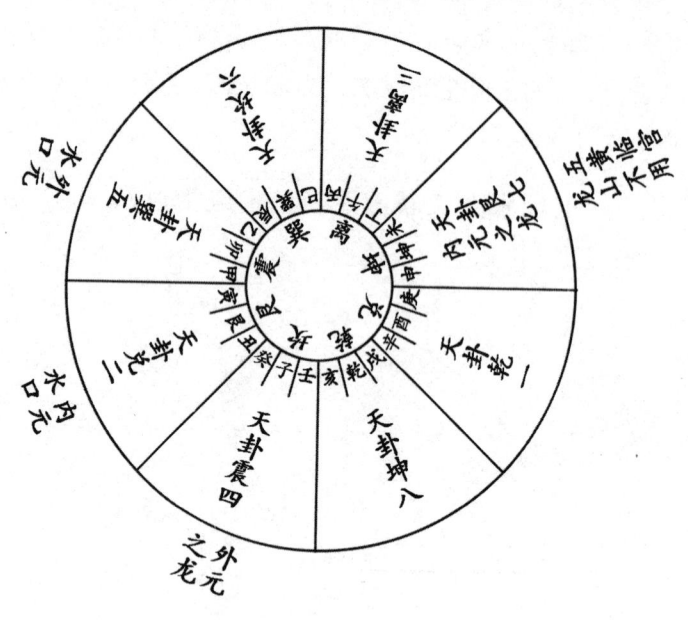

先天入中立极。

八运山龙，如壬龙、立子山午向，左边乙上一峰，水由右倒左，大溪自酉入口，金城掬抱而出于卯。以卦理论，壬子癸天卦属震，甲卯乙天卦属巽，壬龙卯水，雷风相薄之象成矣。以气数论，壬得六、子得八、午得六、酉得四、卯得一、申得八、乙得九，生旺得地，零正不差，葬之亦可以致福。

八运水龙天卦山泽通气雷风相薄图

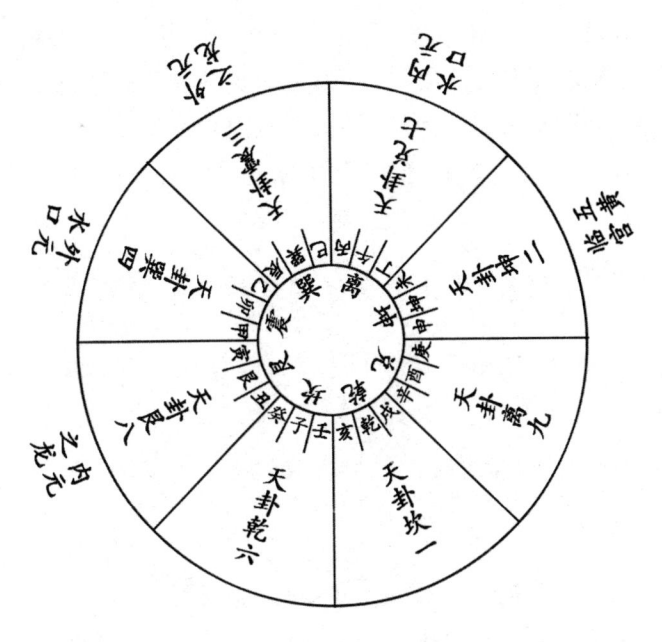

后天入中立极。

八运水龙,如江右陆氏祖墓,系艮龙、立丑山未向兼艮坤一局。以形象论,自分脉后,穿落传变而来,起伏开帐,缠护迎送,不下十重,委蛇数十里,无格不备。行到少祖山,特耸金星三台,① 横开莲花大帐,出芦花三袠脉,左右花点墩阜,端正停匀。② 突起父母山,形成扑地飞凤。中出飞丝过峡,左立金童,金童墩下,一池象日,聚水甲方;右立玉女,玉女墩下,一池象月,聚水子方。③ 穴星结一太阴,后帐龙虎掬抱之外,上砂有数十墩阜,如带弁横簪;下砂有数十墩阜,如堆袍置笏。气口两旁,虾须分明;气口唇皮,蟹眼窝聚。正案形如福寿蛾眉,内明堂正中,生成一池,宽广百亩,融聚本身之水,湛然常清,秋冬不涸。案外大溪九曲,交枝来朝,数十墩阜,如印、如剑、如鼓、如旗、如枪、如马、如赦文飞诰、如玄鹤等砂,均开面朝拜,正向远峰,如在天之际,不接不离。其潮水复从案外午方绕抱而出,俗呼为明月映潭形,而先师则喝为"祥云捧月

---

① 高有三丈。
② 左六墩,右亦六墩。
③ 此天汉、天潢挟脉之大格也,不意于水龙见之,更奇。

格"也。

以卦理论，丑艮寅天卦属艮，丙午丁天卦属兑，艮龙午水，山泽之气通矣。以气数论，艮得四、丑得五、未得八、坤得一、午得八、子得九、甲得九，生旺乘时，零正得位。统而计之，象数理气，色色俱佳。所以陆氏葬后，五代科甲蝉联，得鼎甲、魁天下、入台阁作公卿者十数人，宴鹿鸣杏花者不可枚举。说者曰"陆氏之阴德使然"，吾则曰"山川之钟灵不爽也"。

九运山龙天卦山泽通气雷风相薄图

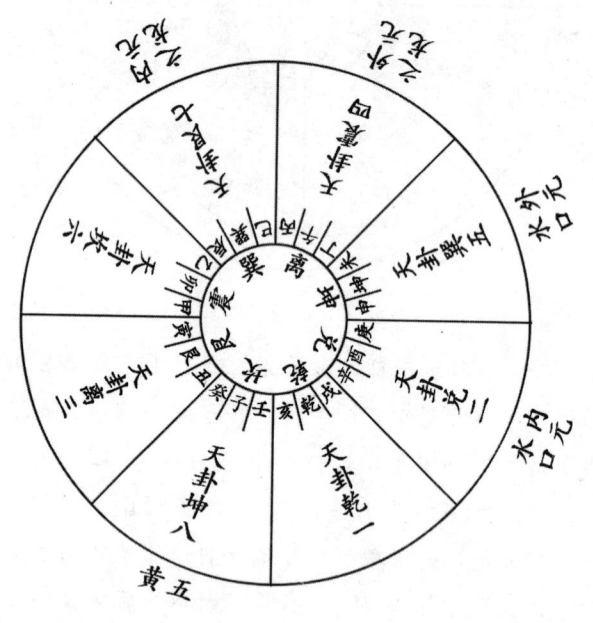

先天入中立极。

九运山龙，如辰龙、立巽山乾向，水由右倒左，自震艮坎乾而出于酉一局，以形象论，辰上峦头，高耸大座，贵人横开九脑芙蓉大帐，穴星结一巨门正土，形成土腹藏金；乾上挺立一峰，秀欲插天，以作朝拜；庚上高立一峰，形如华表；辛上高立一峰，形如捍门，以关酉方去水；丑上一峰，形如衣冠吏，以作中堂侍。以卦理论，辰巽巳天卦属艮，庚酉辛天卦属兑，辰龙酉水，山泽之气通矣。以气数论，辰得一、巽得二、乾得九、庚得一、辛得九、酉得八、丑得九，生旺乘时，零正合辙。岭南漫洲邱文庄公祖墓合此，故文庄公得大魁而膺大拜矣。

九运水龙天卦山泽通气雷风相薄图

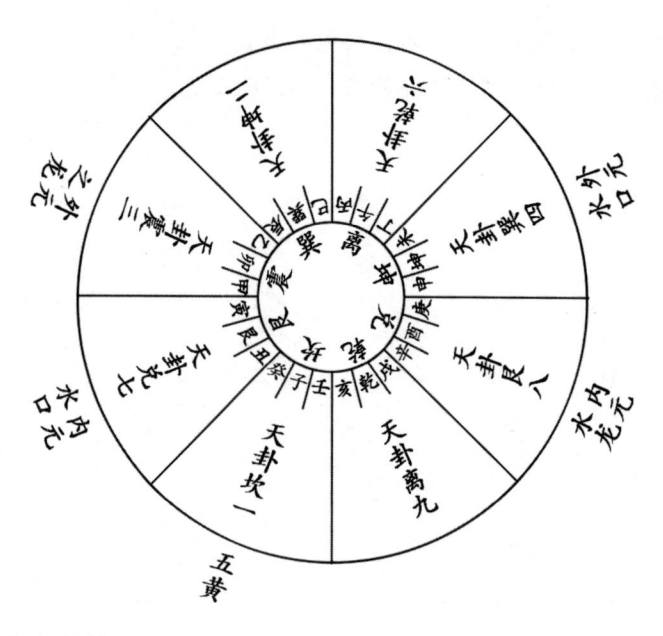

后天人中立极。

九运水龙，如九江饶氏地，酉辛龙、酉山卯向兼庚甲一局。以形势论，一路墩阜开帐而来，贵格重重，穴结水边，颇合江豚拜浪形；彭蠡大湖在丑艮寅方潮来，小姑山在辰巽巳方耸秀，甲卯乙正向一带横岗，形如眠弓；淮江支水自丙午丁方上堂，河水汊流自壬子癸方上堂，与彭湖大汇于甲卯方，潴蓄清深，四时如常，始由申方转未，细流曲抱而出，此形势之大佳者也。

以卦理论，庚酉辛天卦艮也，丑艮寅天卦兑也，甲卯乙天卦震也，未坤申天卦巽也，此格可谓四库齐开，山泽通气，雷风相薄矣。外又有南北两水，① 来汇于堂；六秀一峰，② 滴翠于右，此卦理所谓收直达并收补救者也。以气数论，从酉排龙，酉得四、庚得五、甲得一、卯得三、辰得二、巽得四、巳得三、辰得二、巽得四、巳得三、午得九、子得一、癸得九、未得九、申得一；从辛排龙，酉得六、庚得七、辛得五、甲得三、卯得二、丙得九、丁得一、壬得一、子得九、癸得二、未得二、坤得一、寅得

---

① 坎离也。
② 巽也。

九、辰得四、巽得三，两子交推，生旺并收，零正双合。此元运所谓二气合催者也。

元代文成器为饶氏下。自明初以来，饶氏富过千万，贵有百人。迄我熙朝，富愈臻，贵愈显。非饶氏德厚，焉得明师为之指点哉！

第五帙　宝籙异闻

宝籙异闻序

　　元运挨排之法，《玉函》已说之详矣；而城门一诀，独未之言也。盖五星之诀，原属先后天，分山水二龙之天卦，定卦分星，下卦起星，元空挨排，辨生旺之枢纽也。而《经》又云"五星一诀非真术，城门一诀最为良"，又云"水发城门须要会"，可见城门之法，又进五星一层矣。不知挨星只谈来往之交媾，城门端论阴阳之要害。法本于青乌、樗里、秦桃仙、黄石公等之真传，杨曾不过衍其绪余耳。仆穷其奥、探其源，始知先后同源、羲文互用，亦足以见造化之机缄、乾坤之消息也。世之人吾门而守先后天以分山水者，知五星之诀也，《天玉》云"合得五星城门诀，立宅安坟大吉昌"，可知城门不在五星之列、又不外夫五星挨排之法。铁弹子系盛唐仙师，[①] 而开揭便云"用先天以统龙，当审夫四龙天星；用后天以立向，宜求夫三般卦例"，愈知先后天兼收、始成交媾耳。譬人之一身，父母之胎息先天也，诞生而后，非饮食不能养其身，此先天不离夫后天也。且后天无先天，是人无此身，虽饮食当前，谁能饮之食之？此后天不离夫先天也。知此理，则知城门之秘；知此理，则知城门为五星挨排之主宰也。

秋湖居士识

---

① 何令通。

一运山龙先后互用山泽通气城门一诀图

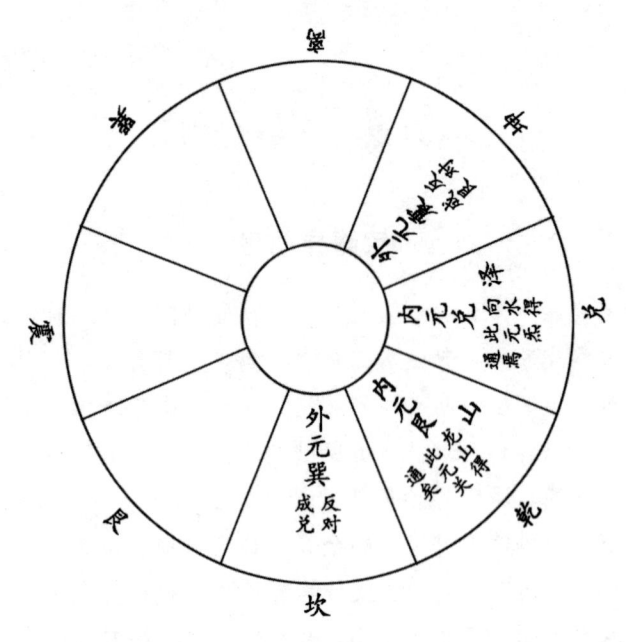

此以后天洛书九数，随运入中立极挨排。

一运山龙城门，原以后天离九入中，推布八方，而定二十四干支爻象，以辨生旺也。而山泽通气之法，亦寓于此焉。以后天推布，兑在兑，艮在乾，兑乾两卦得天卦之飞临，而成山泽之妙用矣。凡一运有此合法之穴，自有效验之速。即使以外元之震①为龙山，得放内元兑泽之向水，亦大发无疑。但挨排之法，山龙以龙之对宫对度起星，② 起得后天生旺之气，收入坐山来脉，此有时城门在山上也。但纯以山泽通气之诀，法严难合，又当以城门生旺为主，补救元运之不足。若山泽又能通气，自然"一葬便兴隆，蚯蚓逢之便化龙"矣。学者谈法贵严，而作法贵活，此之谓也。

---

① 后天为坤。
② 如子龙起午之例。

一运水龙先后互用山泽通气城门一诀图

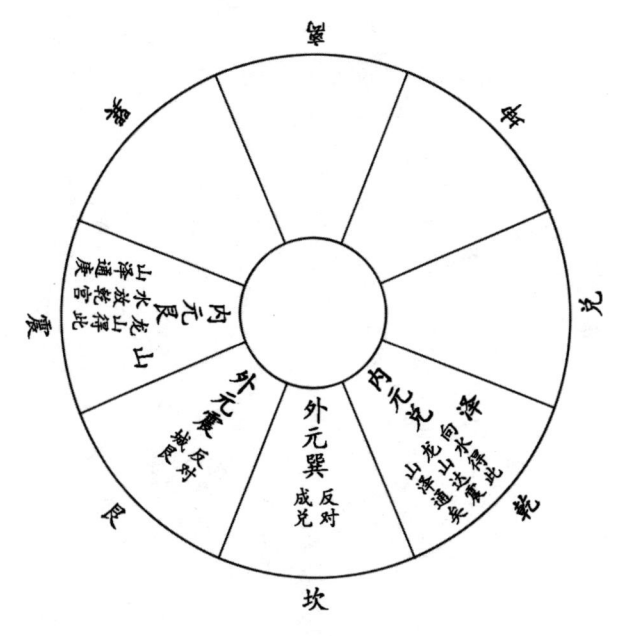

此以先天卦数，随运入中立极挨排。

一运水龙城门，原以先天乾一入中，推布八方，而定二十四山，以辨生旺也。而山泽通气之法，亦即以先天取焉。夫先天推布，兑在乾，艮在震。形家若得震宫之龙山，乾宫之向水，又得五星生旺之交媾、城门催照之令星，则鱼跃龙门，返身而风云际会矣。若仅得外元之艮宫为龙山，而放乾宫兑泽之向水，亦能大发，但力量稍欠耳。但挨排城门之法，水龙从入首过峡处起，将先天生旺之星收在龙之对宫，此有时城门在水底也。① 知此法则元运之受制不受制，又在六十甲子之纳音考其生克旺相矣。

---

① 如卯龙收在酉上。

二运山龙先后互用山泽通气城门一诀图

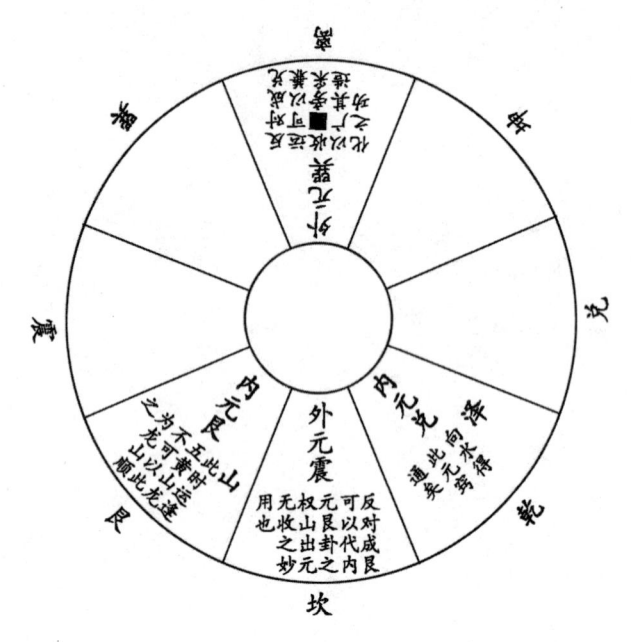

　　二运山龙城门，原以后天艮八入中，推布八方，而定二十四山，以辨生旺也。而山泽通气之法，亦在其中矣。夫以后天推布，内元兑在乾，乾宫得临向水，而泽国之波澜兴矣。但内元艮在艮，此时星犯五黄，山龙以艮为龙山，剥官之煞难当，不如借坎宫壬子癸之生旺以代其权。何也？后天之震在坎，震反成艮，艮亦山也；后天之巽在离，巽反成兑，兑亦泽也。二运山龙之城门、坎宫之龙，遇乾宫之向水者，借配而得山泽之通矣。遇离宫之向水者，外元之龙山又放外元之向水，减量多矣。其法虽以龙之对宫起星，堆生旺于龙山，若遇艮宫剥官，则受煞之祸矣。此《天玉》所云"龙中交战水中装，便是正龙伤"之说也。法以拨水入零堂救之，又云"零堂正向须知好，认取来山脑者"，欲以后天之震以成山泽通气之全美也。此局广大兼收，学者须博取焉可也。

二运水龙先后互用山泽通气城门一诀图

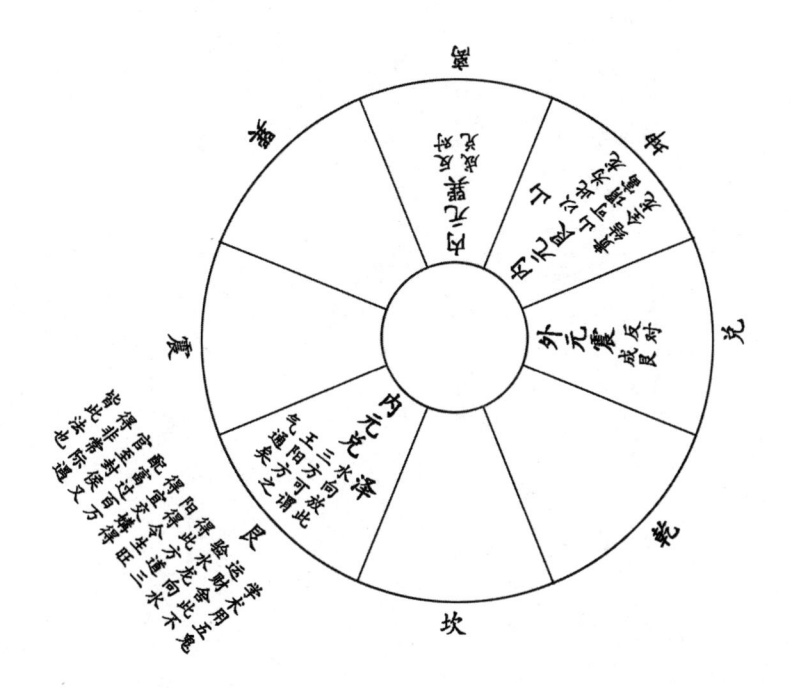

　　二运水龙城门，原以先天兑二入中，推布八方，而定二十四山，以辨生旺也。而山泽通气之法，亦贵夫通权其理矣。夫以先天推布，内元兑在艮，此先后天自然之山泽通矣。二运五黄在艮，似夫不吉，而以之为向水，又得五星之交媾、城门之催照。古云"五鬼运财、三阳催富"，皆此法也。所幸者先天之艮在坤，此运坤宫之龙山、艮宫之向水，坤山艮向富贵无休，杨曾已云之祥矣。隋时尉迟敬德之曾祖，卜葬丹徒之苍山，形局既佳，理气合此，其富至今不衰，可谓与国咸休者也。学者法未深纯，一见向水得五黄，则畏首畏尾，不敢主持。岂知此中大局，别有炉锤。若三合家，真藩篱之鷃，不知天地之高耳。

第五帙　宝籙异闻

三运山龙先后互用山泽通气城门一诀图

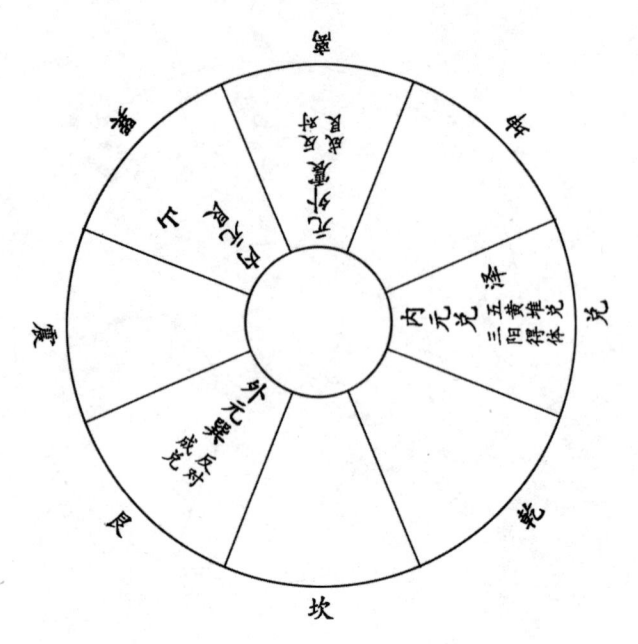

　　三运山龙城门，原以后天兑七入中，推布八宫，而定二十四山，以辨生旺也，而山泽通气之法亦变矣。夫以后天推布，内元兑，在兑是先天，而得纯泽之妙用也。但五黄堆兑，大药大病，非城门之生旺、五星之正零，配合得宜，又在巽离两宫之内，寻一生旺龙山以镇之，庶几有福无祸。若徒取三阳催官、五鬼运财等法，恐弄巧成拙，反为不吉。何也？外洋光透失宫星故也。至形象，兑上有高峰耸秀，排列峥嵘，亦能发秀。倘主山卑弱，不能相称，则奴可欺主。古今叛逆之臣，皆此等形家理气致之也。操斯术者，可不慎哉！

三运水龙先后互用山泽通气城门一诀图

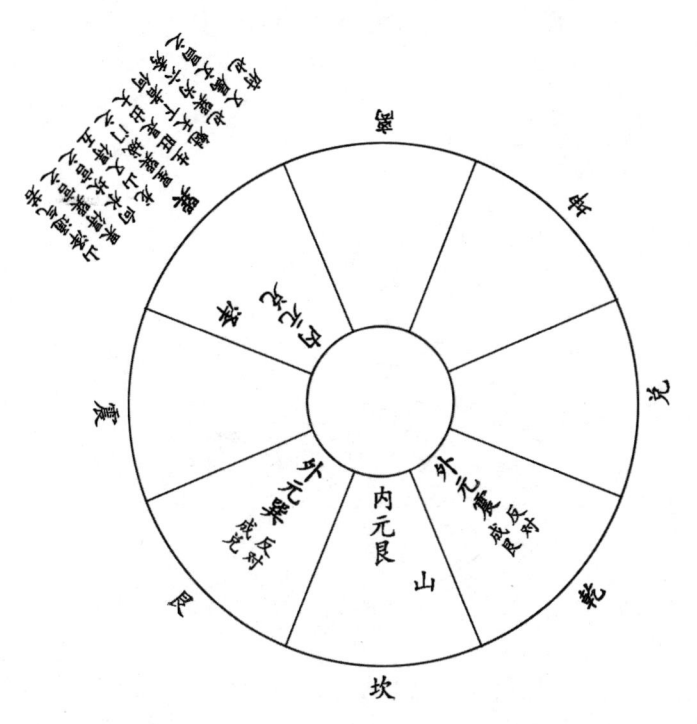

  三运水龙城门，原以先天离三入中，推布八宫，而定二十四山，以辨生旺也，而山泽通气之法亦寓矣。夫以先天推布，内元艮在坎、兑在巽，若得坎宫之龙山、巽宫之向水，合五星之零正、城门之生旺，三运水龙中之变化不测，蛟螭得云雨而兴者也。推原其故，巽为文昌之府，秉张翼精英，而成六秀中之第一也。排星者将生旺堆集于此，又得天卦之兑飞临其间，则天地之消泄成矣。若以外元之乾为来山入首，而所发之功名，皆由捷径，不能高掇巍科者，出元故也。谈山泽之通者，法虽活看而理贵精严，不可造次而论吉凶也。

四运山龙先后互用山泽通气城门一诀图

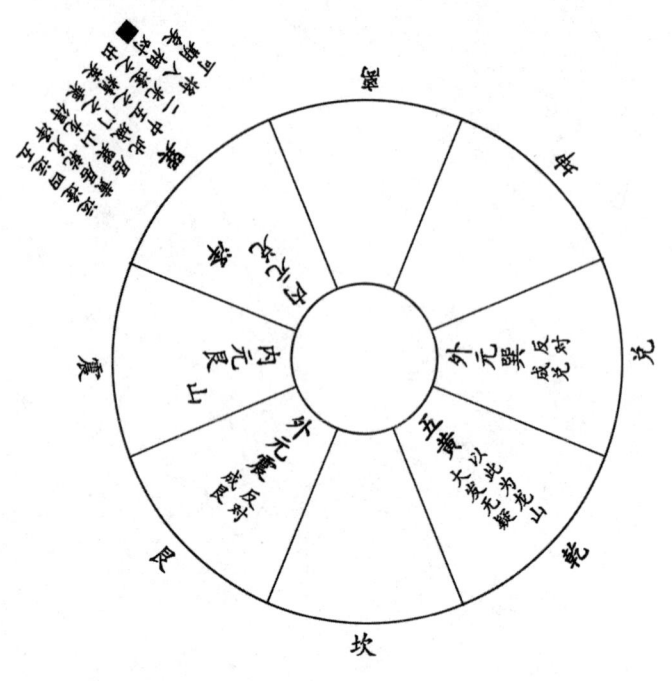

四运山龙城门，原以后天乾六入中，推布八宫，而定二十四山，以辨生旺也。而山泽通气之法，此时力量愈增矣。夫以后天推布，内元兑泽居巽、五黄居乾，乾宫得此龙山、巽宫得此龙向水，发福无疆；状元宰相，封君食土，皆在其中者，巽为文昌灵府，实居先天兑泽之位，今后天之兑泽复居其巽，是先后天之消泄同出一地也。所喜者五黄居乾，四运以之为生，通乾巽之山泽者，较诸他图更速。若谨守内元之山配内元之泽，又不知阴阳不测之谓神耳。唐时郭汾阳祖基理法合此，故功烈冠夫一时。谈城门者，山龙此时得五黄临山，须挨排不尽生旺也。而得此一星，如黄河之水千里一曲，一切沙石直随之而下也。

四运水龙先后互用山泽通气城门一诀图

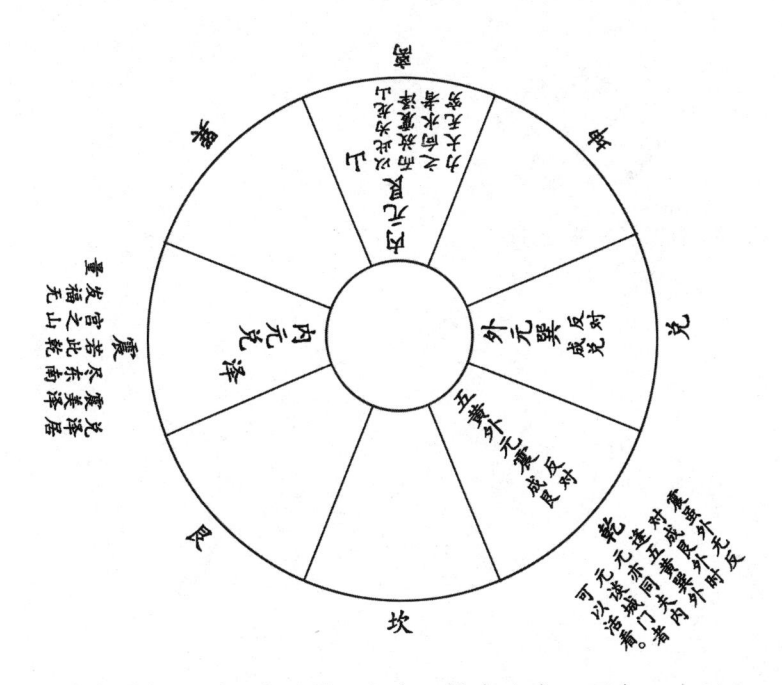

  四运水龙城门，原以先天震四入中，推布八宫，而定二十四山，以辨生旺也。而山泽通气之法，维四运收之愈广、发之愈大，而挨排之作用愈无穷焉。夫以先天推布，兑泽在震，艮山在离，格成木火通明，发福固大，但不如乾宫之龙山，卦虽外元而五黄催宫在乾，外元震反成艮，胜于内元之艮矣。得此龙山以求震泽之向水，正铁弹子云"收西北之峰峦，放东南之巨泽，以弥补天地之缺，而收一时之大效"也。排城门者，先求五星之交媾，次从入首推排先天。如将生旺安于震宫之向水，又为来龙之对度，形家过峡下卦，又从乾宫发脉，或坐山复安兑宫，力大福隆，将相庭生，方足见中元之大局也。

五运山龙寄四先后互用山泽通气城门一诀图

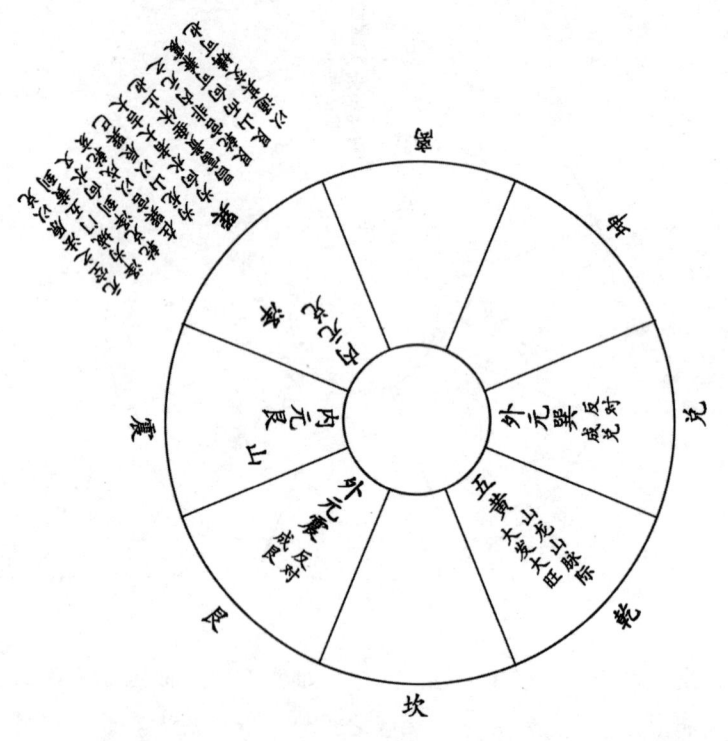

五运山龙寄四城门，以后天乾六入中，推布八方。所幸者，兑泽居巽，五黄居乾，是五运自然之城门在巽矣。五黄居乾，又为先天之艮位，一动一静之间，山泽之气早通。山龙又于兑泽之辰巽巳起星，排城门之生旺于乾宫，固发。即不得生旺，而五黄大令先居于乾，君临天下，朗照万方，旺令之神，孰有过于此者？谈元运者，每谓中元多出非常奇异之材。今以此法考之，始知天地之大，地当逢中天之盛时，以发泄其菁华，应运而生者，能不幸哉！

五运水龙寄四先后互用山泽通气城门一诀图

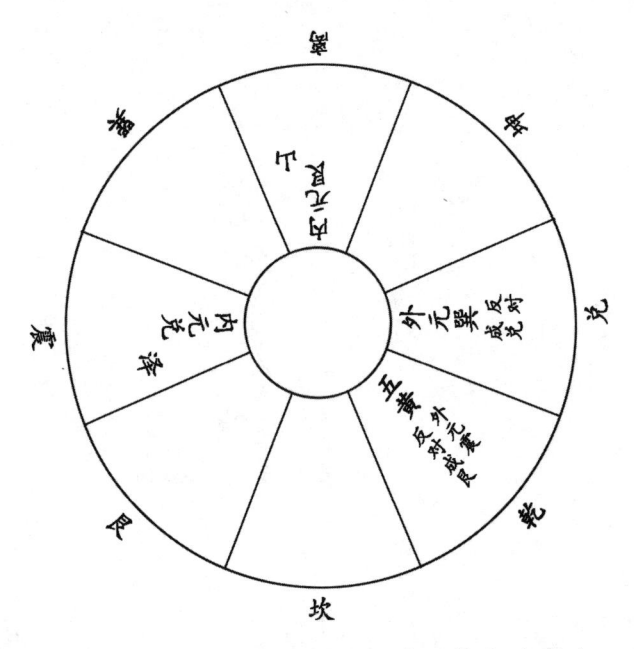

五运水龙寄四城门，仍以先天震四入中，推布八宫也。夫以先天下卦，兑泽入震，五黄入乾，五黄攥西北之权，震泽尽东南之美。水龙虽不敢以五黄为龙山，而从离宫起星，或立巽巳之山、作乾亥之向、① 放卯乙之水，先看五星之交媾，次排城门之枢机，② 全局皆合，固属三元不败；即挨排不合，而五黄当权，亦骤发如雷，谁能御之？此天地定位之格成矣。将相王侯，非此星之钟灵，焉能诞降哉！但五星欠交媾，难曰大醇，不无小疵。数传而后，恐跛痽性成，有吕霍之祸耳。明法者，须极为补救焉可也。**青田**云"或另寻吉壤以分其权，或修方凿池以配其奇偶"，种种作法，在明师之身为布置也。为子孙者，不可恃此地为发福之基，不令稍动，致酿成祸水耳。

---

① 案有朝拜等砂，以收洋光者大吉。
② 水龙从入首下卦起星推排。

五运山龙寄六先后互用山泽通气城门一诀图

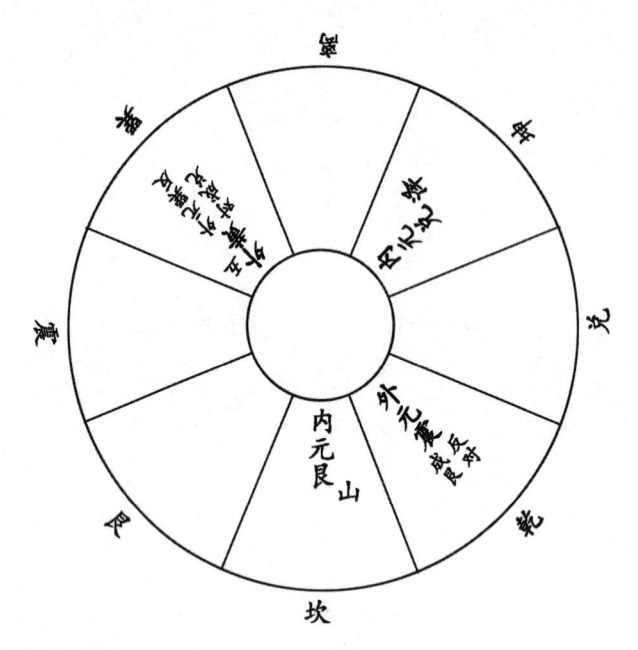

五运山龙寄六城门，仍以后天巽四入中，推布八宫。但五黄旺令在巽，后天之巽即先天之兑也，自然之城门在巽，巽亦可以作向水矣。不知山龙生旺宜山，若值诸向口，是阴阳颠倒，山上龙神下夫水也。法宜于坎宫寻龙、乾宫立坐、坤宫放水、巽宫收潮，潮外有峰卓立，以镇洋神，则四象成而福禄应矣。此宫此时贪五黄而不论交媾，配合不宜，阳见阳，阴见阴，威福专权，横暴性生，有操莽之才者，定行操莽之事。六朝五代，割据一方，称雄僭越，不数年而国破家亡、子孙灭绝者，皆此运之钟灵也。学者慎之！

五运水龙寄六先后互用山泽通气城门一诀图

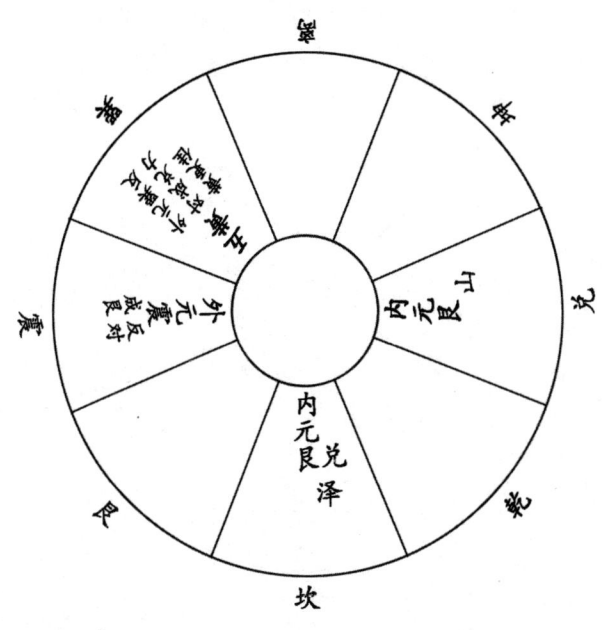

五运水龙寄六，城门原以先天巽五入中，推布八宫，以考其山泽之定位矣。但此运之城门在坎宫、艮山在兑宫，仅守此法，不过得一中等富贵。倘生旺零正不得其地，城门催照不得其时，山泽虽通，亦何能发？惟知法者，善剪裁焉。如能以兑宫为龙，以得艮山内元之气、① 立乾宫三字之山、收巽宫三阳之潮、放坎宫兑泽之水，钟灵毓秀、状元宰辅、富堪敌国、多出理学名臣者，后天之巽、先天之兑也。五黄居巽，以镇先天之城门；而后天之巽，亦如前推之，巽反成兑，虽属外元，亦可借用，以扶旺补衰，兼收内元之山，放内元之水，其力量更专矣。② 缘督翁云："五黄寄六逢水乡，门前走马状元郎。"言水龙得此大令星，科第最速故也。

---

① 五星生旺倘有不合宜，活看而行。
② 即挨排生旺不合，亦难夺大卦之权。

六运山龙先后互用山泽通气城门一诀图

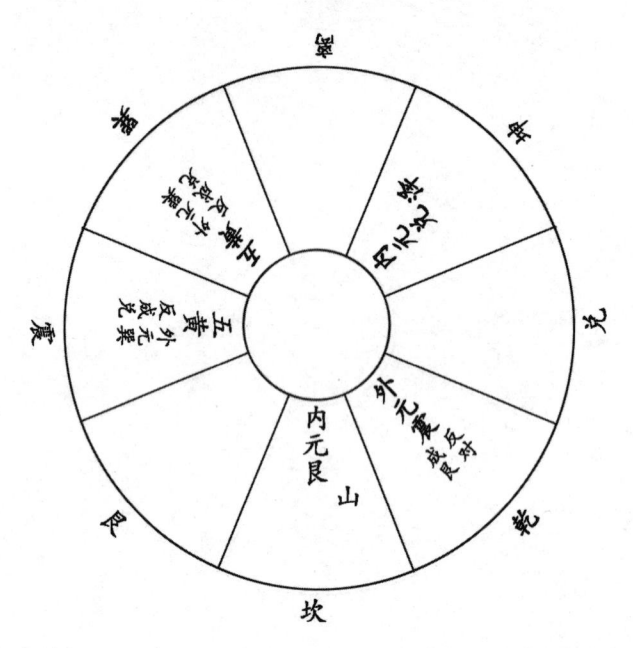

（图：圆形八卦方位图，标注巽、离、坤、兑、乾、坎、艮、震八方，中央标注"内元艮山"、"外元震兑巽"、"五黄"等字样）

六运山龙城门，原以后天巽四入中，推布八宫，定二十四山，辨其生旺，以考山泽之通气矣。夫以后天巽四入中推排，兑泽在坤，艮山在坎。排五星者，当于坎宫内求一生旺之龙山，复以城门起龙之对度，一一挨排，使旺神仍归龙山，而衰煞等星放于坤宫兑泽之门，正《经》云"收得山来放得煞出也"。不知者，犹沾沾以五黄为旺，真毫厘千里矣。惟得武曲者，方能发福，在五运寄六之时，廉武并用，运交六令，廉为煞矣，武曲不能与之同堂称制矣。世之以四五六三运为中元者，知前后有异法焉否乎？据缘督云"中元中五始为中，四六相扶若臣工。参赞化机惟武曲，文星搁笔不言功"，可知五可用六不用四，六则并五亦不用矣。

六运水龙先后互用山泽通气城门一诀图

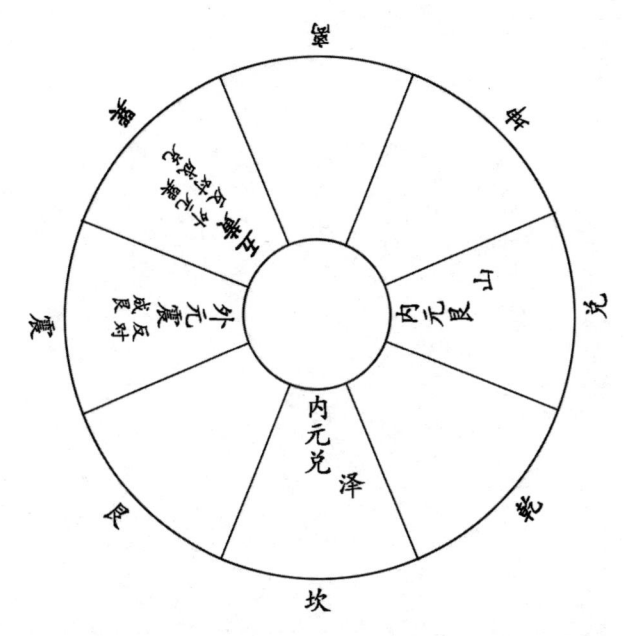

（图中文字：巽、离、坤、兑、内元艮山、外元震破艮年、内元兑泽、乾、坎、艮、震、外元兑居巽五黄）

六运水龙城门，原以先天巽五入中，推布八宫，辨生旺，通山泽矣。夫以先天巽五推排，内元艮山在兑、兑泽在坎，此二宫方为山泽通气。若外元之兑居巽，又为五黄所泊之宫，断乎不可作用。立法者，能于兑宫寻龙寻山、于坎宫寻向寻水，加以五星之挨临、城门之催照，立此离宫之坐山，诸法均合，一葬便兴矣。若向外元求龙，震宫反艮，亦可暂用，但力量不贵，其发亦减量耳。缘督翁云"法于入首排城门，将生旺堆于坎宫兑泽之上，然后立离宫之坐山"，可谓法活机圆、变通不测耳。

七运山龙先后互用山泽通气城门一诀图

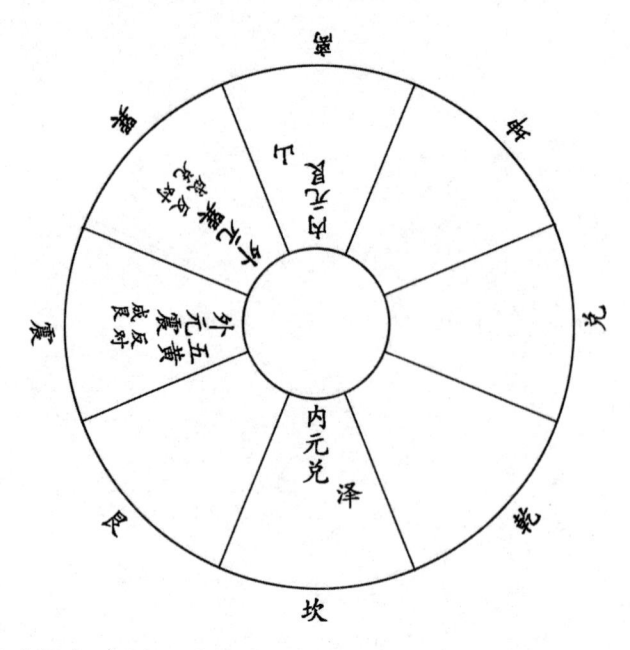

　　七运山龙城门，原以后天震三入中，推布八宫，辨生旺、通山泽矣。夫以后天震三推排，内元艮山在离、兑泽在坎，山泽虽通，生旺不逢，五星无权，催照不合，城门无主，山泽亦无气焉。法宜于别宫求龙，以合生旺；离宫立山，以通元窍；坎宫立向收潮，以归一局，则七运山龙之城门通矣。但山龙以龙之对宫起星，挨排城门之星，果能以生旺归入龙山，以克入之神安置坎宫城门，其效亦速。科第封拜，可指日而得也。彼求外元之震以作龙山者，体犯五黄，福未至而祸先临。学者慎之。

七运水龙先后互用山泽通气城门一诀图

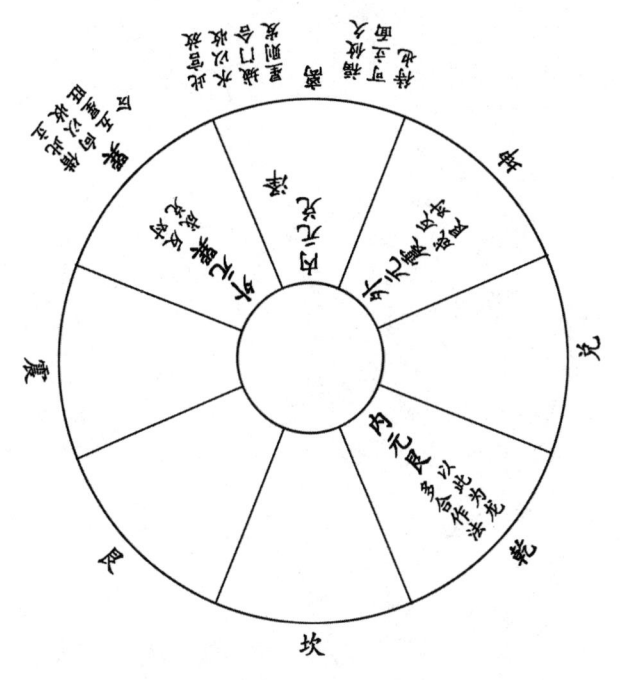

　　七运水龙城门，原以先天坎六入中，推布八宫，辨生旺、通山泽也。夫以先天坎六立极推布，内元之艮居乾宫，内元之兑居离位，外元之兑居巽方，[①] 立法能于乾卦三山寻龙山，巽卦三山立向口，离卦三山放城门、通山泽，自然五星合城门。得应此运生者，功垂竹帛，身绘凌烟，多生圣贤君子、传继道统之人者，破为下元统令，又遇水龙而活泼之天机，随处皆鸢飞鱼跃之境。谈星者又不得以兼辅兼弼为无力，而专取其它令星也。

---

① 巽反成兑，亦可出元立向通用。

八运山龙先后互用山泽通气城门一诀图

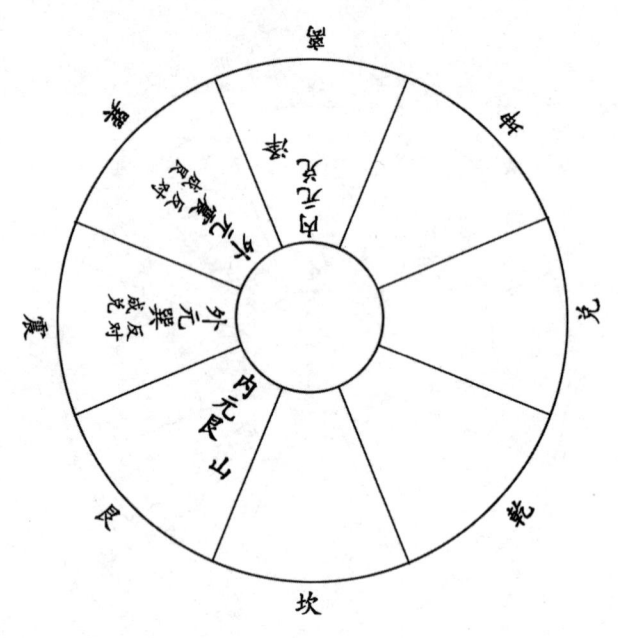

八运山龙城门，原以后天坤二入中，推布八宫，辨生旺、通山泽也。夫以后天坤二立城门之极，内元之艮山在艮、内元之兑泽在离，立法当于艮卦三山寻龙，坎卦三山安坐，离卦三山收潮立向，则生旺全收，城门之气洋溢其间，万象包涵矣。况五星挨排，原以先天下卦从入首起星，坎艮二宫自有旺龙旺山；① 城门于坤宫三山②起星，离宫兑泽、艮宫艮山，亦自有合法之作也。③ 但不可拘泥于法，亦不可无外乎法。补救直达出元兼收，亦未尝不可。此局此法，宋先师廖金精为张氏下地多用之。故南园张氏科第不休、福泽绵长，皆此运之钟灵也。

---

① 在人挨排不可造次，仔细苟且遂谓为元运也。
② 八运之五黄中宫。
③ 离宫兑泽，为此运山龙消水之府矣。排城门者，果于此处立向消水，向水外如有朝峰耸峙、奇砂挨揖，收城门之旺，亦能催科第人丁。无峰者不可以城门之令星放之也。

八运水龙先后互用山泽通气城门一诀图

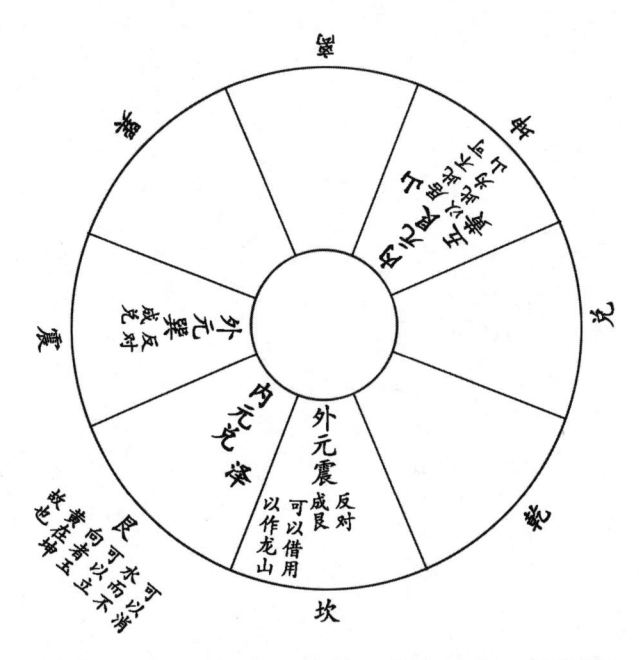

　　八运水龙城门，原以先天艮七入中，推布八宫，辨生旺、通山泽也。夫以先天艮七入中推布，艮山落于坤宫，五黄亦落于坤宫，坤虽为艮泊之地，用之为龙为山，则犯剥官大煞，不利大矣。法借外元之震，反对成艮，亦能通气。虽坎宫三山不尽可用，而求其五星之合、城门之旺，立离宫之向、放内元之兑泽水于艮宫，或收潮于反巽成兑之震宫，形势佳、理法合，而生气葱葱，亦能诞降英才，立功宇宙，富贵甲于一时也。若徒执内元艮山以求龙者，不知避煞另行也。《经》云"夫妇同行脉落明，须认刘郎别处寻"，三复斯言，其义见矣。

九运山龙先后互用山泽通气城门一诀图

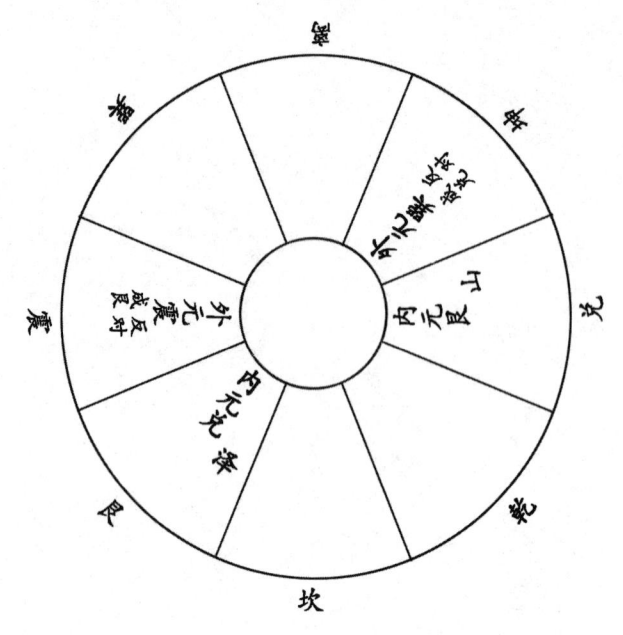

九运山龙城门，原以后天坎一入中，推布八宫，辨生旺、通城门也。夫以后天坎一立极推布，内元之兑在艮宫，内元之艮在兑宫。法宜于兑宫庚酉辛三山寻龙，于坤宫未坤申三山立坐，丑艮寅三方立向收潮，或于巽宫辰巽巳三方放水消浊，山泽气通，五星城门，一以贯之。古人多以此兼收者，视内外元为一家，安九星于八国，使六十四卦之气通、三百八十四爻之交媾成，方成一代大作手，此地理家之活泼天机也。学者体此，方不愧一世名师耳。

九运水龙先后互用山泽通气城门一诀图

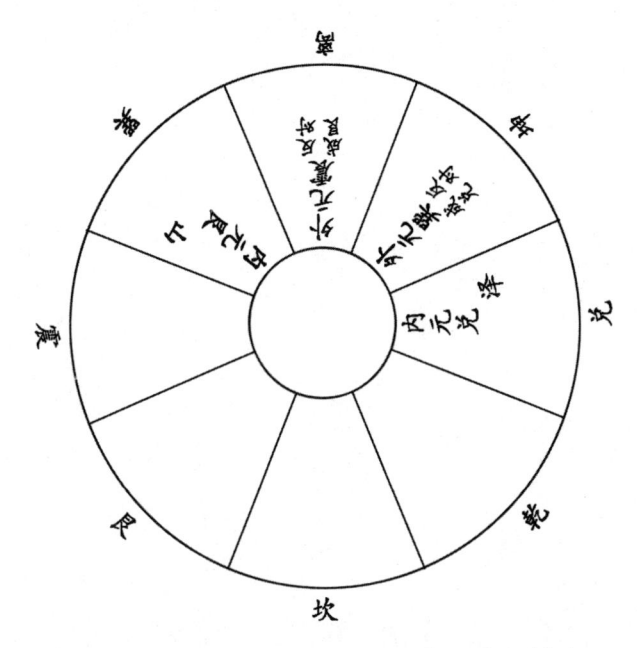

　　九运水龙城门，原以先天坤八入中，推布八宫，辨生旺、通山泽也。夫以先天坤八推布，内元之艮山在巽宫，内元之兑泽在兑宫。作法者，能以巽宫内元三山之龙，安震宫三山之坐，立内元兑宫兑泽三方之向，或收潮，或放水，或明堂大会，或潮池当门，总要天机会萃，潴蓄悠扬，不见湍激者，泽通山会，气机流畅，发福不让石崇，得名何殊窦桂，方足见九运山泽之关键也。谈元运者，无论左道旁门，鲜闻此道。即门内汉，已经得五星挨排之义者，亦难闻此理矣。学者有缘遇此机缄，泄此元窍，当效金人之针口，方免泄漏天机之过矣。**(青田又示)**

第六袠　经天纬地至宝书

序

　　《易》曰："立天之道阴与阳，立地之道柔与刚。"其所谓天者，非是苍苍之气之谓天也。谓日不踰辰，月宿其列，星守弗去，中参成伍，四气为政，弦望晦朔，终始相巡，然后见天之柄以临斗也。其所谓地者，非是膊膊之土之谓地也。谓土分九山，山分九塞，泽分九数，风分八等，水分六品，不重不泄，亘古如斯，然后见地之厚以载物也。

　　古者南正重司天，北正黎司地，盖因五行由天地生，五音由天地成，四垣、二十八宿、日月五星、六十四卦、三百八十四爻，莫不由天地定，故设官以董之。辨天地之五行，使人知地气之上升者为火，天气之下降者为水，欲升而不能升者为木，欲降而不能降者为金；居金木水火之中，运而不已，包而有在者为土。辨天地之五音，使人知东方者木也，万物立止焉，故调以徵；南方者火也，万物华羽焉，故调以羽；西方者金也，万物成章焉，故调以商；北方者水也，万物录藏焉，故调以角；中央者土也，太乙之位，百神御焉，故调以宫。辨四垣、列宿、卦气、爻辰之位，使人知木居东方以主春，其星则统苍龙七宿，其司令之方伯为震，其分爻值日之卦为解、大壮、豫；为讼、蛊、革、夬、旅；为师、比、小畜、乾；为大有、家人、井，以及爻辰所值之星。火居南方以主夏，其星则统朱雀七宿，其司令之方伯为离，其分爻值日之卦，为咸、姤、鼎、丰、涣；为履、遁与恒、节；为同人与损、否；为巽、萃与大畜，以及爻辰所值之星。金居西方以主秋，其星则统白虎七宿，其司令之方伯为兑，其分爻值日之卦，为贲、观、归妹、无妄，为明夷、困、剥、艮，为既济、噬嗑、大过，为坤、未济、蹇、颐，以及爻辰之所值。水居北方以主冬，其则星统玄武七宿，其司令之方伯为坎，其分爻值日之卦，为中孚与复、屯，为谦、睽与升、临，为小过、蒙、益、渐，为泰、需与随、晋，以及爻辰之所值也。地理家筑阳基，立阴宅，苟能仰观天文，俯察地理，纬之以日月，经之以星辰，验之以卦气，纪之以四时，合之以吕律，要之以太岁，推之以元运，分之以山川，真之以形穴，求合乎天光下临，地德上载之旨，夫而后始名之曰"堪舆"。

仆自束发受书，好谈地理，揣摩至三十年之久，毫无所得。癸卯秋，偕释子和真游江浙山水，侨寓于会稽之金门寺，得晤毕君航云、蒋君松雪、姜君寿国，皆贵介公子，少年蜚声者也。后因诗酒交，叩其先世地学，数君邀仆盟誓，然后授以《天机钤诀》、《摇鞭赋》、《幕讲》及此《经天纬地书》，仆奉而读之，揣阅数年，始悟《青囊》、《天玉》之大旨耳，敢云读书得闲哉！是以为序。

同治甲子三年花朝
复阳子岱山氏谨识
民国乙亥花朝新版

经天纬地书目录

爻辰六十卦歌括

太衍历步发敛术

卦气值日

爻辰始末附诸说

用爻辰二十八宿捷诀

用爻辰值候捷诀

十二爻辰图说①

十二月爻辰图

爻辰所值二十八宿图说

爻辰所值二十八宿图

六十四卦爻辰用诀

辟卦爻辰分方主时图说

辟卦爻辰分方主时图

用侯卦浑天爻辰纳甲诸法说

主岁卦主令卦值月卦值日卦值时卦六亲卦说六亲卦图

六十四卦分野图

六十四卦分野纪略

先天宓图爻象通占②

各省分野考

以上诸条皆昔得之师传，考之于法亦合，予不敢妄参未议，惟躔度遵刻下岁差，非予之敢背师训也，亦以明时势之不同耳，同志者谅之。③

按《爻象通占》，差却约一度有奇，欲求适合刻下之岁差，当慎加详核，不可忽略与猛浪执拗为妥。

民国乙亥年泰和子识

---

① 附解律吕之义。
② 遵同治甲子以后岁差推演，非古度也。
③ 岱山。

爻辰六十卦歌括

中孚辅复臣其屯，继有谦睽引阳神。
升作公孤临作辟，小过蒙益次第轮。
渐泰若逢司化令，需候随晋酝酿深。
雷水解兮大壮豫，讼蛊循环一路行。
革夬旅师与其比，公辟侯兮大夫卿。
更有小畜乾大有，家人与井自相生。①
此是阳生冬至子，卦中三十逐爻寻。②
阳极阴生卦候变，咸姤鼎兮丰与涣。
公履辟遁候取恒，大夫节兮同人换。
损否巽萃大畜通，次第相联气方贯。
贲观归妹公辟侯，无妄明夷卿卦殿。
困剥艮兮既济排，不得噬嗑候难辨。
大过坤居未济先，蹇颐相亚分爻占。
此是阴生夏至午，卦排三十消息见。③

大衍历步发敛术

天中之策五，余二百二十一，秒法七十二。地中之策六，余二百六十五，秒八十六，秒法百二十。贞悔之策三，余百三十二，秒百三。辰法七百六十，刻法三百四。各因中节命之，得公卦用事，以地中之策累加之，得次卦。若以贞悔之策加候卦，得十有二，节之初，外卦用事。四因立命之，得春木、夏火、秋金、冬水用事。以贞悔之策，加减季月中气，得土

---

① 以上阳爻八十九，阴爻九十一，共一百八十当半岁，实其在晋以前，阳爻三十八，解以后阳爻五十一，历日在春分前则少，春分后则多之象也。

② 以下阴爻。

③ 以上自咸迄颐，阳爻九十一，阴爻八十九，共一百八十当半岁，实其在大畜以前阳爻五十四，贲以后阳爻三十七，历日在秋分则少之象也，分以前则多，夫阳爻多则阴爻少，象行度之缩焉，阳爻少则阴爻多，象行度之盈焉，自解迄大畜阳爻一百有五，阴爻七十五，昼永而夜短也。自贲迄晋阳爻七十五，阴爻一百有五，昼短而夜永也。二至相距，阴爻阳爻，不正九十，而多一少一者何也？以是知岁实之有消长也。

王用事。① 其通法约其月闰衰为日,② 得中气去经朔日,算求卦候者,各以天地之策累加减之。凡发敛加时,各置其小余,以六爻乘之。如辰法而一为半辰之数,不尽者三约为分。③ 命辰起子半筭外。

右《大衍历》七十二候,依《周书时训》与《通卦验异》。其二十四气,则《三统历》,以谷雨为三月节,清明为三月中。汉以前历,又以惊蛰为正月中,雨水为二月节,《时训》亦与《大衍》同者,传写误也。

卦气值日

常气 四正卦 月中节	初候 始卦	次候 中卦	末候 终卦
冬至 坎初六 十一月中	蚯蚓结 复六四 公中孚	麋角解 复六五 辟复	水泉动 复上六 侯屯 内
小寒 坎九二 十二月节	雁北乡 临初九 侯屯 外	鹊始巢 临九二 大夫谦	雉始雊 临六三 卿睽
大寒 坎六三 十二月中	鸡始乳 临六四 公升	鸷鸟厉疾 临六五 辟临	水泽坚腹 临上六 侯小过 内
立春 坎六四 正月节	东风解冻 泰初九 侯小过 外	蛰虫始振 泰九二 大夫蒙	鱼上冰 泰九三 卿益
雨水 坎九五 正月中	獭祭鱼 泰六四 公渐	候雁北 泰六五 辟泰	草木萌动 泰上六 侯需 内
惊蛰 坎上六 二月节	桃始华 大壮初九 侯需 外	仓庚鸣 大壮九二 大夫随	鹰化为鸠 大壮九三 卿晋
春分 震初九 二月中	元鸟至 大壮九四 公解	雷乃发声 大壮六五 辟大壮	始电 大壮上六 侯豫 内
清明 震六二 三月节	桐始华 夬初九 侯豫 外	田鼠化鴽 夬九二 大夫讼	虹始见 夬九三 卿蛊
谷雨 震六三 三月中	萍始生 夬九四 公革	鸣鸠拂羽 夬九五 辟夬	戴胜降桑 夬上六 侯旅 内
立夏 震九四 四月节	蝼蝈鸣 乾初九 侯旅 外	蚯蚓出 乾九二 大夫师	王瓜生 乾九三 卿比

① 原注:凡相加减而秒母不齐,当令母互乘子,乃加减之母,相乘为法。
② 中朔通法三千四十。
③ 分满为刻,法为刻,若令满象积为刻者,即置不尽之数,十之十九而一为分。

小满 震六五 四月中	苦菜秀 乾九四 公小畜	靡草死 乾九五 辟乾	麦秋至 乾上九 侯大有 内
芒种 震上六 五月节	螳螂生 姤初六 侯大有 外	鵙始鸣 姤九二 大夫家人	反舌无声 姤九三 卿井
夏至 离初九 五月节	鹿角解 姤九四 公咸	蜩始鸣 姤九五 辟姤	半夏生 姤上九 侯鼎 内
小暑 离六二 六月节	温风至 遁初六 侯鼎 外	蟋蟀居壁 遁六二 大夫丰	鹰乃学习 遁九三 卿涣
大暑 离九三 六月中	腐草为萤 遁九四 公履	土润溽暑 遁九五 辟遁	大雨时行 遁上九 侯恒 内
立秋 离九四 七月节	凉风至 否初六 侯恒 外	白露降 否六二 大夫节	寒蝉鸣 否六三 卿同人
处暑 离六五 七月中	鹰祭鸟 否九四 公损	天地始肃 否九五 辟否	禾乃登 否上九 侯巽 内
白露 离上九 八月节	鸿雁来 观初六 侯巽 外	元鸟归 观六二 大夫萃	群鸟养羞 观六三 卿大畜
秋分 兑初九 八月中	雷乃收声 观六四 公贲	蛰虫坏户 观九五 辟观	水始涸 观上九 侯归妹 内
寒露 兑九二 九月节	鸿雁来宾 剥初六 侯归妹 外	雀入大水为蛤 剥六二 大夫无妄	菊有黄花 剥六三 卿明夷
霜降 兑六三 九月中	豺乃祭兽 剥六四 公困	草木黄落 剥六五 辟剥	蛰虫咸俯 剥上九 侯艮 内
立冬 兑九四 十月节	水始冰 坤初六 侯艮 外	地始冻 坤六二 大夫既济	雉为蜃 坤六三 卿噬嗑
小雪 兑九五 十月中	虹藏不见 坤六四 公大过	天气上腾地气下降 坤六五 辟坤	闭塞成冬 坤上六 侯未济 内
大雪 兑上六 十一月节	鹖鴠不鸣 复初九 侯未济 外	虎始交 复六二 大夫蹇	荔挺出 复六三 卿颐

卦气之图，以坎、离、震、兑为方伯，主四时；其爻二十四，主二十四气；辟卦十二，主十二月；其爻七十二，主七十二候；其余六十卦，主六日七分；其爻三百六十，主三百六十日，《系辞》所谓"当期之日"是也。其阴阳之位定，中节之序均，盖由六气之迭乘，二仪之贞观，而后岁功成、品物亨也。

爻辰始末

《乾凿度》曰：乾阳也，坤阴也，并相交错而行。乾贞于十一月子，左行阳时六；坤贞于六月未，右行阴时六。① 补②其岁终，次从于屯蒙，屯蒙主岁。屯为阳，贞于十二月丑，其爻左行，以间时而治六辰。蒙为阴，贞于正月寅，其爻右行，亦间时而治六辰，岁终则从其次卦。阳卦以其辰为贞，其爻左行，间辰而治六辰；阴卦与阳卦同位者，退一辰位以为贞，其爻右行，间辰而治六辰。③ 泰否之卦，独各贞其辰，使左右相随而行也。④ 中孚贞于十一月子，小过贞于六月未，法于乾坤三十二岁而周也。

张氏曰：按此主岁之法，用六十四卦之序，始乾、坤，次屯、蒙，次需、讼，次师、比，以终于既济、未济。每两卦立一岁，故三十二岁而周也。屯何以为阳？蒙何以为阴？汉时以乾震坎艮所生为阳，坤巽离兑所生为阴。盖以屯为坎二世卦，蒙为离四世卦，于是中孚为艮之游魂为阳、小过为兑之游魂为阴似也。而推之需讼则不合。焦氏谓乾所以贞于子，坤所以贞于未，此本京氏易。其阳卦阴卦，非用世应法也。京氏乾初纳子，二纳寅，三纳辰，四纳午，五纳申，上纳戌为左旋；坤初纳未，二纳巳，三纳卯，四纳丑，五纳亥，上纳酉为右旋。所谓左行阳时六，右行阴时六也。屯贞十二月，蒙贞正月，则又本卦气值日，屯为十二月卦，蒙为正月卦也。云左行右行，皆间时而治六辰，则亦如乾左坤右之例。屯自丑而卯、而巳、而未、而酉，以讫于亥。蒙自寅而子、而戌、而申、而午，以讫于辰。推之，需则贞于卯，讼则贞于辰；需为坤之归魂，讼为离之归魂，则皆阴矣。何以分阴阳？光山胡氏曰：前为阳，后为阴，是纬之本意也。屯在蒙前故为阳，小过在中孚后故为阴。需在前为阳，贞于卯；讼在后为阴，贞于辰。师在前为阳，比在后为阴。师、比皆四月，则宜同贞于巳。两爻同贞一辰，则巳、未、酉、亥、丑、卯每辰二爻，而午、辰、寅、子、戌、申空而无贞，非其法矣。退一辰以为贞，师在前为阳，自贞

---

① 郑康成云：贞，正也。初爻以此为正，次爻左右，各依次数之。
② 此阴阳以前后论，在前为阳，在后为阴。
③ 京氏注云：阴阳同位者，谓同日在冲也，阴则退一辰者，为左右交错相避。
④ 京氏注云：泰否独贞者，言不用卦次，泰卦当贞于戌，否当贞于亥，戌乾休所在亥，又坤消息之月，故避之。谓泰贞于正月，否贞于七月。泰从正至六月皆阳爻，否从七月至十二月皆阴爻，泰否各自相从。

于巳，而左行以讫于卯；比在后为阴，则退一辰贞于午，右行以讫于申。两卦十二爻，仍爻贞一辰也。泰宜贞正月寅，否宜贞七月申，而师比同值巳，为同日；泰否寅申相冲，为在冲，在冲与同日等。依师比例，泰宜贞正月寅，否宜退一辰贞八月酉，乃不用退避，而用随行，不用间行，而用连行。于泰贞寅、卯、辰、巳、午、未，否贞申、酉、戌、亥、子、丑，仍爻值一辰，不相重复，于诸卦别为一例。中孚宜贞子，小过宜贞寅，子寅亦同为阳辰，当依退法，乃中孚之贞子者，仍贞于子，而小过宜退而贞卯者，不贞于卯而贞于未。以中孚等乾，小过等坤，故云法乾坤，此一变例也。盖乾宜贞巳，坤宜贞亥，改而贞子，贞未亦相避也。自乾、坤、中孚、小过、泰、否六卦变例外，若比宜避师，复宜避剥，观宜避临，大过宜避遁，姤宜避夬，井宜避困，升宜避萃，恒宜避咸，益宜避损，贲宜避噬嗑，归妹宜避渐，旅宜避丰，大有宜避同人，履宜避小畜。其坎离震兑巽艮六卦无明文，以坎值子，以离值午，则离宜避坎；以震值卯，而艮在亥，艮宜避震；以兑值酉，而巽亦在酉，则兑宜避巽。[①]《乾凿度》之说如此推。郑氏注：意所谓卦次者，以乾贞子，则屯蒙贞丑寅，需讼贞卯辰，师比贞巳午，坤贞未，则小畜履贞申酉，故泰否贞戌亥，是则不用卦气，似非《乾凿度》本意也，然所谓左右交错者无异也。至于注《易》，则以乾自子左行，而坤初自未亦左行，似为难解。钱溉亭曰：京氏本律吕之合声，郑氏本《月律》，其说具见《春官·太师》。以律吕相生为法，是爻辰之说，当于十二律相求之也。

岁卦爻辰所主方位月分

乾坤主岁，乾初爻贞子二寅三辰四午五申上戌，坤初贞未二巳三卯四丑五亥上酉。

屯蒙主岁，屯初爻丑二卯三巳四未五酉上亥，蒙初寅二子三戌四申五午上辰。

需讼主岁，需初卯二巳三未四酉五亥上丑，讼初辰二寅三子四戌五申上午。

师比主岁，师初巳二未三酉四亥五丑上卯，比初午二辰三寅四子五戌上申。

[①] 于方位兑在酉，于卦气巽在酉。

小畜履主岁，畜初巳二未三酉四亥五丑上卯，履初申二午三辰四寅五子上戌。

泰否主岁，泰初寅二卯三辰四巳五午上未，否初申二酉三戌四亥五子上丑。

同人大有主岁，同初申二戌三子四寅五辰上午，有初未二巳三卯四丑五亥上酉。

谦豫主岁，谦初丑二卯三巳四未五酉上亥，豫初辰二寅三子四戌五申上午。

随蛊主岁，随初卯二巳三未四酉五亥上丑，蛊初辰二寅三子四戌五申上午。

临观主岁，临初丑二卯三巳四未五酉上亥，观初戌二申三午四辰五寅上子。

噬嗑贲主岁，噬初亥二丑三卯四巳五未上酉，贲初戌二申三午四辰五寅上子。

剥复主岁，剥初戌二子三寅四辰五午上申，复初丑二亥三酉四未五巳上卯。

无妄大畜主岁，妄初戌二子三寅四辰五午上申，大畜初酉二未三巳四卯五丑上亥。

颐大过主岁，颐初子二寅三辰四午五申上戌，大过初亥二酉三未四巳五卯上丑。

坎离主岁，坎初子二寅三辰四午五申上戌，离初未二巳三卯四丑五亥上酉。

咸恒主岁，咸初午二申三戌四子五寅上辰，恒初酉二未三巳四卯五丑上亥。

遁大壮主岁，遁初未二酉三亥四丑五卯上巳，大壮初辰二寅三子四戌五申上午。

晋明夷主岁，晋初卯二巳三未四酉五亥上丑，明夷初戌二申三午四辰五寅上子。

家人睽主岁，家初午二申三戌四子五寅上辰，睽初丑二亥三酉四未五巳上卯。

蹇解主岁，蹇初子二寅三辰四午五申上戌，解初卯二丑三亥四酉五未上巳。

损益主岁，损初申二戌三子四寅五辰上午，益初卯二丑三亥四酉五未上巳。

夬姤主岁，夬初辰二午三申四戌五子上寅，姤初丑二亥三酉四未五巳上卯。

萃升主岁，萃初酉二亥三丑四卯五巳上未，升初寅二子三戌四申五午上辰。

困井主岁，困初戌二子三寅四辰五午上申，井初未二巳三卯四丑五亥上酉。

革鼎主岁，革初辰二午三申四戌五子上寅，鼎初未二巳三卯四丑五亥上酉。

震艮主岁，震初卯二巳三未四酉五亥上丑，艮初子二戌三申四午五辰上寅。

渐归妹主岁，渐初寅二辰三午四申五戌上子，归妹初亥二酉三未四巳五卯上丑。

丰旅主岁，丰初未二酉三亥四丑五卯上巳，旅初午二辰三寅四子五戌上申。

巽兑主岁，巽初酉二亥三丑四卯五巳上未，兑初戌二申三午四辰五寅上子。

涣节主岁，涣初未二酉三亥四丑五卯上巳，节初申二午三辰四寅五子上戌。

中孚小过主岁，孚初子二寅三辰四午五申上戌，小过初未二巳三卯四丑五亥上酉。

既济未济主岁，既初亥二丑三卯四巳五未上酉，未初子二戌三申四午五辰上寅。

右年卦各爻所主即系方位，即系月分，详悉载明，可一目了然矣。

用爻辰二十八宿捷诀

爻辰之法，总以乾坤十二爻为主，逢九从乾爻所值，逢六从坤爻所值。六十四卦中无论何卦，但凡初九，皆是律应黄钟，爻辰位上值女虚危三宿，余五阳爻仿此。但凡初六皆律应林钟，爻辰上值井鬼柳三宿，余五阴爻仿此。

用爻辰值候捷诀

爻辰值日之卦，于六十四卦中，取坎震离兑四正为方伯。四卦中二十四爻，分管二十四节气，以一爻管十五日，以司时令也。其余六十卦，共三百六十爻，轮流周天三百六十度，① 分值周年三百六十日，② 此一爻值一度一日也。法以本年冬至日③起中孚卦，逐日逐度逐爻分推之。选择者无论何山何度，须俟此山此度卦气所值，且于《周易》内观此爻之爻词吉凶；更观天文中二十八宿于此度分野何方，四垣中于此度所值何星，律吕中于此爻所应何律，五音中于此爻所属何音。如果俱吉，然后用此爻之辰值日。此候卦之经盘也。至于纬盘，则从本年交冬至时，看本年流行之候卦。其法以一卦管五日，一爻管十时。年月日既善，再用此爻辰值时，以吊本日七政之恩用，或到山，或到向，或到命，或开夹，或拱照，或合格，或合时，或得天罡以指向，或得禄马以催官，如是方可以言期。世之谈三合、斗首诸法者，何尝梦见哉！

十二爻辰图说④

郑康成以爻辰说易，本于《乾凿度》，亦本于《月律》。惠氏栋谓《乾凿度》之说，与十二律相生图合。今按《周礼·春官·太师》，掌六律六吕，以合阴阳之气。黄钟，子气也。（韦昭曰：十一月黄钟，乾初九也。名黄者，重元正始之义也。黄钟，阳之变也，管长九寸。林钟，阴之变也，故长六寸。九六为阴阳、夫妇、母子之道也。《汉志》云：黄者，中之色也。钟，种也。阴气始种于黄泉，孳萌万物，为六气元也。）大吕，丑气也。（韦昭曰：十二月大吕，坤六四也，管长八寸三分七，阴像于阳。以黄钟为主，故曰元。不名其初，臣归功于君之义。高诱曰：万物萌生，动于黄泉，未能达见，此去阴即阳，助其成功，故曰大吕也。）太簇，寅气也。（韦昭曰：正月太簇，乾九二也。管长八寸，阳气太簇达于上。高诱曰：太簇，太阴气衰，少阳气降，万物萌生，簇地而出，竹管与太簇音和，故太簇也。）夹钟，卯气也。（韦昭曰：二月夹钟，坤六五也。汉志云，夹钟言阴夹助太簇，宜四方之气，而出种物也，管长七寸四分三。）姑洗，辰气也。（韦昭曰：三月姑洗，

---

① 扫去五度又四分度之一不用。
② 月小、闰月，照节气推。
③ 看在子宫何度交冬至。
④ 就乾坤二卦之爻辰，以论律吕并解律吕之义。

乾九三也。汉志曰：洗洁也，阳气洗物幸洁之也。高诱曰：姑故也，洗新也，是月阳气养生物，皆云故就亲也，管长七寸一分。）仲吕，巳气也。（韦昭曰：四月仲吕，坤上六也。管长六寸五分八，阳气宣于外，阴气闭藏于中，所以助阳成功也。班固曰：吕拒也。阳气将极，阴始自中拒推之也。高诱曰：四时之序如伯仲，春为伯，夏为仲，是时夏气始行，故名仲吕。）蕤宾，午气也。（韦昭曰：五月蕤宾，乾九四也。管长六寸二分。陈祥曰：阳至午始衰，草木蕤矣。阴用事而阳为宾。高诱曰：阴气蕤蕤在下，如主人尊严之阳气在上，如宾客也。）林钟，未气也。（韦昭曰：六月林钟，坤初六也，管长六寸。《汉志》曰：林，君也，阴气受任。助蕤宾，君主种内也。班固曰：林众也，钟种也，万物成熟，种类多也。）夷则，申气也。（韦昭曰：七月夷则，乾九五也。管长五寸六分。夷平也，则法也，万物既成，可法则也。班氏曰：夷伤也，万物始伤，被刑法也。）南吕，酉气也。（韦昭曰：八月南吕，坤六二也，管长五寸三分，阴任阳事，万物不荣而实。《汉志》：南任也，阴气助夷，则任成万物也。）无射，戌气也。（韦昭曰：九月无射，乾上九也，管长四寸九分。按无射者，九月之卦为剥，上穹上反下，无有厌斁，上阳甫终，下阴即始，所谓不远复也。《汉志》：射厌也，言阳气充物，而使阴毕剥落之终，而复始无厌已也。）应钟，亥气也。（韦昭曰：十月应钟，坤六三也，管长四寸七分，阴应阳用事，万物钟聚，百嘉具备，时务均利，百官程度，庶品皆使应其礼，复其性。班固曰：应钟者，万物应阳而动，下藏钟聚也。）其相生，则以阴阳六体为之，以律为夫，以吕为妇，相生皆左旋。黄钟初九也，下生林钟之初六，林钟又上生太簇之九二，太簇又下生南吕之六二，南吕又上生姑洗之九三，姑洗又下生应钟之六三，应钟又上生蕤宾之九四，蕤宾又下生大吕之六四，大吕又上生夷则之九五，夷则又下生夹钟之六五，夹钟又上生无射之上九，无射又下生仲吕之上六，同位者象天妇，异位者象子母。（所谓律娶妻而吕生子也。）

十二月爻辰之图

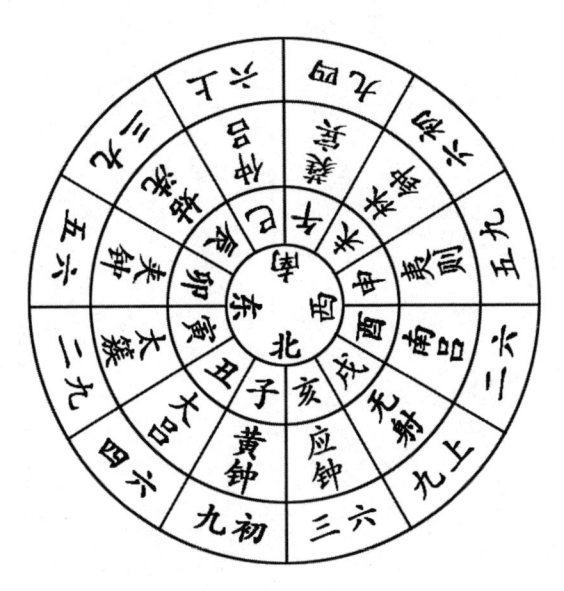

按《周官》，贾疏云：黄钟在子，一阳爻生于初九；林钟在未，二阴爻生于初六者，以阴故退位在未，故曰乾贞于十一月子，坤贞于六月未也。

爻辰所值二十八宿图说

宋朱子云："乾之六位，子、寅、辰、午、申、戌，阳也。坤之六位，未、巳、卯、丑、亥、酉，阴也。位之升降，不达其时，故大明终始，六位时成。"郑康成注《月令》云："正月宿值尾箕，八月宿值昴毕，六月宿值鬼，九月宿值奎，十月宿值营室，二月宿值心房，七月宿值参星。"又注季冬云："此月之中，日历虚危。"《参同契》曰："青龙处房兮，春花震东卯。白虎在昴七兮，秋芒兑西酉。朱雀在张二兮，正阳离南午。"又云："含元虚危，播精于子。"皆与图合。若以日言之，则右行而周二十八宿，《明堂·月令》所谓"孟春之月，日在营室"是也，与此不同。

爻辰所值二十八宿图

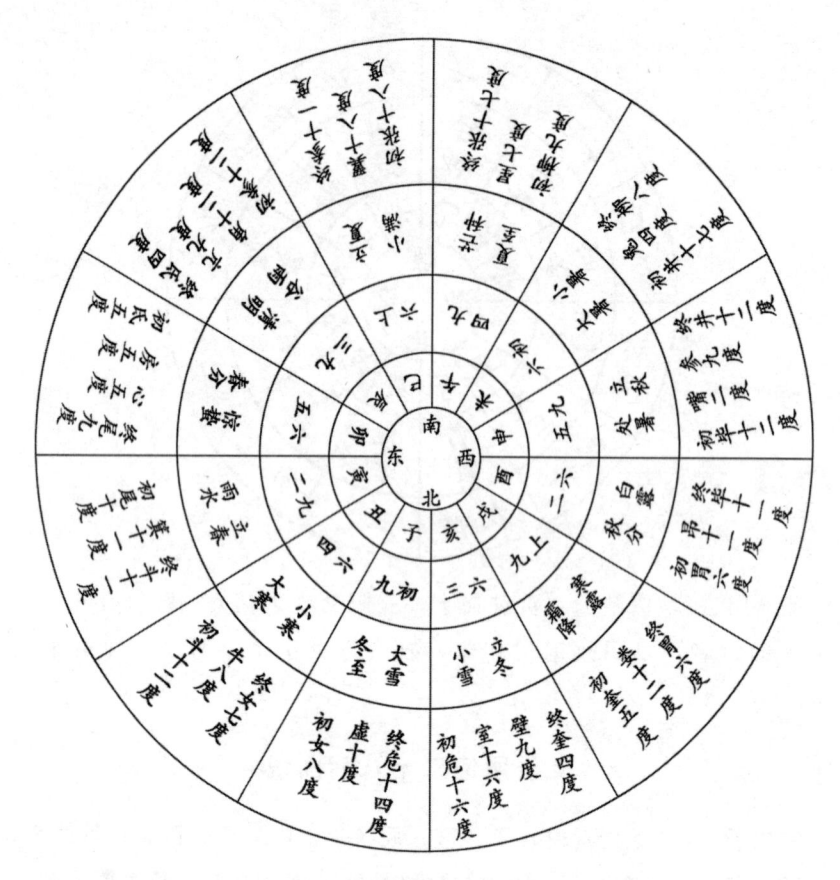

十二支有所属，在子曰元枵，在丑曰星纪，在寅曰析木，在卯曰大火，在辰曰寿星，在巳曰鹑尾，在午曰鹑火，在未曰鹑首，在申曰实沈，在酉曰大梁，在戌曰降娄，在亥曰诹訾。

六十四卦爻辰用诀

六十四卦爻辰，皆本于八卦之纳甲，如乾初甲子四壬午，坤初乙未四癸丑，震初庚子四庚午，坎初戊寅四戊申，艮初丙辰四丙戌，巽初辛丑四辛未，离初巳卯四己酉，兑初丁巳四丁亥是也。无论何卦，内卦则用内卦纳甲之爻辰，外卦则用外卦纳甲之爻辰，知此始知卦有六爻，爻各一辰之义也。

辟卦爻辰分方主时图说

虞翻曰：庖牺作八卦，以坎离震兑象四时，故正四方乾盈在甲，坤虚合癸艮，下弦晦望之中，故位之甲癸之间。而在东北雷风相薄，震成入巽，故位巽于东南以齐震。乾居西北，以就坎十日月盈西北也；坤居西南，以就离晦朔月合日也。乾就坎月而居前，坤就离日而居后，阳尊阴卑。此八卦布散用事之序也。而京房复设十二辟卦以解之者，以为阳生于坤，阴生于乾，一岁之消息，皆生于乾坤也。

辟卦爻辰分方主时图

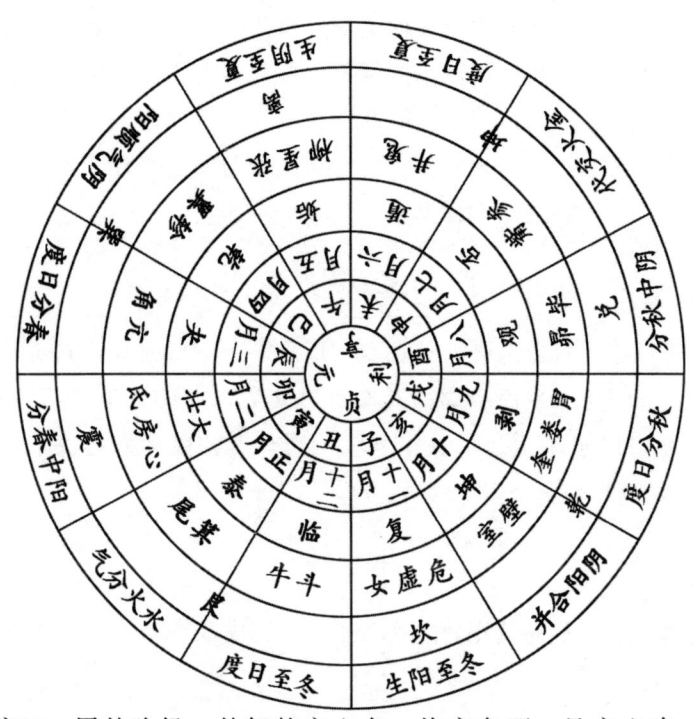

京房曰：周卦验候，卦气乾主立冬，坎主冬至，艮主立春，震主春分，巽主立夏，离主夏至，坤主立秋，兑主秋分。然若以冬至起子，四十五日立春，而艮受之，是艮不得位十二月，坤不得位六月也。当是八卦，各以中爻用事，二分二至。

用侯卦浑天爻辰纳甲诸法说

邵子曰："冬至子之半，盖谓一阳生于子居坎，故冬至以坎主之。"此邵子举冬至统令之坎，以概春分震、夏至离、秋分兑，四方伯之卦也。而不知方伯主一方之政令也，一爻管十五日也，其六爻共管九十日。初爻戊寅值冬至，如冬至造葬；二命逢戊寅生，是为浑天值命。余爻余卦，皆可类推也。四方伯卦之下，又有公卦、辟卦、侯卦、大夫卦、卿卦，均从冬至日起，逐爻值日辟卦。六爻虽主一月之六候，而分爻值日，下与公侯、大夫、卿同者，示君臣一体也。且以全五卦一月分爻之数也。如交冬至此日此度，即属中孚初爻，丁巳值日；次日即中孚二爻，丁卯值日。造葬者，二命或逢此爻辰，穴度或逢此爻辰，日干或逢爻辰，皆谓之浑天真禄马。且从交冬至时，吊本年流行之候卦，浑天是何爻辰，即用此爻辰以值时，以兼度，以合命，以求律吕隔八之相生。七政恩用之宫到，爻词星宿之吉获，然后用之，方可云吉。如有专催之事与不全之端，则吊六亲卦之子、父、财、官以补之，方称完璧。

主岁卦[①]

从甲子岁起，每岁两卦，卦次本《周易》上下经卦序，首乾坤，次屯蒙，次需讼，三十二岁而一周。其所贞之爻辰，说已见于《爻辰始末篇》内。若甘时望以子年主复，丑年主临，则与《乾凿度》之说不合。法以《乾凿度》之说为是。

主令卦

坎震离兑也，坎初爻戊寅主冬至，[②]二爻戊辰主小寒。一爻一节，以下类推。

[①] 从唐尧八十一载，上元甲子起乾坤主岁、乙丑屯蒙、丙寅需讼，数至同治二年癸亥，凡四千一百四十年，共六十九甲子。又岁卦共一百二十九周，又二十四卦，值剥复主岁，越同治三年，上元甲子值无妄大畜、乙丑颐大过、丙寅坎离、丁卯咸恒、戊辰遁大壮，余类推。二卦管一年，爻管一月。

[②] 新度。

值月卦

以十二辟卦为主，如子月复卦主令，初爻庚子管五日一候；二爻庚寅，又管五日一候是也。以下类推。

值日卦

冬至日，即属公卦中孚初爻丁巳①主事，次日即属中孚二爻丁卯②主事，以下类推。

值时卦

以交冬至时流行候卦起例，一爻十时类推。愚按：候卦值日之法，当以辟卦为主，何也？辟卦者，一月之君卦也，其余公卦、侯卦、大夫卦、卿卦，皆臣下辅君行令者也。盖辟卦六爻，一爻主一候，六爻六候，其值日之浑天爻辰，亦当有六，又得公、侯、大夫、卿四卦，各以六爻辅之，而一月三十之数备。选日者如在辟卦初候，宜用初爻之浑天爻辰值日；如在辟卦二候，宜用二爻之浑天爻辰值日，方可谓之候到。其余逐度逐日之浑天爻辰，宜用在坐度分金造葬二命上，方可谓之气到。若坐度二命，仅与候卦之爻辰相合相生，犹其次也。至于值时之浑天爻辰，则前人之法，未可议也。未知是否，高明察之。**岱山谨识。**

六亲卦说

《火珠林》曰：六亲根源者，八卦之宫主也；而元育六亲傍通者，六爻之飞象也；而上下相乘五行者，金木水火土；而定四时六亲者，主宫也。六爻父、子、兄弟、妻财、官鬼，定一宫，管八卦，七卦皆从一宫出。傍通者上下宫飞，象六爻也。盖本宫在下，为伏之六亲；傍宫在上，为飞之六亲，如六壬课有天盘地盘。先看六亲之下，后看六亲之上，所乘得何爻，而辨吉凶存亡也。

---

① 酉。
② 未。

六亲卦之图

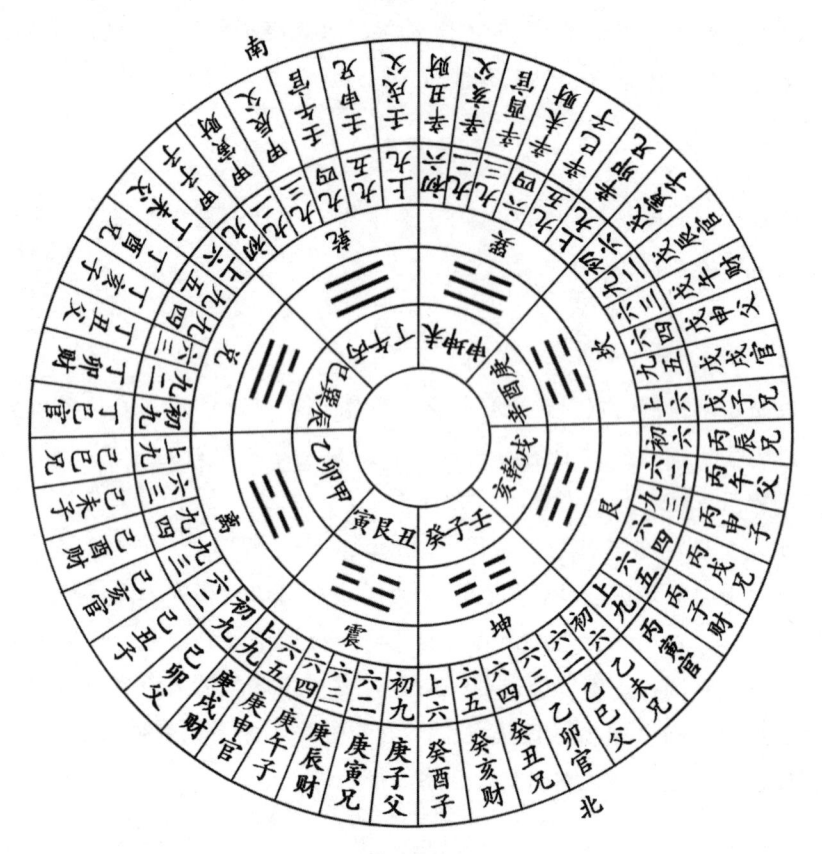

按：六亲图，以后天方位，加先天爻辰，并先天卦位，而流行理气可见矣。

泰和子跋。

六十四卦分野图[1]

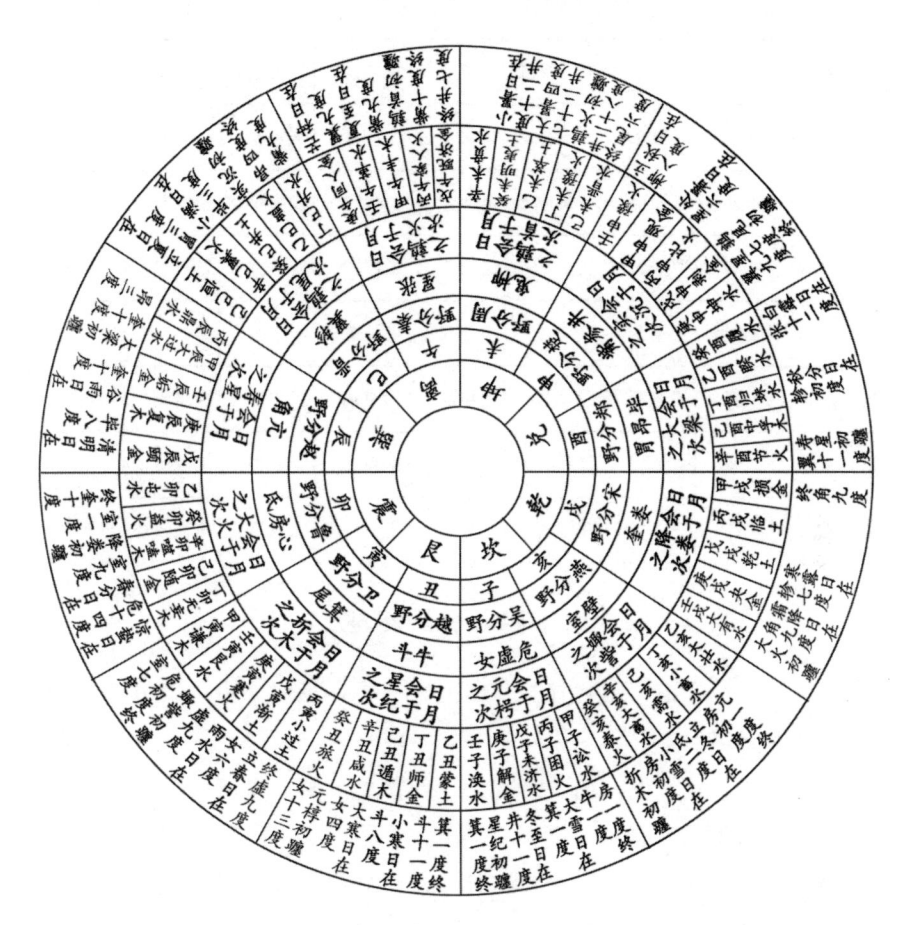

　　右图本《易经》来注，然其中多错。如十二宫分野，自丑至午，每参前一字，此传写之误。又排六甲，收甲子，排入亥未，以下六甲皆错。法宜排甲子于子初，收五阳干，排入六阳支；五阴干，排入六阴支，依次排去，十二宫秩然不乱，乃确其六十卦配六十甲子亦交错。法以后天八卦方位，加先天八卦，为坎宫加乾为讼，加兑为困，加离为未济，加震为解，加巽为涣；加坎为坎，系方伯卦不用；加艮为蒙，加坤为师。余七卦仿此加去。四正除方伯卦，各七卦，四隅各八卦，共六十卦，依所加次序，配六十甲子次序，一丝不乱。原图沿旧刻之误，亦为订正，观比详之。

---

[1] 此古分野图，时下当依新度，见后。

考定卦配甲子十二支各分五卦

坎宫七卦	甲子讼	丙子困	戊子未济	庚子解	壬子涣	乙丑蒙	丁丑师	
艮宫八卦	己丑遯	辛丑咸	癸丑旅	丙寅小过	戊寅渐	庚寅蹇	壬寅艮	甲寅谦
震宫七卦	丁卯无妄	己卯随	辛卯噬嗑	癸卯益	乙卯屯	戊辰颐	庚辰复	
巽宫八卦	壬辰姤	甲辰大过	丙辰鼎	己巳恒	辛巳巽	癸巳井	乙巳蛊	丁巳升
离宫七卦	庚午同人	壬午革	庚午丰	丙午家人	戊午既济	辛未贲	癸未明夷	
坤宫八卦	乙未否	丁未萃	己未晋	壬申豫	甲申观	丙申比	戊申剥	庚申坤
兑宫七卦	癸酉履	乙酉暌	丁酉归妹	己酉中孚	辛酉节	甲戌损	丙戌临	
乾宫八卦	戊戌乾	庚戌夬	壬戌大畜	乙亥大壮	丁亥小畜	己亥需	辛亥大畜	癸亥泰

六十四卦分野纪略[①]

渐、蹇、艮、谦、无妄五卦，在卫之分野，是时**十月**，日月会于析木之次，星属箕尾。

随、噬嗑、益、屯、颐、复五卦，在鲁之分野，是时**九月**，日月会于大火之次，星属氐房心。

复、姤、大过、鼎、恒、巽五卦，在赵之分野，是时**八月**，日月会于寿星之次，星属角亢。

巽、井、蛊、升、同人、革五卦，在晋之分野，是时**七月**，日月会于鹑尾之次，星属翼轸。

革、丰、家人、既济、贲、明夷五卦，在秦之分野，是时**六月**，日月会于鹑火之次，星属柳星张。

明夷、否、萃、晋、豫、观五卦，在周之分野，是时**五月**，日月会于鹑首之次星，属井鬼。

观、剥、坤、履、暌五卦，在楚之分野，是时**四月**，日月会于实沉之次，星属觜参。

---

① 此十二支宫中各分五卦，多错，如前说乃是。

睽、归妹、中孚、节、损、临五卦，在郑之分野，是时**三月**，日月会于大梁之次，星属胃昴毕。

临、乾、夬、大有、大壮五卦，在宋之分野，是时**二月**，日月会于降娄之次，星属奎娄。

小畜、需、大畜、泰、蹇、讼五卦，在燕之分野，是时**正月**，会于娵訾之次，星属室壁。

困、未济、解、涣、蒙五卦，在吴之分野，是时**十二月**，日月会于元枵之次，星属女虚危。

师、遁、咸、旅、小过五卦，在越之分野，是时**十一月**，日月会于星纪之次，星属斗牛。

先天宓图爻象通占

按：此二十八宿之行度，适与《易》六十四卦三百八十四爻相配，其中象数，实非自然，非同凑合，纬书之精也。观此可见易理包涵之大。

复初九	箕一度	箕四星，西距极百二十一度半，主时，主八风，主口舌，主四夷宾客，星又为女相，明大而直，五谷熟，君无谗间，箕口敛则雨，开则风。箕初度十七分入丑。
复六二	箕二度	宗人四星，大宗之象，西距极八十六度。杵三星，中距极百三十八度，主杵臼之事。纵为丰，横为饥又曰："客星撼杵，天下闭口。"宗人，主录亲疏享祀。
复六三	箕三度	天棓五星，南距极四十四度。天棓细明，内庭偃共。《星经》："天棓为天子先驱，又主争讼，主备非常之变。"
复六四	箕四度	帛度二星，距极六十八度，主度量，明则度量平。
复六五	箕五度	宗室二星，距极八十度半，主天子同姓之亲，所以执玉牒而正宗法。
复上六	箕六度	农丈人一星，距极百三十四度半，主稼墙，明则天下丰稔。《天元历》云："东熟西饥，南旱北水。"
颐初九	箕七度	东垣，距极九十三度。

颐六二	箕八度	吴越，距极八十三度。
颐六三	箕九度	齐，距极七十四度。 ○○新度箕八度五十五分。止此以后，入斗宿宫度。但此度自五十六分，即属斗宿视事。
颐六四	斗一度	中山，距极六十五度。
颐六五	斗二度	
颐上九	斗三度	斗六星，柄间柜极百十九，当日月之正道，为丞相太宰之位，酌量政事，褒进贤良，封授爵禄。按：北斗酌量元气，南斗进退人才。
屯初九	斗四度	天弁九星，西距极九十九半，为天子之弁冠，又为市官之长。主列肆关闠，明大则吉。占云：天弁冒客，关梁踊跃。
屯六二	斗五度	女使一星，距极十七半。主记宫禁动静之事，传漏记时，是妇官征者。建六星，西距极百十三，曰天旗，天之都关。主旗辂，忌暗动。
屯六三	斗六度	织女三星，距极五十二。天帝之女，主果蔬丝棉珍宝。明则天下女工善。
屯六四	斗七度	扶筐七星，南距极三十半。为后妃亲蚕之器，主蚕事。明则吉，不见则女工失业，府藏空。占云：火燃扶筐，六宫无桑。
屯九五	○度	鳖十四星，东距极百三十，明则雨泽时阴。水守之则水，火守之主旱。
屯上六	斗八度	扶筐左。扶筐主蚕事，见本卦四爻。○○新度丑纳始箕初度十七分，终斗七度一十九分。
益初九	斗九度	鳖左，建左。鳖主雨泽，见上屯卦五爻。建主旗辂，见上屯卦二爻。
益六二	斗十度	辇道五星，西北距极四十七半。为天子游幸之道，所以渡百神，通四方，主巡行天下水陆之道，不宜暗动。

益六三	斗十一度	輂道，中为天子驰道，金戈火鼓，不宜御路。
益六四	斗十二度	渐台四星，东南距极五十八，为临水之台。主刻漏律吕之事，验气候之应否缓急。占云：孛在渐台，水来为灾。
益，九五	斗十三度	
益上九	斗十四度	狗二星，东距极百十八，守防奸匿，不宜移动。
震初九	斗十五度	柱下史一星，距极十八。
震六二	斗十六度	
震六三	斗十七度	
震九四	斗十八度	天鸡二星，西距极百一十，主候时。占云：金火鸣鸡，大征兵师。
震六五	斗十九度	天渊七星，中距极百二十九，主灌溉，主海中鱼鳖，水守之水，火守之旱。占云：荧辰留渊，赤地涌泉。
震上六	斗二十度	狗国四星，距极百二十，主鲜卑乌丸诸国，明则边寇作。
噬嗑初九	斗二十一度	河鼓三星，西距极八十一，天鼓也，主军鼓及铁钺，忌动摇。《正义》：为天子之三将军，所以备关梁而拒难也。斗二十一度三十二分入子宫。
噬嗑六二	斗二十二度	奚仲四星，距极三十八，为大御之官，主军政。占云：奚仲丧车，戎马长驱。
噬嗑六三	○度	

噬嗑九四	斗二十三度	天厨六星，距极二十四。为天子百官之厨，主肴馔。见则吉，不见凶。古旗九星，距极七十三。天子巡行所用，主设备，知敌谋。
噬嗑六五	斗二十四度	天津九星，西距极四十七。主津梁，以通四方。占云：九星失备，天下颠沛。 ○○新度斗宿二十三度五十三分止，此以后入牛宿宫度。但此度自四十七分，即属牛宿视事。
噬嗑上九	牛一度	左旗九星，距极七十五。为天子之太常，实巡行所有事。主设备，知敌谋，贵明润。占云：两旗慧历，比干格泽。
随初九	牛二度	九坎九星，距极百四十一。主沟渠水旱，以达泉源。天田九星，距极百十六。主畿内之田。火守之则旱，水守之则潦。
随六二	牛三度	牛六星，中距极一百八，为天之关梁，日月主星之中道，主牺牲之事，是为将军。占云：火犯兵氛，月晕损犊。
随六三	牛四度	天桴四星，距极九十四。桴以击鼓，主刻漏鼓鼙之事。列国十二星，越极百二十九。其星变动，各以其国占之。
随九四	牛五度	郑，距极百二十八。按：十二国诸侯，皆主巡狩天下之事。
随九五	牛六度	罗堰三星，北极距百十九。主堤塘，壅蓄水潦，灌溉田苗。明大则有水灾，黄河骤决。赵，距极百十五。
随上六	牛七度	齐，距极百二十度。
无妄初九	牛八度	离珠五星，东北距极九十五。主后宫藏府，后妃环佩之饰，亦主女所献之功。小则后宫命约，暗动则凶。 ○○新度牛宿七度四十分止，此后入女宿宫度。但此度自二十七分，即属女宿视事。
无妄六二	女一度	败瓜五星，南距极八十三。瓠瓜五星，西距极七十九。两星均主果实瓜米，兼主人宫，司中馈，以利五味，又主阴谋。明则岁熟。　刻下岁差牛七度四十分。
无妄六三	女二度	女四星，西南距极一百四，是为少府。主布币裁制嫁娶，又主麻。明则天下丰，女功昌。

无妄九四	女三度	周，距极百二十三度。楚，距极百二十八度。
无妄九五	女四度	燕，距极百二十九度。
无妄上九	女五度	秦，距极百二十三度。
明夷初九	○度	
明夷六二	女六度	晋，距极百二十八度。
明夷九三	女七度	代，距极百二十三度。韩，距极百二十八度
明夷六四	女八度	
明夷六五	女九度	魏，距极百二十八度。司危二星，西距极八十五。主安危，又主骄佚，颠蹶丧死之祸。明则吉。
明夷上六	女十度	司非二星，西距极七十九是。司察过恶是非，为冥官之职。明大为灾。占云：危非哭泣，流星莫入。
贲初九	女十一度	哭二星，西距极百十七。主后墓哭泣，不欲明。离瑜三星，西距极百二十八。离，桂衣；瑜，玉饰。主妇人服饰，微则后宫俭。
贲六二	女十二度	天垒城十三星，西距极百廿六，主候外国兴废。○新度女宿十一度四十分，此以后入虚宿宫度。但此度自八分，即属虚宿视事。
贲九三	虚一度	虚二星，南距极百度半。为虚堂冢墓之官，主覆藏万物。亦主邑居庙堂祭祀之事，又主风云死丧。明静则吉。
贲六四	虚二度	司命二星，西距极九十二，主举过行罚、死丧之事。又主百鬼，为冥官之职。明大为灾。

贲六五	虚三度	司禄二星，西距极九十。主天下爵禄年寿。
贲上九	虚四度	车府七星，西距极五十六，天子玉辂所藏。主军。车府，舆之库，宾之馆，不宜变动。占云：火金守府，是为兵薮。
既济初九	虚五度	
既济六二	虚六度	人五星，西南距极七十，为万民之精。主众庶安危。一曰卧星，主防淫。明润则吉。占云：人星若沈，黑符导淫。
既济九三	虚七度	败臼四星，北距极百三十九，俗称棺材星。主败亡灾咎。星赘败臼，知灾。一星不具，民卖釜甑。
既济六四	虚八度	虚八度十九分入亥宫。
既济九五	○度	
既济上六	虚九度	盖屋二星，西距极九十七。主天子宫室之官。天柱五星，距极十三。为建政教、立图法之府。主晦朔昼夜。明正则阴阳和。
家人初九	危一度	危三星，南距极九十六，形似盖屋。主天府。又名天市架屋，主宗庙宫室。明则天下安，动则土功兴。 ○○新度虚宿九度五十八分止，此以后入危宿宫度。但此度自六分，始属危宿视事。
家人六二	危二度	钩九星六星，距极二十四。主舆服法驾。明吉暗凶，直则地动。
家人九三	危三度	杵三星，西距极六十一。主军粮。与臼星相当则吉，否则凶荒。臼四星，距极六十九。正当杵下，覆则饥。
家人六四	危四度	天钱十星，东北距极百一十六。主钱帛财货所聚。暗则藏府虚耗。十星规员，循环流通，以杖百货之家。
家人九五	危五度	坟墓四星，中距极九十六。为墓大夫，所掌百族兆域，主丧葬事，不欲明。天网一星，距极百廿九。主武帐，天子戈猎之所。
家人上九	危六度	

丰初九	危七度	虚梁四星，南距极百度半。主园陵寝庙。占云：水守虚梁，寝庙兵伤。火守虚梁，峦气跳梁。
丰六二	危八度	
丰九三	危九度	螣蛇二十二星，中距极四十四。为北方水虫之长，不宜移动。占云：螣蛇斗客，蛟龙为孽。
丰九四	危十度	
丰六五	危十一度	造父五星，北距极三十八。为御马之官，又名伯乐。占云：伯乐不处，野马亦寡。
丰上六	危十二度	北落师门一星，距极二十六。为天军之门，常以候兵，大则军安，微暗军弱，动摇兵起。
离初九	危十三度	雷电六星，西南距极八十七。主兴雷动蛰。垒壁阵十二星，距极一百十五。主天子之军营，星明则安。
离六二	危十四度	
离九三	○度	
离九四	危十五度	羽林军四十五星，三三而居。大星距极百十七。又名材官，为天子卫队之兵。主翼卫王室，明则国安。
离六五	危十六度	霹雳五星，西距极九十三。主兴雷雨，发生万物。○天厩十星，西距极四十九。为天马之厩，今之驰亭，不见则道路绝。
离上九	危十七度	斧钺三星，北距极百三十度。主斩杀，动则兵起。为中军所有事。
革初九	危十八度	壁垒中北星。主天子之军营。明则国安。
革六二	危十九度	
革九三	危二十度	
革九四	室一度	云雨五星，西北距极九十五。明则多雨水。 ○○危宿二十度七分止，此以后入室宿宫度。但此度自十四分，始属室宿视事。

革九五	室二度	五帝内座五星，中距极十二度半。为斧扆之象，以备辰居者，又为小寝退朝之地。明正则吉。
革上六	室三度	室二星，南距极八十度半。为元宫，又称清庙。主军粮之府及土功事。明正则国吉。
同人初九	室四度	天钩左，此星主舆服法驾。明吉暗凶，直则地动。○离宫左，此星为天子别宫，主藏隐休息之所。
同人六二	室五度	壁阵左，此星主天子军营。明则国安。螣蛇左，此星为北方水虫之长。
同人九三	室六度	羽林左，此星为卫士之象。主翼卫王室。明则国安。
同人九四	室七度	
同人九五	室八度	天皇大帝，去极八度半。主御群灵，秉万几。其星隐而不见，见则为灾。占云：帝耀魄室，不见为道。 ○○室八度十四分入戌宫。
同人上九	室九度	
临初九	○度	
临九二	室十度	勾陈中。此星为后宫象，又为将军象。明则吉。
临六三	室十一度	
临六四	室十二度	天钩左。此星主舆服法驾。明吉暗凶。○王良五星，西距极三十七。为天子奉车御官，客星守之，津桥不通。又主津梁水道。占云：王良策马，车骑满野。
临六五	室十三度	土功二星，去极八十五。主土功，动则有修筑之事。

临上六	室十四度	
损初九	室十五度	
损九二	室十六度	室宿十五度四十一分止，此以后入壁宿宫度。但此度自五十五分，即属壁宿视事。
损六三	壁一度	策，距极三十三度。主天子仆御，动则兵起。○八魁，距极百三十九。主捕禽兽之官，设机穽，张网罗。客入八魁，网罗为灾。
损六四	壁二度	勾陈，左距极六度，此星为后宫象，又为将军象，明则吉。
损六五	壁三度	壁二星，距极八十度半。又名天街、天梁。主文章，亦主功。明则王者兴，道术行，图书集，国多君子。
损上九	壁四度	
节初九	壁五度	
节九二	壁六度	土司空，距极一百十五度。主水土之事。岁知事祸福。占云：司空不辑，人劳物疫。
节六三	壁七度	
节六四	壁八度	女御四星，距极十三度半。八十一御妻之象。大明则多内宠。
节九五	○度	
节上六	壁九度	天溷七星，南距极九十七。为天之厕，豢豕之所。○六甲六星，距极十五，掌阴阳，纪时节，主布政，敬授人时。

中孚初九	壁十度	阁道六星，南距极四十八。为天子之御道。主道里，明正则吉。占云：辇阁不备，御路兵起。
中孚九二	壁十一度	附路一星，距极三十五。为阁道之便道。主御风雨，又主扫除，亦主从游之义。
中孚六三	壁十二度	
中孚六四	壁十三度	赞府一星，距极二十五度。
中孚九五	奎一度	外屏七星，距极八十九度。所以蔽臭。若徙移不见，则民多族。○○新度壁宿十三度十六分止，此以后入奎宿宫度。但此度自十二分，始属奎宿视事。
中孚上六	奎二度	奎十六星，西南距极七十二。为天府库，一曰天豕，主兵，又主沟渎，凡陵池江河之事皆占之，以明为吉。
归妹初九	奎三度	外屏左星，与上同。
归妹九二	奎四度	天仓六星，西北距极百四十度半。明大而户开，则岁稔而多积聚。
归妹六三	奎五度	
归妹九四	奎六度	
归妹六五	奎七度	右更五星，西距极七十五。主养牧牛马。又左更主仁，右更主礼。动则乘舆，出为牧地之牧师。
归妹上六	奎八度	军南门一星，距极六十六。是为军门，动则兵起。
睽初九	奎九度	奎九度十七分入西宫。

睽九二	奎十度	
睽六三	○度	○○新度辛纳始壁八度一十四分，终奎九度五十五分。
睽九四，	奎十一度	
睽六五	娄一度	○○新度奎宿十一度三十三分止，此以后入娄宿宫度。但自此度三十九分，始属娄宿视事。 娄三星，距极七十五度半。主苑囿，养牺牲，亦主兴兵聚众，又主音乐。明则郊祀得礼，天下有福，摇则众聚。
睽上九	娄二度	左更五星，西南距极七十六。为薮泽之官。主山林薮泽之事。○○天将军十二星距大星，去极六十度半。大星摇则大将出。
兑初九	娄三度	华盖七星杠九星，中距极二十六。华盖为承雨器，所以覆帝座杠盖之枋也。
兑九二	娄四度	
兑六三	娄五度	
兑九四	娄六度	
兑九五	娄七度	传舍九星，西距极二十八。为宾客之馆舍，主外国驲馆。
兑上六	娄八度	
履初九	娄九度	刍藁六星，距极一百八度。主损草，以供牛马之食。明则岁丰稔。
履九二	娄十度	
履六三	娄十一度	天囷十三星，距大星去极九十一。主给御粮。明则岁熟，暗则岁荒。
履九四	娄十二度	

履九五	十三度	十三积尸一星，距极五十五度。暗则吉，明则人死如山。
履上九	胃一度	○○新度娄宿十二度五十八分止，此以后入胃宿宫度。但此度自三十七分，始属胃宿视事。 ○○胃三星。为天之厨藏，五谷之仓，又主讨捕诛杀之事。明则五谷丰稔，天下和平。又为天仓，主会计。
泰初九	○度	
泰九二	胃二度	天囷中。
泰九三	胃三度	大陵八星，陇距极五十四。主陵墓。中多小星，粟贵民疫。又主山林邱陵虞人所事，又盗贼所依，故兵疫于此占之。
泰六四	胃四度	天阴三星，西距极七十五度。主从天子弋猎之臣，又主豫阴谋。明则禁言漏泄。占云：天阴不明，主言失情。
泰六五	胃五度	
泰上六	胃六度	天船九星，距极五十四度半。主济渡，又主水旱。明则天下安。○天河一星。为浊河之精。主察山林妖异。占云：天河黑黝，女人失福。
大畜初九	胃七度	天船左。占云：彗扫天船，江河无烟。
大畜九二	胃八度	天廪四星，距极八十五度半。御廪也。主积蓄黍稷，以供享祀。明则岁熟，暗则荒。
大畜九三	胃九度	
大畜六四	胃十度	
大畜六五	胃十一度	积水一星，距极五十三度。主候水灾，不宜明大。
大畜上九	胃十二度	

需初九	胃十三度	○○新度胃宿十二度止，此以后入昴宿宫度。但此度自五十七分，即属昴宿视事。 ○○卷舌六星，距极五十五度。主口舌，以知谗佞。静则贤人用，动则谗人得志。○谗一星，距极六十一度。主谗佞，又主医巫。
需九二	昴一度	昴七星，西南距极七十度。为天之耳目。主西方，主狱事，主兵，主口舌奏对。明则讼狱，平天下安。
需九三	昴二度	○○新度昴二度十七分入申宫。
需六四	昴三度	月一星，距极七十一度。为女主大臣之象。明大主女灾。
需九五	○度	
需上六	昴四度	砺四星，南距极六十五度。主磨利锋刃，明则兵起。
小畜初九	昴五度	天苑十六星，东北距极一百七度。为天子苑囿，养禽兽之所。中多小星明，则牛羊蕃息。
小畜九二	昴六度	
小畜九三	昴七度	
小畜六四	昴八度	天街二星，南距极七十一度。为日月五星出入要道。南属毕为华夏，北属昴为外国。所以限隔壁夏，又主伺候关梁。明则吉。
小畜九五	昴九度	○○新度昴九度二分止，此以后入毕宿宫度。但此度自五十九分，即属毕宿视事。
小畜上九	毕一度	毕八星，距极七十五度。为天马，又为雨师。主街巷阴雨。动则霖潦。又为边将边兵，主弋猎。明大则四方来贡，失色则兵起。
大壮初九	毕二度	附耳一星，距极七十七度。主听得失，伺愆邪，不宜明大。占云：附耳入口，天下失守。

大壮九二	毕三度	天节八星，北距极八十度。主使臣持节，宣威德于四方。○诸王六星，距极七十度。为宗臣。主屏藩王室，又主朝会。明则诸侯奉上。
大壮九三	毕四度	八谷八星，西南距极三十一度半。一主稻，二主黍，三大麦，四小麦，五大豆，六小豆，七小粟，八麻子。明则八谷成，暗则不熟。
大壮九四	毕五度	天囷十三星，距极百二十四度半。为植果菜之所。曲而钩则熟
大壮六五	毕六度	天高四星，东距极七十四度半。为观气之台。主望云物观，边警不见，官司失守，阴阳不和，谗贼动兵。
大壮上六	毕七度	五车西南是为卿星，魏分也。主麦，其神名丰隆。占云：火司卿位，其占在魏。
大有初九	毕八度	五车西北曰天库，秦分也。主豆，其神名令咸。主太白。占云：库主太白，其占秦域。
大有九二	毕九度	三柱九星，鼎足而居。五车之中，又名天渊、天旗。五车皆明，三柱咸具，则仓廪实。又占兵之出入。
大有九三	○度	
大有九四	毕十度	五车中央曰司空，主镇星，荆楚分也。主黍粟，其神雷公。占云：楚占镇星，是为司空。
大有六五	毕十一度	五车东曰天仓，主岁星，鲁卫徐吴也。主麻，其神雨师。天潢五星，西北距极五十八。主河梁济渡，明则国昌，津梁通。
大有上九	毕十二度	咸池三星，南距极五十一。鱼圃也，天之池沼，不宜大明。占云：咸池流光，龙死虎张。
夬初九	毕十三度	玉井四星，西北距极九十八。主水泉，以给民用。东军井，主给军蚕，又主水旱。微小如常，民和年丰。天屏二星，南距极百十五度。为屏风。主疾病明。明则吉。军井四星如前。
夬九二	毕十四度	九旗九星，南距极百十三度。为天子之兵旗，所以导军进退者。又主九州牧伯。金火守之则兵起。占云：金火集旗，戎戎为忧。参旗九星，南距极八十七度。天旗也，指挥远近以从命者。又名天弓。主弓弩之物，以候变御难。微直天下安，曲兵起。

夬九三	毕十五度	天关一星，距极七十一度半。为日月五星之所行之道。主边塞事。关闭则天下平。占云：天关客舍，道无行者。 ○○新度毕宿十五度十五分止，此以后入觜宿宫度。但此度自十三分，始属觜宿视事。
夬九四	觜一度	觜三星，西南距极八十二度。主天之关。一曰天货，主宝货。又为虎首，主葆旅，收敛万物。明，军储盈，将略得，动盗起。
夬九五	参一度	○○新度觜宿五十九分止，此以后入参宿宫度。但此度自十五分，始属参宿视事。
夬上六	参二度	参七星，西南距极八十二度。为忠良孝谨之子。明，忠臣孝子安。又为参伐，又主权衡，又主边城。明，兵精将兵。
乾初九	参三度	
乾九二	参四度	厕四星，距极百十八度。主天下疾病。
乾九三	参五度	
乾九四	参六度	丈人二星，距极百二十八度。主寿考而哀孤寡，亦云专主寿考之臣。占云：丈人就列，考臣平格。
乾九五	参七度	伐三星，距极一百度。为大将。主司马九伐之柄，司斩艾事。占云：客拔虎尾，帐下敌起。 ○○新度参七度三分入未宫。
乾上九	参八度	司怪四星，距极七十一度。主候天地日月星辰、禽兽蛇虫草木之变怪。又为军中之望气司卜，主候灾祥。
姤初六	○度	
姤九二	参九度	座旗九星，距极六十度半。为大将之旗，又主别君臣尊卑之位。明则国有礼。占云：木犯座旗，君位将卑。
姤九三	参十度	钺一星，距极六十九度。附井口，主伺奢淫而斩之，不欲其明。占云：井口猎猎，大臣坐法。
姤九四	参十一度	子二星，距极百一十度。与孙星皆侍丈人侧，相扶而居，主孝爱，不见为灾。 ○○新度参十度三十六分止，此以后入井宿宫度。但此度自五十一分，即属井宿视事。

姤九五	井一度	井八星，西北距极六十九度。为天子之亭侯。主用法平则，明又主酒食。主诸侯帝戚之位，又主水衡法合之平。为当国筑城画野所取法。
姤上九	井二度	军市十三星，西北距极一百七度。为行军贸易之市。中多小星，则军食足。占云：客入军市，军中者户。
大过初六	井三度	
大过九二	井四度	四渎四星，距极八十六度。为江淮河济之精，明大动摇则水泛溢。
大过九三	井五度	老人一星，距极百四十三度。主占大人寿考，明大则人有寿，天下安。
大过九四	井六度	野鸡四星，距极百九度半。在军市中，主知变怪。又为将星。明大则将勇。出市则兵有灾，外国兵起。
大过九五	井七度	
大过上六	井八度	孙二星，距极百二十五度，与子星皆侍丈人侧，相扶而居。主孝爱，不见为灾。
鼎初六	井九度	水府四星，西距极七十六度半。为水官，主堤防沟洫之事。微明而静则吉，移动近河，国没为江河。
鼎九二	井十度	五诸侯五星，西距极五十度半。为畿内诸侯。又云：一帝师，二帝友，三三公，四博士，五太史。主发奸、摘伏、断疑。明则国昌臣忠。
鼎九三	井十一度	
鼎九四	井十二度	狼一星，距极百七十度为野。主侵掠。狼角变色，多盗贼。占云：狼星挟客，人马相食。
鼎六五	○度	

鼎上九	井十三度	
恒初六	井十四度	
恒九二	井十五度	
恒九三	井十六度	阙邱二星，距极九十一度。为天子之双阙，诸侯之两观。主象魏悬书之府。亦云为邱陇，行水阙，即沟浍河渠之意。
恒九四	井十七度	弧失九星，距极百十四度。主伐叛怀远，又主备盗贼。宜明而小。若移动多盗，引满天下尽兵。
恒六五	井十八度	天樽三星，距极六十八度。主盛饘粥，以给酒食。亦云给贫馁。明则吉。占云：天樽距守土，不给饘粥。
恒上六	井十九度	水位四星，距极七十三度半。主水衡，又主荡溢流微。明则吉。
巽初六	井二十度	积水一星，距极五十四度半。主积美水，以供酒用。又主候水灾。占云：上无积水，何为酒沛。
巽九二	井二十一度	
巽九三	井二十二度	北河三星，东距极六十一度半。为衡，主水。为阴国，主攻伐之政。亦主关梁。火守南北，兵起，谷不登。
巽六四	井二十三度	南河三星，距极八十三度。为权，主火。为阳国，主礼乐之政。亦主关梁。为七曜常道。火守南北，兵起，谷不登。
巽九五	井二十四度	天狗七星，西距极百二度。狗以备贼，移徙则盗起。占云：天狗火出，百姓噬骨。

巽上九	井二十五度	天社星，东距极百三十四度。为社神，明则吉。普志勾龙，能平水土。故祀以为社，其精为星。
井初六	井二十六度	
井九二	井二十七度	○○新度井二十六度十七分入午宫。爟一星，距极六十度。主四时变入，亦主峰燧围火，边圉急难。
井九三	○度	
井六四	井二十八度	内阶六星，西南距极二十三度。在文昌北为文，天皇之陛，升降文苑之阶。明正则吉。
井九五	井二十九度	积薪一星，距极五十四度。主备庖厨之用。与积水星近则民和年丰，去远则凶荒。
井上六	井三十度	内阶左同前。
蛊初六	井三十一度	○○新度井宿三十度二十七分止，此以后入鬼宿宫度。但此度自三十八分，即属鬼宿视事。
蛊九二	鬼一度	鬼四星，距极六十九度。为天目，主明察奸谋，又主病疾。东北一星主积马，东南主积兵，西南主积布帛，西北积金玉。明，五谷成。
蛊九三	鬼二度	
蛊六四	鬼三度	
蛊六五	鬼四度	外厨六星，距极九十三度。为天子外厨，主六宫饮食。居常则吉，动则凶。

蛊上九	柳一度	○○新度鬼宿四度三十四分止，此以后入宿宫度。但此度自十二分，始属柳宿视事。 ○○柳八星，西距极八十二度。为天之厨宰，主饮食仓库。又主工匠。明大则吉。又主草木。主燕享之事。占云：天相垂柳，时丰物阜。
升初六	柳二度	
升九二	柳三度	文昌六星，西距极三十四度，一上将，上将军建威武；二次将，尚书正左右；三贵相，象太常理文绪；四司禄，象司颉当功；五司命，主灭咎；六司冠，大理佐国宝。
升九三	柳四度	天纪一星，距极百一度。为兽人，主知禽兽齿岁。凡烹宰，不夭幼，不杀孕。金火守之，禽兽多死。
升六四	柳五度	
升六五	柳六度	
升上六	柳七度	
讼初六	○度	
讼九二	柳八度	上台二星，距极三十八度。近文昌，为司命，主寿。按：三台为三公之位，诸侯大臣之象。泰阶平则风雨时，君臣之道得。
讼六三	柳九度	
讼九四	柳十度	

讼九五	柳十一度	轩辕十七星。为土神皇帝之舍，后妃所居。又为雷雨之神，凡阴阳交感、雷电、风雨、云雾、霜露、虹霓，皆主之。
讼上九	柳十二度	
困初六	柳十三度	
困九二	柳十四度	天稷五星，距极百三十七度。主晨，正明则岁丰。○天庙十四星，西北距极百十三度半。为天子祖庙，明则吉。
困六三	柳十五度	酒旗三星，距极七十三度。为酒官之旗。主燕享酒食。不宜昏暗。占曰：五星摩旗，天下含饴。
困九四	柳十六度	轩辕中。
困九五	柳十七度	
困上六	星一度	○○新度柳宿十六度五十九分止，此以后入星宿宫度。但此度自十二分，始属星宿视事。 ○星七星，距极九十六度。为天御，主候津桥，主后妃御女之位。亦为候士。又为烽亭，主盗贼。又名天都，主衣裳文绣。明则吉。
未济初六	星二度	
未济九二	星三度	大理二星，距极二十二度。为决狱之官，明则刑宪平。
未济六三	星四度	天相二星，距极九十五度。为世妇之职。主朝服之制，佐后理事。又为大臣之象。
未济九四	星五度	○○新度星四度十五分入已宫。

未济六五	〇度	
未济上九	星六度	
解初六	星七度	三师三星，西距极三十一度。即三孤，寅亮天地者也。主燮理阴阳，弼君机务。
解九二	星八度	天庙中。占云：在庙祠，官不守。中台距极四十二度，即中阶。主宗室，为大臣象。《天元历》云：公卿尽忠，则中阶比。 〇〇新度星宿八度二十六分止，此以后入张宿宫度。但此度自三十八分，始属张宿视事。
解六三	张一度	张六星，西距极百二度半。主天庙，明堂御史之位；亦主珍宝，庙朝所用，及天子内宫衣服，远方贡物之库。又主天厨饮食，当责饎客。
解九四	张二度	太尊一星，距极九十一。为天子之贵戚，居常为吉。天牢六星，距极三十八度半。为贵人之狱。主禁淫暴，不见为善。内平四星，距极五十二度。占云：内平如衡，狱无冤人。
解六五	张三度	东瓯五星，南距极百二十九度。为蛮夷星。《天元历》云：瓯乃瓯治之官。
解上六	张四度	
涣初六	张五度	
涣九二	张六度	天枢一星，距极二十三度。为七政之枢机，象号令之主，取运动之义。《天元历》云：枢为北斗七宿之正星，主阳德。
涣六三	张七度	太阳守一星，距极四十六度。为大将大臣之象。主戒不虞，设武备。明吉暗凶。占云：阳守失常，大臣兵伤。
涣六四	张八度	灵台三星，距极七十八度。主察灾祥，宣壅蔽。不见则司天之官失守。
涣九五	张九度	天璇一星，距极三十度，是北斗第二星。《历》云：璇为法星，主阴刑。明堂三星，距极八十三度。为天子巡狩布政之宫，明吉暗凶。
涣上九	张十度	
坎初六	张十一度	长垣十四星，距极七十六度。主界域及外国。在古为城郭沟涂，今则为长城。所以设剑守国，宜静而有常。

坎九二	张十二度	少微四星，东南距极六十五度半。为处士星。明则贤人举。又云：一为处士，二为义士，三为博士，四大夫，亦侯人在下僚者。
坎六三	○度	
坎六四	张十三度	东瓯左
坎九五	张十四度	长垣左，下台一星，距极五十一度。亦称下阶，即三台之一。《天元历》云：庶人奉化则下阶密。
坎上六	张十五度	
蒙初六	张十六度	势一星，距极三十一度。为刑余之人，明则阉官擅权。占云：势星甚明，权师北庭。
蒙九二	张十七度	虎贲一星，距极六十二。主侍从武臣。不宜变动。
蒙六三	张十八度	
蒙六四	翼一度	○○新度张宿十八度三分止，此以后入翼宿宫度。但此度自十五分，始属翌宿视事。 ○翌二十二星，中距极百四度。为天之羽仪，文物声明之所。主三公、化道、文籍及远方朝贡之宾。又为天子乐府，主合乐于夏。明大吉。
蒙六五	翼二度	
蒙上九	翼三度	
师初六	翼四度	器府三十二星，北距极三十七度半。为乐器之府，亦为百二之府。从官一星，距极六十四度。为侍从之臣。不见，帝不安守。常则吉。
师九二	翼五度	天理二星，距极三十八度。为天元之元气，造化万物之理。明则天下有道。见之者福寿。
师六三	翼六度	屏四星，西南距极八十度。在帝座南，所以拥蔽帝座者。主执法刺举。明润则吉。设于路门，天子守立其前。
师六四	翼七度	天玑一星，距极三十度。为北斗第三星。为令星。主福善。○太子一星，距极六十度。主储贰。明润则太子贤。 ○○翼七度五十七分入辰宫。

师六五	翼八度	右执法一星，距极八十四度。为御史大夫之象。占云：客犯执法，法臣坐法。
师上六	翼九度	五帝座，中距极七十一度。四星夹皇帝帝座，东仓帝，南赤帝，西白帝，北黑帝。五帝同明，天下归心。金火出守，天子至讨。又为天子日视朝之地。
遁初六	○度	
遁六二	翼十度	天权一星，距极三十三度。为北斗第四星。主伐无道。○土司空四星，距极百二十度。主田土。主边地城界。又主梓人舆人之事。明则天下平。
遁九三	翼十一度	幸臣一星，距极六十六度半。为常待内官。明细则吉。
遁九四	翼十二度	右辖一星，距极百一十度半。为辖车之象。主任载。明大则法驾备，车骑用。太白守之，则文儒失业。又主异姓，主侯。
遁九五	翼十三度	郎位十五星，西南距极六十度。即今之尚书郎中。其星大小相均，光润有常则吉。
遁上九	翼十四度	
咸初六	翼十五度	常陈七星，东距极五十一度半。为天子宿卫之士，明则武备修。又为仪卫之仗，动摇天子自将。
咸六二	翼十六度	左执法一星，距极八十六度。为廷尉之象。○谒者一星，距极八十三度。主赞宾客。明则四海来宾。
咸九三	翼十七度	

咸九四	轸一度	○○新度翼宿十六度五十九分止，此以后入轸宿宫度。但此度自十四分，始属轸宿视事。 ○○轸四星，距极百三十度。主冢宰辅臣，又主车骑，亦主风。明大则车骑用。
咸九五	轸二度	内五侯五星，距极七十度。为畿内诸侯。主刺奸，察得失。明润吉。 ○天相三星，距极三十三度。为大臣象，亦为世妇之职。主朝服之制。
咸上六	轸三度	左辖一星。为天车。明大法驾备，车骑用。左辖为同姓诸侯。○青邱七星，距极百二十四度半。主东方三韩之国。明动则外国叛。
旅初六	轸四度	三公三星，距极八十四度。内座朝会之所居。为辅弼之臣，主燮理阴阳，弼君机务。不宜移徙。
旅六二	轸五度	三卿三星，距极七十六度。
旅九三	轸六度	
旅九四	轸七度	天衡四星，距极三十八度。为王府关石。和钧，主阵兵。不见，兵起。
旅六五	○度	
旅上九	轸八度	左藩。按：东藩五星，一左执法，二上相，三次相，四次将，五上将。即将一星，距极四十七度。为武卫之官。忌明大有芒角。
小过初六	轸九度	南门二星，距极百三十七度。天之外门。主守兵。以明正为吉。
小过六二	轸十度	内厨二星，西南距极十九度。主六宫饮食。居常则吉。
小过九三	轸十一度	军门二星，西南距极百十五度。为天子六军之门。主营卫。不宜移动。占云：军门移处，盗贼塞路。
小过九四	轸十二度	

小过六五	轸十三度	库楼十星，西北距极百二十三度。为兵车之府。库中众星实则兵强，虚则多叛逆，摇动将帅皆行。 ○○新度轸宿十三度止，此以后入角宿宫度。但此度十九分，始属角宿视事。角二星，南距极九十七度。主造万物，布君威信。左角为理主刑，右角为将主兵。明则太平。
小过上六	角一度	
渐初六	角二度	天门二星，两距极百四度半。天之南门，为朝聘待客之事所。占云：天门宜明，邪佞不生。
渐六二	角三度	平星二星，西距极百二度半。为廷尉象。主平天下之法狱。宜明正为吉。
渐九三	角四度	平道二星，距极九十一度。为天子八达之衢。主道路。明正则吉。○天田二星，距极八十三度。主畿内籍田。火守之旱，水守之潦。
渐六四	角五度	辅一星，距极三十六度。所以佐斗成功，与斗相近、小而明，吉；若大而明、去斗远及太近，均不利。
渐九五	角六度	开阳一星，距极三十度。即北斗第六星。主天仓五谷。
渐上九	角七度	进贤一星，距极百四度。主举逸搜贤，明者在位。
蹇初六	角八度	三公三星，距极三十五度。 ○○新度角八度五十二分入卯宫。
蹇六二	角九度	周鼎三星。主国之神器。不见，国祚不安。
蹇九三	○度	
蹇六四	角十度	
蹇九五	角十一度	瑶光一星，距极三十五度。即北斗第七星，为部星。赤日应星，主兵。 ○○新度角宿十度四十分止，此以后入亢宿宫度。但此度自五十九分即属亢宿视事。
蹇上六	亢一度	亢四星，南距极九十六度。主天子内庙。主章奏，为天子听政之所。总摄天下，奏事录功，听讼理狱。亦主疾疫。明大吉。○太阳门二星，距极百十三度。主边塞。忌动摇。

艮初六	亢二度	
艮六二	亢三度	
艮九三	亢四度	
艮六四	亢五度	天乙一星，距极二十一度。主承天运化，司战斗。明则阴阳和，万物成。大，水旱不调。〇太乙一星，距极二十一度半。主使十六神，知风雨、水旱、兵革、饥馑、疾疫。明则吉。
艮六五	亢六度	右摄提三星，距极六十七度。为六部九卿之象，随斗柄以指十二辰。主建时，贞八节，察万事。明润齐匀，常东向，则天子吉昌。
艮上九	亢七度	折威七星，距极百〇二度。折威主斩杀，亦云禁兵止武。不宜移动。〇颉顽二星，距极百十二度半。主考察情伪，明则狱平亦云赦过。
谦初六	亢八度	大角一星，距极六十一度。为君象，主正纪纲。润天下安，芒角则强臣伏诛。〇招摇一星，距极五十一度。主戈矛锋刃，度以备不虞。明则天下安，离则兵肆行，九州震。
谦六二	亢九度	
谦九三	亢十度	左摄提三星，距极七十二度。为六部九州之象。随斗以摄指十二辰。主建时，贞八节，察万事，明润齐匀，常东度向，则天子吉昌，西南向俱凶。
谦六四	氐一度	氐四星，西南距极百二十度。为天根。为天子路寝，亦为后妃之府。又为东宫所生之地，兼主疾疫。明吉暗凶。
谦六五	氐二度	右骖驱一星，距极二十一度。为藩卫之象。明润吉。
谦上六	氐三度	天枪三星，距极三十二度。主武备，守卫宫门。明则朝廷有威，暗则仪仗不肃。 〇骑宫二七星，距极百二十度。为宿卫骑士之象。星聚天下安，稀则不利。
否初六	〇度	帝席三星，东距极六十七度半。为天子宴乐献寿之所。宜微明。

否六二	氐四度	车骑三星，东南距极百四十度。为乘车之马。主部阵行列。 ○梗河三星，距极五十七度。为天子剑戟之星。主诛伐，备不虞。动则锋起。
否六三	氐五度	亢池六星，距极七十度半。主水道泛舟，迎送之事。暗则水坏苗，多移徙，关津有变。
否九四	氐六度	
否九五	氐七度	
否上九	氐八度	
萃初六	氐九度	
萃六二	氐十度	
萃六三	氐十一度	
萃九四	氐十二度	坐宫二星，距极一百一十度。天辐二星，距极百一十四度。主銮驾。变色动摇不利。即军之三十辐也。
萃九五	氐十三度	
萃上六	氐十四度	
晋初六	氐十五度	
晋六二	氐十六度	天乳一星，距极九十二度。为乳母，主雨露，亦主饴饘之事。明则甘露降，雨泽均。○从官二星，距极百二十度。为巫医之属。主疾病祷祀。 ○○新度氐十六度三十六分入寅宫。

晋六三	氐十七度	旦星，距极百一十三度。为太阳之精。主明德。○西咸四星，距百四度半。为房之门户，所以谨内外之辨而防淫佚也。
晋九四	氐十八度	
晋六五	○度	
晋上九	房一度	○○新度氐宿十七度五十一分止，以后入房宿宫度。但此度自十八分，始属房宿视事。房四星，距极百一十四度半。为天子明堂，帝后寝御之所。亦名天驷，主车驾。又名天厩，主启闭。上二星为相，下二星为将。
豫初六	房二度	阴阳德二星，距极十九度。主施恩赦罪，周急赈穷。宜微明。钩铃二星，距极百零九度半。为天门管钥。为天子腹心喉舌。明静吉。
豫六二	房三度	积卒十二星，左距极百二十度。为玉营军士。主守卫明堂。动则兵起。○键闭一星，距极百○八度，司管籥，主闭藏。
豫六三	房四度	
豫九四	房五度	七公七星，距极四十五度。主执法。明正国法平。星入河米贵。○东咸四星，距极百一十一度。为房之门户，所以谨内外之辨，以仿淫佚。
豫六五	心一度	○○新度房宿四度五十二分止，此以后入心宿宫度。但自此度十分，始属心宿视事。 ○心三星，距极百四十四度。大星为明堂天子之星正位，前星为太子，后星为庶子。中星欲明，忌直。○罚三星距极百零百度。主受金赎罪。正列则法令平，斜曲则刑罚不中。
豫上六	心二度	
观初六	心三度	天市西垣十一星，距极六十五度。一韩，二楚，三梁，四巴，五蜀，六秦，七周，八郑，九晋，十河间，十一河中，与东垣分配十二方。主四海之地，建侯树屏，藩卫王畿。
观六二	心四度	

观六三	心五度	韩一星，距极九十八度。
观六四	心六度	
观九五	心七度	
观上九	心八度	
比初六	尾一度	○○新度心宿八十四分止，此以后入尾宿宫度。但此度自二十三分，始属尾宿视事。 ○尾九星，距极百二七度。为后妃之府，一后，二三夫人次，嫔妾均明，大小相承，则后宫有序而多子孙。又主八分，又名九江。为水星。车肆二星，距极百度。主车驾，明吉暗凶。
比六二	尾二度	斛二星，距极八十七度。主量度。覆则岁熟，仰则岁饥。
比六三	○度	
比六四	尾三度	神宫一星，距极百二十五度。神宫为辞，衣之内室。○斗五星，距极七十九度。主度量，覆则岁熟，仰则饥。
比九五	尾四度	东垣宋一星，距极一百零五度。主四海之地，建侯树屏，藩卫王畿。七公中星。
比上六	尾五度	贯索九星，距极五十五度。主法健，禁强暴。又为天牢。○天江四星，距极百一十度。为大江之精。主太阴。明动，水暴出。
剥初六	尾六度	宦者四星，南距极七十六度。阉人也，星微吉。○天纪九星，距极四十八度。为九卿象。亦为九河，又为市之法官。主万事之纪，伸冤讼。
剥六二	尾七度	
剥六三	尾八度	帝座一星，距极七十五度。天庭也。为人君象。光润则天子吉，威令行。○龟五星，距极百十四度。主占吉凶。明则君臣和。占云：火灭龟位，千里赤地。

剥六四	尾九度	市楼一星，距极九十八度。为天子市府。阳为金钱，阳为珠玉。主交易、律度、政令。
剥六五	尾十度	女床三星，距极四十九度。为后妃之寝。占后吉凶，亦为蚕女。明润则蚕桑有功，不见则嫔妾无序，蚕事废缺。
剥上九	尾十一度	尚书五星，距极十九度。象执政大臣，出纳王命。明润有常则吉。○傅说一星，距极百零八度。主云旗，统阴阳之事，知云雨之期。明则阴阳和风雨时。
坤初六	尾十二度	鱼星，距极百二十六度。主云旗，统阴阳之事，知云雨之期。明则阴阳和风雨时。
坤六二	尾十三度	
坤六三	尾十四度	侯一星，距极七十八度。主侯阴阳。明大吉。○宗正二星，距极八十五度。为小宦之象。主司宗室之四官。
坤六四	尾十五度	糠一星，距极一百○七度。主簸扬糠秕。明润则年丰，不见则人相食。○天籥八星，距极百十四度。主旺家秘书藏之，金匮石室又主锁籥关闭，明吉暗凶。
坤六五	尾十六度	○○新度尾星，十五度十二分止，此以后入箕宿宫度。但此度自四十五分，即属箕视事。
坤上六	○度	

岱山氏曰：以上爻辰星宿，其分爻则据《象历》、《星经》以及《天官》、《辨方》诸书，其躔度则宗后编《新法》以及监本《岁差》等例。书虽传自昔人，度则考之予手。但知识有限，错讹岂无？高明察之，以证予谬，予则甚幸。

各省分野考

直隶分野

顺天府古幽州尾箕分野，永平府古幽州尾分野，保定府古幽州尾箕分野，

易州古幽州尾箕分野，河间府古幽州尾箕分野，天津府古幽州尾箕分野，

正定府古冀州昴毕分野，冀州古冀州昴毕分野，赵州古冀州昴毕分野，

深州古冀州昴毕分野，定州古冀州昴毕分野，顺德府古冀州昴分野，

广平府古冀州昴分野，大名府古冀兖二州室壁分野，宣化府古幽州尾分野。

盛京分野

奉天府古冀青二州箕尾分野，锦州府古冀青二州箕尾分野。

江南分野

江宁府古扬州斗分野，苏州府斗分野，太仓州斗分野，
松江府古扬州斗分野，常州府古扬州斗分野，镇江府古扬州斗分野，
淮安府古扬州斗分野，海州古徐州奎娄分野，扬州府古扬州斗分野，
通州古扬州斗分野，徐州府古豫州房心分野，安庆府古扬州斗分野，
徽州府古扬州斗分野，宁国府古扬州斗分野，池州府古扬州斗分野，
太平府古扬州斗分野，庐州府古扬州斗分野，六安州古扬州斗分野，
凤阳府古扬州斗分野，泗州古徐州斗分野，颍州府古豫州房心分野，
和州古扬州斗分野，滁州古扬州半分野，广德州古扬州斗分野。

江西分野

南昌府古扬州斗分野，饶州府古扬州斗分野，广信府古扬州斗分野，

南康府古扬州斗分野，九江府古扬州斗牛分野，建昌府古扬州斗分野，

抚州府古扬州斗分野，临江府古扬州斗分野，吉安府古荆扬二州斗分野，

瑞州府古扬州斗分野，袁州府古扬州斗分野，赣州府古扬州斗分野，
南安府古扬州斗分野。

浙江分野

杭州府古扬州斗分野，嘉兴府古扬州斗分野，湖州府古扬州斗牛分野，

宁波府古扬斗牛女分野，宁波府古扬州牛女分野，绍兴府古扬牛女分野，

台州府古扬州牛女分野，金华府古扬州牛女分野，衢州府古扬州牛女分野，

严州府古扬州牛女分野，温州府古扬州牛女分野，处州府古扬州斗分野。

福建分野

福州府古扬州牛女分野，泉州府古扬州牛女分野，建宁府古扬州牛女分野，

延平府古扬州牛女分野，汀州府古扬州牛女分野，兴化府古扬州牛女分野，

武府古扬州牛女分野，漳州府古扬州牛女分野，福宁府古扬州牛女分野，

永春州古扬州牛女分野，龙岩州古扬州牛女分野，台湾府古海外地牛分野。

湖北分野

武昌府古荆州翼轸分野，汉阳府古荆州翼轸分野，安陆府古荆州翼轸分野，

襄阳府古荆豫二州翼轸分野，郧阳府古荆豫二州翼轸分野，

德安府古荆州翼轸分野，黄州府古荆州翼轸分野，荆州府古荆翼轸分野，

宜昌府古荆州翼轸分野，施南府古荆梁二州翼分野。

湖南分野

长沙府古荆州翼轸分野，岳州府古荆州翼轸分野，沣州古荆州翼轸分野，

宝庆府古荆州翼轸分野，衡州古荆州翼轸分野，桂阳州古荆州翼轸分野，

常德府古荆州翼轸分野，辰州府古荆州翼轸分野，沅州府古荆州翼轸

分野，

永州府古荆州翼轸分野，靖州古荆州翼轸分野，柳州古荆州翼轸分野，

永顺府古荆州翼轸分野。

河南分野

开卦府古兖豫二州角亢分野，豫州古兖豫二州角亢分野，

许州府古兖豫二州角亢分野，归德府古兖豫二州角亢分野，

彰德府古冀州室壁分野，卫辉府古冀州室壁分野，

怀庆府古豫州覃怀地室壁分野，河南府古豫州柳分野，

陕州古豫州柳分野，南阳府古豫州张分野，汝宁府古豫州角亢氐分野，

光州古豫角亢氐分野，汝州古豫州张分野。

山东分野

济南府古青州危分野，泰安府古青州危分野，武定府古青州危分野，

兖州府古徐兖二州奎娄分野，沂州府古徐兖二州奎娄分野，

曹州府古徐兖二州奎娄分野，东昌府古兖州危室分野，青州府古青州虚危分野，

登州府古青州危分野，莱州府古青州危分野，安东卫古徐州奎娄分野。

山西分野

太原府古冀州参井分野，平定州古冀州参井分野，忻州古冀州参井分野，

代州古冀州参井分野，保德州古冀州参井分野，平阳府古冀州觜参分野，

蒲州府古冀州觜参分野，解州古冀州觜参分野，绛州古冀州觜参分野，

吉州古冀州觜参分野，隰州古冀州觜参分野，潞安府古冀州参井分野，

汾州府古冀州参分野，沁州古冀州参分野，泽州府古冀州觜参分野，

辽州古冀州参井分野，大同府古冀州昴毕分野，宁武府古冀州昴毕分野，

朔平府古冀州昴毕分野。

西安分野

西安府古雍州井鬼分野，商州古雍州井鬼分野，同州府雍州井鬼分野，

乾州古雍州井鬼分野，邠州古雍州井鬼分野，凤翔府古雍州井鬼分野，

汉中府古雍梁二州井鬼翼轸分野，兴安州古雍梁二州井鬼翼轸分野，

延安府古雍梁二州井鬼分野，鄜州古雍州井鬼分野，绥德州古雍州井鬼分野，

榆林府古戎狄地。

甘肃分野

兰州府古雍州西羌地，平凉府古雍州井鬼分野，华昌府古雍井鬼分野，

阶州古雍梁二州井鬼翼轸分野，秦州古雍州井鬼分野，临洮府古雍井鬼分野，

庆阳府古雍井鬼分野，宁夏府古雍井鬼分野，西宁府古雍井鬼分野，

凉州府古雍井鬼分野，甘州府古雍井鬼分野，肃州古雍州井鬼分野，

安西古雍州西地，靖逆卫古雍西地，洮州卫古雍井鬼分野。

四川分野

成都府古梁州井鬼分野，资州古梁州井鬼分野，绵州古梁州井鬼分野，

茂州古梁州井鬼分野，宁远府古梁州井鬼分野，保宁府古梁州井鬼分野，

顺庆府古梁州参井分野，叙州府古梁州井鬼分野，重庆府古梁州井鬼分野，

酉阳州古梁州井鬼分野，忠州古梁州井鬼分野，夔州府古荆梁二州翼轸分野，

达州古荆梁二州翼轸分野，龙安府古梁州井鬼分野，潼川府古梁州井鬼分野，

眉州古梁州井鬼分野，嘉定府古梁州井鬼分野，邛州古梁州井鬼分野，

泸州古梁州井鬼分野，雅州府古梁州井鬼分野，越卫古梁州井鬼分野。

广东分野

广州府古扬州南境牛女分野，连州古杨州牛女分野，韶州府古杨州牛女分野，

南雄府古扬州牛女分野，惠州府古扬州牛女分野，潮州府古扬州牛女分野，

嘉应州古扬州牛女分野，肇庆府古扬州南境牛女分野，高州府古南越地牛女分野，

廉州府古越地翼轸分野，雷州府古百粤地牛女分野，琼府古百粤地牛女分野，

罗定州古扬州南境牛女分野。

广西分野

桂林府古荆州翼轸分野，柳州府古百粤地翼轸分野，庆远府古百粤地翼轸分野，

思恩府古百粤地，泗城府古百粤地，西隆州古蛮夷地，平乐府古荆州翼轸分野，

梧州府古荆州牛女分野，郁林州古百粤地翼轸分野，浔州府古百粤地翼轸分野，

南宁府古扬州西南境翼轸分野，太平府古南粤地，思明府古百粤地，

镇安府古百粤地。

云南分野

云南府古梁州井鬼分野，大理府古梁州井鬼分野，临安府古梁州井鬼分野，

楚雄府古梁州井鬼分野，澄江府古梁州井鬼分野，景东府古柘南地，
广南府宋名特磨道、广西府古梁州界、顺宁府本蒲蛮之地、
曲靖府古梁州井鬼分野，姚安府本滇国地、鹤庆府东汉属永昌郡、
武定府古梁州井鬼分野，丽江府古梁州井鬼分野，
元江府古西南夷极边之地，普洱府古西南夷极边之地，
蒙化府汉为益州郡地，永昌府古梁州西南徼外之地古哀牢国，永北府古白国地，

319

开化府汉为句町国边地东川，军民府古梁参分野，威远府唐南诏银生府之地，

镇元府古西南极边，昭通府古西南极边地。

贵州分野

贵阳府古荆梁二州南境参井分野，思州府古黔中地，思南府古荆荒裔，

镇远府古荆州南境，石阡府古荆州南裔，铜仁府古荆州南裔星分野，

黎平府古荆州荒裔翼轸之余分野，安顺府古荒服地，南龙府古梁州井鬼分野，

都匀府古西南夷地，平越古荆扬南境，大定府古罗甸鬼国，

遵义府古梁州井鬼分野。

周易书斋精品书目

书　　名	作　者	定　价	版别
影印涵芬楼本正统道藏[再造善本；全512函1120册]	[明]张宇初编	280000.00	九州
术藏[全6箱,精装100册]	谢路军主编	58000.00	燕山
道藏[全6箱,精装60册]	谢路军主编	48000.00	九州
焦循文集[全精装18册]	[清]焦循撰	9800.00	九州
邵子全书[全精装15册]	[宋]邵雍撰	9600.00	九州
阳宅三要[宣纸线装一函三册]	[清]赵九峰撰	298.00	华龄
绘图全本鲁班经匠家镜[宣纸线装一函四册]	[周]鲁班著	680.00	华龄
青囊海角经[宣纸线装一函四册]	[晋]郭璞著	680.00	华龄
地理点穴撼龙经[宣纸线装一函三册]	[清]寇宗注	680.00	华龄
秘藏疑龙经大全[宣纸线装一函一册]	[清]寇宗注	280.00	华龄
杨公秘本山法备收[宣纸线装一函一册]	[清]寇宗注	280.00	华龄
校正全本地学答问[宣纸线装一函三册]	[清]魏清江撰	680.00	华龄
赖仙原本催官经[宣纸线装一函一册]	[宋]赖布衣撰	280.00	华龄
赖仙催官篇注[宣纸线装一函一册]	[宋]赖布衣撰	280.00	华龄
尹注赖仙催官篇[宣纸线装一函一册]	[宋]赖布衣撰	280.00	华龄
赖仙心印[宣纸线装一函一册]	[宋]赖布衣撰	280.00	华龄
新刻赖太素天星催官解[宣纸线装一函二册]	[宋]赖布衣撰	480.00	华龄
天机秘传青囊内传[宣纸线装一函一册]	[清]焦循撰	280.00	华龄
阳宅斗首连篇秘授[宣纸线装一函一册]	[明]卢清廉撰	280.00	华龄
精刻编集阳宅真传秘诀[宣纸线装一函二册]	[明]李邦祥撰	480.00	华龄
秘传全本六壬玉连环[宣纸线装一函二册]	[宋]徐次宾撰	480.00	华龄
秘传仙授奇门[宣纸线装一函二册]	[清]湖海居士辑	480.00	华龄
祝由科诸符秘卷祝由科诸符秘旨合刊[宣纸线装一函二册]	[清]郭相经辑	480.00	华龄
校正古本入地眼图说[宣纸线装一函二册]	[宋]辜托长老撰	480.00	华龄
校正全本钻地眼图说[宣纸线装一函二册]	[宋]辜托长老撰	480.00	华龄
赖公七十二葬法[宣纸线装一函一册]	[宋]赖布衣撰	480.00	华龄
新刻杨筠松秘传开门放水阴阳捷径[宣纸线装一函二册]	[唐]杨筠松撰	480.00	华龄
校正古本地理五诀[宣纸线装一函二册]	[清]赵九峰撰	480.00	华龄
重校古本地理雪心赋[宣纸线装一函二册]	[唐]卜应天撰	480.00	华龄
宋国师吴景鸾先天后天理气心印补注[宣纸线装一函一册]	[宋]吴景鸾撰	280.00	华龄
新刊宋国师吴景鸾秘传夹竹梅花院纂[宣纸线装一函二册]	[宋]吴景鸾撰	480.00	华龄
连山[宣纸线装一函一册]	[清]马国翰辑	280.00	华龄

书　　名	作　者	定　价	版别
归藏[宣纸线装一函一册]	[清]马国翰辑	280.00	华龄
周易虞氏义笺订[宣纸线装一函六册]	[清]李翊灼订	1180.00	华龄
周易参同契通真义[宣纸线装一函二册]	[后蜀]彭晓撰	480.00	华龄
御制周易[宣纸线装一函三册]	武英殿影宋本	680.00	华龄
宋刻周易本义[宣纸线装一函四册]	[宋]朱熹撰	980.00	华龄
易学启蒙[宣纸线装一函二册]	[宋]朱熹撰	480.00	华龄
易余[宣纸线装一函二册]	[明]方以智撰	480.00	九州
明抄真本梅花易数[宣纸线装一函三册]	[宋]邵雍撰	480.00	九州
古本皇极经世书[宣纸线装一函三册]	[宋]邵雍撰	980.00	九州
奇门鸣法[宣纸线装一函二册]	[清]龙伏山人撰	680.00	华龄
奇门衍象[宣纸线装一函二册]	[清]龙伏山人撰	480.00	华龄
奇门枢要[宣纸线装一函二册]	[清]龙伏山人撰	480.00	华龄
奇门仙机[宣纸线装一函三册]	王力军校订	298.00	华龄
奇门心法秘纂[宣纸线装一函三册]	王力军校订	298.00	华龄
御定奇门秘诀[宣纸线装一函三册]	[清]湖海居士辑	680.00	华龄
龙伏山人存世文稿[宣纸线装五函十册]	[清]矫子阳撰	2800.00	九州
奇门遁甲鸣法[宣纸线装一函二册]	[清]矫子阳撰	680.00	九州
奇门遁甲衍象[宣纸线装一函二册]	[清]矫子阳撰	480.00	九州
奇门遁甲枢要[宣纸线装一函二册]	[清]矫子阳撰	480.00	九州
遁甲括囊集[宣纸线装一函三册]	[清]矫子阳撰	980.00	九州
增注蒋公古镜歌[宣纸线装一函一册]	[清]矫子阳撰	180.00	九州
宫藏奇门大全[线装五函二十五册]	[清]湖海居士辑	6800.00	星易
遁甲奇门秘传要旨大全[线装二函十册]	[清]范阳耐寒子辑	6200.00	星易
增广神相全编[线装一函四册]	[明]袁珙订正	980.00	星易
遁甲奇门捷要[宣纸线装一函一册]	[清]杨景南编	380.00	故宫
奇门遁甲备览[宣纸线装一函二册]	清顺治抄本	760.00	故宫
六壬类聚[宣纸线装一函四册]	[清]纪大奎撰	1520.00	故宫
订正六壬金口诀[宣纸线装一函六册]	[清]巫国匡辑	1280.00	华龄
六壬神课金口诀[宣纸线装一函三册]	[明]适适子撰	298.00	华龄
改良三命通会[宣纸线装一函四册,第二版]	[明]万民英撰	980.00	华龄
增补选择通书玉匣记[宣纸线装一函二册]	[晋]许逊撰	480.00	华龄
增补四库青乌辑要[宣纸线装全18函59册]	郑同校	11680.00	九州
第1种:宅经[宣纸线装1册]	[署]黄帝撰	180.00	九州
第2种:葬书[宣纸线装1册]	[晋]郭璞撰	220.00	九州
第3种:青囊序青囊奥语天玉经[宣纸线装1册]	[唐]杨筠松撰	220.00	九州
第4种:黄囊经[宣纸线装1册]	[唐]杨筠松撰	220.00	九州
第5种:黑囊经[宣纸线装2册]	[唐]杨筠松撰	380.00	九州
第6种:锦囊经[宣纸线装1册]	[晋]郭璞撰	200.00	九州

书　　名	作　　者	定　价	版别
第7种:天机贯旨红囊经[宣纸线装2册]	[清]李三素撰	380.00	九州
第8种:玉函天机素书/至宝经[宣纸线装1册]	[明]董德彰撰	200.00	九州
第9种:天机一贯[宣纸线装2册]	[清]李三素撰辑	380.00	九州
第10种:撼龙经[宣纸线装1册]	[唐]杨筠松撰	200.00	九州
第11种:疑龙经葬法倒杖[宣纸线装1册]	[唐]杨筠松撰	220.00	九州
第12种:疑龙经辨正[宣纸线装1册]	[唐]杨筠松撰	200.00	九州
第13种:寻龙记太华经[宣纸线装1册]	[唐]曾文辿撰	220.00	九州
第14种:宅谱要典[宣纸线装2册]	[清]铣溪野人校	380.00	九州
第15种:阳宅必用[宣纸线装2册]	心灯大师校订	380.00	九州
第16种:阳宅撮要[宣纸线装2册]	[清]吴鼒撰	380.00	九州
第17种:阳宅正宗[宣纸线装1册]	[清]姚承舆撰	200.00	九州
第18种:阳宅指掌[宣纸线装2册]	[清]黄海山人撰	380.00	九州
第19种:相宅新编[宣纸线装1册]	[清]焦循校刊	240.00	九州
第20种:阳宅井明[宣纸线装2册]	[清]邓颖出撰	380.00	九州
第21种:阴宅井明[宣纸线装1册]	[清]邓颖出撰	220.00	九州
第22种:灵城精义[宣纸线装2册]	[南唐]何溥撰	380.00	九州
第23种:龙穴砂水说[宣纸线装1册]	清抄秘本	180.00	九州
第24种:三元水法秘诀[宣纸线装2册]	清抄秘本	380.00	九州
第25种:罗经秘传[宣纸线装2册]	[清]傅禹辑	380.00	九州
第26种:穿山透地真传[宣纸线装2册]	[清]张九仪撰	380.00	九州
第27种:催官篇发微论[宣纸线装2册]	[宋]赖文俊撰	380.00	九州
第28种:入地眼神断要诀[宣纸线装2册]	清抄秘本	380.00	九州
第29种:玄空大卦秘断[宣纸线装1册]	清抄秘本	200.00	九州
第30种:玄空大五行真传口诀[宣纸线装1册]	[明]蒋大鸿等撰	220.00	九州
第31种:杨曾九宫颠倒打劫图说[宣纸线装1册]	[唐]杨筠松撰	200.00	九州
第32种:乌兔经奇验经[宣纸线装1册]	[唐]杨筠松撰	180.00	九州
第33种:挨星考注[宣纸线装1册]	[清]汪董缘订定	260.00	九州
第34种:地理挨星说汇要[宣纸线装1册]	[明]蒋大鸿撰辑	220.00	九州
第35种:地理捷诀[宣纸线装1册]	[清]傅禹辑	200.00	九州
第36种:地理三仙秘旨[宣纸线装1册]	清抄秘本	200.00	九州
第37种:地理三字经[宣纸线装3册]	[清]程思乐撰	580.00	九州
第38种:地理雪心赋注解[宣纸线装2册]	[唐]卜则巍撰	380.00	九州
第39种:蒋公天元余义[宣纸线装1册]	[明]蒋大鸿等撰	220.00	九州
第40种:地理真传秘旨[宣纸线装3册]	[唐]杨筠松撰	580.00	九州
增补四库未收方术汇刊第一辑(全28函)	线装影印本	11800.00	九州
第一辑01函:火珠林·卜筮正宗	[宋]麻衣道者著	340.00	九州
第一辑02函:全本增删卜易·增删卜易真诠	[清]野鹤老人撰	720.00	九州
第一辑03函:渊海子平音义评注·子平真诠·命理易知	[明]杨淙增校	360.00	九州

书　名	作者	定价	版别
第一辑 04 函:滴天髓:附滴天秘诀·穷通宝鉴:附月谈赋	[宋]京图撰	360.00	九州
第一辑 05 函:参星秘要诹吉便览·玉函斗首三台通书·精校三元总录	[清]俞荣宽撰	460.00	九州
第一辑 06 函:陈子性藏书	[清]陈应选撰	580.00	九州
第一辑 07 函:崇正辟谬永吉通书·选择求真	[清]李奉来辑	500.00	九州
第一辑 08 函:增补选择通书玉匣记·永宁通书	[晋]许逊撰	400.00	九州
第一辑 09 函:新增阳宅爱众篇	[清]张觉正撰	480.00	九州
第一辑 10 函:地理四弹子·地理铅弹子砂水要诀	[清]张九仪注	320.00	九州
第一辑 11 函:地理五诀	[清]赵九峰著	200.00	九州
第一辑 12 函:地理直指原真	[清]释如玉撰	280.00	九州
第一辑 13 函:宫藏真本入地眼全书	[宋]释静道著	680.00	九州
第一辑 14 函:罗经顶门针·罗经解定·罗经透解	[明]徐之镆撰	360.00	九州
第一辑 15 函:校正详图青囊经·平砂玉尺经·地理辨正疏	[清]王宗臣著	300.00	九州
第一辑 16 函:一贯堪舆	[明]唐世友辑	240.00	九州
第一辑 17 函:阳宅大全·阳宅十书	[明]一壑居士集	600.00	九州
第一辑 18 函:阳宅大成五种	[清]魏青江撰	600.00	九州
第一辑 19 函:奇门五总龟·奇门遁甲统宗大全·奇门遁甲元灵经	[明]池纪撰	500.00	九州
第一辑 20 函:奇门遁甲秘笈全书	[明]刘伯温辑	280.00	九州
第一辑 21 函:奇门庐中阐秘	[汉]诸葛武侯撰	600.00	九州
第一辑 22 函:奇门遁甲元机·太乙秘书·六壬大占	[宋]岳珂纂辑	360.00	九州
第一辑 23 函:性命圭旨	[明]尹真人撰	480.00	九州
第一辑 24 函:紫微斗数全书	[宋]陈抟撰	200.00	九州
第一辑 25 函:千镇百镇桃花镇	[清]云石道人校	220.00	九州
第一辑 26 函:清抄真本祝由科秘诀全书·轩辕碑记医学祝由十三科	[上古]黄帝传	800.00	九州
第一辑 27 函:增补秘传万法归宗	[唐]李淳风撰	160.00	九州
第一辑 28 函:神机灵数一掌经金钱课·牙牌神数七种·珍本演禽三世相法	[清]诚文信校	440.00	九州
增补四库未收方术汇刊第二辑(全36函)	线装影印本	13800.00	九州
第二辑第 1 函:六爻断易一撮金·卜易秘诀海底眼	[宋]邵雍撰	200.00	九州
第二辑第 2 函:秘传子平渊源	燕山郑同校辑	280.00	九州
第二辑第 3 函:命理探原	[清]袁树珊撰	280.00	九州
第二辑第 4 函:命理正宗	[明]张楠撰集	180.00	九州
第二辑第 5 函:造化玄钥	庄圆校补	220.00	九州
第二辑第 6 函:命理寻源·子平管见	[清]徐乐吾撰	280.00	九州
第二辑第 7 函:京本风鉴相法	[明]回阳子校辑	380.00	九州
第二辑第 8-9 函:钦定协纪辨方书8册	[清]允禄编	780.00	九州

书　名	作　者	定　价	版别
第二辑第10-11函:鳌头通书10册	[明]熊宗立撰辑	880.00	九州
第二辑第12-13函:象吉通书	[清]魏明远撰辑	1080.00	九州
第二辑第14函:选择宗镜·选择纪要	[朝鲜]南秉吉撰	360.00	九州
第二辑第15函:选择正宗	[清]顾宗秀撰辑	480.00	九州
第二辑第16函:仪度六壬选日要诀	[清]张九仪撰	680.00	九州
第二辑第17函:葬事择日法	郑同校辑	280.00	九州
第二辑第18函:地理不求人	[清]吴明初撰辑	240.00	九州
第二辑第19函:地理大成一·山法全书	[清]叶九升撰	680.00	九州
第二辑第20函:地理大成二·平阳全书	[清]叶九升撰	360.00	九州
第二辑第21函:地理大成三·地理六经注·地理大成四·罗经指南拨雾集·地理大成五·理气四诀	[清]叶九升撰	300.00	九州
第二辑第22函:地理录要	[明]蒋大鸿撰	480.00	九州
第二辑第23函:地理人子须知	[明]徐善继撰	480.00	九州
第二辑第24函:地理四秘全书	[清]尹一勺撰	380.00	九州
第二辑第25-26函:地理天机会元	[明]顾陵冈辑	1080.00	九州
第二辑第27函:地理正宗	[清]蒋宗城校订	280.00	九州
第二辑第28函:全图鲁班经	[明]午荣编	280.00	九州
第二辑第29函:秘传水龙经	[明]蒋大鸿撰	480.00	九州
第二辑第30函:阳宅集成	[清]姚廷銮纂	480.00	九州
第二辑第31函:阴宅集要	[清]姚廷銮纂	240.00	九州
第二辑第32函:辰州符咒大全	[清]觉玄子辑	480.00	九州
第二辑第33函:三元镇宅灵符秘箓·太上洞玄祛病灵符全书	[明]张宇初编	240.00	九州
第二辑第34函:太上混元祈福解灾三部神符	[明]张宇初编	360.00	九州
第二辑第35函:测字秘牒·先天易数·冲天易数/马前课	[清]程省撰	360.00	九州
第二辑第36函:秘传紫微	古朝鲜抄本	240.00	九州
中国风水史	傅洪光撰	32.00	九州
古本催官篇集注	李佳明校注	48.00	九州
新刊地理玄珠	精装古本影印	380.00	华龄
参赞玄机地理仙婆集	精装古本影印	380.00	华龄
章仲山地理九种(上下)	精装古本影印	760.00	华龄
八门九星阴阳二遁全本奇门断	精装古本影印	760.00	华龄
六壬统宗大全	精装古本影印	380.00	华龄
太乙统宗宝鉴	精装古本影印	380.00	华龄
重刊星海词林(全五册)	精装古本影印	1900.00	华龄
万历初刻三命通会(上下)	精装古本影印	760.00	华龄
风水择吉第一书:辨方	李明清著	168.00	华龄
增广沈氏玄空学	郑同点校	68.00	华龄

书　　名	作　者	定　价	版别
增补高岛易断(精装上下)	(清)王治本编译	198.00	华龄
地理点穴撼龙经	郑同点校	32.00	华龄
绘图地理人子须知(上下)	郑同点校	78.00	华龄
玉函通秘	郑同点校	48.00	华龄
绘图入地眼全书	郑同点校	28.00	华龄
绘图地理五诀	郑同点校	48.00	华龄
一本书弄懂风水	郑同著	48.00	华龄
风水罗盘全解	傅洪光著	58.00	华龄
堪舆精论	胡一鸣著	29.80	华龄
堪舆的秘密	宝通著	36.00	华龄
中国风水学初探	曾涌哲	58.00	华龄
全息太乙(修订版)	李德润著	68.00	华龄
时空太乙(修订版)	李德润著	68.00	华龄
故宫珍本六壬三书(上下)	张越点校	118.00	华龄
大六壬通解(全三册)	叶飘然著	168.00	华龄
壬占汇选(精抄历代六壬占验汇选)	肖岱宗点校	48.00	华龄
大六壬指南	郑同点校	28.00	华龄
六壬金口诀指玄	郑同点校	28.00	华龄
大六壬寻源编[全三册]	[清]周螭辑录	180.00	华龄
六壬辨疑　毕法案录	郑同点校	32.00	华龄
时空太乙(修订版)	李德润著	68.00	华龄
全息太乙(修订版)	李德润著	68.00	华龄
大六壬断案疏证	刘科乐著	58.00	华龄
六壬时空	刘科乐著	68.00	华龄
飞盘奇门:鸣法体系校释(精装上下)	刘金亮撰	198.00	九州
御定奇门宝鉴	郑同点校	58.00	华龄
御定奇门阳遁九局	郑同点校	78.00	华龄
御定奇门阴遁九局	郑同点校	78.00	华龄
奇门秘占合编:奇门庐中阐秘·四季开门	[汉]诸葛亮撰	68.00	华龄
奇门探索录	郑同编订	38.00	华龄
奇门遁甲秘笈大全	郑同点校	48.00	华龄
奇门旨归	郑同点校	48.00	华龄
奇门法窍	[清]锡孟樨撰	48.00	华龄
奇门精粹——奇门遁甲典籍大全	郑同点校	68.00	华龄
珞琭子三命消息赋古注通疏(精装上下)	明注　疏	188.00	华龄
御定子平	郑同点校	48.00	华龄
增补星平会海全书	郑同点校	68.00	华龄
五行精纪:命理通考五行渊微	郑同点校	38.00	华龄

书　　名	作　者	定　价	版别
青囊汇刊1:青囊秘要	[晋]郭璞等撰	48.00	华龄
青囊汇刊2:青囊海角经	[晋]郭璞等撰	48.00	华龄
青囊汇刊3:阳宅十书	[明]王君荣撰	48.00	华龄
青囊汇刊4:秘传水龙经	[明]蒋大鸿撰	68.00	华龄
青囊汇刊5:管氏地理指蒙	[三国]管辂撰	48.00	华龄
子平汇刊1:渊海子平大全	[宋]徐子平撰	48.00	华龄
子平汇刊2:秘本子平真诠	[清]沈孝瞻撰	38.00	华龄
子平汇刊3:命理金鉴	[清]志于道撰	38.00	华龄
子平汇刊4:秘授滴天髓阐微	[清]任铁樵注	48.00	华龄
子平汇刊5:穷通宝鉴评注	[清]徐乐吾注	48.00	华龄
子平汇刊6:神峰通考命理正宗	[明]张楠撰	38.00	华龄
子平汇刊7:新校命理探原	[清]袁树珊撰	48.00	华龄
子平汇刊8:重校绘图袁氏命谱	[清]袁树珊撰	68.00	华龄
纳甲汇刊1:校正全本增删卜易	郑同点校	68.00	华龄
纳甲汇刊2:校正全本卜筮正宗	郑同点校	48.00	华龄
纳甲汇刊3:校正全本易隐	郑同点校	48.00	华龄
纳甲汇刊4:校正全本易冒	郑同点校	48.00	华龄
纳甲汇刊5:校正全本易林补遗	郑同点校	38.00	华龄
纳甲汇刊6:校正全本卜筮全书	郑同点校	68.00	华龄
古今图书集成术数丛刊:卜筮(全二册)	[清]陈梦雷辑	80.00	华龄
古今图书集成术数丛刊:堪舆(全二册)	[清]陈梦雷辑	120.00	华龄
古今图书集成术数丛刊:相术(全一册)	[清]陈梦雷辑	60.00	华龄
古今图书集成术数丛刊:选择(全一册)	[清]陈梦雷辑	50.00	华龄
古今图书集成术数丛刊:星命(全三册)	[清]陈梦雷辑	180.00	华龄
古今图书集成术数丛刊:术数(全三册)	[清]陈梦雷辑	200.00	华龄
四库全书术数初集(全四册)	郑同点校	200.00	华龄
四库全书术数二集(全三册)	郑同点校	150.00	华龄
四库全书术数三集:钦定协纪书(全二册)	郑同点校	98.00	华龄
增补鳌头通书大全(全三册)	[明]熊宗立撰辑	180.00	华龄
增补象吉备要通书大全(全三册)	[清]魏明远撰辑	180.00	华龄
绘图三元总录	郑同编校	48.00	华龄
绘图全本玉匣记	郑同编校	32.00	华龄
周易正解:小成图预测学讲义	霍斐然著	68.00	华龄
周易初步:易学基础知识36讲	张绍金著	32.00	华龄
周易与中医养生:医易心法	成铁智著	32.00	华龄
增补校正邵康节先生梅花周易数全集	[宋]邵雍撰	58.00	华龄
梅花心易阐微	[清]杨体仁撰	48.00	华龄
梅花易数讲义	郑同著	58.00	华龄

书　名	作　者	定　价	版别
白话梅花易数	郑同编著	30.00	华龄
梅花周易数全集	郑同点校	58.00	华龄
一本书读懂易经	郑同著	38.00	华龄
白话易经	郑同编著	38.00	华龄
周易象数学(精装)	冯昭仁著	98.00	华龄
知易术数学:开启术数之门	赵知易著	48.00	华龄
术数入门——奇门遁甲与京氏易学	王居恭著	48.00	华龄
壬奇要略(全5册:大六壬集应钤3册,大六壬口诀纂1册,御定奇门秘纂1册)	肖岱宗郑同点校	300.00	九州
白话高岛易断(上下)	[日]高岛嘉右卫门	128.00	九州
周易虞氏义笺订(上下)	[清]李翊灼校订	78.00	九州
周易明义	邸勇强著	73.00	九州
论语明义	邸勇强著	37.00	九州
统天易数(精装)	秦宗臻著	68.00	城市
统天易解(精装)	秦宗臻著	88.00	城市
润德堂丛书六种:新命理探原	袁树珊著	30.00	燕山
润德堂丛书六种:命谱	袁树珊著	60.00	燕山
润德堂丛书六种:大六壬探原	袁树珊著	30.00	燕山
润德堂丛书六种:选吉探原	袁树珊著	30.00	燕山
润德堂丛书六种:中西相人探原	袁树珊著	30.00	燕山
润德堂丛书六种:述卜筮星相学	袁树珊著	30.00	燕山
天星姓名学	侯景波著	38.00	燕山
解梦书	郑同、傅洪光著	58.00	燕山

　　周易书斋是国内最大的专业从事易学术数类图书邮购服务的书店,成立于2001年,现有易学及术数类图书、古籍影印本、学习资料等现货6000余种,在海内外易学研究者中有着巨大的影响力。请发送您的姓名、地址、邮编、电话等项短信到13716780854,即可免费获取印刷版的易学书目。或**来函**(挂号):北京市102488信箱58分箱　邮编:102488　王兰梅收。

　　1、QQ:(周易书斋2)2839202242;QQ群:(周易书斋书友会)140125362。免费下载本店易学书目:http://pan.baidu.com/s/1i3u0sNN

　　2、联系人:王兰梅　电话:13716780854,15652026606,(010)89360046

　　3、邮购费用固定,不论册数多少,每次收费7元。

　　4、银行汇款户名:**王兰梅**。请您汇款后**电话通知我们所需书目**以及汇款时间、金额等项,以便及时寄出图书。
　　　　邮政:601006359200109796　农行:6228480010308994218
　　　　工行:0200299001020728724　建行:1100579980130074603
　　　　交行:6222600910053875983　支付宝:13716780854

　　5、京东-学易斋官方旗舰店网址:xyz888.jd.com

　　6、学易斋官方微信号:xyz15652026606　　　　　　**北京周易书斋敬启**